ビジネスeメール英語表現事典
DICTIONARY OF
BUSINESS EMAIL EXPRESSIONS

装　幀 = 岩目地英樹（コムデザイン）
日本語訳 = 足立恵子、藤田優里子、IBCパブリッシング

Dictionary of Business Email Expressions_2nd Edition
Copyright © 2014 by Kevin Kyung
All rights reserved
Original Korean edition published by Darakwon Publishing Inc.
Japanese translation rights arranged with Darakwon Publishing Inc.
through Eric Yang Agency, Inc. Seoul.
Japanese translation rights © 2015 IBC Publishing, Inc.

ビジネスeメール英語表現事典

DICTIONARY OF
BUSINESS EMAIL EXPRESSIONS

Kevin Kyung＝著

IBCパブリッシング

Preface ｜ 前書き

　ビジネス上のコミュニケーション手段が、ビジネスレターからeメールに代わったことで、業務の大半をeメールだけで済ませることも多くなりました。企画を提案する、進捗を報告する、打ち合わせの日時を決めるといったことから、クレームを出す、支払いの督促をすることまで、あらゆるビジネスシーンで、私たちはeメールを活用しています。それと同時に英語でメールを書くことが、日常業務の中でも大きな割合を占めるようになったのです。

　これほどeメールが日常的に使われるようになると、この通信手段に賛成の人と反対の人が出てきます。賛成派は、電話や会議であれば、その場で相手の顔を見ながらすぐに答えたり、対応策を伝えたりしなければならないが、メールならじっくり書いて、さらに送信ボタンを押すまで時間的な余裕もあっていいというのです。じっくり推敲してメッセージを書き、英語がわからないときは調べたり、人に聞いたりできるのも利点だといいます。

　メール反対派もいます。人と面と向かっていれば、単語や文法が少し怪しくても、身振り手振りで説明したり、違う単語を使ってみたり、なんとか意思疎通ができるというのです。でも、メールではそういうわけにはいきません。さらにはメールにしてしまうと記録として残ってしまうので、それが負担だと思う人もいるようです。

　賛成派・反対派、どちらのいうことにも一理あります。事実、英語ネイティブの人でも、メールでビジネスをすることが億劫だという人もいます。日常の会話はスムーズに行えるのに、いざ書こうとしてメールソフトを開けたとたん、難題にぶつかったように頭を抱えてしまうというのです。口調や表現のちょっとした違いで、相手に誤った印象を与えやしないか、と心配なのです。英語のネイティブスピーカーですら、メールの書き方の本をパソコンの

横において、メールを書くくらいです。

　ただ、英語であろうと日本語であろうと、eメールでよく使う表現や、相手に簡潔かつ明確なメッセージを伝えるための表現というのは、ある程度限られているものです。そこで本書では、仕事の流れにそった「生きた表現」「使える表現」に注目しました。ビジネスシーンをカテゴリーごとに分け、そこで使える表現をパターン形式で収録しました。

　本書の特徴はなんと言っても、多種多様な英語表現を膨大な数収録していることです。パソコンの前に座って、いざキーボードで入力しようとして、ぱたっと手が止まってしまったら、まず本書を開いてみてください。みなさんが必要とする表現を必ず見つけることができると思います。

2014年1月
Kevin Kyung

Features & Benefits ｜ 本書の特徴

　本書はリファレンス・ブックとしてご活用いただけるよう、膨大な数のeメール用の英語表現を収録しています。

シチュエーション別のモデル表現をパターン形式で提供

　ビジネスeメールで使える英語表現はある程度、限られています。本書では、ビジネスのシチュエーションごとに英語表現を分け、さらにパターン化して収録しています。太字以外のところを、自分のニーズに合わせた単語や語句に置き換えることで簡単に作文することができます。

ライティングの基本とマナー

　Unit 0 ではeメールを書く上での基本的なルールとマナーについて説明します。実際のメールを書き始める前に Unit 0 を読んでおきましょう。知っていると思っている英作文のルールやメールのエチケットを再確認できます。

カジュアルな表現とフォーマルな表現を併記

　本書では、カジュアルで形式ばらない表現と、フォーマルな（形式的な）表現を併記しています。カジュアル表現は inf 、フォーマルな表現は for で区別しています。使い分けるときの目安にしてください。

メールの内容ごとに豊富な文例を用意

　ビジネスのシチュエーション別に掲載している豊富な文例から、あなたのメールの目的にあった的確な文例を見つけることができます。

関連表現も参照

　他のユニットに似た表現や関連表現がある場合、その項目を参照できるよう表示があります。

ビジネスのシチュエーション別に模範例を提示

　本書は、ビジネスのシチュエーション別に、ユニット1からユニット22に分かれています。各ユニットでは、eメールの書き方や注意すべきポイントを説明し、同時に模範例を示しているので、これを見れば1本のメールがどのように構成されているかを簡単に理解することができます。

How to Use | 本書の使い方

　本書は実務で書くeメールに焦点をあて、すぐに活用できるノウハウを集めてあります。本書を効率的に活用していただければ、必ずご自分のニーズや条件を満たした英文メールを書くことができるようになるでしょう。

Case 1　すぐにeメールを書く必要がある場合

　まず目次から自分の状況にあったシチュエーションを探します。そしてサンプルメールを見ながら、メールの書き出し・本文・まとめがどのように書かれているかを確認してください。サンプルのメールにふってある番号と同じ番号の項目には、関連する別の表現が紹介されています。すぐにeメールを書かなければならないときは、この方法を活用してください。

Case 2　基礎からしっかり準備したい場合

　Unit 0 から順番に読んでください。本書を読み通すことで、英語ネイティブと同じくらいの知識を身につけられるよう編集しています。各ユニットにある模範例を見ながら、真似して書いてみましょう。特によく使いそうな項目については、太字以外のパートを別の表現に置き換えて、応用練習をするとよいでしょう。

Case 3　よく使う表現を徹底的に身に付けたい場合

　eメールでよく使う表現を身に付けます。まず任意のページを開き、そこにある日本語を見て、英語に直してみます。自分の作った英文と本書の英文を比べ、どう違うのかを確認してください。この作業を繰り返すことで、文章のパターンを覚えます。さらに自分だけの表現集をつくることもおすすめです。

Case 4　正しく書けているかを確認したい場合

　eメールを書いたらすぐに送信せずに、ユニット0を読み直してみてください。すべてわかっているつもりでも、メールを書くことに集中していて、些細なミスをしているかもしれません。

Contents | 目次

前書き　4
本書の特徴　6
本書の使い方　8

Unit 0　ビジネス e メールの常識　19

Structure
ビジネス e メールの構成　20

Strategies
戦略的に e メールをつくる　30

Basic Rules
情報を正確に伝えるためのルール　42

Patterns
よく使う e メール表現　63

Etiquette
e メールで知っておきたいエチケット　76

Unit 01　ビジネスメールの書き出しと結びの言葉　79

タイプ1　メールでの呼称　82
　001　相手の呼称　83

タイプ2　メールの書き出し　84
　002　用件を伝える　85
　003　安否でメールを始める　86

タイプ3　主要な記念日や季節の挨拶　87
　004　祝日と年末年始の挨拶　88
　005　季節や天候に関する言及　90

タイプ4　結びの言葉　92
　006　結びの言葉　93

Unit 02　会社紹介とビジネスの提案　95

タイプ1　会社紹介　98
　007　メールを送ることになったいきさつ　99
　008　会社紹介　100
　009　予想される相手の利益　102
　010　結びの言葉　103

タイプ2　新製品、サービスの紹介　105
　011　新商品とサービスの紹介　106
　012　発売日と場所　107
　013　商品とサービスの特徴　108
　014　購入への誘導　109

タイプ3　事業、提携の提案　111
　015　事業の提案　112
　016　提携の提案　113
　017　事業、提携の利点　113

Unit 03　招待、参加・不参加　115

タイプ1　イベントに招待／発表者の招聘　118
　018　商品発表／リリース／展示　119
　019　移転／開業／会社の記念日　120
　020　会合／パーティー　121
　021　会議／セミナー／プレゼンテーション　122
　022　会社への訪問　123
　023　会食／レジャー　124
　024　発表者としての招待　124
　025　参加するかどうかの確認　125
　026　参加するかどうか回答を促す　126

タイプ2　スケジュールを公示　127
　027　会議　128
　028　オープニングセレモニー　129
　029　トレーニング　129

タイプ3	招待に応じる 130
030	商品発表／リリース／展示 131
031	移転／開業／会社の記念日 131
032	会合／パーティー 132
033	会議／セミナー／プレゼンテーション 132
034	会社への訪問 133
035	会食／レジャー 133
036	発表者としての招待 134
037	結びの言葉 134

タイプ4	招待を辞退する 135
038	仕事の都合による理由 136
039	個人的な理由 136

タイプ5	会議や社内行事の通達 138
040	会議の場所／日付／時間 139
041	会議の議題 139
042	社内イベント 141
043	参加の可否を確認 142

タイプ6	議事録の配信 143
044	会議結果の要約 144
045	結びの言葉 144

Unit 04 アポイントメントをとる／変更する 145

タイプ1	アポイントメントをとる 148
046	面会の提案 149
047	面会場所の選択 151
048	来社リクエスト 151
049	他人との面会の要請 152
050	約束の確認と追加事項 153

タイプ2	アポイントメントについての承諾と拒否 155
051	アポイントメントの承諾 156
052	日付と時間の提案／代替 157
053	会う方法の案内 158
054	アポイントメントの拒絶 158

タイプ3	予定変更とキャンセル 160
055	変更／延期 161
056	キャンセル 162

Unit 05 注文と変更 163

タイプ1	見積もりの依頼 166
057	見積もりの依頼 167

タイプ2	見積もりの提供 169
058	冒頭 170
059	見積もりの内容 170
060	配送日時 171
061	割引 171
062	支払条件 171
063	見積り依頼の拒絶 172

タイプ3	交渉 173
064	発注者の要求 174
065	要求への回答 174
066	条件の受け入れ 175

タイプ4	注文 176
067	注文に対する言及 177
068	配送日時 178

タイプ5	注文への返信 180
069	注文の受付 181
070	発送予定 182
071	配達遅延 182
072	発注拒絶 183
073	結びの言葉 184

| タイプ6 | 出荷　185
　074　出荷通知　186
　075　出荷遅延　186
| タイプ7 | 注文のキャンセルや変更　188
　076　注文のキャンセル　189
　077　注文の変更　189

Unit 06　抗議と督促　　191

| タイプ1 | 抗議やクレーム　194
　078　損傷／故障／不良　195
　079　配送遅延　195
　080　項目および数量錯誤　196
　081　品質　196
　082　請求書　197
　083　顧客応対　198
　084　解決策の提示　198
| タイプ2 | 抗議やクレームへの対応　199
　085　謝罪　200
　086　対策について　202
　087　こちらに責任がないとき　203
　088　肯定的な結びの言葉　204
| タイプ3 | 延滞通知や督促　205
　089　初期の延滞通知　206
　090　強い口調の延滞通知　206
　091　督促　207

Unit 07　情報請求と問い合わせ　　209

| タイプ1 | 情報請求　212
　092　情報を得た経緯とソースの説明　213
　093　情報請求　214
　094　問い合わせ　216

| タイプ2 | 追加情報の請求　217
　095　追加情報の請求　218
| タイプ3 | 情報源の請求　220
　096　情報源の請求　221
| タイプ4 | 使用許可の要請　222
　097　使用許可の要請　223
　098　転載許可　223
| タイプ5 | 個人や取引先の紹介　224
　099　適任者の紹介の要請　225
　100　他人に相手を推薦する　225
　101　相手に他人を推薦する　226

Unit 08　資料や製品の送付　　227

| タイプ1 | 情報や資料の送付　230
　102　送付の目的　231
　103　本文の情報　231
　104　添付資料　233
| タイプ2 | 資料や物品を別途送付　235
　105　別途送付の案内　236
　106　追加送付予定の案内　237
| タイプ3 | 情報提供の拒否　238
　107　情報やデータがない場合　239
　108　提供することができない場合　239
| タイプ4 | 受領の確認　241
　109　受領の確認　242

Unit 09　ヘルプやアドバイスの要請と受諾　243

タイプ1　ヘルプを求める　246
　110　ヘルプを求める　247

タイプ2　催促　250
　111　催促　251

タイプ3　承認の要請　253
　112　社内での承認／許可　254
　113　取引先への承認／同意の要請　255

タイプ4　アドバイスを求める　257
　114　アドバイスを求める　258

タイプ5　アドバイスと勧誘　260
　115　依頼に対するアドバイス　261
　116　自発的にアドバイスする　263
　117　勧奨する　263

タイプ6　アドバイスの受諾／拒絶　264
　118　アドバイス受け入れによる肯定的な結果　265
　119　アドバイスを拒絶した理由と回答　265

Unit 10　意見のやりとり　267

タイプ1　意見を求める　270
　120　意見を求める　271

タイプ2　意見の提示　275
　121　婉曲な意見の提示　276
　122　率直な意見の提示　277
　123　確信に満ちた意見の提示　279

タイプ3　重要性の提示　281
　124　最優先課題　282
　125　副次的な問題　283

タイプ4　可能性の提示　285
　126　可能性が高いとき　286
　127　可能性が低いとき　287

タイプ5　意見提示の延期と拒絶　288
　128　意見提示の延期　289
　129　意見提示の拒絶　289

タイプ6　さらなる説明を求める／回答する　290
　130　追加説明の要求　291
　131　追加説明の提供　293

Unit 11　要求と指示　295

タイプ1　要求を受諾　298
　132　ヘルプおよび要請を受諾　299
　133　紹介／情報源照会依頼を受諾　301
　134　使用許可要請を受諾　302

タイプ2　要求の拒絶　303
　135　冒頭　304
　136　助けの求めに対する拒絶　304
　137　使用許可の要請を拒絶　307
　138　結びの言葉　308

タイプ3　決定と指示の要請　309
　139　決定および指示の要請　310

タイプ4　指示する　312
　140　指示　313
　141　決定　315
　142　使用説明　316

タイプ5　再確認する　317
　143　確認の要請　318
　144　リマインドする　319

タイプ6　メッセージの伝達　320
　145　内部メッセージ　321
　146　外部メッセージ　322
　147　外部への伝達　322

Unit 12　感情的な意思表現　323

タイプ1　希望と要求　326
　148　意向　327
　149　要求　328

タイプ2　趣向　330
　150　好き　331
　151　嫌い　332

タイプ3　期待と信頼　333
　152　期待と希望　334
　153　信頼　335

タイプ4　目標と計画　336
　154　目標　337
　155　計画　338

タイプ5　懸念と不確実性　340
　156　懸念　341
　157　不確実性　342

タイプ6　確信と約束　343
　158　確信　344
　159　約束　345

タイプ7　必要性と支援　346
　160　必要　347
　161　サポート　349

Unit 13　賛成／反対／提案／解決　351

タイプ1　賛成　354
　162　賛成と支持　355
　163　部分的な同意　356
　164　全面的な同意　357

タイプ2　反対　359
　165　意見に反対　360
　166　意見の相違を強調　361
　167　全面的な反対　362
　168　婉曲な反対　363

タイプ3　提案と妥協　365
　169　提案の提示　366
　170　代案の提示　367
　171　提案への反対　367
　172　提案への強い反対　368
　173　提案の受け入れ　369
　174　再考の要請　370
　175　妥協案の提示　371
　176　妥協案の受け入れ　371
　177　妥協案の条件的な受け入れ　372
　178　妥協案の拒否　373

Unit 14　問題や不満を伝える　375

タイプ1　アドバイス　378
　179　態度／行動に関するアドバイス　379
　180　業務関連のアドバイス　380
　181　外部関連のアドバイス　381
　182　結びの言葉　382

| タイプ2 | 不満の表現 383
183 不満の表現 384
184 婉曲な不満の表現 386

| タイプ3 | エラーの報告 387
185 相手へのエラー通知 388
186 当方のエラー報告 388

| タイプ4 | 問題の報告 390
187 問題 391
188 問題の原因 391
189 今後の問題の可能性 392
190 解決策の提案 392

| タイプ5 | 誤解の確認 393
191 再確認の要求 394
192 誤解の解消 395

Unit 15　謝罪　397

| タイプ1 | 返信が遅れたことへの謝罪 400
193 謝罪 401
194 言い訳 1―不在／不在 402
195 言い訳 2―電子メール接続不可／コンピュータの故障 402
196 言い訳 3―多忙 403
197 言い訳 4―個人的な理由 404

| タイプ2 | 迷惑をかけたことに対する謝罪 405
198 不具合のお詫び 406

| タイプ3 | 失敗に対する謝罪 407
199 ミスの指摘への感謝 408
200 ミスに対する謝罪 408
201 善後策 409
202 結びの言葉 410

| タイプ4 | 製品出荷の遅延を謝罪 411
203 謝罪 412
204 遅延の理由 412
205 善後策 413
206 結びの言葉 414

Unit 16　日常的な通知　415

| タイプ1 | メールの代理発送 418
207 休暇／出張／個人の事情 419
208 他の部署 419
209 秘書 420

| タイプ2 | 担当者の変更通知 421
210 自己紹介 422
211 前任者についてのコメント 423
212 結びの言葉 423

| タイプ3 | オフィス／支店の開設や移転 424
213 移転 425
214 開設 426
215 肯定的な結果の予測 426

| タイプ4 | 一時的な不在 427
216 出張／教育 428
217 休暇 428
218 連絡方法 429

| タイプ5 | 休務 431
219 休業 432
220 緊急連絡先 432

Unit 17　特定の目的の通知　435

| タイプ1 | 報告と伝達 438
221 進捗状況の報告と配信 439
222 遅延ニュースの配信 441
223 良いニュースの配信 442
224 悪いニュースの配信 443

タイプ2	連絡と返信を要請　444
	225　連絡／返信の要請　445
	226　情報請求　446
タイプ3	価格変動の通知　447
	227　値上げ　448
	228　値下げ　449
	229　価格表の添付　449
	230　結びの言葉：値上げ　450
	231　結びの言葉：値下げ　450
タイプ4	社内情報や物品の要求　451
	232　情報／物品の要請　452
	233　紛失物　452
	234　拾得物　453
	235　物品の提供　454
タイプ5	社内公示やメモ　455
	236　情報の共有／伝達　456
	237　会社の方針と規則の変更　457
	238　会社の方針と規則の追加説明　459
	239　会社の方針と規則の強調　460
	240　成果報告　461
	241　活動やイベントの通知　461
	242　施設利用に関する通知　462
	243　買収合併　463

Unit 18　海外出張と招待　465

タイプ1	招待／出張日程の伝達と変更　468
	244　招待する　469
	245　日程の伝達　469
	246　来客の訪問スケジュールと手配　470
	247　予定の確認　471
	248　訪問の変更／キャンセル／延期　471

タイプ2	予約　473
	249　宿泊予約のリクエスト　474
	250　宿泊予約をする　474
	251　交通手段の問い合わせ　476
	252　依頼に対する返事　476
タイプ3	事後のお礼　478
	253　出会いの後、感謝の挨拶　479

Unit 19　離職／転勤／推薦／採用　481

タイプ1	転職・転勤　484
	254　転職と退社　485
	255　転勤　485
	256　結びの言葉　486
タイプ2	適任者の推薦　488
	257　適任者の推薦　489
	258　自分との関係　490
	259　被推薦者の性格と能力　491
タイプ3	採用通知　493
	260　採用通知　494
	261　不採用通知　494
	262　採用提示受諾　495
	263　採用提示拒絶　496
タイプ4	入社志願　497
	264　入社志願　498
タイプ5	退職　499
	265　冒頭　500
	266　理由　500
	267　会社の長所　501
	268　辞表の受理　502

Unit 20　お祝い　503

タイプ1　昇進　506
　269　昇進のお祝い　507

タイプ2　受賞や事業の成功　509
　270　受賞／ランキング入り　510
　271　協会／団体選出　511
　272　スピーチ／発表　511
　273　商品発売開始／開発完了　512
　274　その他　512

タイプ3　創立記念　513
　275　創立を祝う　514
　276　結びの言葉　514

タイプ4　移転や新社屋建設　515
　277　事務所移転　516
　278　新社屋建設　516
　279　結びの言葉　517

タイプ5　個人的な記念日　518
　280　誕生日おめでとう　519
　281　婚約／結婚　519
　282　結婚記念日　520
　283　１歳のお祝い　521

タイプ6　訪日　522
　284　歓迎の挨拶　523
　285　結びの言葉　523

Unit 21　病欠や死亡　525

タイプ1　病欠　528
　286　会社に病欠を連絡　529
　287　会社に同僚の病欠を連絡　530
　288　外部に病欠を通知　530
　289　外部に同僚の病欠を通知　531
　290　業務の空白への対応　531

タイプ2　訃報　532
　291　死亡　533
　292　葬儀　533

Unit 22　励ましと慰め　535

タイプ1　健康状態の悪化や事故　538
　293　事故／健康悪化　539
　294　回復を願う　539
　295　他の人の事故／病気　541
　296　退院・回復に対する喜び　541

タイプ2　哀悼　542
　297　冒頭　543
　298　故人に対する哀悼　543
　299　故人との関係について言及　544
　300　結びの言葉　545
　301　結句　545

タイプ3　災害や個人的な不幸　546
　302　災害　547
　303　事故　547
　304　個人的な不幸　548
　305　激励　548
　306　結びの言葉　549

UNIT 0

ビジネスeメールの常識

Structure	ビジネスeメールの構成
Strategies	戦略的にeメールをつくる
Basic Rules	情報を正確に伝えるためのルール
Patterns	よく使うeメール表現
Etiquette	eメールで知っておきたいエチケット

Structure 2 ビジネスeメールの構成

1 eメールの基本的な構成を覚える

● eメールの構成はハンバーガーと覚える！

　eメールだけでなく、英作文は、主に3つの要素で成り立っています。ハンバーガーの写真をみてください。その3つとは：

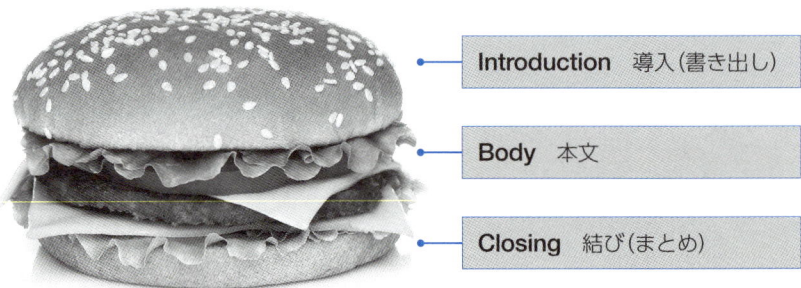

- Introduction　導入（書き出し）
- Body　本文
- Closing　結び（まとめ）

　eメールでもこの構成はまったくいっしょです。eメールを書くときは、「導入、本文、結び」の形式にそって、誰に、何のために書くのかを考えることが大切です。ハンバーグの中身がeメールでは本文にあたりますから、その本文を導入とまとめでうまく挟んで、ひとつのeメールに仕上げるのです。次ページにこの構成にそって書かれたeメールのサンプルを紹介します。各要素の内容をよくみてください。

● eメールの基本的な構成

From 送信者	
To 受信者	
CC CC	
BCC BCC	
Subject 用件	
Attachment 添付ファイル	

Salutations 最初のあいさつ

Hi/ Hello/ Dear＿＿＿＿　〜さん、こんにちは、〜様、
Thank you for...　〜をありがとうございます。
This is in regard to...　〜の件でご連絡します。
I'm writing to...　〜のためにメールさせていただきます。

　　　　　　　　　　　　　　　　　　　　　　　　Introduction 導入

・Good news　良いニュース
・Bad news　悪いニュース
・Requests　依頼、要請
・Apologies　謝罪
・Opinions　意見、考えていること
・Attachment　添付ファイル

　　　　　　　　　　　　　　　　　　　　　　　　Body 本文

I look forward to...　〜をお待ちしています。
Again, thanks for...　改めて〜をありがとうございます。
Please let me know...　ご連絡ください、教えてください。

　　　　　　　　　　　　　　　　　　　　　　　　Closing 結び

Complimentary Close　結句

Sincerely,　敬具
Best regards,　よろしく、敬具
Yours truly,　敬具、敬白

Signature　署名　署名

・Contact Information　連絡方法　連絡先

2 件名が内容を表す

● 件名は新聞のヘッドラインと同じ

　ｅメールは情報の波のように、受信ボックスに押し寄せてきます。私用メール、業務用メール、宣伝やスパムメールなど、様々な種類のメールが届きます。メールを受け取った人は、毎朝、新聞にサッと目を通すように、まずは受信ボックスにどんなメールが届いているのかを見ることになります。

　そんなたくさんのメールの中で、あなたが送ったメールが受信者の目を引くためには、件名をどう入れるかが大切です。新聞でも目立つ見出しの記事にまず目が行きますよね。まず相手が簡単に内容を推測できるような件名を入れることを心がけてください。具体的であればあるほど、受信者はメールの内容を素早く理解できます。新聞のヘッドラインを書くつもりで、簡潔で明確な件名を書きましょう。

● 目立つ件名を書く

　件名は長すぎても短くても不親切です。あまり簡潔にしてしまっても内容がわかりませんし、あまり長すぎると画面で見えないこともあります。長すぎると思った場合は、新聞のヘッドラインのように冠詞を省くなどの手法も取れます。

```
☑ 受信メール¦未読メール 13 通
☐ My ideas for SQ Mall project    SQモールプロジェクトに関する意見
☐ Monday staff meeting minutes    月曜日スタッフ会議議事録
☐ X9 model development update     X9モデル開発の最新情報
```

3 書き出しとまとめの決まり文句

● ｅメールはビジネスレターよりカジュアルに

　英文ビジネスレターは、形式ばっており、表現や書き方の決まりごともたくさんあります。そうしたビジネスレターに比べｅメールは、日々の情報交換やコミュニケーションという意味合いもあるため、一般的にはカジュアルで、会話調でかまいません。ｅメールの書き出しは、Hi や Hello という親しみをこめ

た挨拶から入り、敬称 (Mr. Ms. など) などは入れません。Dear を使うとより形式ばった感じになります。

● 挨拶と最初の呼びかけ

形式ばったメールの場合は、Dear に続けて Mr. 名字や Ms. 名字として、コロン (:) をつけます。

Dear Mr. Jenkins:
Dear Ms. Oscar:

女性の場合は未婚・既婚に関わらず、相手が Mrs. にこだわらないときは、Ms. を使います。そのほかの敬称としては、Prof. (教授) や Dr. (博士) があります。これらの時は、通常、名前でなく名字を使います。

相手の名前がわからないときは、Dear の後に役職を入れることも可能ですが、あまりお勧めできません。なるべく名前を入れるようにしましょう。ほかに Dear Sir、Dear Sirs という書き方もありますが、相手が男女どちらかわからない以上、また性差別と取られないよう、Dear Sir/Madam とする方が無難です。「関係者各位」にあたる、To Whom It May Concern も使う機会があると思います。

Dear Purchasing Manager: (名前がわからず、役職を使った場合)
Dear Customer Service:
Dear 会社 **:**
Dear 会社 **:**

相手とはすでに知り合いで、フレンドリーな関係にあるときは、Dear ではなく、Hi や Hello を使います。その時はもちろん名字ではなく、名前で呼びかけましょう。その後にコンマ (,) を入れます。

Hi John,
Hello Susan,

● 結びによく使われる表現

ビジネスレターでは、Sincerely yours、Yours sincerely、Yours truly などが使われますが、e メールでは相手との関係や業務の性質に応じて、結びの言葉も選びましょう。

親しい関係の場合（もっともカジュアル）
Regards,
Best regards,
Best wishes,
As ever,
Thanks!

あまり堅苦しくない関係の場合
Sincerely,
Sincerely yours,
Yours sincerely,
Cordially,
With best regards,
Warmest regards,

フォーマルなビジネス上の関係の場合
Yours truly,
Very truly yours,
Respectfully,
Respectfully yours,

4 書き出しは親しみを込め、親切に。結びは肯定的に

● 書き出しは親切なほどいい

　英語圏で一日に何度も繰り返されるフレーズが、"Please""Thank you"そして"I'm sorry"です。こうした日常的に使われている言葉は、eメールでもよく使われます。
　メールを受け取ったことを相手に知らせるとき、冒頭で何と言いますか？

I received your e-mail yesterday.

　これでは、あまりに感情もなく、「単なる受信の確認です」という印象を相手に与えてしまいます。そうではなく、

Thank you for your e-mail yesterday.

受け取ったメールの内容が良いニュースでも、悪いニュースでも、メールの冒頭ではまずメールをくれたことへの感謝を表現することが大切です。

● e メールの結びは肯定的な表現で

　e メールの最後、結びには肯定的で、未来志向の表現を使いましょう。メッセージがたとえクレームや支払いの督促などネガティブな内容だったとしても、常に将来の関係を考慮して、肯定的な対応をします。その相手と今後一切、取引きはないとか、関係を維持することを望まないような場合でも、わざわざ否定的な表現を用いる必要はないはずです。以下の例は、状況に応じてよく結びに使われる表現です。頻繁に使われる表現なので、ぜひ覚えておきましょう。

We look forward to hearing from you.
お返事をお待ちしております。

If you have any questions, I'd be glad to answer them.
質問がございましたら、喜んでお答えいたします。

I hope that we have adequately addressed your concerns.
あなたのご心配に対して、適切に対応できたと良いのですが。

I can't wait to see you.
あなたに会うのが待ちきれないです。

Good luck on your future endeavors.
将来のご成功をお祈りしています。

Thank you for the order and I hope to hear from you again soon.
ご注文いただきありがとうございます。またのご連絡をお待ちしています。

Let me know if I can return the favor in some way.
どのようにしたらご恩に報いることができるのか教えてください。

5 本文は箇条書きで整理する

● 箇条書き (bullet point) はメール内容を整理する最強ツール

　e メールでは、冗長に説明するより、短く簡潔な文章で書く方が、効率よくメッセージを伝えることができます。長く書いて、無駄な誤解が生じるのを防ぐのです。たとえば注文の内容を一覧で知らせたい場合などによく使うのが、箇条書きの手法です。箇条書きは、伝えたい内容を相手に視覚的に見せる効果があ

るので、大変便利です。全体の内容を素早く把握した上で、個別の用件もパッと見て理解してもらうには、箇条書きで書くことをお勧めします。長く説明した後に、まとめとして内容を箇条書きにするのも良い方法です。

- ▶ メッセージ全体の構造を視覚的に捉えられる。
- ▶ 全体の内容と個別の要素をあわせて理解しやすくなる。
- ▶ メール作成が比較的簡単になる。

● 箇条書きの記号にはダッシュを使う

　eメールを見る環境（パソコン、ソフトなど）はひとそれぞれ違います。箇条書きの頭に、いろいろな記号を使う人がいますが、どんな環境でもほぼ見られるダッシュを使うことをお勧めします。

6 eメール1通にひとつの用件

● 1通のメールにいろいろな話題・用件を入れない

　メールを書いているうちに、他の話題や用件を思いついてしまうことがあります。しかし1通のメールは1つの用件にしぼるようにしましょう。ビジネスメールは、特定の仕事・業務の遂行のために書くものなので、相手に正確にメッセージを伝え、相手からタイムリーに的確な答えをもらう必要があります。そのためには、余分な情報を入れるのは禁物です。

　同じ相手に、複数の用件でメールをする場合は、面倒でも、個別のメールを作成します。メールを受信した人は、すぐに返答できるものは、すぐに返信して、時間がかかりそうな内容のメールには後から対応することが考えらえます。1つのメールに簡単なものから時間のかかりそうなものまで混ぜてしまうと、全体のやり取りが遅れてしまうことがあるのです。

✗ 1つのメールに複数の用件が含まれる悪い例

There are a few things I need to check with you. First, who is the best person to ask about the Radcliff project? I don't have the files. Also, when can you give me your comments on Jack's new proposal? Finally, would you mind if I changed our departure date to Japan? I might have to see a client on Tuesday.

いくつか確認させていただきたいことがあります。最初にラドクリフ・プロジェクトについて尋ねたいことがあるのですが、誰に聞いたらいいですか？ 私はファイルを持っていません。そしてジャックの新規提案に関し、いつごろあなたからコメントをもらえますか？ 最後ですが、日本に出発する日を変更してもよろしいでしょうか？ 火曜日に顧客と会わなければならないかもしれませんので。

〇 用件別にメールを送る

メール1

I don't have the files on the Radcliff project. Who's the best person to talk to about it?

ラドクリフ・プロジェクトのファイルを私は持っていません。この件で、誰と話したらよいでしょうか？

メール2

When do you think I can get your comments on Jack's new proposal?

ジャックの新規提案に関し、あなたのコメントはいつごろいただけますか？

メール3

I might have to see a client on Tuesday, so would you mind if I changed our departure date to Japan?

火曜日に顧客と会わなければならないかもしれません。ですので、日本へ出発する日を変更してもよろしいでしょうか？

7 段落を意識しながら書く

● 書き始める前にまず構造を考える

　まずはメールを書く背景や事情、受信する人の立場などを考慮しながら、何をどう書くか、アウトラインを描きます。そうすることで、結局はメールの作成時間も短縮できますし、必要のない言葉を減らすこともできます。メールを受け取る人が必要としている情報は何なのか、ということも考えます。提案やお願いをする場合は、どういう順番で文章を書くかもポイントです。論理的で、かつ相手が内容を簡単に理解できなければなりません。こちらからの提案や願いを受け入れてもらいやすいようにメールを書く必要があります。通常は、メールの主たる用件を、メッセージの冒頭に提示するのが最も効果的です。

● 段落分けにも注意する

　ビジネスレターの時代は、手紙を書いてから、郵送して相手に届くまでにそれなりの時間がかかっていました。それがeメールに取って代わると、パソコンに向かって、キーボード上で指を動かして、「送信ボタン」をポンと押すだけで、メッセージが届くようになりました。便利ではありますが、その分、文章を読み直したり、推敲することがおろそかになりがちです。たとえ短い文章でも、相手に明確にメッセージを伝えるためには、慎重に文章を書き、段落分けや使用する表現を吟味し、不要な要素があれば削除するなどの編集プロセスを通す必要があります。

　1つの段落が長すぎると、内容自体が難しく感じられることがあります。受け取った人に圧迫感を与えないよう、段落をいくつかに区切るなどの工夫も大切です。

● 冒頭に主たる用件の内容を書く

　ひとつの用件について、長文メールになりそうな場合は、最初の段落でまず用件の概要を述べます。あまり形式にこだわる必要もありませんが、受信者にメールの内容を理解してもらうためには有効な方法です。

● 見出し(heading)をつける

　メールが長文になりそうなときは、関連する段落をひとまとめにして見出しをつけるといいでしょう。さらにその中を細かく分類する必要がある場合は、小見出しをつけます。

● ファイル添付の機能を活用する

　メールを受け取った側からすると、画面上でメール全体が見え、内容がすぐに理解できる、もしくはカーソルを少し動かすだけで把握できるのが理想的です。あまりメールが長すぎると、受け手も嫌になってしまいます。そういう時は、テキスト作成のアプリなどを使い、ファイルとして添付するのもひとつの手段です。

Strategies 3　戦略的に e メールをつくる

1　明瞭かつ簡潔に書く

● 短く、かつ明瞭に

「簡潔であればあるほど、内容は濃い」というのは、英語を使って物を書く人たちがモットーとしている言葉です。

It's not what you leave in but what you leave out.（何を残すかではなく、何を削除するかが大切だ）ということも覚えておきましょう。

　どんなコミュニケーション手段でもそうですが、とくにメールの場合はどのような内容を追加するかではなく、何が省略できるかを考えます。前述したように、「主題についてだけ書く」ことが重要で、1つのメールには1つの目的、1つの用件にすることをお勧めします。「完璧な文章とは、もはや加えることがないのではなく、抜くところがないということ」と言った人がいます。

● 相手の時間に配慮する

　「相手は忙しい」ということを念頭において、メールは明瞭かつ簡潔に書きましょう。まさに相手への配慮なのです。ただ思いつくままに書いたメールは、メールの目的も用件も不明瞭で、受け手も迷惑します。

　アメリカでは、紛らわしいメールや、不明瞭なメールによって、個人が多くの時間やリソースを無駄にしているという調査結果が出ています。不明瞭なメールの内容を確認するためにさらにメールを出したり、それが行ったり来たりしている間に、誤解を生み、プロジェクトや業務自体が滞ってしまうのです。金銭に支障が出ないまでも、会社間の信頼関係が崩れたり、人間関係がうまくいかなくなることもあります。こうした事態を招かないためにも、簡潔で明瞭なメールを書くことが重要です。

- **婉曲的な表現は使わない**

　日本語では、相手のことを思いストレートに物を言わず、婉曲的な表現を使うことがあります。英文でのコミュニケーションでは、この配慮が逆に作用してしまうことがあります。英語では基本的にはストレートに表現しましょう。必要以上に直接的な物言いをする必要はありませんが、なるべく相手に誤解を与えたり、不信感を与えないように注意します。このために、まずメールの冒頭に用件と目的を提示するようにします。短いメールであれば、最初の文が明快であることが大切です。

- **画面に収まる長さで**

　eメールの適切な文章量は、メールをあけたとき画面に収まっている程度です。受け手が下へ下へとスクロールしないとメッセージの内容を理解できないようでは、相手にフラストレーションを与えてしまいます。まずは不要な言葉や内容がないかを確認します。eメールにはテーマだけを書いて、添付ファイル機能を使うのも有効です。

- **文章は短めに**

　英語が上手な人ほど、英語の文章を長く書きがちです。それが誤解の原因になってしまうこともあるのです。簡潔に書くことの大切さを下の例で見てみましょう。

✗ 長い文章

> Due to severe weather conditions, the shipment that was slated to leave Oakland port will be delayed and, thus, will impact the overall schedule in terms of meeting the deadline for the interior work.
>
> 悪天候のため、オークランド港から出る予定だった荷物が遅れ、そのため内部工事を期限までに終わらせるための全体のスケジュールに影響が出てしまいます。

○ 短い文章

> Severe weather conditions will delay shipment that was to leave Oakland port. Thus, this will also impact the interior work completion deadline.
>
> 悪天候でオークランド港から出る予定の荷物が遅れます。そのため、内部工事を期限までに終わらせることに影響が出そうです。

- **社内メールなら1行でもOK**

　社内メールなどはさらに簡略化できます。1行で質問して、1行で答えます。例えば、Where is today's meeting at?（今日の会議はどこでやるの？）と聞いたら、It will be in conference room 2.（会議室2です）と答えるのです。これはお互いの状況や背景を知っているからできることですが、これが社外であれば話は違います。外部とのやりとりを1行で済ませるということはないでしょう。

2 会話調でコミュニケーションする

- **会話調で書く**

　英語圏では、形式ばったビジネスライクなメールを書くと、逆に誤解を与えてしまう場合があるということで、日常的なコミュニケーションではかなりフレンドリーな表現を使います。もちろん目上の人や、初めてのときはある程度はフォーマルに書きます。アメリカやカナダでは、普段会議や電話で話しているのと同じような口調でメールを書きます。そのため、日本人にしてみると、逆に口語調の熟語や慣用句が理解できないことがあります。一般的に使われる口語表現は、事前に身につけておくといいかもしれません。

- **IにするかWeにするか**

　学術論文やビジネスレター、公式な文章と違い、メールではyouとIをよく使います。youやIを使うことで、直接対話しているかのようなリラックスした雰囲気になり、親近感を出すことができます。

　× **As per our discussion, please find my attached ideas.**
　話し合ったことに基づき、私の意見を添付します。

　○ **As we discussed, I'm attaching my ideas.**
　話し合った通り、私の意見を添付します。

　weとIの使い分けですが、会社を代表して自分がメールを書くときは、Iまたはweのどちらが適切かを考えながら選びます。一般的には、Iは個人的な親しみを表現するときに使うことができ、weは会社全体の立場を表明するときに使えるといえます。ただ、それほど大きな意味の違いはありません。

● **古めかしい表現は避けよう**

　ビジネスレターでは形式的な表現がよく使われていましたが、e メールを使ったコミュニケーションでは、シンプルで口語的な構文・表現を使用します。たとえば、少し前なら、It is great pleasure that we present our proposal. といった表現をよく見かけました。しかし、今は、I'm please to attach our proposal. とか、Thank you for requesting a proposal. といった簡潔な表現が多用されます。

　コンピュータはもちろんタイプライターもなかった時代は、英語圏でも日本でも、書き文字の美しさで、その手紙を書いた人のことを評価したものです。しかし、今やどれだけ簡潔で、かつ明快にメッセージを伝えられるかが、評価の鍵なのです。そうした意味では、仕事上のコミュニケーション能力が、大変重要視されているのです。

● **簡単な単語ほど明確なことが多い**

　gratifying を辞書で調べてみると、「＜人＞を喜ばせる、満足させる」とありますが、The presentation was gratifying. とするより、I enjoyed the presentation. とする方が、ずっと書いた人の気持ちがよく出ていて、親近感を持てます。

● **専門用語（buzz word）や特殊な言い回し（jargon）は避ける**

　execution （＜義務・計画などの＞実行、遂行）や best practice （＜見本となる＞最良の方式）のような昔ながらの表現や、特定の分野だけで使う専門的な言葉は、なるべく使わないようにしましょう。社内で通用している表現でも、外部には理解不明のことがあります。外部向けにはなるべく日常的な言葉を使うようにします。

● **メールの受信者と目的を考慮する**

　メールを作成するために、パソコンの前に座ったら次の２つのことをまず考えてください。誰が受信するのかということと、メールの目的は何かということです。受け手が誰かによって、口調や表現を少し変える必要があるかもしれませんし、メールの目的如何によってはさらに表現方法を変更した方がいいこともあります。良いニュースを伝える時と、悪いニュースの時では口調は少なからず変わってきますし、お願いごとをしたり、説得したいときも同様です。

3 丁寧な表現を使いましょう

● 日常的、好意的な返事は簡潔に

　毎日のやり取りの中のことで、しかも肯定的、好意的な返事をする場合は、「わかりました」「そうします」「良い考えです」など、簡単に書いても問題ありません。そうでないメールのやり取りでは慎重に構成、表現、口調を考えます。

● 口調は慎重に

　上司や部下の別なく、または取引先に対しても、基本的には丁寧な口調を心がけましょう。言いたいことをはっきり、強硬に伝えたい場合も、批判的な口調や皮肉な表現は控えるのが礼儀です。

● メールには表情、ジェスチャー、抑揚がない

　電話であれば、相手の声のトーンや抑揚を感じることができますし、面と向かっての話ならば、互いの表情やジェスチャーなどから相手の気持ちや意図など多くのことを知ることができます。しかしメールだとそうはいきません。ただスクリーンに文字が並んでいるだけです。それゆえ、より丁寧な口調や表現を使って、慎重に書くことが大切です。

4 命令口調は避ける

● must と have to は命令的である

　異なる言語で完全に意味が一致する表現を見つけるのは困難です。それぞれの考え方や文化の違いなどが言葉にも反映されるからです。たとえば、「～する必要があります」を英語にしたらどうなるでしょう？　you have to ～、you must ～といった表現が浮かぶかもしれません。日本人にしてみるととくに問題はないように見えますが、英語圏のビジネスコミュニケーションにおいてこの表現を使うと、命令されているととられかねません。こうした表現は基本的には避けるのが原則です。

- Please 〜や Could you 〜などの表現を使う

　上司と部下、先輩と後輩、顧客と依頼人といった関係を超えて、相手に何かしてもらいたい時や、説得したい時の丁寧な依頼表現としては、Please 〜を使います。英語圏では Please 〜を「どうか、是非に」というより、「お願い」「〜して」という意味で、日常的に使います。経営陣から従業員に Please 〜と言うこともできますし、友人同士でもよく使われます。

have to 〜　　You have to turn in your report by this afternoon.
　　　　　　　午後までにレポートを提出する必要があります。

Please 〜　　　Please turn in your report by this afternoon.
　　　　　　　午後までにレポートを提出してくださいね。

Could you 〜 の表現を使うこともできます：

Could you 〜　Could you turn in your report by this afternoon?
　　　　　　　午後までにレポートを提出してくれますか？

- 相手の利益を強調する

　命令調を和らげるために、相手の利益を強調することも有効です。

must 〜　　　　You must send us the payment before we can ship your order.
　　　　　　　注文を出荷する前に、支払いをしなければなりません。

Please 〜　　　If you send us the payment, we can ship your order immediately.
　　　　　　　支払いをしてくだされば、すぐに出荷いたします。

5 能動態を使用する

- できるだけ能動態で書く

　できるだけ能動態の文章を書くようにします。一般的に能動態の方が、文章が短くなります。また、能動態の方が、メッセージの内容を把握しやすく、「誰が、誰に、何を、どのようにした」が明快です。受動態はやや事務的で冷たい印象があります。

受動態	I was given the assignment by my boss.
	私は上司から仕事を言い付けられた。
能動態	My boss gave me the assignment.
	上司は私に仕事を言い付けた。

● 例外1：良くないニュースを伝える時は受動態を使う

　例外として考えたいのは、相手に悪い知らせを伝えるときです。能動態の場合は、動作主が明らかになり、反対に受動態では動作主は省かれます。主語が動作を起こすのか、動作を受けるのかの違いです。それによって読み手の印象は大きく変わることを覚えておきましょう。

能動態	We did not approve your application.
	私たちはあなたの願書を承認していません。
受動態	Your application was not approved.
	あなたの願書は承認されませんでした。
能動態	We did not complete the concrete work.
	私たちはコンクリート工事を終えることができませんでした。
受動態	The concrete work was not completed.
	コンクリート工事は完了していません。

　受け手のミスや過失を指摘するときも受動態を使うと、非難している印象を和らげることができます。

能動態	You made an error.	あなたが間違いを犯しました。
受動態	An error was found.	間違いが見つかりました。

● 例外2：被害者であることを印象づけたいとき

　民事訴訟などで弁護士は、依頼人の行動を受動態で表現することが多いです。「○○さんの車が私のクライアントをはねました」より、「私のクライアントは、○○さんの車にはねられました」とする方が、依頼人が被害者である印象が強くなるからです。

能動態	Mr. ○○'s car struck my client.
	○○さんの車が私のクライアントをはねました。
受動態	My client was struck by Mr. ○○'s car.
	私のクライアントは、○○さんの車にはねられました。

6 文章の構造をよく考える

● ネイティブでも誤解

類似した要素を列挙すると、誤解されやすい文章になります。

× We need to discuss the schedule, budget approval and supplier selection.

○ We will need to discuss the schedule, approve the budget and select the suppliers.

　上の誤った文章では、discuss の後に、schedule、budget approval、supplier selection と3つの名詞（名詞句）が続き、その3つの内容について discuss（話し合う）するという意味になってしまいます。正しい文章をみると、discuss（話し合う）するのは、schedule（予定）だけで、その後に budget（予算）を approve（承認して）、suppliers（納入業者）を select（選ぶ）という3つの違うことを言っていることがわかります。複数の要素を列挙するときは、動詞、名詞、形容詞の使い方も一貫していないといけません。

● 並列するときは品詞も統一する

　メールだけでなくプレゼンテーションでも言えることですが、箇条書きやリストにして説明する場合は、名詞で始めたり、動詞で始めたりするのは誤解のもおとです。すべて同じ品詞から始めるようにします。

悪い例　1 **Budget increase**　（予算増加）
　　　　2 **Hiring better employees**（優秀な従業員を雇う）
　　　　3 **English classes to be offered**（英語のクラスを提供）

良い例　1 **Increase hiring budget**（雇用のための予算を増やす）
　　　　2 **Hire better employees**（優秀な従業員を雇う）
　　　　3 **Offer free English classes**（英語のクラスを提供する）

　良い例をみると、すべて動詞で始まっています。悪い例では、動詞や名詞とバラバラです。

7 使い慣れた表現をストックする

● 使い慣れた表現リストを作ってみる

　電話であろうと、会って話すときであろうと状況は違っても、自分がよく使う、使い慣れた表現というのがあるはずです。それはメールでも携帯電話のテキスト機能を使うときでも同じです。そうした日本語でよく使う表現をあらかじめ英語にして、状況別に分けた「自分が使い慣れた表現集」を作っておくことをお勧めします。ある意味、自分だけの個人表現集です。
　たとえば、Thank you for your e-mail concerning ～ はどんなメールでも使えますし、Regarding your e-mail on ～ という表現も頻繁に使われます。本書では、状況やテーマ別に基本的な表現を数多く収録していますので、ひとつの基本パターンを選び、状況に応じて単語を置き換えれば、様々な表現にすることが可能です。たくさんのパターンの中からよく使う表現を選んで、ノートに書き写し、パソコンの横に置いておくといつでも便利に使えます。

● パターンを把握する

　さらに基本パターンを習得しておくと、メールだけでなく、日常会話でも応用することができます。たとえば、I do not think going out is such a good idea. という表現を見つけたとします。この基本パターンは、I don't think ～ is such a good idea. ということになりますから、「ジョンに電話をかけるのはあまりいい考えじゃない」であれば、I don't think calling John is such a good idea. と応用することができるのです。going out を calling John に変えるだけです。

8 接続詞を適切に活用する

● 接続詞は標識のようなもの

　たとえば車で目的地までたどり着くには道路標識が頼りです。メールの場合、標識の役割を果たすのが接続詞(および接続の役目をする熟語、副詞など)です。語句と語句、文と文、段落と段落がどのようにつながっているかを見ることで、メールの受け手は正しく内容を理解するのです。

● 文と文とのつなぎ

　冒頭で何をしたかということを明示した後、その内容を次の文でどのように受けているか、何を指しているかを明確にしていくことで、メールの受け手は自然に内容を理解することができます。

> Last week, I met with Zach from Credo Industries to discuss the status of our shipment. But he said he was reluctant to discuss it because his boss had asked him not to. I pressed him about it, and he eventually opened up. According to him, there is some trouble meeting the deadline for the shipment due to a strike at the harbor. Also, his boss is not happy with our payment terms. You can imagine how shocked I was to hear all this.
>
> 先週、クレド・インダストリー社のザックと会い、出荷状況の話をしました。しかし彼は話をするのを躊躇したのです。というのも上司から話はするなと言われたからです。私が彼に強く言うと、最後には口を開きました。彼によると、港でストライキがあり、出荷が期限に間に合わないらしいのです。加えて、彼の上司はこちらの支払い条件に満足してないそうです。こうしたことを聞いて、私がどれだけ驚いたかお分かりになると思います。

● 段落と段落をつなぐ

　段落と段落をどのようにつなぐかも、メールの内容を理解するには大切な要素です。次の段落の冒頭には、前の段落の内容を再度参照しながら始めると流れがスムーズです。

> Despite those efforts, we were unable to convince the client. So, now, our best alternative may be to discuss this with our attorneys. I don't like this idea, of course, but I feel we have no other choice.
>
> そのように努力をしたにもかかわらず、顧客を説得することはできませんでした。ですので、今となっては、弁護士と話してもらうのが最善策です。もちろんこの案には抵抗がありますが、他に選択の余地がないと思われます。

9 メールの受け手に配慮する

● 誰に送るのかを常に考える

　前述したように、どんなコミュニケーション手段を使う場合も、受け手のことを一番に考えるべきです。Know your audience. という格言があるように、英語でのコミュニケーションでもまさに相手に配慮することが大切なのです。同じ内容（情報）のメールであっても、メールを送信する相手が、上司なのか、特別に大切な顧客なのか、友人なのかで、メールの長さ、構成、口調や表現などを変える必要があります。

● 相手の専門を考慮する

　たとえば、出版の仕事をしている人が、同じ出版関係の人に書くメールであれば、共通認識が多く、かつ専門用語を使っても問題はないでしょう。逆に相手がまったく出版のことを知らなければ、より詳しく丁寧に説明する必要があるはずです。受け手によって、出す情報の質を変えなければなりません。

● 第3者のことも考慮する

　ccやbccで、直接の送信相手以外の人もそのメールを見る可能性があります。意図せず上司や同僚がメールを見ることもあるので、常に第3者の存在にも注意しておきましょう。

● 伝えるべき情報を把握する

　送ったメールに不足があったり、不可解な部分があると、それを質すために不要な時間を使うことになります。こうしたことが起こらないようにするためには、最初からすべての要素を網羅して、メールを作成するよう心がけましょう。

相手に効率よくメッセージを伝えるために考えること：

▶ 相手から引き出したい情報は何か？
▶ 相手が知りたい情報をすべて提供しているか？
▶ 相手にしてもらいたいことは何か？
▶ いつまでに相手からの回答が必要か？

こうしたことに留意しながらメールを作成します。習慣にすることで、メールの内容や目的が明確になってきます。

10 文法に関する3つの誤解

● And、But、および Because で文章を始めてもいい

　And、But、Because などの単語を文頭に使ってはいけないと教えられた読者の方も多いかと思います。実際、アカデミックやフォーマルな場面ではそのルールを守ることもあるようですが、カジュアルなメールや日常のやり取りではまったく問題ありません。英語の小説やニュース、雑誌などでも頻繁に目にします。

● 前置詞で文を終えてもいい

　文末を、in、at、by、for、on などの前置詞で終えるのは、不可のように言われがちですが、次のように自然な文として使うことが可能です。

文法通り　**This is a good rule by which to live.**

自然な文　**This is a good rule to live by.**

● 完全な文でなくても大丈夫

　普通なら、文を省略するのは避けるべきですが、親しい関係で会話調でやり取りをしたいときなどは文を略しても構いません。

Looks great.　良さそうだね！
Hats off to you.　敬意を表するよ。
Really?　本当なの？
Hardly ever.　ほとんどないよ。
No way.　絶対に嫌だ。
Can't do it.　無理。
Sorry.　ごめん。

Basic Rules 情報を正確に伝えるためのルール

1 句読点とスペースの活用

● ピリオドと疑問符 (Period / Question Mark)

　英語におけるピリオドとクエスチョンマークは、日本語の句点と使いかたは同じです。単語を省略した場合 (abbreviation) も末尾にはピリオドを打ちます。

He will arrive on Dec. 5. 　彼は12月5日に到着します。
The project meeting is at 11 a.m. 　プロジェクト会議は午前11時からです。

● 感嘆符 (Exclamation Point)

　ビジネスのメールの場合、感嘆符の使用は可能な限り避けるようにします。カジュアルなメールで、お祝いや驚いたことを表現する場合は構いません。

Thanks! 　ありがとう。
Congratulations! 　おめでとう！
That was fast! 　早いね！

● コンマ (Comma) の使い方

　文章の中で、2つ以上の語を列挙するときは、コンマを使います。最後の項目の前は、and で結びます。

We will need to talk to Tom, call Lynn, and send the design to Aaron.
トムと話してから、リンに電話をして、そしてアーロンにデザインを送らないといけません。

　2つの独立した文 (independent clauses) をつなげるときにもコンマを使います。1つ目の文の最後にコンマをつけ、and、so、but、because、or、nor、for、yet などの接続詞 (conjunction) で次の2文目が始まります。

I agree with you, but I need to think about it.
賛成はしますが、考えてみる必要があります。

I couldn't reach him, so I left a message with his secretary.
彼と連絡がとれないので、彼の秘書にメッセージを残しました。

We have a new employee, and she is fantastic.
新入社員が入ってきたのですが、彼女はとても優秀です。

　本文中で、相手の名前を呼びかける時には名前の後にコンマをつけます。

Carl, I'm sorry about this.
カール、今回のことはすみませんでした。

　語句や文章を挿入するとき、または非制限的関係節があるときは、その前後にコンマを入れます。

I do think, however, we should discuss this with the CEO.
しかしながら、この件は CEO と相談したいと思っています。

I ran into Bernard Temples, the rep from CHS, at the workshop last week.
先週ワークショップに行ったら、偶然、CHS 社のレップのバーナード・テンプルさんに会いました。

　Introductory や 5 語以上の単語で成り立つ第 1 節目の後にもコンマを入れます。

No, that's not possible.　いいえ、それは無理です。

During the meeting, the architect asked me a difficult question.
会議中、企画を提案した人が、私に難しい質問をしました。

When I get to Canada, I'll call Stephen.
カナダに到着したら、ステファンに電話する予定です。

　日付を表すときもコンマを入れます。

Our first store opened on June 1, 2000.
1 号店は、2000 年の 6 月 1 日にオープンしました。

挨拶や名前を呼びかけるときもコンマを使います。

Dear Tom,
Hi Yolanda,
Sincerely,
Regards,

● セミコロン（Semicolon）の使いかた

　ｅメールではあまりセミコロンは使いませんが、簡単に触れておきます。関係のある２つのことを結びつけて表現するときに、セミコロンを使います。

My team deals with domestic customers; Brad's team works with overseas customers.
私のグループは国内の顧客を担当し、ブラッドのグループは、海外のお客様を担当します。

The policy is a good one; however, it may not realistic.
方針自体はいいと思います、が現実的にはないかもしれません。

　ｅメールでは、重要な用件を簡潔に伝えることが大切なので、上記のような例の場合は、セミコロンでなく、２文に分けて書く方が適切です。

● コロン（Colon）の使いかた

　コロンは、項目をリスト化し、列挙するときに使います。

We have three volunteers: Eric, Zach, and Tina.
３人のボランティアがいます：エリック、ザック、そしてティナです。

My ideas are as follows:
私のアイデアは次の通りです：

　後から出てくる質問や説明を促す印としてコロンを使うことがありますが、ｅメールではあまり実用性がないので、可能な限り使用しないでください。セミコロンのところでも述べましたが、コロンは使わないで、あえて文を２つに分ける方がメールには向いています。

The question is simple. Who authorized the action?
聞きたいのは簡単なことです。進める許可は誰がだしますか？

Ben has been doing a great job. He will easily become director someday.
ベンの仕事ぶりは素晴らしいです。彼ならいつか簡単にディレクターになれますよ。

下の例のように時間を表す、冒頭の〜様にあたる箇所でコロンを用います。

I received the call at 6:20 p.m.　午後 6 時 20 分に電話を受けました。
Dear Mr. Claris:　クラリス様：

● 括弧（Parentheses）の使いかた

　文章中、簡単な説明を追加したい時や、解釈を加えておきたい場合にカッコを使います。カッコの前と後は、半角のスペースを入れます。ピリオドはカッコ内には入れず、文章の最後におきます。

ASAP (as soon as possible) is an acronym.
ASAP (as soon as possible) は頭字語です。

English has a lot of acronyms (see Appendix).
英語にはたくさんの頭字語があります (付録を参照)。

　一つの文全体をカッコで括ることもあります。この場合は、ピリオドもカッコの中に入れます。

(Please refer to Appendix.)
(付録を参照してください。)

● ブラケット（Brackets）の使いかた

　カッコで括った補足説明のさらに説明になる部分をブラケットで囲みます。ただし、e メールでは一般的には使用しません。

As you'll see, sales have increased dramatically during the last two months (refer to Table 2-3 [page 5] in the attached file.
ご覧の通り、ここ 2 カ月で売り上げは劇的に増加しました (添付の表 2-3 [5 ページ] を参照してください)。

　または引用符で括られた文の中で説明を挿入したいときにブラケットを使います。

The director stated, "I'm grateful to the staff [at ABC Co.,] for going the extra mile."
部長から、「部員 [ABC 社の] がさらなる努力をしてくれたことに感謝する」というお言葉があった。

- ハイフン (Hyphen) の使いかた

　ハイフンは、接頭辞と接尾辞を単語に結びつける働きをします。

ex-boss　元上司
self-esteem　自信
all-inclusive　包括的な
CEO-elect　次期 CEO

　接頭辞と代名詞や形容詞を結ぶ働きもします。

pro-American　親米の
pan-Pacific　汎太平洋の
inter-American　アメリカ大陸間の

　複数の単語をつないで複合形容詞を作るときにもハイフンを使いますが、ハイフンがなくても意味がわかるような、corporate income tax や a joint venture project の場合は、省略します。

a problem-solving workshop　問題解決のためのワークショップ
company-owned buildings　会社所有のビル
a million-dollar project　百万ドルのプロジェクト
40-year-old CEO　40歳の CEO

　2語でひとつの意味をなす場合にもハイフンを使います。

Japanese-American　日系アメリカ人
Greco-Roman　ギリシャ・ローマ風の
import-export　輸出入
design-build　設計・建設

　re-lease（再び賃貸する）と、release（解放する）など、他の単語と混同することを防ぐ意味合いでもハイフンを使います。

re-form　再結成される　　**reform**　改革する
re-create　作り直す　　**recreate**　気晴らしをする

　21 から 99 までの数字や分数を綴るときもハイフンを使います。

twenty-one　21

ninety-nine　99
one-third　1/3
two-fifths　2/5

　見出しや件名でハイフンを使う場合は、ハイフンの後の最初の文字は大文字にします。

All-Inclusive Plan Approved　包括的な計画が認可された
Re-Lease Confirmed　再リースが確認できた
Small Contractor Wins Major Design-Build Contract
中小企業が大きな設計・建設の契約をとった

● **ダッシュ(Dash)の使いかた**

　eメールでダッシュはあまり使われません。ハイフンより長く、ダッシュの前後にはスペースを入れません。使うとすれば、文中でカッコやコンマのような役割を果たし、ちょっと間をおいて前の単語を説明するときに使います。

Stephen Lawson—the CEO of Lawson Associates—came to visit Yamada today.
ステファン・ローソン――ローソンアソシエイツのCEO――が今日、山田さんに会いに来ました。

Give Mike a call tomorrow—morning would be best—and ask him to join us for lunch next week.
マイクに明日――午前中がいいです――電話をして、来週のランチに参加するように頼んでください。

　補足説明の両サイドを囲むようにダッシュを使うのではなく、1つのダッシュで、「つまり」「すなわち」の意味を表すことがあります。

This contract is a good one—probably the best we've ever had.
今回の契約は素晴らしい――おそらく今までで最高でしょう。

I can't go—I'm just not up to it.
行きません――気が乗らないんです。

　参考までに、eメールでのダッシュは、キーボードでハイフンを2回タイプして表します。

● **省略記号(Elipses)**

　3点リーダー(...)は、余韻を感じさせる用法もありますが、文書の場合はス

ペースの都合で省略するときに使います。日常的なメールでは、3点リーダーを使うことはあまりないと思いますが、引用する文のフレーズを省略したい場合など以下のように使うことができます。

"If we can't deliver the goods on time...we can't call ourselves a supplier.... We need to restructure our delivery system."
商品を時間通りに配達できないときは ... 自らを納入業者とは言えません ... 配達のシステムを再度構築しなければなりません。

　文章の中では、省略部分を ... で表し、末尾に ... がきた場合は、最後にピリオドを打ちます。

● アポストロフィ（Apostrophe）の使いかた

　所有格を表す場合にアポストロフィを使います。

John's report　ジョンのレポート
the CEO's speech　CEO による演説
people's ideas　人々のアイデア
children's time　子供の時間
someone's keys　誰かの鍵

　-s で終わる単数名詞の場合もアポストロフィと s で、所有格を表します。アポストロフィのみで s をつけないとする意見もありますが、基本的には、's の形にします。

Thomas's opinion　トーマスの意見
Tim Jones's desk　ティム・ジョーンズの机
Chris's book　クリスの本

　-s で終わる複数名詞のときは、アポストロフィのみを使います。

the managers' meeting　部長による会議
subsidiaries' performance　子会社の業績
employees' lounge　社員用の休憩室

　所有代名詞にはアポストロフィはつきません。

The pen was his.　そのペンは彼のものです。
It was her fault.　それは彼女の間違いでした。
That book is mine.　その本は私のです。

2つ以上の名前や名詞がある場合は、アポストロフィとsは、最後の人だけにつきます。

I really enjoyed Sam and Jane's presentation.
サムとジェーンのプレゼンテーションはとても良かったです。

Let's look at both Jonas Associates and XZ Consulting's proposal.
ジョナス・アソシエーツとXZコンサルティングの提案を両方とも見てみよう。

　文字や数字を複数形にするときもアポストロフィとsを使います。

Customers are buying more Model X's now.
客はモデルXをより多く購入します。

The license plate had four number 7's.
そのナンバープレートは、7が4つでした。

　2つの単語を1つに短縮ときにアポストロフィを使います。以下に挙げた例は、口語的で、かつ親近感がある言い回しなので、eメールでもどんどん使うことをお勧めします。

I can't go.　私はいけません。
You'll see that it's perfect.　完璧だということをわかってもらえるでしょう。
We're planning a meeting.　会議を計画しています。
Please don't send that.　それを送らないでください。
Let's wait.　待ってみましょう。
He hasn't seen it yet.　彼はまだ見ていません。

　-sで終わる昔の人物の名前などには、アポストロフィだけを使って所有格にします。

Achilles' heel　アキレスの腱
Jesus' teachings　イエスの教え
Isis' beauty　イシスの美しさ

● **スラッシュ（Slash）の使いかた**

　文中で、2つの選択肢がある場合、それをまとめて提示するときに、スラッシュを使います。フォーマルな文章ではあまり使いませんが、社内メールや友人同士などで書く場合は問題ありません。

He/she should apply early.　彼／彼女は早めに申請すべきです。

In San Francisco, you can visit the Golden Gate Bridge and/or the Fisherman's Wharf.
サンフランシスコでは、ゴールデンブリッジ／またはフィッシャマンズ・ワーフに行けます。

〜あたり、毎を表すときにスラッシュを使います。

You shouldn't drive faster than 100 kilometer/hour.
時速 100 キロ以上で運転してはいけません。

The price is 100 USD/meter.
価格はメートルあたり 100 ドルです。

2 日付と時刻の書きかた

● 日 (Dates)

アメリカ英語では、最初に月を綴り、日を数字で表し、コンマのあと年度を数字で表記します。

2014 年 11 月 11 日 ➡ **November 11, 2014**

The meeting will take place on November 11, 2014.
2014 年 11 月 11 日に会議を開きます。

別の表記としては、日を数字で表し、次に月をスペルアウトし、コンマを入れずに年度を数字で表記します。

2014 年 11 月 11 日 ➡ **11 November 2014**

The meeting will take place on 11 November 2014.
2014 年 11 月 11 日に会議を開きます。

年が不要の場合もあります。

The meeting will take place on November11.
The meeting will take place on 11 November.

月や年が明確な場合は、the のあとに日付を序数にして表します。

The meeting will take place on the 11th.
The meeting will take place on the eleventh.

年月日を数字だけで表記する場合は、月、日、年の順番になります。それぞれ2桁ずつの表示にして、間はスラッシュでつなぎます。

2014年11月2日　→　**11/02/14**

この表記はアメリカでは一般的ですが、他の国では、月より日が先にくることもあります。正しい情報を伝えることが目的のeメールの場合は、「November 11, 2014」とするのが無難です。

● 年 (Year)

年は4桁の数字や最後の2桁の数字で表します。2桁の場合は、頭にアポストロフィを入れます。

The project was completed in 2013.
The project was completed in '13.
そのプロジェクトは、2013年に終了します。

特定の期間を表す場合は、以下のように終わりの年は2桁だけにします。1900年代と2000年代にまたがる場合は、4桁で表します。

2000-03
1998-2002

文頭を数字で始めることはしません。

✗ 悪い例

> Our customers like the model 101. 2010 was when we launched the model.
> モデル101は顧客に好評です。2010年にこのモデルを市場に出しました。

○ 良い例

> Our customers liked the model 101. The model was launched in 2010.
> モデル101は顧客に好評です。このモデルは、2010年に市場に出しました。

- **月 (Month) の略しかた**

    月と日をいっしょに表すときは、November を Nov. のように略すことができます。ただし、月だけ、年と月のときは略しません。
    11月25日 ➡ **Nov. 25**
    11月 ➡ **November**
    2014年11月 ➡ **November 2014**

- **曜日 (Days of the Week) の表しかた**

    文中で曜日を表記するときは、略した形は使いません。表などで、月を入れる場合は、省略形 (Sunday → Sun. Monday → Mon. Tuesday → Tues. Wednesday → Wed. Thursday → Thurs. Friday → Fri. Saturday → Sat.) にすることも可能です。

- **世紀と10年単位 (Centuries and Decades) の表しかた**

    世紀は、the をつけて、1世紀から9世紀まではスペルアウトし、10世紀以降は、序数で表します。

Rome fell in the fifth century.　　ローマは5世紀に滅亡した。
The typewriter was invented in the 19th century.
タイプライターは19世紀に発明されました。

　　10年をひとつの単位として表す場合は、半角数字を使います。
1980s　　1980年代
'80s　　80年代

　　時折、's の表記を見かけますが、これは誤りです。

×　1990's
○　1990s

- **時間 (Time) の表しかた**

    時間は、数字と a.m./p.m. で表記します。in the morning、in the afternoon、in the evening も使うことができます。

分単位　**The meeting will be held at 3:30 p.m.**
定時　　**The meeting will be held at 3:30 in the afternoon.**
　　　　　　会議は午後3時半に始まります。

The meeting will be held at 3 p.m.
会議は午後 3 時に始まります。

　〜時を表す o'clock は、どちらかというとフォーマルな文章で使います。この場合は数字をスペルアウトします。

You are cordially invited to attend our annual cocktail party at six o'clock.
毎年のカクテルパーティを 6 時から開きますので、ぜひお越しください。

● 時を表す順番

　年月日から時間まですべてを知らせたい場合があります。その時は、曜日、月、日、年、そして時間の順に書きます。

The meeting will be held on Monday, March 25, 2014 from 9:30 a.m. to 5:00 p.m.
今回の会議は、2014 年 3 月 25 日の午前 9 時半から午後 5 時まで開催されます。

3　引用符とイタリックの使いかた

● 引用符 (Quotations)

　誰かの言った言葉を直接引用する場合、二重の引用符で囲みます。

Yesterday's e-mail stated, "We wish to cancel our contract."
「契約をキャンセルしたい」と昨日きたメールでは言っています。

She asked me, "What do you mean by that?"
「それはどういう意味ですか？」と彼女がききました。

　文中で強調したい場合、馴染みのない言葉は二重引用符で囲みます。

They called us "con artist."　彼らは私たちを「詐欺師」と呼びました。
The client is building an "offshore" plant.
その顧客は、「海洋」プラントを建設しています。

　二重引用符の中に、さらにもう一組の引用符を使う場合は、一重の引用符を使います。

He asked, "What do you mean by 'con artist?'"

　記事、論文、スピーチ、歌詞や映像、本の一部の章タイトルなどを表す場合も二重引用符を使います。

This chapter is "Business English Writing Quick Checklist."
この章は、「ビジネス英語を書くためのチェックリスト」です。

One of my favorite songs is "Take Me Home, Country Roads" by John Denver.
私の大好きな歌に、ジョン・デンバーの「Take Me Home, Country Roads」があります。

● **引用符の中の句読点**

　引用符で文が終わる場合は、引用符の前にコンマをつけ、ピリオドは引用符の中につけます。

The CEO said, "I don't think outsourcing is a good idea."
CEO は、「アウトソーシングするのは良くない」と言っている。

　文の頭が引用符で囲った文で始まる場合は、コンマを引用符の中に入れます。

"It's your call," he told me.
「今回はあなたが決定してください」と彼は私に言いました。

　質問文を引用符で囲むときは最後のクエスチョンマークは、引用符の中に入ります。

- 引用符で質問が入る場合　　He asked, "Is it my turn?"
　　　　　　　　　　　　　　"Is it my turn?" he asked.
　　　　　　　　　　　　　　「私の番？」と彼はききました。

- 文全体が質問文の場合　　　Did he ask, "Is it my turn"?
　　　　　　　　　　　　　　「私の番か」と彼は尋ねたのですか？

　感嘆符の場合も同じです。

- 引用符で驚きや感嘆の表現が入る場合
　　　　　　　　　　　　　　He shouted, "No way!"
　　　　　　　　　　　　　　"No way!" he shouted.
　　　　　　　　　　　　　　「ダメ！」と彼は叫びました。

- 文全体が驚きや感嘆を表す場合
   I can't believe he said, "You're crazy"!
   「気が狂ってる！」と彼が言ったなんて私は信じられません！

● **イタリック体（Italics）の使いかた**

　本、新聞、雑誌、映画、演劇のタイトルのほか、外国語の単語、飛行機、船、船名などはイタリックにします。

He is the author of *Valley Revolutionaries*, a book on Silicon Valley entrepreneurs.
彼は「Valley Revolutionaries」という、シリコン・バレーでの起業についての本の著者です。

I wrote an article for *The Tokyo Times.*
私は「東京タイムス」に記事を寄稿しました。

　相手のメールソフトが、下線やイタリックを認識しない場合を考え、語句の前後に線を入れることもあります。

I wrote an article for _The Tokyo Times_.

4 パーセント、分数や通貨を表す

● **パーセント (Percent)**

　ビジネスの英作文では、パーセントは記号で表し、数字もスペルアウトしません。

× twenty-five percent
○ 25 %

　パーセント表記が文の頭にきた場合は例外です。

〈パーセントで文章を開始する場合〉
Twenty-five percent of employees receive this special bonus.
従業員の 25% に特別ボーナスが出ます。

〈通常の場合〉
Only 25 % of employees receive this special bonus.
従業員の 25% だけに特別ボーナスが出ます。

パーセント表示を受ける動詞は、単数の場合も、複数の場合もあります。パーセントだけに言及する場合は、単数形です。

〈単独言及〉
I think 5% is ideal.　私は5％が理想的だと思います。

　しかし、～％ of ～と後ろに名詞をとる場合は、その名詞に応じて、単数や複数になります。数えられない名詞には単数形、数えられる名詞には複数形となります。

〈不可算名詞〉
Generally, 5% of the money is distributed among the staff.
通常は、そのお金の5％は、従業員のあいだで配分されます。

〈加算名詞〉
Generally 15% of employees are considered core talents.
一般的に、従業員の15％が、業務の中軸を担っています。

　1より小さい数は、小数点の前に必ず0を入れます。

I would like 0.3% of the profits.　利益の0.3％をください。

● **分数(Fraction)と小数(Decimals)**

　分数で数字を表す場合は、ハイフンを使います。

One-fourth of attendees liked the presentation.
参加者の4分の1が、そのプレゼンテーションがよかったと言いました。

　整数と分数・小数をいっしょに使う場合は、そのまま数値で表します。

There's about 1 2/3 left.　1と2/3程度、残っています。
I have 3.4 liters left.　3.4リットル残りました。

　年齢は数字と分数で表します。

John's daughter is 3 1/2 years old.　ジョンの娘は、3歳半です。

● 通貨(Monetary Units)

通貨は、通貨記号で表現します。

〈ドル〉　It costs $200./It costs 200 USD.　200ドルかかります。
〈円〉　　It costs 200,000 yen.　20万円します。

アメリカでは、ドルマーク($)を使うことが多いですが、国際的な取り決めでは、USDが正式です。

〈セントの位がない場合〉
It costs 200 USD.　200ドルかかります。

〈片方が整数で、片方に小数点以下がある場合〉
The book is 125.25 USD while the DVD is 200.00 USD.
本は125.25ドルで、DVDは200ドルです。

セントだけの場合は、数字とcentで表記します。ドルと混在する場合は、ドル単位を使います。

〈セントだけで表記する場合〉
Each costs 37 cents.　それぞれ37セントです。

〈ドルと併記する場合〉
Model P is 0.37 USD, and model Q is 1.07 USD.
モデルPは、37セントで、モデルQは1ドル7セントです。

通貨記号の$や¥は、コンピュータによっては正しく表示できないことがありますので、使用には注意しましょう。

5　数字と計算

● 数字(Numbers)

10未満の数字はスペルアウトするのが一般的で、10以上は数字で表します。

Nine people came to the meeting.　9人が打ち合わせに参加しました。
There were 12 customers at the store.　店には12人の客がいました。

百万、億、兆といった大きな単位はスペルアウトします。

Tokyo has over 13 million people. 東京の人口は1300万人以上です。

● **数字で文が始まるとき**

文が数字で始まるときは、必ずスペルアウトします。

× 25 students attended the class.
○ Twenty-five students attended the class.
25人の学生がそのクラスに参加しました。

ひとつの文に数字が2つ以上ある場合は、数字で表記します。

5 out of 25 participants didn't like the presentation.
25人の参加者のうち5人が、プレゼンテーションに満足しませんでした。

● **年齢（Age）、住所（Address）、金融用語（Financial）**

年齢（Age）、住所（Address）と金融用語（Financial）などはすべて数字です。

Mr. Yamada is 42 years old. 山田さんは42歳です。

Our Dallas office is located on 21 Northwest Drive.
ダラスのオフィスは、ノースウエスト通りの21番です。

Use Highway 5 to get to Shinagawa. 品川までは高速道路5号で行ってください。

The TOPIX is up by 17 points. トピックスは17ポイント上がりました。

年齢を約〜歳と表記するときは、数字でもスペルアウトでもどちらでも構いません。

Mr. Sato is about 40.
Mr. Sato is about forty. 佐藤さんは、40歳くらいです。

● **本（Books）**

本は編や章、さらにはセクションに分けられていることが多いです。編はローマ数字、章やセクションはアラビア数字で表記します。

You're currently reading Part I, Chapter 3.
いま読んでいるのは、第1編の3章です。

6 重さや距離

● 度量法(Measures)

重さ、広さ、長さは数字で表記します。

The sheet is 2 by 3 centimeters.
その紙は、2 センチ x 3 センチの大きさです。

He weights 74 kilograms. 彼の体重は 74 キロです。

Tokyo is 560 kilometers from Osaka. 東京は大阪から 560 キロです。

重さ、広さ、長さなど表す単位は文の中では略しません。表中であれば、略すことが可能です。

● 温度(Temperatures)

温度表示は、数字と温度記号を使います。日本では摂氏を使いますが、アメリカなどは華氏を使います。

It's 10° Celsius in Tokyo.
= It's 10 degrees Celsius in Tokyo.
= It's 10°C in Tokyo. 東京の気温は摂氏 10 度です。

It's 10 degrees in Tokyo. 東京の気温は 10 度です。

摂氏を華氏に変換するときは、1.8 を掛け、32 を足します。華氏を摂氏にするには、32 を引いてから、1.8 で割ります。

°F = °C × 1.8 + 32
°C = (°F - 32) / 1.8

7 略語

- ### 社名の表記

　日本語でも株式会社を社名の前につけるか、後ろにつけるかの別があります。英語で社名を表すときも、社名に Co. (company)、Inc. (Incorporated) を入れるほかにも、Ltd. (Limited)、LLC(limited liability corporation)、PLC (public limited company) など様々な形式があります。公式な文書で、どのように書くか迷ったときは、その会社のホームページや、名刺の表記を確認するとよいでしょう。

- ### 頭字語式の団体名

　語の先頭の字や音節を組み合わせて綴り読みにすることを頭字語形式 (acronym) といいます。UN（ユーエヌ）、NATO（ナトー）、NASA（ナサ）などがそうです。文字の間にピリオドが入るかどうかも事前に確認しましょう。下の例のように最後のＴの後のピリオドは省略できません。

　× **H.O.T**
　○ **H.O.T.**

8 アメリカ英語とイギリス英語

- ### 微妙な相違点

　同じ英語でもアメリカ英語とイギリス英語では、スペルや文法上、微妙な相違点がたくさんあります。本書は、アメリカ英語を基準にしていますが、以下、顕著な相違点をいくつか紹介します。

- ### 過去形(Past Tense)

　一般的にアメリカ人はシンプルな過去形を使いますが、イギリス人は現在完了や過去完了を用いることが多いようです。

アメリカ	Did you see it?
イギリス	Have you seen it?
	それを見ましたか？

アメリカ	Everyone had a great time at the company picnic.
イギリス	Everyone has had a great time at the company picnic.
	会社主催のピクニックで、社員みな楽しみました。

アメリカ	I realized that the gate was on the other side.
イギリス	I had realized that the gate was on the other side.
	搭乗口は反対側にあることがわかりました。

● **定冠詞 (Definite Articles)**

イギリス英語では、定冠詞の the を省略することがあります。

アメリカ	Get it right the first time.
イギリス	Get it right first time.
	最初からちゃんとやりましょう。

アメリカ	He hopes to run his own business in the future.
イギリス	He hopes to run his own business in future.
	彼は将来、自分でビジネスをやりたいと考えています。

● **前置詞 (Prepositions)**

英米では前置詞の使い方にも微妙な違いがあります。規則があるわけではないので、いくつかの違いのみご紹介します。

アメリカ	Your opinions are different from Karl's.
イギリス	Your opinions are different to Karl's.
	あなたの意見はカールとは異なります。

アメリカ	Can you help me move tomorrow?
イギリス	Can you help me to move tomorrow?
	明日の引越しを手伝ってくれますか？

- ## 集合名詞（Collective Nouns）を受ける動詞（Verbs）

    アメリカでは集合名詞を受ける動詞は単数形ですが、イギリスでは複数形を使うのが一般的です。

    アメリカ　His family is from Asia.
    イギリス　His family are from Asia.
    　　　　　彼の家族はアジアから来ました。

- ## 否定の短縮形（Negative Contractions）

    アメリカでは助動詞＋not で短縮形にしますが、イギリスでは主語と助動詞で短縮形にします。

    基本　　　I have not seen the new model yet.
    アメリカ　I haven't seen the new model yet.
    イギリス　I've not seen the new model yet.
    　　　　　新型をまだ見たことがありません。

    基本　　　I had not seen her before.
    アメリカ　I hadn't seen her before.
    イギリス　I'd not seen her before.
    　　　　　私は前にに彼女に会ったことがありません。

- ## ピリオド（Period）、コロン（Colon）、コンマ（Comma）の使い方

    アメリカでは、最初の挨拶で Mr. や Mrs. とピリオドをつけてから姓、また行末にはコンマやコロンを使います。イギリスでは使いません。

    アメリカ　Dear Ms. Thompson:
    　　　　　Hi John,
    イギリス　Dear Ms Thompson
    　　　　　Hi John

Patterns　よく使うeメール表現

1　どうもありがとう

　アメリカ人が日常でもっとも頻繁に使う表現が、感謝の気持ち表すThank you. です。親しい間柄なら、Thanks や Thanks a lot. とも書きます。さらに感謝の気持ちを強めたいときは、Thank you very much. Thank you so much. I greatly appreciate. I really appreciate. などの表現があります。

● **Thank you for ＋ 名詞（～に対して感謝しています、～をありがとうございます）**

Thank you for your e-mail.
メールをいただきありがとうございます。

Thank you for the superb presentation you made during the directors' meeting last week.
先週の部長会では、素晴らしいプレゼンテーションをしていただきありがとうございました。

● **Thanks for ＋ 名詞（～をありがとうございます）**

Thanks for your e-mail explaining your reason for the delay in the project.
計画に遅れがでた理由を説明してくださって、ありがとうございます。

Thanks for the gracious help I receive during my trip to the U.S. last month.
先月、アメリカへの出張時にいろいろと親切にしていただきありがとうございました。

- Thank you for + ～ing （～していただきありがとうございます）

    Thank you for getting back to me so fast.
    すぐにお返事いただきありがとうございます。

    Thank you for providing me with the list.
    リストをお送りいただきありがとうございます。

- Thanks for + ～ing（～してくれてありがとう）

    Thanks for helping me with the project.
    プロジェクトの手伝いをしてくれてありがとう。

    Thanks for telling me about the problems at the site.
    現場の問題を教えてくれてありがとう。

- I / We appreciate + 名詞（～に感謝します。～をありがたく思います）

    I appreciate the welcome you gave our president last week.
    先週、弊社社長をもてなしてくださったことに心から感謝します。

    We appreciate your interest in the position.
    その仕事に興味をもっていただきありがたいです。

2 ～のためになる

　I am writing to ～の表現は、メールの冒頭で用件を提示するために、もっとも簡潔で分かりやすい表現です。I am writing ～で、「～の用件でメール差し上げてます」「～関連のことでメールをしています」という意味になります。同様の表現で、In regard to ～があります。こちらの方がさらにメールの用件を明確に示すことができます。メールの冒頭で使うことも、本文中で他の用件に切り換えるときにも使えます。「～に関して」という意味では、with regard to、as regards、regarding、concerning、about などの表現があります。In regard to ～で、regards と s をつけることがありますが、これはカジュアル表現で、フォーマルな場合は s はつけないようにしましょう。

- **I am writing to ＋動詞（～するためにメールを差し上げます）**

  I am writing to request a favor.
  ひとつお願いがあってメールしています。

  I am writing to ask for advice.
  アドバイスをいただければと思ってメールしています。

- **I am writing in ＋名詞＋ to（～に…するためにメールしています）**

  I am writing in response to your inquiry.
  お問い合わせに答えるためにメールしています。

  I am writing in regard to the meeting.
  その会議についてご連絡いたします。

- **This is in regard to ＋名詞（本メールは～についてです）**

  This is in regard to your e-mail of March 2.
  これは、3月2日のあなたのメールについてです。

  This is in regard to the new project.
  本メールは、新規プロジェクトに関することです。

- **This e-mail is to ＋動詞（このメールは～するためです）**

  This e-mail is to inform you of the proposed changes.
  このメールは提案したい変更事項についてお知らせするものです。

  This e-mail is to provide details on the new project.
  このメールは新規プロジェクトの詳細をお知らせするものです。

- **In regard to ＋名詞（～に関連して）**

  In regard to your e-mail dated April 1, we would like to apologize for the delay.
  4月1日のあなたからのメールに関連しますが、この度の遅延につき謝罪いたします。

  In regard to the new project, the CEO wants to put it on hold.
  新規プロジェクトに関し、CEOがしばらく保留したいと言っています。

- Regarding / Concerning + 名詞（〜について）

  Regarding next week's meeting, I suggest we prepare a written agenda.
  来週の会議についてですが、議題を書いたものを用意しておくことを提案します。

  Concerning your questions about the system, I think you should talk to Janet.
  システムの質問についてですが、ジャネットと話すといいと思います。

3 申し訳ありません

謝罪したいときは、I am sorry. が簡潔でもっとも一般的な表現です。それより少し格式ばった表現に、I apologize 〜があり、こちらはビジネスでよく使われます。ひとつ考慮しておきたいのは、こちらが謝罪したことで過ちを認めたこととなり、もし法廷で責任を問うようなことがあれば、証拠のひとつになることも考えられます。

- I apologize for + 名詞（〜についておわび申し上げます）

  I apologize for the delay in your shipment.
  発送が遅れまして、お詫び申し上げます。

  I apologize for my behavior yesterday.
  昨日の私の行動について謝ります。

- I apologize for + 〜 ing （〜したことをおわび申し上げます）

  I apologize for not replying sooner.
  早急にお返事できずに申し訳ありませんでした。

  I apologize for sending you the wrong order.
  誤ったご注文品をお送りしてしまい申し訳ありませんでした。

- I am sorry about + 名詞（〜についておわびします、すみません）

  I am sorry about the inconvenience my staff may have caused you.
  当社スタッフがご迷惑をおかけし申し訳ありませんでした。

  I am sorry about the late reply.
  お返事が遅くなり申し訳ありません。

● **I am sorry for ＋ 〜 ing（〜した点につきおわび申し上げます）**

I am sorry for calling you during your dinner last night.
昨晩は夕食どきにお電話を差し上げ申し訳ありませんでした。

I am sorry for sending you the wrong information last week.
先週は誤った情報をお送りしてしまい申し訳ありませんでした。

4 残念です

　英語圏で sorry を使うときは、こちらが過ちを犯したという意味ではなく、相手に何らかの不都合や悪影響を与えてしまって遺憾に思っているということを意味します。アジア圏では、I'm sorry. を謝罪と捉えて使いますが、英語圏では、「残念に思う」という意味の表現です。

● **I'm sorry (that) ＋ 節（〜が残念です）**

I'm sorry that you have to leave.
あなたが去ることになって残念です。

I'm sorry that you can't join us.
ご一緒できないのは残念です。

● **I'm sorry to ＋ 動詞（〜するのは残念です）**

I'm sorry to see you go.
あなたが去ってしまうのは残念です。

I'm sorry to hear the news.
そのニュースを聞いて残念に思います。

● **I'm sorry, but 〜（残念ながら〜）**

I'm sorry, but I cannot authorize it.
残念ですが、それは許可できません。

I'm sorry, but that is not possible.
残念ながら、それは不可能です。

● Regretfully, (残念ながら)

Regretfully, we have to reject your proposal.
残念ながら、あなたの提案は却下しなければなりません。

Regretfully, I won't be able to attend the meeting.
残念ながら、会議には出席できません。

● Unfortunately, (残念ながら)

Unfortunately, we will have to postpone the meeting.
残念ながら、会議は延期しなければなりません。

Unfortunately, the decision was not favorable.
残念ながら、その決定は好意的なものではありませんでした。

5 would、couldを使う

　　I would ～とすると、will より丁寧で、遠回しな表現になります。

● I would be + 形容詞 (～です)

I would be grateful for your feedback.
あなたからフィードバックをいただけると嬉しいです。

I would be honored to attend the banquet.
祝宴に出席できて光栄です。

● I would + 動詞 (～します)

I would appreciate your help.
助けてくださって感謝いたします。

I would talk to him directly.
(私なら)彼と直接話します。

● I would like to + 動詞 (～したいです)

I would like to thank you for your help.
あなたの助けに大変感謝しております。

I would like to ask a favor.
ひとつお願いがあるのですが。

6 〜が可能ですか？ 〜していただけますか？

　何かをお願い、要求したいときは、could の表現を使います。Could の次に (you、I、we) が来て、その後に動詞がきます。親しい間柄やカジュアルな文面ならば、could の代わりに can でも構いません。Could you send me 〜? の代わりに、Can you send me 〜? や、Could I ask 〜? の代わりに Can I ask 〜? でも大丈夫です。ほかに Could を使う場合と同じニュアンスで使える Would it be 〜? の表現もあります。Would it be possible for me to 〜? は、Could I 〜? で代用でき、Would it be possible for you to 〜? は、Could you 〜? にできます。

● Could you + 動詞（〜していただけますか？）

Could you send me an e-mail?
メールを送っていただけますか？

Could you call me tomorrow?
明日、電話をいただけますか？

● Could I + 動詞（〜することができますか？）

Could I get an extension on the schedule?
スケジュールを延長することはできますか？

Could I call you tomorrow to discuss the project?
プロジェクトについて話したいので明日電話してもいいですか？

● Could we + 動詞（〜するにはいかがでしょうか？）

Could we meet tomorrow?
明日、会うのはどうですか？

Could we postpone the meeting?
会議を延期するのはどうですか？

● Would it be possible to + 動詞（〜は可能でしょうか？）

Would it be possible to turn it in tomorrow?
明日、提出してもよろしいでしょうか？

Would it be possible to get the report earlier?
レポートを早めにいただくことは可能でしょうか？

- **Would it be possible for me/you to + 動詞**（…が〜することはできますか？）

    Would it be possible for me to get more information?
    もう少し情報をいただくことは可能ですか？

    Would it be possible for you to go alone?
    あなたは一人で行くことはできますか？

- **Would it be okay if I + 動詞の過去形**（〜してもいいですか？）

    Would it be okay if I went with you?
    あなたと一緒に行ってもいいですか？

    Would it be okay if I called you tomorrow at 10?
    明日の10時に電話をしてもいいですか？

- **Would you mind if + 動詞の過去形**（〜しても構いませんか？）

    Would you mind if I took a day off?
    1日休暇をとってもよろしいでしょうか？

    Would you mind if I used the same presentation I made last year?
    昨年作ったのと同じプレゼンテーションを使ってもよろしいでしょうか？

- **Would you be able to + 動詞**（〜することができますか？）

    Would you be able to send me the profile?
    プロフィールを私に送ってもらえますか？

    Would you be able to do me a big favor?
    お願いしたいことがあるのですが聞いてもらえますか？

- **If possible,**（できれば、可能な場合は）

    If possible, I would like to come by tomorrow.
    できれば、明日立ち寄りたいです。

    If possible, please get the draft to me by this afternoon.
    可能な場合は、今日の午後までにドラフトを持ってきてください。

7 うれしい

相手に良いニュースを伝える時、喜んでニュースを知らせたいという気持ちを込めて、I am / We are pleased (happy) to ～や、It is my / our pleasure to ～という表現を用います。I / We would be glad to ～やIt would be my / our pleasure to ～は、こちらとしては喜んで～します、という未来のことを示す表現です。

● **I am / We are pleased to ＋動詞（～となってうれしいです）**

I am pleased to hear that you enjoyed my presentation.
私のプレゼンテーションを気に入ってくださったと聞き、大変うれしく思っています。

We are pleased to inform you that you have been accepted to our internship program.
あなたがインターンシップに合格したことをお知らせできることをうれしく思います。

● **I am / We are happy to ＋動詞（～してうれしいです、喜んで～します）**

I am happy to tell you that the management liked your proposal.
経営陣があなたのプロポーザルに好意的だったので喜んでご報告します。

We are happy to be able to accommodate your request.
あなたのお申し出にお応えできることとなりうれしいです。

● **It is my / our pleasure to ＋動詞（～をうれしく思います）**

It is my pleasure to accept your invitation.
あなたからのご招待を喜んでお受けします。

It is our pleasure to announce the appointment of Mr. Kurt Hastings as the director of operations for Asia.
アジア担当のディレクターにカート・ヘイスティング氏を任命したこと発表できますことを大変うれしく思っています。

● **I / We would be glad to ＋動詞（喜んで～します）**

I would be glad to join your club.
あなたのクラブに喜んで参加します。

We would be glad to send you our new catalog.
弊社の新カタログを喜んでお送りします。

- It would be my / our pleasure to + 動詞（喜んで〜します）

    It would be my pleasure to give the keynote address.
    喜んで基調講演をさせていただきます。

    It would be our pleasure to reserve the hotel rooms for you.
    喜んであなたの部屋を予約させていただきます。

8 〜ように

一度話した内容や用件について再度言及するとき、「〜したように」という意味で、as を使います。

- As + 主語 + mentioned（〜が言及したように）

    As I mentioned in my last e-mail, the staff is becoming restless.
    前回のメールでお知らせしたように、スタッフは不安になっています。

    As you mentioned, this week's meeting will be about the new project in Hawaii.
    おっしゃる通り、今週の会議ではハワイの新規プロジェクトについて話します。

- As + 人 + requested（[人]が要求したように）

    As you requested, I'm attaching the file in MS Word.
    あなたの要求に従い、ワード形式のファイルを添付いたします。

    As Yolanda requested, the party will be at her home.
    ヨランダからのリクエストで、パーティーは彼女の家でやります。

- As we discussed（話し合ったように）

    As we discussed, my team will prepare the drawings.
    話し合ったように、私のチームで図面は用意いたします。

    As we discussed last week, I am scheduled to arrive in Paris this Saturday evening.
    先週話した通り、パリへは土曜日の夕方に到着の予定です。

● As + 動詞（〜するように、〜したように）

As laid out in my last memo, the new store hours will be from 8 a.m. to 11 p.m.
前回のメモで説明したように、店の新営業時間は午前 8 時から午後 11 時までです。

As Tim said yesterday afternoon during our brief meeting, we will send out the press release tomorrow afternoon.
ティムが昨日午後の短い会議で言ったように、明日の午後、プレスリリースを発表します。

9 おめでとうございます

　昇進、結婚、記念日など、おめでたいニュースにお祝いを言いたいときは、congratulations を使います。この言葉単独でも使えますし、文頭、文中に挿入することもできます。

● Congratulations（おめでとうございます）

Congratulations, your proposed project has been approved.
おめでとうございます、あなたの提案された企画が承認されました。

Congratulations! I heard the news.
おめでとうございます！　ニュースを聞きましたよ。

● Congratulations on 〜（〜しておめでとうございます）

Congratulations on a job well done!
仕事がうまくいったそうでおめでとうございます。

Congratulations on your promotion.
昇進されたそうでおめでとうございます。

● I / We would like to congratulate you on（〜についてお祝いをしたいと思います、おめでとうございます）

I would like to congratulate you on your recent promotion to director.
最近、部長に昇進されたそうでおめでとうございます。

We would like to congratulate you on the great presentation you made last week.
先週のプレゼンテーションは大成功だったとのことおめでとうございます。

- Congratulations to ～（おめでとうございます）

    Congratulations to your staff.
    スタッフのみなさん、おめでとう。

    Congratulations to all your staff.
    みなさん、おめでとうございます！

- その他の表現

    Nice work!
    よくやったね！

    Bravo!
    ブラボー！

    Great job on the speech!
    いいスピーチだったね！

10 ～してください

　非常に近い、親しい間柄でない限りは、何かを要求する、お願いするときはpleaseを使います。日本ではpleaseというと大層なお願い事をするときに使うイメージがありますが、英語圏ではさりげないことにでも、pleaseを頻繁に使います。

- Please ＋ 動詞（～してください）

    Please call me if you have any questions.
    質問があったら電話をください。

    Please forward me the data by tomorrow.
    明日までに私にデータを転送してください。

- I / We ask that you ＋ 動詞（あなたに～をお願いします、～してください）

    I ask that you send me the report as soon as possible.
    なるべく早く報告を私に送ってください。

    We ask that you contact us to confirm the meeting date.
    会議の日を確認して私たちに連絡をください。

- **I / We request that 〜（〜してください、〜することを依頼(要請)します）**

    I request that employees needing additional forms contact this office.
    追加の用紙が必要な従業員は、こちらのオフィスに連絡するよう求めました。

    We request that this matter be discussed in your next meeting.
    次の打ち合わせで、この件について話し合うよう要請しました。

Etiquette　eメールで知っておきたいエチケット

● 紛らわしい語句がないか確認する

　　英語にも同音異義語があります。whole と hole、hour と our などです。音が似ている、同じで意味の違うもの、またはスペル（見た目）が似ているケースもあります。英語ネイティブでも間違えたり、スペルチェッカーにひっかからないこともありますので、紛らわしい単語については普段から注意しておきましょう。

● メールに感情が入っていないかを確認する

　　受け取ったメールの文面にムッとして、思わず感情的な返信を書いてしまうことはないでしょうか？　書くだけは書いて、送信しなければいいと思っていても、次にメールソフトを開いた時に誤って送信ボタンを押してしまいでもすると、相手との関係を壊してしまうという事態を招きかねません。送られてしまったeメールは、一瞬のうちに先方に届き、もう取り返しはつきません。自分が感情的になっているなと思ったら、まずメールは書かないことです。

● 大文字の使い方

　　メールの文をすべて大文字で書く人がときどきいますが、メールもやはり基本的な英文法のルールが適用されるので、大文字は文の最初、固有名詞、略語のみに使用します。特に強調したい時に、文中で URGENT!　など大文字にする人がいますが、こちらも受信者を不愉快にするリスクがあることを覚えておきましょう。「緊急！」でお願いしたいのはこちら側の事情である可能性が高いものです。

● 重要なメールはプリントすること

　　定期的にメールのファイルはバックアップしておくことをお勧めします。コンピュータの不具合により、大事なメールが消えてしまったということでは困ります。本当に重要と思われるメールは、プリントアウトをして保管しておくのもよいでしょう。後から法的な問題に発展したときなど、メールの内容や日付も重要な証拠になる可能性があります。

- **相手の性別を決めつけないこと**

　英語の場合は、たとえば businessman や salesman といった特定の職業に関する男性中心の表現は避けるようにしましょう。アメリカ、カナダなどでは、mailman、fireman、policeman を、mail carrier、firefighter、police officer とするのが定着しています。書き出しの挨拶でも、受信者の性別が確実でない場合は、Dear Sir や Dear Gentleman と特定するのではなく、Dear Sir/Madam、または To Whom It May Concern を使います。そのほかにも政治的、社会的な見地からみて差別的と思われる単語は使用しないように注意しましょう。

- **スペルが正しいかを確認する**

　学校に提出する場合や、就職活動用に作成するメールは、正しい綴りになっているか確認してから送信します。お使いのメールソフトにスペルチェックがなければ、まずスペルチェックがある文章作成ソフトで書いてから、メールにコピーするのもひとつの方法です。

- **数字を確認する**

　数字は正しく表記できているか、確認しましょう。一(one)、十(ten)、百(hundred)、千(thousand)までは簡単ですが、万になると ten thousand、十万は、hundred thousand となります。単位が大きくなると、英語の表現を間違えやすいので注意しましょう。

- **金曜日の午後は送信を避けよう**

　ほかの業務が忙しく、ついつい金曜日の午後にまとめてメールを送ってしまうことはありませんか？　何かをお願いしたり、確認を求める内容であれば、受け取った人は金曜日の午後中に対応しなければいけないと慌てることもあるでしょう。できればこの時間帯にメールを送信するのは避けるよう心がけましょう。

- **メールは万能ではありません**

　インターネットがどんなに便利になっても、すぐに返事をもらいたいとき、文章では微妙なニュアンスがくみ取れそうもないときなどは、電話の方がいいでしょう。電話の内容は記録に残りませんが、通話後に決定事項をメールすればいいのです。また、お悔やみを伝えるなど、手書きの方がeメールより適していることもあります。eメールでは形式的な感じを与えがちなので、相手との関係を考慮して、手紙にするのか判断すればよいでしょう。

● 絵文字(emoticon)と略称(abbreviation)は避ける

　日本では、大人同士でも、携帯メールなどで ^^、=^ ▽ ^= 程度の顔文字なら使うことがあります。英語圏では、こうした顔文字の使用は幼稚な行為にうつりますので、特にビジネス上では使用しないようにしましょう。また日本と欧米とでは、顔文字の意味が違うこともあります。

　略語も控えましょう。FYI（ご参考までに）、ASAP（なるべく早く）、RSVP（返事をお願いします）などはよく見かけますが、それ以外の略語は、一般的ではありません。

UNIT 01

ビジネスメールの書き出しと結びの言葉

タイプ1　メールでの呼称

タイプ2　メールの書き出し

タイプ3　主要な記念日や季節の挨拶

タイプ4　結びの言葉

UNIT 01

ビジネスメールの書き出しと結びの言葉

Business E-mail Greetings and Closings

メールを書くときには、相手をどのように呼べばよいのでしょうか。また、結びにはどのような言葉をよく使うのでしょう。それらを踏まえつつ、主要な記念日や季節の挨拶としてメールを作成してみましょう。

🗨 タイプ別 Key Point

タイプ1 メールでの呼称	→	正式なメールでは Dear のあとに相手の名前をつづける
タイプ2 メールの書き出し	→	内容をすぐに把握できるように用件から述べる
タイプ3 主要な記念日や季節の挨拶	→	主要な記念日や休暇には挨拶のメールを送る
タイプ4 結びの言葉	→	ポジティブな期待感や積極的な協力、感謝などを表現する

🔍 専門家の E-mail Advice

ビジネスメールは挨拶の言葉（呼称）から始まります。そして、本文のはじめに今回のメールの目的を書き、そのあとで詳細な内容を述べます。できるだけ積極的に、未来志向で書いたほうがよいでしょう。季節の挨拶や主要な記念日などでの安否伺いには、ビジネスでよく使われる表現を使います。

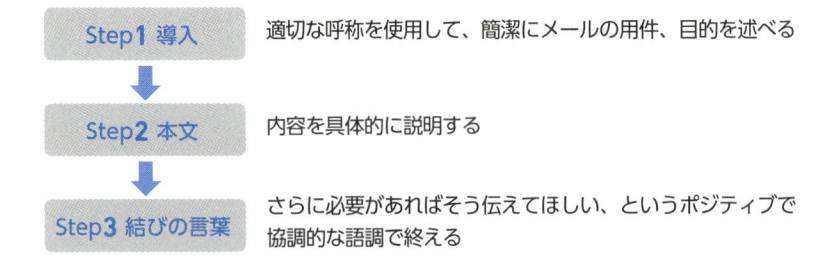

✏️ すぐに書ける 3 Steps

Step1 導入 適切な呼称を使用して、簡潔にメールの用件、目的を述べる

Step2 本文 内容を具体的に説明する

Step3 結びの言葉 さらに必要があればそう伝えてほしい、というポジティブで協調的な語調で終える

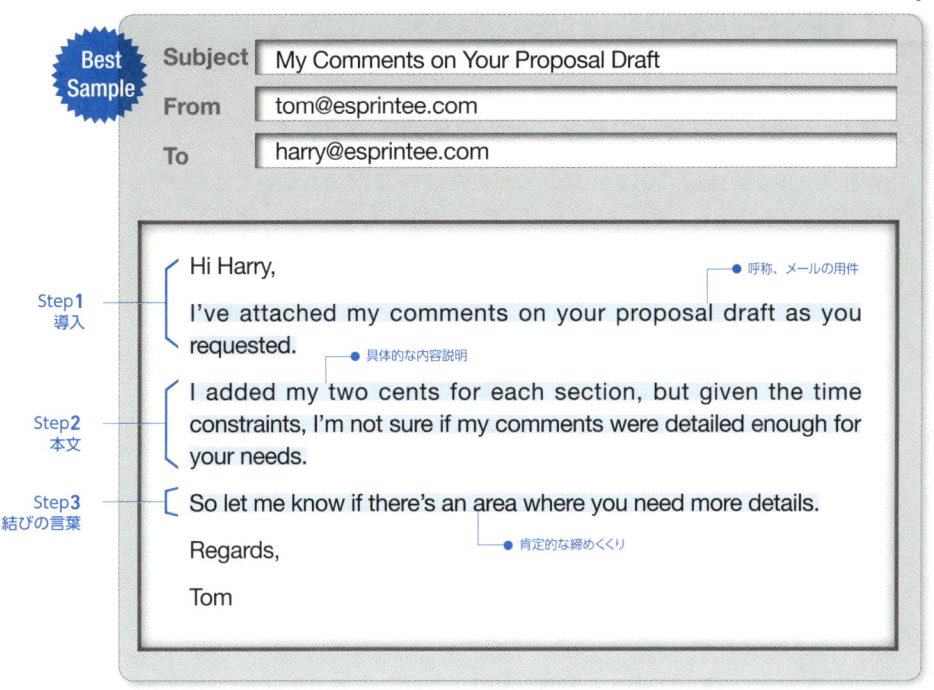

提案書草案の検討を依頼され、それに対する意見を提示する

Best Sample

Subject My Comments on Your Proposal Draft
From tom@esprintee.com
To harry@esprintee.com

Hi Harry, ● 呼称、メールの用件

I've attached my comments on your proposal draft as you requested. ● 具体的な内容説明

I added my two cents for each section, but given the time constraints, I'm not sure if my comments were detailed enough for your needs.

So let me know if there's an area where you need more details. ● 肯定的な締めくくり

Regards,

Tom

Step1 導入
Step2 本文
Step3 結びの言葉

提案書草案に対する意見

ハリーさん、こんにちは。
ご依頼のとおり、提案書草案についての意見を添付しました。
セクションごとに意見を書き添えましたが、時間が限られているため、これらの意見が十分にご要望を満たしているかどうかわかりません。
もし、より詳細な意見が必要であれば、そのようにお伝えください。
トム

---

draft 草案　two cents 意見（インフォーマル）　time constraints 時間的制限　enough 十分な　progress 経過

タイプ1　メールでの呼称

✉ 正式なメールではDearのあとに相手の名前をつづける

正式なメールでは Dear のあとに Mr.、Ms. または Dr. のような敬称と姓名につづけてコロン(:)をおきます。姓ではなく名前で呼び合う間柄であれば、Hi のあとに名前を入れてコンマ(,)をおきます。相手の名前を知らなければ役職名や会社名でもよいでしょう。相手が女性である場合、未婚、既婚に関わらず Ms. を使います。

Subject	Customer Service Complaint
From	jacksonlee@gmail.com
To	customerservice@elecshop.co.kr

呼称
▶ 001

• Dear Customer Service Manager:

I am writing to file a complaint.

カスタマーサービスに関する苦情
カスタマーサービス　責任者様：
苦情を申し上げたくて、メールを差し上げた次第です

001　相手の呼称

- こんにちは！
  Hi! `inf`

- ジョン、
  John, `inf`

- こんにちはジェーン、
  Hi Jane, `inf`

- こんにちはJ. K.、
  Hey J. K.,

- こんにちはロビン、
  Hello Robin,

- リンダさんへ
  Dear Linda,

- IK テクノロジー御中：
  Dear IK Technology, :

- ハリス様：
  Dear Mr. Harris:

- ジョンソン博士殿：
  Dear Dr. Johnson:

- ご担当者様：
  Dear Sir or Madam: `for`

- 関係者各位：
  To Whom It May Concern: `for`

UNIT 01　ビジネスメールの書き出しと結びの言葉　83

タイプ2 メールの書き出し

✉ 内容をすぐに把握できるように用件から述べる

ビジネス関係者や会社の同僚同士でメールをやりとりするときには用件を先に提示するとよいでしょう。メールボックスが常にいっぱいになっている相手のために、簡潔かつシンプルに作成します。メールを開いたときに内容をすぐに把握できるように用件を先に述べると効率的です。

Subject	Inquiry about Your Consulting Services
From	jim@leehanintl.com
To	customerservice@hansconsulting.co.jp

用件から書く
▶ 002

- I am writing to inquire about your consulting services as advertised in the January issue of *Marketing Industry News*.

コンサルティングサービスに関する問い合わせ
Marketing Industry News 誌1月号に掲載されたコンサルティングサービスについてお伺いしたいことがございます。

---

as advertised in 〜に掲載された　**issue of**（雑誌の）号

002 用件を伝える

▶ お願いできますか？
Could you do me a favor?

▶ 少々質問です。会議はいつか、もう一度教えてください。
Just a quick question: When is the meeting again? `inf`

▶ 忘れないでください。報告書の提出は今日の午後3時ちょうどまでです。
Don't forget. The reports are due this afternoon at 3 o'clock sharp.

sharp ちょうど、きっかり

▶ デザイン変更についてのメールを受け取りました。
I got your e-mail about the design change.

▶ スケジュールをお知らせするために、**簡単なメール**をお送りします。
I wanted to send you a quick e-mail to give you my schedule.

▶ ホテルの料金を教えてもらいたいのですが。
I am interested in finding out about your hotel rates.

▶ 今日の会議で述べたように、配送について貴殿の意見が必要です。
As I mentioned in our meeting today, I need to get your opinion on the delivery issue.

▶ 代金受領確認のメールを送ります。
I am writing to confirm receipt of payment.

receipt of payment 代金受領

▶ ポリシー変更についてお知らせするメールを送ります。
I am writing to inform you about some changes in policy.

▶ 戦略計画案についてのメールを送ります。
I am writing in regards to the draft of our strategic plan.

draft 草案、ドラフト

▶ 今後の会議についての質問にお答えするメールを送ります。
I am writing to answer your question about the upcoming conference.

▶ スケジュールについての懸念にお答えするメールを送ります。
I am writing in response to your concern regarding the schedule.

▶ リバーサイド・モール計画の入札案内についてです。
This is in regards to the invitation for bids for the Riverside Mall project.

invitation for bids 入札案内、入札募集

- このメールは、変更の提案をお知らせするものです。
  This e-mail is to inform you of the proposed changes.
  proposed changes　変更の提案

- 請求ミスについての3月9日メールへの返信です。
  This is in reply to your e-mail of March 9 **regarding** the error in billing.
  error in billing　請求ミス

- 2月10日のメールについてのご連絡です。
  Reference is made to your e-mail of February 10. `for`
  Reference is made to　～に関する連絡

- 11月1日付のメールを受信しました。
  We are in receipt of your e-mail dated November 1.

003　安否でメールを始める

- 東京からのご挨拶です。
  Greetings from Tokyo.

- スカイ・ジャパン社からご挨拶します。
  Hello from Sky Japan.

- どうしているかと思って、メールしてみました。
  Just dropping you a line to see how you are doing. `inf`

- お久しぶりです。
  Long time no hear. `inf`

- 近頃はいかがですか？
  How is everything these days?

- 万事順調であることを願っています。
  I hope things are going well with you.

- しばらくご連絡ありませんでしたが。
  I haven't heard from you in a while.

- 最近どうされているのかと思いまして。
  I was just wondering how you were doing these days.
  these days　最近、近頃

- 順調のことと思います。
  I trust you are doing well.

86

タイプ3　主要な記念日や季節の挨拶

✉ 主要な記念日や祝日には挨拶のメールを送る

英語圏の国における主要な記念日が近づいたら、短い挨拶を述べ、相手との取引への感謝の気持ちを簡潔に伝えます。ただし、過剰な宣伝や営業は避けたほうがよいでしょう。

Subject Season's Greetings from All of Us at PCC
From addept@pccinc.com
To Tall@pccinc.com

季節行事の挨拶 ▶ 004

- We at PCC Inc. wish you a very Merry Christmas!

We would like to take this opportunity to thank you for your continuing support. We look forward to working with you again next year.

PCCの社員一同よりご挨拶いたします

PCC Inc. の職員一同、すばらしいクリスマスをお迎えになりますよう願っております。この場を借りて、いつもお世話になっておりますことに感謝申し上げます。また来年も貴社とご一緒させていただくのを楽しみにしております。

take this opportunity この機会を利用する

004　祝日と年末年始の挨拶

- 復活祭おめでとう！
  Happy Easter!

- 独立記念日おめでとう！
  Happy Independence Day!

- 皆さん、ハロウィンを楽しく過ごされるよう願っています。
  I wish you all the fun of a happy Halloween.

- ご家族ともども、楽しい感謝祭を！
  Happy Thanksgiving wishes to you and family!

- 楽しいクリスマスを過ごされますように！
  I wish you a very Merry Christmas!

- クリスマスにあたり、お元気でいるかどうかと思い、メールしてみました。
  This is just a note to say we're thinking of you this Christmas.

  note　メモ、短いメッセージ

- メリー・クリスマス、新年おめでとう！
  A Merry Christmas and a Happy New Year!

- 楽しいクリスマスとよい新年を過ごされますように。
  We wish you a Merry Christmas and a Happy New Year.

- 楽しいクリスマスと素晴らしい新年を過ごされますよう、願っています。
  Our best wishes to you for a Merry Christmas and a prosperous New Year!

- 季節のご挨拶です！
  Season's greetings!

- 楽しい休暇シーズンになりますように！
  Best wishes during this holiday season!

- 休暇シーズンによいことがあるよう願っています。
  We wish you all the magic of the holiday season.

Tips & More

世界中のさまざまなビジネス関係において、キリスト教以外の宗教を信じる人びとのなかには、クリスマスに敏感な反応を示す人もいます。そのため、クリスマスシーズンに宗教的なニュアンスのメッセージを送ることについては慎重になったほうがよいでしょう。Christmas の代わりに season や holidays のような言葉を使って、新年のお祝いに焦点を合わせます。

- 楽しい時期を過ごされるよう、願っています。
  We extend all our best wishes for a joyous season.

- 素晴らしい休暇シーズンになりますように。
  We wish you a wonderful holiday season.

- あなたとあなたの愛する人が、この休暇シーズンを楽しく過ごせるよう、心から願っています。
  Warm wishes to you and your loved ones this holiday season.

- この時期の楽しさが一年中続くといいですね。
  May the joys of this season stay with you throughout the year.

- 季節のご挨拶です。よい新年を迎えられますように。
  Holiday greetings and best wishes for the New Year.

- 新年おめでとう！
  Happy New Year!

- よい新年になることを願っています！
  Best wishes for the coming New Year!

- よい新年になることを心から願っています。
  We wish you all the best in the coming year.

- 来年も素晴らしい年になることを願っています！
  We wish you another wonderful year next year!

- 健康で幸せな新年を迎えられますように！
  We hope the New Year brings you health and happiness!

- 素晴らしい新年になることを願っています。
  We wish you a wonderful new year!

- テック・ジャパン社一同、よい新年を迎えられることを願っています。
  Everyone here at Tech Japan sends you our best wishes for the coming New Year!

- 来たる年がまた実り多きものになることを心から願っています。
  I sincerely wish you another bountiful year ahead.

  bountiful 豊かな、実り多い

- 楽しい新年を過ごされますように。
  My best wishes for a pleasant new year.

005　季節や天候に関する言及

- 上海の天気はどうですか？
  What's the weather like there in Shanghai?

- バンクーバーの天気はどうですか？
  How's the weather in Vancouver?

- 東京は今とても蒸し暑いです。
  It's quite humid in Tokyo **right now.**

- ずっと焼けつくような暑さです。
  It's been scorching hot.

  scorching　焼け付くような

- 30度から35度の暑さが続いています。
  We've been getting 30 **to** 35 **degree heat.**

- ロサンゼルスは熱波に見舞われていると聞きました。
  I heard a heat wave is hitting Los Angeles.

  hit　襲う、〜に到る

- テキサスは、いつにない寒さに見舞われているようですね。
  I understand you've been getting unusually cold weather in Texas.

  unusually　いつになく、珍しく

- 今年の夏は雨がたくさん降っています。
  We are experiencing a lot of rain this summer.

- 今年の冬は雪がたくさん降りました。
  We've had a lot of snow this winter.

- ここ東京はひどい寒さが続いています。
  It's been freezing here in Tokyo.

- 大阪はだいぶ肌寒いです。
  It's pretty chilly in Osaka.

- 今年の冬は例年以上の寒さが続いています。
  This winter has been colder than usual.

- 吹雪のせいで不便な思いをしていないといいのですが。
  I hope the snowstorm **hasn't caused much inconvenience for you.**

- サンフランシスコに戻って快適でしょうね。
  It must be quite nice back there in San Francisco.

Tips & More

天候に関する表現

暖かい／寒い

穏やかな	mild	涼しい	cool
暖かい	warm	寒い	cold
暑い	hot	肌寒い	chilly
非常に暑い	scorching (hot)	ひどく寒い	freezing

天候に関するさまざまな表現

晴れた	sunny	雪が降る	snowy
かすみがかった	hazy	乾燥した	dry
曇った	cloudy	湿った	humid
どんよりした	gray	蒸し暑い	muggy
暗い	dark	霧がかった	foggy / misty
薄暗い	gloomy	風の強い	windy
雨降りの	rainy / wet	そよ風の吹く	breezy

自然現象

突然の寒気	cold spell / cold snap / spring frost		
霜	frost	洪水	flood
吹雪	snowstorm / blizzard	鉄砲水	flash flood
寒波	cold wave	霧雨	drizzle
黄砂	yellow dust	暴風雨	rainstorm
猛暑	heat wave	にわか雨	scatter showers
干ばつ	drought	雷雨	thunderstorm
ハリケーン	hurricane	竜巻	tornado
津波	tsunami / tidal wave		
台風	typhoon		

天候に関する語彙

天気予報	weather forecast, weather report
体感温度	wind chill (factor)
降水量	rainfall

タイプ4 結びの言葉

✉ **ポジティブな期待感や積極的な協力、感謝などを表現する**

すべてのコミュニケーションでは、ポジティブな締めくくりが大切です。メールの結びの言葉も同様です。取引先や親しい間柄のビジネスパートナー、提携会社などに送るメールの締めくくりは、ポジティブな期待、感謝、必要であればいつでも役に立ちたいということ、などを表現するとよいでしょう。

Subject	Monday Morning Meeting
From	davidking@hadadesign.co.jp
To	patrickray@eandu.com

We plan to go over to your office after breakfast at the hotel on Monday. Kamiya has a few texture samples with him, and I have ten rough designs of the keyboard for your team's review. I know it's going to be a long day, but both Kamiya and I are excited about the opportunity to collaborate with your team.

> 結びの言葉
> ▶ 006

月曜日の朝のミーティングについて

月曜日の朝、ホテルで食事をとってから、私たちは貴社にうかがう予定です。神谷はテクスチャサンプルをいくつか用意しております。私も本日確認していただけるようにキーボードのラフデザインを10種類ほど持ちします。忙しい一日になると思いますが、神谷も私も貴社のチームと協力しあえる機会をとてもうれしく思っております。

go over to 〜に出向いていく　**rough** おおよその、概略の　**a long day** 忙しい一日、長い一日　**collaborate** 協力する

006 結びの言葉

▶ 重ねて、感謝します。
Thanks again. `inf`

▶ 早めにお返事もらえるといいのですが。
I hope to get a quick reply from you.

▶ 私のメールは24時間、年中無休なので、何か必要なときは連絡ください。
My e-mail is open 24/7, so let me know if you need anything at all.
`inf`　　　24/7 24時間、年中無休　**anything at all** 何でも

▶ 報告書について、前向きなフィードバックがあることを願っています。
I'm hoping to receive positive feedback on the report.

▶ いつもながら、ご支援ありがとうございます。
As always, thank you for your support.

▶ 重ねて感謝します、そしてすぐにお話しできることを楽しみにしています。
Again, thank you, and I look forward to talking with you soon.

▶ お返事をいただくのを楽しみにしています。
We look forward to receiving your reply.

▶ ご協力深く感謝いたします。
Your cooperation will be greatly appreciated.

▶ この情報を受け取るのを楽しみにしています。
I look forward to receiving this information.

▶ 貴殿のご意見を受け取るのを楽しみにしています。
I'm very much looking forward to receiving your thoughts.

▶ 迅速にお返事いただけますとありがたいです。
Your prompt reply will be appreciated. `for`

▶ この件につき早めのお返事を期待しています。
We look forward to an early reply from you on this.

▶ 金曜日までにお返事をいただければ幸いです。
We would be grateful if we could hear from you before Friday.

▶ 貴殿の承認を楽しみにお待ちしています。
I look forward to your approval.

- よいお返事をお待ちしています。
  I await your favorable reply.

- ご検討感謝します。すぐにお返事いただけると幸いです。
  I appreciate your consideration and hope to hear from you soon.
  consideration　考慮して、配慮

- 提案につき質問がありましたら、遠慮なく私にメールをください。
  Please don't hesitate to e-mail me if you have any questions about the proposal.
  hesitate　遠慮する、躊躇する

- シトロ・プロジェクトに関する追加資料が必要な場合は、お知らせください。
  If you need additional information on the Citro Project, please let me know.

- さらに質問がありましたら、どうかご遠慮なくご一報ください。
  Feel free to send me a quick e-mail if you have more questions.
  feel free to　遠慮なく〜する

- 懸念されている点やご質問があれば、喜んでお答えします。
  I would be glad to answer any concerns or questions you may have.

- 常々弊社とお取引いただきありがとうございます。
  As always, we thank you for doing business with us.

- 追加情報が必要な場合は、ご都合の良いときに私にメールまたは電話をください。
  Should you require additional information, please e-mail or call me at your convenience. for

- この件、または他の件につきましても、ご質問やご意見がありましたらご連絡ください。
  Please contact me if you have any questions or comments regarding this or any other matter. for

UNIT 02

会社紹介とビジネスの提案

タイプ1 会社紹介

タイプ2 新製品、サービスの紹介

タイプ3 事業、提携の提案

UNIT 02 会社紹介とビジネスの提案
Company Introduction & Business Proposals

新しい取引先に会社を紹介したり、新たにリリースされた製品やサービスを紹介したり、といったように取引を誘導し、新事業を提案するメールです。

📋 タイプ別 Key Point

タイプ1 会社紹介 → 相手に関連することを強調して述べる

タイプ2 新製品、サービスの紹介 → 購入・利用したときの利点に焦点を合わせる

タイプ3 事業、提携の提案 → 専門性を際立たせる

🔍 専門家の E-mail Advice

会社を紹介するときは、漠然と良さを説明するのではなく、成果や実績を具体的に示します。そのとき、相手が必要としている会社情報を十分に提示することがもっとも大切です。また、相手が得られる利益や、取引によって生じるポジティブな影響についても触れてください。

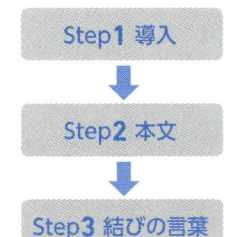

✏️ すぐに書ける 3 Steps

Step1 導入　会社紹介をする背景を述べ、会社について簡単に宣伝する

Step2 本文　今後、よい取引関係に発展する可能性を提示し、ミーティングの機会を示唆する

Step3 結びの言葉　会社紹介をする機会を設けていただいたことに対してお礼を述べ、将来への期待を伝える

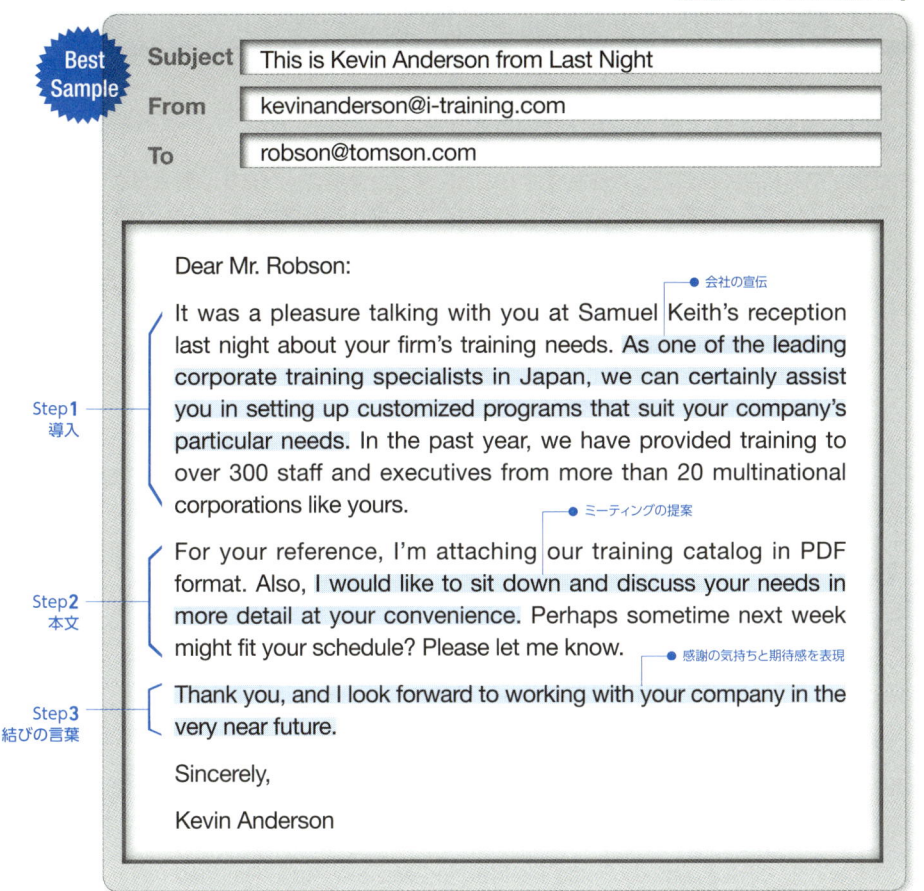

企業の社内教育担当者に
職員教育プログラムを紹介する

Best Sample

Subject	This is Kevin Anderson from Last Night
From	kevinanderson@i-training.com
To	robson@tomson.com

Dear Mr. Robson:

Step 1 導入
It was a pleasure talking with you at Samuel Keith's reception last night about your firm's training needs. As one of the leading corporate training specialists in Japan, we can certainly assist you in setting up customized programs that suit your company's particular needs. In the past year, we have provided training to over 300 staff and executives from more than 20 multinational corporations like yours.
 ● 会社の宣伝

Step 2 本文
For your reference, I'm attaching our training catalog in PDF format. Also, I would like to sit down and discuss your needs in more detail at your convenience. Perhaps sometime next week might fit your schedule? Please let me know.
 ● ミーティングの提案
 ● 感謝の気持ちと期待感を表現

Step 3 結びの言葉
Thank you, and I look forward to working with your company in the very near future.

Sincerely,

Kevin Anderson

昨夜お目にかかったケヴィン・アンダーソンです。

ロブソン様、

昨夜はサミュエル・キース氏の歓迎会で、貴社での社内教育の必要性についてお話しできてとてももうれしかったです。国内の企業研修における第一線の専門会社として、お客様のニーズに合わせてカスタマイズされたプログラムを構成する際には弊社がお役に立てると思います。この一年のあいだ、貴社のような多国籍企業の20社以上で、300名を超える社員や役員に向けて研修をおこなってまいりました。

ご参考までに、弊社の研修プログラムのカタログをPDFファイルで添付いたします。また、はやい時期にお目にかかって貴社のご要望やより詳しい内容についてお話したいとも思っております。来週、ご都合のつく日がございましたら、ぜひお知らせください。

近いうちに、貴社とご一緒にお仕事ができることを楽しみにしております。ありがとうございました。

ケヴィン・アンダーソン

---

needs（経済用語）欲求、必要性、需要　**set up** 構成する　**customize** 特別注文する　**multinational** 多国籍の

UNIT 02　会社紹介とビジネスの提案　97

タイプ1 会社紹介

✉ 相手に関連することを強調して述べる

面識がある相手であれば会社を紹介することになった背景を述べます。面識がない場合には、相手のことを知りたいきさつを述べます。自社製品やサービスの宣伝をするよりは、相手の利益に焦点をあてて、今後のビジョンを伝えるほうがよいでしょう。会社の特徴や業績を説明するときには、ほかの取引先についても触れて、信頼を得ます。

Subject Nice Meeting You Last Night
From prinston@scomp.co.jp
To jefferson@globalmart.com

(メールを送ることになったいきさつ ▶007)
It was great meeting you at the hockey club dinner last night.

(会社紹介 ▶008)
As I mentioned to you briefly, I am a consultant for Simon & Company, which specializes in finding housing for foreign executives in Japan. For many HR professionals, providing quality housing to new executives moving to Japan can be time-consuming and difficult. Since 1999, we have worked with hundreds of multinational companies in locating the right residential housing near international schools and convenient shopping facilities to keep the executives and their families happy and satisfied.
(予想される相手の利益 ▶009)

(結びの言葉 ▶010)
I've attached our latest brochure for your reference.

昨夜はお会いできてうれしかったです

昨夜はホッケークラブの夕食会でお目にかかれて、とてもうれしかったです。昨日も簡単にご説明しましたが、私は現在、日本駐在の海外企業役員を対象とした、住宅斡旋を専門とするSimon & Company社のコンサルタントをしております。多くの人事担当者様にとって、日本に赴任する新規役員様に良質な住宅をご用意することは時間もかかり、難しいものです。1999年から、当社は数百社におよぶ多国籍企業に、ご家族の皆様と幸せで満ち足りた生活を送ることができるようにインターナショナルスクールや便利な買物施設から近い、適切な住宅を斡旋してまいりました。
ご参考までに、当社の最新のパンフレットを添付します。

---

housing 住宅　executive 役員　HR (= Human Resources) 人事(部)　time-consuming 時間がかかる　residential 住宅の

007　メールを送ることになったいきさつ

- TRV社のラリー・ジョーンズさんからお名前をいただきました。
  We were given your name by Larry Jones at TRV.

- セヴィル・ジュッシュ＆アソシエイツ社のジャン・クランストンさんから、**貴殿が弊社のサービスに関心をお持ちかもしれない**と伺いました。
  Ms. Jan Cranston at Seville Josh & Associates **thought you might be interested in our services.**

- 先週金曜の晩の業界夕食会でお会いしましたが、直接お話をすることができなかったので、自己紹介のためにメールをお送りしようと思いました。
  Though I saw you at the industry dinner last Friday night, **I didn't get a chance to talk to you in person, so I thought I would send you an e-mail to introduce myself.**

- アメリカニスター社のモーガン・リーさんから、**貴殿が新しいサプライヤーを探している**ようだと伺いました。
  Morgan Lee at AmeriCanisters **has indicated you might be looking for a new** supplier.

- 貴社の日本でのビジネス活動に関するアジア・ビジネス・デイリー紙の記事で、**貴殿のお名前を拝見しました**。
  We saw your name in an article in *the Asia Business Daily* about your company's business activities in Japan.

- 共通の知人であるベアトリス・マクラウドさんから、貴殿が企業向けトラックの市場に参入しているので、連絡を取ってみてはと伺いました。
  Ms. Beatrice McLeod, a mutual acquaintance, **said I might contact you as** you were in the market for company vans.

  a mutual acquaintance　共通の知人　be in the market for　〜の市場に参入している

- 昨晩のカクテルパーティーの主催者であったジェームズ・オルソン氏は、弊社のコンサルティングサービスのお得意様です。
  Mr. James Olson, the host of the cocktail party last night, is a regular customer of our consulting services.

- 昨晩のロータリークラブのディナーでお話をすることができて幸いでした。
  I enjoyed talking to you during the Rotary Club dinner last night.

- 先週、ラスベガスの家電ショーでお会いしました。
  We met last week **at** the Consumer Electronics Show in Las Vegas.

- 先週の木曜日、京都行きの電車の中で、弊社の製品とサービスについて簡単にお話をする機会がありました。
  Last Thursday, **I had a chance to talk to you briefly about** our products and services **during** a train ride to Kyoto.

- 数週間前のシカゴ・ペーパー・トレードショーで、弊社ブース**を訪問していただきありがとうございました。**
  I appreciate your visiting our booth at the Chicago Paper Trade Show a few weeks ago.

008　会社紹介

- 弊社は、多国籍企業のための教育ソリューションの開発**を専門としています。**
  We specialize in developing training solutions for multinational corporations.
  　　　　　　　　　　　　　　　　　　　　　　　solution ソリューション、解決

- 弊社の過去および現在の顧客の中には、アメリカのフォーチュン500社が多数含まれています。
  Our past and present clients include many *Fortune 500* companies in the United States.

- 特注の本に**加え、弊社は、**オーダーメードのデスクトップカレンダーとメモ帳の**デザインおよび製造を行っています。**
  Along with specialty books, **we also design and produce** customized desktop calendars and memo pads.

- 弊社は、日本に**拠点を置く**事務用品製造の株式公開企業であり、日本と中国に３つの工場を保有しています。
  We are a publicly-traded office supplies manufacturing company **based in** Japan, with three factory locations in Japan and China.
  　　　　　　　　　　　office supplies 事務用品　a publicly-traded company 株式公開企業

Tips & More

フォーチュン 500
米国フォーチュン誌が毎年発表する全米上位 500 社の公開企業がその総収入を基にランキングされます。一般的に日本では大企業が高く評価されているように、米国でもフォーチュン 500 に挙げられている企業を顧客とする会社は安全性が高く可能性に満ちているとみなされる傾向にあります。そのため、広報資料の製作や会社紹介をするときにはこのリストに挙げられている企業と取引があると強調することが多いのです。

- 日本の東京に本社を置く弊社は、あらゆる年齢の子どもを対象とした、人気の高い英語書籍の出版社です。
  Based out of Tokyo, Japan, we are a publisher of popular English language books for kids of all ages.

- 弊社は、日本最大のオンラインゲーム会社の一つとして、「コマンダーX」や「ザカリアの戦い」など、アジアで一連のヒット作を出しました。
  As one of the largest on-line game companies in Japan, **we have had a string of hits** in Asia, ranging from *CommandarX* to *The War of Zakaria*.
  a string of 一連の

- 日本に本社を置く弊社は、この分野での20年以上の経験を持つ、手ごろな価格の筆記具の製造・輸出大手企業です。
  We are a leading producer and exporter of affordable writing instruments in Japan **with over** twenty years **of experience in the field**.
  writing instruments 筆記具

- mp3プレーヤーの革新的なデザインと機能により、弊社は2年連続「日本技術革新賞」を受賞しました。
  We have been awarded the Japan Innovation Award two years in a row for the innovative designs and functions of our mp3 players.
  in a row 連続して

- EZ コンピュータ社向けに特別に製造した大人気のEZヘッドフォンを含め、特許取得済みのコンピュータ周辺機器の設計・製造に携わる、IS9001：2000認証企業です。
  We are an IS9001:2000 certified company engaged in the design and manufacturing of patented computer peripherals, including the hugely popular EZ Headphones we specially made for EZ Computers.
  patented 特許取得済みの **peripheral** 周辺機器

Tips & More

主な事業の種類

公共事業	public service	公益事業	utilities
製造業	manufacturing	飲食業	food and beverage
コンサルティング	consulting	自動車の	automotive
出版	publishing	電子機器の	electronics
流通	distribution	調剤	pharmaceutical
デザイン	design	卸売業	wholesale
金融	finance	石油化学の	petrochemical
輸送	transportation	建設	construction
小売業	retail	広告	advertising
不動産	real estate		

009　予想される相手の利益

▶ 弊社が顧客とともに行った仕事のリストとその領域を見ていただければ、**弊社が貴社のお役に立てる分野のあることをおわかりいただけるでしょう。**
  When you look through the list and scope of our work with our clients, **I think you will find that there might be areas in which we can be of service to your company.** 　　look through 〜に目を通す　be of service to 〜の役に立つ

▶ **弊社は、**貴社が日本市場に密着したマーケティング戦略を立てる**のを支援することができます。**
  We can assist you in forming a cohesive marketing strategy for the Japan market. 　　cohesive まとまりのある、密着した

▶ どのような採用要件でも、弊社の熟練したコンサルタントは、競合他社よりも速く、より低コストで、適任者を見つけるお手伝いをします。
  Whatever your recruiting needs are, our experienced consultants **can help you find** the right person for the job faster and at a lower cost than our competitors.

▶ 弊社のUS部門は、2003年から、貴社のような企業がアジア市場に事業拡大する**支援を**してきました。
  Our U.S. division **has been assisting** companies like you expand their businesses into Asian markets since 2003.

▶ アジアの20以上の都市に流通網を持つ**弊社は、**世界で最も人口が多い大陸の何百万という新規顧客に、貴社の製品を流通させる**ことができます。**
  With a distribution network in over 20 cities in Asia, **we have the ability to** distribute your products to millions of new customers in the world's most populous continent.
  　　a distribution network 流通網　populous 人口が多い

▶ 弊社の製品は、実用的でありながら、流行に敏感な世界中の若い消費者が求める、若者向けのデザイン要素を持つという**強みがあります。**
  The strength of our products lies in their practical yet youthful design elements that are sought after by younger fashion-conscious consumers around the world.
  　　lie in 〜にある　seek after 〜を求める　fashion-conscious 流行に敏感な

▶ 弊社が提供できる際立った利点は、弊社の多様な技術と顧客の提供するサービスを統合する、実証済みの能力です。
  A distinct advantage we can provide is our proven ability to integrate our diverse technology with the client's service offerings.
  　　distinct 他の、明確な　integrate A with B BにAを融合させる　offering 製品、ギフト

▶ 顧客管理システムは、貴社の特定のニーズに合わせて総合的なサービスを提供することができる分野の一つです。
Customer management system **is one of the areas where we can provide** comprehensive services tailored to your company's specific needs.

                  comprehensive 総合的な、包括的な　**tailor to** 〜に合わせる

▶ 添付のカタログに見られるように、**弊社**は、貴社の実質的にすべての経営・会計・顧客情報管理が必要とする、**多種多様な**データベース・ソリューション・ソフトウェアを提供しています。
As the attached catalog shows, **we offer a wide selection of** database solutions software for virtually all your administrative, accounting and client data management needs.

            a wide selection of 多種多様な　**virtually all** 実質的にすべての

010　結びの言葉

▶ ご高覧いただけますよう、弊社製品のサンプルをいくつか送信したいのですが。
I would like to send you a few samples of our products for you to look at.

▶ 弊社カタログに目を通していただけますようお願いいたします。
I invite you to browse our catalog.

▶ ぜひお返事をお願いいたします。
I would love to hear from you.

▶ お返事を楽しみにしております。
I look forward to hearing from you.

▶ 喜んで無料体験をご提供いたします。
We would be more than happy to provide a free trial.

▶ 弊社製品をご購入いただく義務はございません。
There's no obligation to purchase any of our products.

▶ とりいそぎ、私でお役に立つことがありましたらご連絡ください。
In the meantime, if I can be of service, please contact me.

▶ 弊社のウェブサイトで追加情報が得られます。
Additional information can be obtained through our website.

▶ 弊社の多様な製品やサービスにつき、特にご質問がありましたらお知らせください。
Please let me know if you have specific questions about our diverse products and services.

▶ 貴社の採用要件を満たすことができると確信しています。
I am confident that we can meet your recruiting **needs**.

▶ 貴社が日本市場で独自の費用効果の高い市場戦略を立てるにあたり、弊社がどのようにお役に立てるか、お話しすることができましたら非常に幸いです。
I would be more than happy to discuss how we can assist you in formulating a customized, cost-effective marketing strategy for the Japan market.　　　　　　　　　　　　　　**cost-effective** 費用効果の高い

▶ ご都合がつくようでしたら、どのように協力し合うことができるかを話し合うため、貴社を訪問いたします。
If your schedule permits, we can come by your office to discuss how we might be able to work together.

▶ 確かに貴社は多くの供給元をお持ちでいらっしゃいますが、**直近で協力することができないとしても、コスト、サービス、品質保証を比較することができるよう、弊社の提案をお見せする機会があればと思います。**
Obviously your company has many suppliers, but even if we cannot work together in the immediate future, we would like an opportunity to present our proposal so that you might compare price, services and warranties.　　　　　　　　　　　　　　　　　**warranty** 品質保証

タイプ2 新商品、サービスの紹介

✉ 購入・利用したときの利点に焦点を合わせる

最初の文で新商品や新しいサービスに関する具体的な情報について述べます。そして、その商品の特性を説明し、相手にとって有用である、または適切である理由を説明します。商品の特徴を説明するときには、それを羅列するよりも、相手が得られる利点に焦点を合わせて説明するのが望ましいでしょう。必要に応じて、商品発売日や場所などを記載します。

Subject Arrival of Di Angelo Men's Dress Shirts
From jimhanson@shirtfactory.co.jp
To robson@hotmail.com

新商品の紹介 ▶ 011

- We are happy to announce the arrival of Di Angelo's line of men's dress shirts from Italy. Made of pure silk and available at affordable prices, the shirts come in a variety of pleasing color tones. We invite you to stop by today and buy yours while supplies last.

商品の特徴 ▶ 013

購入へと導く ▶ 014

Di Angelo のメンズシャツが入荷しました
この度は、Di Angelo のメンズシャツ(イタリア製)が入荷したことをご報告できて、とてもうれしく思っております。こちらのシャツはシルク100%で、お求めやすいお値段となっています。また、いくつもの魅力的なカラーが用意されています。数に限りがありますので、本日にでもお立ち寄りいただき、ご購入されることをお勧めいたします。

a variety of 何種類かの

011 新商品とサービスの紹介

▶ 弊社は、新しいオンライン登録サービス**を導入しました**。
We've just introduced a new on-line registration service.

▶ 次世代の、C2T800の20GBバージョン**を導入します**。
We are introducing the next generation, 20 GB version of C2T800.
GB (= gigabyte) ギガバイト

▶ 弊社のグローバル高級ブランドのラインに、ラファエル・ディ・アンジェロが加わりましたこと**を発表でき、大変うれしく思っております**。
We are excited to announce the addition of Raphael Di Angelo to our portfolio of global luxury brands.

▶ K&L エデュケーションは、上級レベルの学生に合わせた新しい2日間のビジネススキル・トレーニングプログラムをご紹介することができ、**大変うれしく思っております**。
K & L Education is happy to present a new two-day business skills training program geared toward advanced level students.
gear toward 〜向けの

▶ デザインに精通した人のための革新的なワイヤレス周辺機器のラインである、Wi-Keyの発売**を発表することができ、大変うれしく思っております**。
We are pleased to announce the rollout of Wi-Key, an innovative line of wireless peripherals for the design-savvy.
rollout 初公開、披露　design-savvy デザインに精通した人

▶ より手頃な価格のオフィスチェアに対する多数の要求に**お応えするため**、エルゴ・オフィス・ジャパン社は、EOK-2Lチェア**を発表しました**。
In response to the numerous requests for a more affordable office chair, Ergo Office Japan **has introduced** the EOK-2L chair.

▶ 多角化**の一環として**、おもちゃ愛好家のためのウェブサイト**を開設しました**。
As part of our diversification, **we have launched** a new website that caters to toy enthusiasts.
diversification 多角化　cater to 〜に応える　enthusiast 愛好家

▶ ファンタジー・スタジオ社は、「ザ・ウォー・オブ・ラコンダー」のオンライン購入サービスの開始を発表することができ、誇りに思っております。
Fantasy Studios is proud to announce the launch of on-line subscription service of *The War of Lacondar*.
on-line subscription service （ゲームなどの）オンライン購入サービス

➡「オフィス・オフィス開設」に関連する表現は、「Unit16 ▶日常的な通知」を参照してください

012　発売日と場所

▶ Wi-Keyは初秋に市場に出ます。
Wi-Key will hit the market in early fall.　　　　　hit the market　市場に出る

▶ 7月20日から新しいバージョンを発送します。
We will be shipping the new version **starting** July 20.

▶ 5月1日から、新しいウェブサイトで直接登録することができます。
Beginning May 1, you will be able to register directly at the new website.

▶ サービスは12月1日の午前9時に始まります。
The service starts on Monday, December 1, at 9 a.m.

▶ すべての新刊書籍は、弊社のウェブサイトですぐさま直接購入することができるようになります。
All new books **are available immediately for direct purchase through** our website.

▶ 新しい壁紙は、最寄りの販売業者から購入可能です。
The new wallpapers **are** now **available at** your local dealer.

▶ 12月11日にCOEXで開催される日本ソフトウェア・ショーにて、弊社の人気製品EZ Draw Liteのアップデート版が公開されます。
An updated version of our popular EZ Draw Lite **will be unveiled during** the Japan Software Show **at** the COEX **on** December 11.
　　　　　　　　　　　　　　　　　　　　　　　　　　unveil　公開する、発表する

▶ C2T800は、主要な消費家電製品店やディスカウントストア内の電気製品売り場で、2月14日から購入可能です。
C2T800 **will be available for purchase at** most major consumer electronics stores and **at** the electronics section at discount retail stores **from** February 14.

▶ バージョン2.0の発売は10月1日に予定されており、オンラインまたは日本のどの代理店でも購入することができます。
The release of Version 2.0 **is slated for** October 1 **and can be purchased** on-line or at any of our distributors in Japan.
　　　　　　　　　　　　　　　　　　　　　be slated for　～に予定されている

➡「イベントの招待」に関連する表現は、「Unit3 ▶招待、参加・不参加」参照してください

013　商品とサービスの特徴

- オマン・スキンケア製品は、消せないしわを数分で隠すことができます。
  With Oman Skin Care products, **you can now** hide those nagging wrinkles in minutes.
  　　　　　　　　　　　　　　　　　　　　　　　　　　nagging 消えない、収まらない

- インターネットを見ている間、C2T800で音楽を聴くことができます。
  C2T800 **allows you to** listen to music while browsing the Internet.

- YuriCom CAD4.1は、主流CADプログラムの実力をわずかなコストで提供しています。
  YuriCom CAD 4.1 **gives you the power of** a major CAD program for a fraction of the cost.
  　　　CAD (= Computer-Aided Drawing) CAD、コンピュータによる設計システム　**a fraction of** わずかな

- PrintRiteコピー機は、文書のサイズを調整したり、プレゼンテーションに色を追加したり、貴社のネットワークでドキュメントを配布したりすることができます。
  PrintRite copiers **allow you to** resize documents, add color to your presentations, and distribute documents throughout your network.

- 貴社の顧客は、貴社ウェブサイトを通して弊社の製品を注文することができます。
  Your customers can order our products through your own website.

- Milestone Proソフトは、スケジュール作りに必要なすべてを満たすことができます。
  Milestone Pro software **can serve all your** scheduling **needs**.

- ECS エグゼクティブ・ブック・クラブは、ほしい本だけを購入する、便利な柔軟性を提供しています。
  ECS Executive Book Club **offers the convenient flexibility of** purchasing only the books you want.

- このモデルはポータブルに設計され、ブリーフケースまたはポケットの中にさえ簡単にしまうことができます。
  The model is designed to be portable, **making it easier to** pack it into your briefcase or even your pocket.

- この新しい機械が、貴社の特定の作業環境に適していることをおわかりいただけると確信しています。
  We are confident that you will find the new machine adaptable to your particular work environment.

- カスタマイズ可能なので、新しいプログラムが貴社の研修施設に簡単に取り入れることができることをご理解いただけると確信しています。
  With their customizability, **we are confident that you will find** the new programs easier to implement in your own training centers.
  　　　　　　　　　　　　　　　　　　　　　　customizability カスタマイズ可能

- 顧客への付加価値サービスとして、新製品へのすべての注文につき、**送料は弊社が負担いたします。**
  As a value-added service to our clients, **we will pay the delivery cost on** all orders for the new product.
  value-added 付加価値の

- この商品は3年間の保証があります。
  The product carries a 3-year **warranty.**
  carry 〜がある、持っている

- Take Twoは二つの個別の技術を滑らかに統合した、その製品カテゴリーの**最初のモデル**です。
  Take Two **is the first model** in its product category **to** seamlessly integrate two distinct technologies.
  seamlessly 滑らかに、途切れなく　**integrate** 統合する

- 新しいEZ-5ヘッドフォンは、**市場のいかなる製品とも異なり、**クリアな音質、快適さと利便性を誇っています。
  The new EZ-5 Headphone **boasts** clarity, comfort and convenience **unlike any other product on the market.**
  boast 誇る、自慢する

- 使いやすい新メニューは、ユーザーの時間を節約するための**多くの特徴の一つにすぎません。**
  The new user-friendly menu **is only one of many features that help** users save time.
  user-friendly 使いやすい

014　購入への誘導

- お近くの公式販売代理店が、喜んで訪問いたします。
  One of our authorized distributors near you **will be happy to** visit you.

- このプログラムに登録するには、02-433-2111の私まで電話ください。
  To register for the program, **please call me at** 02-433-2111.

- 限定した数の顧客に新サービスを提供していますので、ご興味ありましたらお電話いただくか、メールでご返信ください。
  We are offering the new service to a limited number of clients, **so please call me or send me a reply e-mail if you are interested.**

- 都合のつくときに喜んでお会いし、新しいプログラムの詳細についてご説明します。
  I will be happy to meet with you at your convenience to explain the new program **in detail.**

- 弊社の新しいレンタルサービスをお試しいただく機会を提供するため、初回レンタル時25％の割引を提供します。
  To give you a chance to try out our new rental service, **we would like to offer** a discounted rate of 25% on your first rental.

  a discounted rate 割引率

- 弊社のウェブサイトを訪れ、体験版をダウンロードするようお願いします。
  I invite you to visit our website to download a trial version.

- 詳細な製品資料を喜んでお送りします。
  We will be pleased to send you the detailed product literature.

  literature （広告）印刷物、文学

- 新しいトレーニング・コースに関する、簡単な情報を添付します。
  Attached is short information about the new training course.

- このツアー・パッケージは、弊社オフィスにて予約可能です。
  Reservation for the tour package **is** now **available through our office.**

タイプ3 事業、提携の提案

✉ 専門性を際立たせる

事業や提携を提案するときは、相手が協力することによって得られる利点を具体的に提示することが重要です。相手に確信を与えるには製品やサービスの特徴、地理的強み、専門的知識や技術的側面により両社が補完しあえる要素に焦点を合わせるとよいでしょう。

Subject A Strategic Partnership
From kevin@ibcp.co.jp
To chris@triplus.co.jp

提携の提案 ▶ 016

• We would like to form a strategic partnership with your company. With our geographical knowledge of the market and your technical expertise, we believe such a partnership • would give both our companies an edge in this market in terms of buying power.

事業、提携の利点 ▶ 017

戦略的提携
弊社は、貴社との戦略的提携を結びたいと考えております。弊社の市場に関する地理的知識と貴社の技術的専門知識とを合わせれば、両社とも市場で購買力としての強みを持てると考えております。

---

strategic partnership 戦略的提携　**geographical** 地理的な　**edge** 強み
in terms of 〜の観点から　**buying power** 購買力

UNIT 02 会社紹介とビジネスの提案　111

015 事業の提案

- 貴社のブランドに感銘を受け、貴社レストランコンセプトの加盟店になりたいと思います。
  We are impressed with your brand **and would like to** become a franchisee of your restaurant concept.

- 可能なオプションとして、OEMパートナーシップを検討したいと思います。
  As a possible option, we would like to explore an OEM partnership.
  OEM (= Original Equipment Manufacturing) 相手先ブランドによる生産

- 貴社のフロントガラスワイパー技術のライセンス契約が可能かどうかお話ししたいと思います。
  We would like to discuss a possible licensing agreement for your windshield wiper technology.　a windshield wiper （自動車）フロントガラスのワイパー

- 貴社の製品をアジアで直接販売する代理店の選定に興味があり、問い合わせのメールをお送りしています。
  I am writing to inquire about your interest in designating a distributor to sell your products directly in Asia.

- コーヒー店で事業を多角化しようとしており、貴社との共同開発の可能性についてお話ししたいと思います。
  We are looking to diversify into coffeehouses **and want to discuss** a potential joint development with your company.
  look to ～しようとする　diversify into ～での多角化

- 貴社のコンピュータ周辺機器を日本市場に紹介することに興味があります。
  We would be interested in introducing your computer peripherals products to the Japan market.

- 貴社の缶コーヒーとドリンクの製品ラインの、日本での独占販売代理店になることに興味があります。
  We are interested in becoming the exclusive distributor of your line of canned coffee and beverages in Japan.

Tips & More

事業・提携関連

ライセンス、認可	licensing	戦略的提携	strategic partnership
フランチャイズ	franchise	共同販売	joint marketing
フランチャイズ加盟店	franchisee	コンソーシアム、組合	consortium
合弁事業	joint venture	独占販売店	exclusive [sole] distributor
貿易	trade、import-export	正規販売店	authorized dealer
戦略的同盟	strategic alliance	仕入先	supplier

016　提携の提案

▶ 弊社の流通経路と、貴社のマーケティングノウハウを統合する、**戦略的提携の話し合いに**ご関心ありますでしょうか。
Would you be interested in discussing a strategic partnership that would combine our distribution channels with your marketing know-how?

▶ 貴社のニーズにつきスタッフと話し合いましたので、貴社のサービスを日本で販売するための合弁事業設立を**提案したいと思います。**
After having discussed your needs with my staff, **I would like to propose that** we create a joint venture to sell your services in Japan.

▶ 貴社のバナーを弊社の店に置き、貴社のビール製品の割引を提供すること、また、貴社のすべてのテレビCMで弊社の店の宣伝をするという、マーケティング・プロモーションに**関心があります。**
We would be interested in a joint marketing promotion in which we place your banners in our stores and give discounts on your beer products to customers while you promote our stores in all your television commercials.

▶ 弊社の提案にご興味があるか、または他のタイプの提携を好まれるかどうか知りたいのですが。
We would like to know whether you are interested in our proposal or you prefer a different type of partnership.

▶ 新しいソフトウェア開発の提携により、両者の日本での関心を満たすことができるかもしれません。
Collaborating on a new software development **might serve both our interests** in Japan.

collaborate　共同で働く

017　事業、提携の利点

▶ 弊社は、ここの市場になじみがあり、日本で適切な戦略を立てるため**の支援をすることが**できます。
Because we are familiar with the market here, **we can assist you in** formulating the right strategy for Japan.

- ▶ 協力関係が生む相乗効果により、それぞれの事業領域でただちに収益の向上が期待できます。

  We can expect to immediately improve the bottom line in our respective business areas from the synergy created by our collaboration.

  improve the bottom line 収益を上げる　**respective** それぞれの　**synergy** シナジー、相乗作用

- ▶ 合弁事業は、中国のソフトドリンク市場に参入するために必要な複合的な専門知識を、両社に提供します。

  A joint venture **would give both of us** the necessary combined expertise to penetrate the soft drink market in China.

  penetrate 〜に参入する、突き抜く

- ▶ 協力し合うことにより、両社にとって最小限の追加費用で、共同のマーケティング・プロモーションを実施することができるでしょう。

  Together, we would be able to execute the joint marketing promotion with minimal additional cost to both companies.

- ▶ 弊社製品を販売している小売店は250以上あり、貴社のTQシリーズの日本市場でのブランド認知度を構築し、促進することができます。

  With over 250 retail outlets that sell our products, **we would be able to** create and foster brand recognition of your TQ series in the Japan market.

  foster 育てる、促進する　**brand recognition** ブランド認知度

- ▶ 弊社の多様なゲーム・コンテンツのラインと、ヨーロッパでゲームを開発してきた貴社の経験を組み合わせることで、戦略的提携により、成長しているヨーロッパのゲーム市場で両社が大きなシェアを獲得することができるでしょう。

  Combining our diverse portfolio of game contents with your game development experience in Europe, a strategic partnership **would no doubt enable the two companies to** gain a sizable share in the growing European gaming market.

- ▶ ソフトウェアの共同開発により、将来の提携の試みに向けて、広い機会が生まれるでしょう。

  Jointly developing the software **will create vast opportunities for future partnership endeavors.**

  jointly 共同で　**endeavor** 努力、試み

UNIT 03

招待、参加・不参加

- タイプ1　イベントに招待／発表者の招聘
- タイプ2　スケジュールを公示
- タイプ3　招待に応じる
- タイプ4　招待を辞退する
- タイプ5　会議や社内行事の通達
- タイプ6　議事録の配信

UNIT 03 招待、参加・不参加

Inviting & Accepting and Declining

会議や会社の記念式、展示会、新製品発表会などのイベントを社内に告知するメールや、外部に知らせて招待するメールです。参加・不参加を確認したり、議事録を配信したり、といったものも含まれます。

📋 タイプ別 Key Point

タイプ1	イベントに招待／発表者の招聘	具体的な情報を伝える
タイプ2	スケジュールを公示	表を作成しよう
タイプ3	招待に応じる	冒頭で参加の意志を伝える
タイプ4	招待を辞退する	辞退する理由を簡単に述べる
タイプ5	会議や社内行事の通達	連絡可能な電話番号を記載する
タイプ6	議事録の配信	欠席者を考慮して作成する

🔍 専門家の E-mail Advice

招待メールには、簡単な昼食会であっても、会社の大きな記念式であっても、イベントについて相手が知っておくべき内容をすべて記載しなくてはなりません。相手を招待する理由を伝えて、時間や場所などの情報をもれなく記載します。文章のトーンや格式は、相手との関係やイベントの種類に応じて変わってきます。

✏️ すぐに書ける 3 Steps

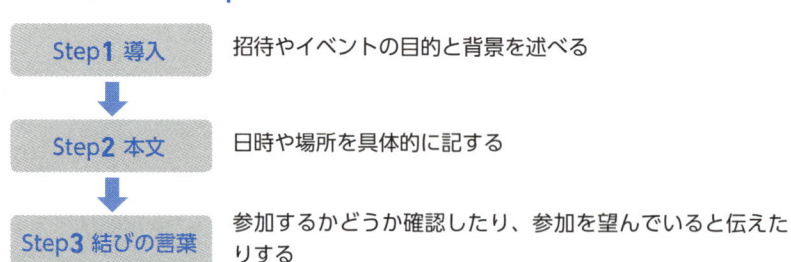

Step1 導入 — 招待やイベントの目的と背景を述べる

Step2 本文 — 日時や場所を具体的に記する

Step3 結びの言葉 — 参加するかどうか確認したり、参加を望んでいると伝えたりする

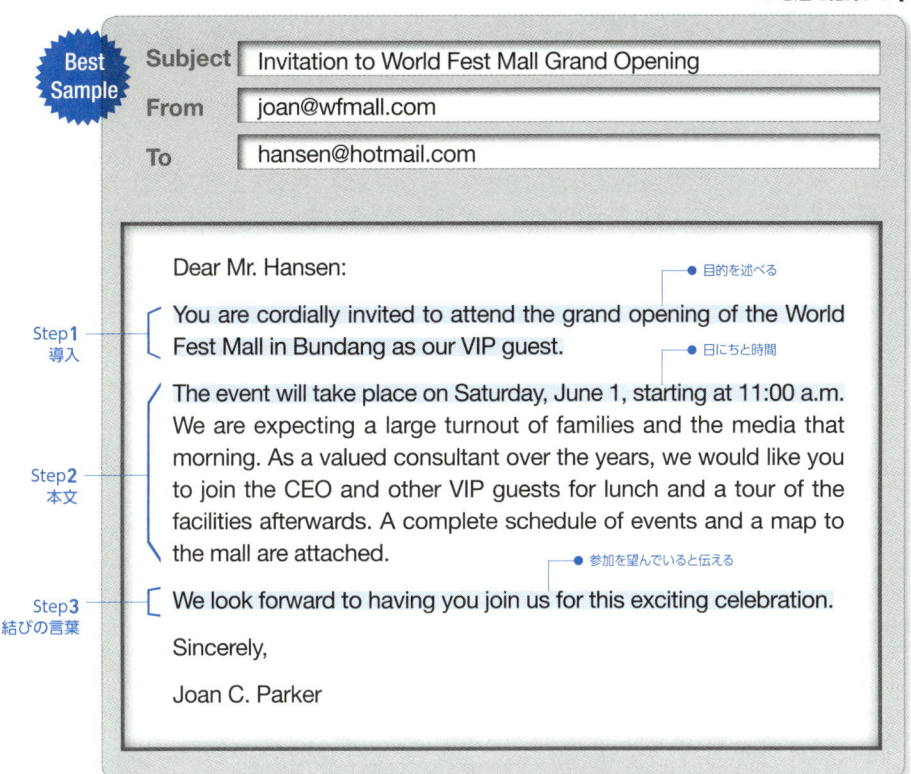

新たにオープンするショッピングモールに
VIP顧客を招待する

Best Sample

Subject	Invitation to World Fest Mall Grand Opening
From	joan@wfmall.com
To	hansen@hotmail.com

Dear Mr. Hansen:

Step 1 導入 — 目的を述べる

You are cordially invited to attend the grand opening of the World Fest Mall in Bundang as our VIP guest.

Step 2 本文 — 日にちと時間

The event will take place on Saturday, June 1, starting at 11:00 a.m. We are expecting a large turnout of families and the media that morning. As a valued consultant over the years, we would like you to join the CEO and other VIP guests for lunch and a tour of the facilities afterwards. A complete schedule of events and a map to the mall are attached.

Step 3 結びの言葉 — 参加を望んでいると伝える

We look forward to having you join us for this exciting celebration.

Sincerely,

Joan C. Parker

ワールドフェスト・モールのオープニングセレモニーへの招待

ハンセン様

ワールドフェスト・モールのオープニングセレモニーにVIPゲストとして謹んでご招待申し上げます。

セレモニーは、6月1日(土)の午前11時から行われます。当日は、ご家族の皆様や記者の方たちが大勢いらっしゃることと期待しております。長年にわたり、弊社にはなくてはならないコンサルタントとしてお世話になってまいりました。当社のCEOおよびVIPの方々と昼食会をご一緒されたあと、当施設を視察していただけたらと思っています。スケジュールと地図を添付いたしました。

この心躍るご祝賀会にご参加いただけることを楽しみにしております。

ジョーン・C・パーカー

---

cordially 誠意をもって　take place 開催される　turnout 参会者　valued 大切な、大切に思っている
afterwards その後

UNIT 03 招待、参加・不参加

タイプ1 イベントに招待／発表者の招聘

✉ 具体的な情報を伝える

まず、イベントの種類と招待する理由を述べ、日付や時間、場所を正確に記載します。必要に応じて、アドレスと略図を添付し、交通手段を案内すると、さらによいでしょう。参加の可否を返信してほしいときや、ドレスコードがあるときには、それについても明確に言及します。

Subject VIP Sale on New Line of Italian Shoes
From customerservice@italyshoes.com
To harrysimson@gemail.com

新商品発売
▶018

We are pleased to invite you to a special VIP sale on our new line of Italian shoes at our Shinjuku store on Wednesday, March 16, from 2:00 p.m. to 6:00 p.m. During the event only, all marked items will be offered at 25% off the retail price. We look forward to seeing you there.

イタリア製シューズ新商品の VIP セール

3月16日(水)午後2時から午後6時まで、新宿店で実施されるイタリア製シューズ新商品の VIP 特別セールへのお越しを心よりお待ち申し上げています。イベントでは、特売品がすべて小売価格から25%割引されています。皆様にお会いできることを楽しみにしております。

---

retail price 小売価格

018　商品発表／リリース／展示

▶ 10番から12番のブースで弊社の新モデルの**実演**をします。お立ち寄りいただければ幸いです。
We will be demonstrating our new models **at** Booths 10 to 12. **We would appreciate your stopping by.**
　　　　　　　　　　　　　　　　　　　　　　　demonstrate　実演する

▶ インド製ハンドメイドのネクタイ新製品ラインにつき、特別発表会に**ご招待**します。
You are invited to a special showing of our new line of handmade ties from India.
　　　　　　　　　　special showing　特別発表会［展示会］

▶ ファンタジー・ゲーム・フェア2013における、ファンタジー・スタジオによる新しいファンタジー・ロールプレーイング・ゲーム「ザ・ウォー・オブ・ラコンダー」の実演デモに**ご招待**します。この特別なイベントは、11月2日の午後1時から3時までロサンゼルス・コンベンション・センターの7番ブースで**開催**されます。
You are invited to attend the hands-on demonstration of Fantasy Studio's new fantasy role-playing game *The War of Lacondar* during the Fantasy Game Fair 2013. This special event **will take place at** Booth 7 at Los Angeles Convention Center **on** November 2, from 1:00 p.m. to 3:00 p.m.
　　　　　　　　　　　　　　　hands-on demonstration　実演デモ

▶ 8月17日土曜日の午後3時にCGV福岡で**上映**される、山田一郎監督の新しい期待作「ザ・ストレンジャー」のワールド・プレミアに**ご招待**させていただけることをうれしく思います。
We are pleased to invite you to the world premiere of *The Stranger*, the eagerly anticipated new film by director Yamada Ichiro, **at** CGV Fukuoka **on** Saturday, August 17, **at** 3:00 p.m.
　　　　　　　　premiere　試写会　eagerly-anticipated　非常に期待される

▶ 7月20日土曜日の午前11時にアクセラント社の新宿ショールームで**開催**される、2015年新型アクセラント・スポーツ・セダンのプライベート発表会に**ご招待**させていただけることを、大変うれしく思っています。
We take great pleasure in inviting you to a private showing of the new 2015 model of Axcelant Sports Sedan **at** Axcelant's Shinjuku showroom, **on** Saturday, July 20, **at** 11:00 a.m.
　　　　　　　　　　　　private showing　プライベート発表会［展示会］

Tips & More

自由な形式のメールでは関係ありませんが、フォーマルな招待状では、時間を記載するときに、数字やa.m.、p.m.などは使用しません。代わりに in the afternoon や in the evening と表記します。たとえば、「午後7時」は、seven o'clock in the evening とします。

- 杉山浩二は、12月21日午後8時にキョウワ・ギャラリーで開かれる新しい彫刻の展覧会にご招待させていただけることを、光栄に思います。
  Koji Sugiyama has the honor of inviting you to an exhibit of his new sculptures **at** the Kyowa Gallery **on** December 21, **at** 8:00 p.m.

019　移転／開業／会社の記念日

- TRV社の創立15周年祝賀にご参加ください。
  Please join us in celebrating TRV's 15th year in business.

- 5月15日午前11時から午後3時まで開催されるアメリカン・グリル銀座店のグランド・オープンにご招待できることをうれしく思います。
  We are happy to invite you to the grand opening of Americana Grill's Ginza store on Wednesday, May 15, from 11:00 a.m. to 3:00 p.m.

- 1月22日に行われる、新しい大阪営業所のグランド・オープンにご招待できることをうれしく思います。
  We have the pleasure of inviting you to the grand opening of our new sales office in Osaka **on** January 22.

- 6月28日金曜日の午後1時に開催されるグローバルマックス社の本社新社屋のテープカット式典に謹んでご招待いたします。
  You are cordially invited to attend the ribbon cutting ceremony of the new GlobalMax headquarters to be held **on** Friday, June 28, **at** 1:00 p.m.

　　　　　　　　　　　　a ribbon cutting ceremony テープカット式典　**headquarters** 本社

Tips & More

イベント

オープニングセレモニー	Grand opening	同窓会	Reunion
		スポーツ	Sports
会議、会談	Conference	展示会	Trade show
セミナー	Seminar	ワークショップ	Workshop
結婚式	Wedding	製品発売	Product launch
（慈善団体／政治団体による資金集めの）パーティー	(Charity/ Political) Fundraiser	婚約	Engagement
		朝食	Breakfast
ブランチ（朝食をかねた昼食）	Brunch	昼食会	Luncheon
		公演	Recital/ Performance
夕食、ディナー	Dinner	プロモーション	Promotion
視察ツアー	Tour	宗教儀式	Religious ceremony

▸ キャンドルズ・ジャパンは、10月9日午後4時に東京本社で行われる10周年記念式典に謹んで招待します。
Candles Japan **cordially invites you to** its 10th anniversary celebration at its headquarters in Tokyo **on** October 9, **at** 4:00 p.m.

020　会合／パーティー

▸ 4月20日土曜日の夜8時30分に新築祝いをするので、ぜひいらしてください。
We **are throwing** a housewarming party **on** Saturday, April 20, at 8:30 p.m., **and we would love to see you there**.

throw a housewarming party　新築祝いをする

▸ 5月16日午後6時30分に、鈴木さんの誕生日を祝うディナーを、こちらで開きます。ぜひいらしていただいて、一緒にお祝いしましょう。
We are planning to celebrate Mr Suzuki's birthday with dinner **at** our place **on** May 16, at 6:30 p.m. **We would love to have you come over and celebrate with us**.

▸ 秋にヤマダ・インターナショナル社を去って法科大学院に入学する佐藤タカシさんのための送別会に出席してください。
Please join us for a farewell party **in honor of** Takashi Sato, who is leaving Yamada International to enter law school in the fall.

a farewell party　送別会　in honor of　~を祝って、~に敬意を表して

▸ 7月8日午後1時にハイアット・ホテルの「カフェ・テラス」で行われる昼食会にいらしていただけますと大変幸いです。
We would be delighted if you could join us for a luncheon **on** July 8 **at** 1:00 p.m. at the Cafe Terrace at the Hyatt.

Tips & More

イベントによっては規定の服装（dress code）や推奨される服装（preferred dress）が定められていることもあります。必要であれば、望ましい服装についても記載します。

white tie	もっとも格式のある正装で、男性は白い蝶ネクタイと立ち襟で襟（collar）の角が下に折り曲げてある白シャツ、女性はパーティー用のロングドレスを着用する。
black tie (= formal)	男はタキシードに白シャツと黒の蝶ネクタイ、女性はロングドレスを着用する。
semi-formal	男性はスポーツジャケットやスーツ、女性はワンピースやブラウスとパンツを着用する。

- 9月11日金曜日の午後8時、東京本社で弊社の大切なお客様のために開催する毎年恒例のカクテルパーティーにご招待できることをうれしく思います。
  We are pleased to invite you to attend the annual cocktail party for our valued clients on Friday, September 11, at 8:00 p.m. **at** our headquarters in Tokyo.

- 第5回年次功労賞式典にご参加くださいますようお願いします。
  We request the pleasure of your company at the 5th Annual Achievement Awards Banquet.

- 私たち田中家は、12月14日の土曜日の午後1時から3時までホテル・エクセルシオール新宿のクリスタル・ボールルームで行われる、永井ご夫妻の銀婚式を祝うために貴殿をご招待します。
  The Tanaka family **invites you to help** Mr. and Mrs. Nagai **celebrate their Silver Wedding Anniversary at** the Crystal Ballroom at the Hotel Excelsior Shinjuku, from 1:00 to 3:00 p.m. **on** Saturday, December 14.
  a silver wedding anniversary 銀婚式

021　会議／セミナー／プレゼンテーション

- 来週月曜日朝に行われる、私たちチームの毎週恒例の会議に参加していただきたいと思います。
  We would like you to sit in on our weekly team meeting next Monday morning.
  sit in on ～に参加する

- 7月3日午前8時から午後3時まで開催される国際交渉戦略特別セミナーにご招待したいと思います。
  We would like to invite you to attend a special seminar on international negotiating strategies, which will be held **on** July 3, from 8:00 a.m. to 3:00 p.m.
  a negotiating strategy 交渉戦略

- 日米ビジネス協会は、世界的に著名なビジネス書の著者であるサミュエル・ワトキンス博士の特別講演を3月9日に主催します。ゲストとしてご参加くださることにご興味がおありかと思いまして。
  The Japan-American Business Society is sponsoring a special lecture by the world-renowned business writer Dr. Samuel Watkins **on** March 9, and **I thought you might be interested in attending as my guest**.
  world-renowned 世界的に著名な

- 8月7日午後8時に執行委員会の会議で調査結果を発表していただけますか？
  Could you present your research findings **at** our executive committee meeting **on** Wednesday, August 7, at 8:00 p.m.?
  an executive committee 執行委員会

▶ 6月11日火曜日の弊社の取締役会で、ご提案を発表してくださるようお招きします。
You are invited to present your proposal **to** our board of directors **on** Tuesday, June 11.

a board of directors　取締役会

▶ 第22回年次総会にご招待できることを、大変うれしく思います。
It is with great pleasure that I invite you to the 22nd Annual Conference.

an annual conference　年次総会

022　会社への訪問

▶ ちょっとした打ち合わせのために、金曜日に弊社オフィスに寄りませんか？
Why don't you stop by at our office **on** Friday **for** a short meeting?

▶ 来月初めに東京に来る予定だと聞きました。時間が許すようでしたら、弊社オフィスにお招きして副社長に会っていただきたいのですが。
I heard that you plan to visit Tokyo early next month. **If your schedule permits, I would like to invite you to** our offices to meet our executive vice president.

an executive vice president　副社長

▶ 横浜にいらしたら、弊社の工場をご案内したいと思います。
We would like to take you on a tour of our factory when you are in Yokohama.

Tips & More

主なパーティーと祝祭

大晦日パーティー	New Year's Eve Party	持ち寄りパーティー	Potluck Party
新築祝い	Housewarming Party	送別会	Farewell Party/ Going Away Party
歓迎会	Welcoming Party/ Welcome Home Party	ダンスパーティー	Dance Party
		仮装パーティー	Costume Party
独身最後のパーティー	Bachelor Party	ガーデンパーティー	Garden Party
カクテルパーティー	Cocktail Party	クリスマスパーティー	Christmas Party
ディナーパーティー	Dinner Party	(米国の)独立記念パーティー	Fourth of July Party
宴会／歓迎会	Reception		
ハロウィンパーティー	Halloween Party	(米国の)感謝祭のディナー	Thanksgiving Dinner
バレンタインデーパーティー	Valentine's Day Party	婚約パーティー	Engagement Party
出産祝い	Baby Shower	結婚記念日のパーティー	Wedding Anniversary (Party)
宴会	Banquet		
誕生パーティー	Birthday Party		

023　会食／レジャー

- 木曜日に一緒に夕食を取る**時間がありますか**？
  Are you free on Thursday **to join us for** dinner?

- 今週の土曜日に私たちと一緒にゴルフコースを回りませんか？
  Would you like to join a few of **us for** a round of golf this Saturday?

- 今週末あなたを釣りに招待します。
  Let me invite you to go fishing this weekend.

- 私たちチームは、来週水曜日のLGツインズの試合のチケットを持っていますので、**一緒に行くことに興味があるかどうかと思いまして**。
  Our team has tickets to the LG Twins game next Wednesday, and **we wondered if you were interested in going with us**.

- 時間が許すようでしたら、金曜日に一緒に昼食を取りたいのですが。
  If your schedule permits, I would like to have lunch **with you on** Friday.

024　発表者としての招待

- 中国の自動車市場進出の件についてお話しいただきたいのです。
  We would like you to address the issue of penetrating the Chinese car market.
  　　　　　　　　　　　　　　　　　　　　　　　　penetrate　進出する、突き抜く

- アメリカ国内での子会社の設立の法律的側面について、私たちグループにお話しいただければ、大変ありがたいです。
  If you could speak to our group about the legal aspects of establishing a subsidiary in the U.S., **we'd be much grateful**.
  　　　　　　　　　　　　　　　　　　　　　　　　subsidiary　子会社

- 日本投資ファンドについてのご意見を、私たちと共有していただければと思いお招きします。
  We invite you to join us and share with us your thoughts on Japanese investment funds.

- 日本市場の分割に向けた企業戦略について、ご意見を伺う機会をいただければ幸いです。
  We would appreciate the opportunity to hear your views on corporate strategies for market segmentation in Japan.
  　　　　　　　　　　a corporate strategy　企業戦略　segmentation　分割

▶ パネリストとしてご参加くださるよう、正式にご招待したいのですが。
We would like to extend a formal invitation to you to participate as a panelist.
　　　　　　　　　　　　extend an invitation 招待する　participate 参加する　panelist パネリスト

▶ 最善の建設管理というテーマでお話しくださるよう、弊社の招待をお受けいただければ幸いです。
We would be delighted if you would accept our invitation to speak on the subject of optimal construction management methods.
　　　　　　　　　　　　optimal 最善の、望ましい　construction management 建設管理

▶ 世界の化学製品市場の現状について基調講演をしてくだされば、光栄に思います。
We would be honored if you could deliver the keynote speech on the current status of the world's chemical products market.
　　　　　　　　　　　　deliver a speech スピーチである　a keynote speech[address] 基調講演

▶ 講演料6000ドルと旅費を提示させていただきます。
We are pleased to offer you an honorarium of $6,000 plus travel expenses.
　　　　　　　　　　　　　　　　　　　　　　　　honorarium 講演料

▶ 講演を契約するための設定額があれば教えてください。
Please let us know if you have a set rate for speaking engagements.
　　　　　　　　　　　　a set rate 設定額　engagement 契約

025　参加するかどうかの確認

▶ そこでお会いできるといいですね。
We hope to see you there.

▶ またお会いしたいですね。
It will be good to see you again.

▶ ご一緒できるかどうか教えてください。
Please let me know if you can join us.

▶ 電話をお待ちしております。
I will be waiting for your call.

▶ お返事をお待ちしております。
We will be waiting to hear from you.

▶ お返事を楽しみにしています。
I look forward to hearing from you.

▶ 参加するかどうか2月2日までに確認をお願いします。
Please confirm by February 2 **that you can attend.**

▶ 3月4日までにお返事をお願いします。
Please RSVP by March 4.

026　参加するかどうか回答を促す

▶ グランド・オープンへの招待メールを受け取りましたか？　もし受け取っていなければ教えてください。
Did you receive my e-mail invitation to the grand opening**? If you did not, please let me know**.

▶ 金曜日の夕食会への返事を受け取っていません。機会があれば、簡単なお返事のメールを送ってもらえませんか？
I haven't heard back from you about the dinner on Friday. **Would you send me a quick reply e-mail when you get the chance?**

▶ 7月2日にお送りした宴会の招待状への返信を受け取っていないので、届いていないのかと思いまして。
Because we have not received a reply to the invitation to our banquet sent to you on July 2, **we wondered if it had failed to reach you**.

▶ 2週間後にワークショップが開催される予定ですので、3月3日までに参加を確認していただければ、予定を立てるのに助かります。
With the workshop slated to start in two weeks, **it would assist us in our planning if you could confirm your attendance by** March 3.

slated to 〜することに予定されて

Tips & More

RSVP

RSVP は、フランス語 Respondez s'il vous plait. の略で Reply, if you please.「よろしければご回答願います」という意味です。RSVP と表記するときは、回答方法や期限、要請するな追加情報なども記載します。

タイプ2　スケジュールを公示

✉ 表を作成しよう

簡単なスケジュールであればメールの本文で案内できますが、スケジュールが長時間にわたる場合には、別途に表を作成して、添付ファイルで送るとよいでしょう。世界中で使用されている MS Word や PDF 形式がもっとも適しています。ファイル名は内容がすぐにわかるようなものにします。

Subject　Morning Schedule of Events
From　　 kevin@ibcp.co.jp
To　　　 all@ibcp.co.jp

Below is the morning schedule:

9:00 a.m.　　　Game trailer preview

9:30 a.m.　　　Hands-on demonstration by J. C. Roberts

11:00 a.m.　　 Trivia game

午前中のイベントスケジュール
午前中のスケジュールは次のとおりです。
9:00 a.m.　　 ゲームの予告編の試写会
9:30 a.m.　　 J・C・ロバーツ氏による体験型デモンストレーション
11:00 a.m.　　トリビアゲーム

---

trailer　（映画などの）予告編　**hands-on demonstration**　（実際に体験できる）デモンストレーション　**trivia**　トリビア（日本では一般的に「クイズ（**quiz**）」という）

027 会議

会議の予定は次のとおりです：

8:00 a.m.	来賓の到着と記名
9:00 a.m.	開会スピーチ（ソフトウェア開発者協会会長、JG パーク）
9:30 a.m.	来賓スピーチ（バスオンソフト社 CEO、スティーブン・バス）
10:00 a.m.	特別プレゼンテーション：アメリカへのソフトランディング操縦（『ソフトランディング』著者、ラリー・ホフマン）
11:30 a.m.	ビュッフェ式ランチ
1:00 p.m.	ワークショップ
5:00 p.m.	閉会のスピーチ（コーラム・ソフト社 CEO、ジャネット・リー）
6:00 p.m.	ディナーショー

The conference schedule is as follows:

8:00 a.m.	Arrival of guests and registration
9:00 a.m.	Opening remarks (J. G. Park, President, Software Developers Association)
9:30 a.m.	Guest speech (Steven Bass, CEO, BassOn Soft)
10:00 a.m.	Special presentation: Piloting a Soft Landing in America (Larry Hoffman, author of *Soft Landing*)
11:30 a.m.	Buffet lunch
1:00 p.m.	Workshops
5:00 p.m.	Closing remarks (Janet Lee, CEO, Koram Soft)
6:00 p.m.	Dinner show

registration 登録　**remark** 意見、所見　**association** 協会　**pilot** 操縦する；パイロット　**soft landing**（市場への）ソフトランディング、軟着陸

028 オープニングセレモニー

全体のスケジュール

11:00-12:00	ファッションショー - 秋のライン
12:00-13:30	昼食会 - 寿司
13:30-14:30	ラテンダンスショー - ワン・ジャイブ・グループ

Complete schedule

11:00-12:00	Fashion Show – Our Fall Line
12:00-13:30	Luncheon – Sushi
13:30-14:30	Latin Dance Performance – *One Jive Group*

029 トレーニング

第1日　プレゼンテーションのトレーニング・スケジュール

9:00	オリエンテーション
10:00	準備
12:00	昼食
13:00	ボディランゲージ
14:00	パワーポイント・デザイン

Day 1 Presentation Training Timetable

9:00	Orientation
10:00	Preparation
12:00	Lunch
13:00	Body Language
14:00	PowerPoint Design

タイプ3　招待に応じる

✉ 冒頭で参加の意志を伝える

まず、招待してくれたことに対する感謝を述べて、喜んで参加するという意思を伝えます。場所や日時などを再度確認してから、イベントを楽しみにしているという言葉で締めくくります。フォーマルな招待メールであれば、それに合わせて返信を作成します。

Subject　Confirmation of Cocktail Party Attendance
From　　jim@trigon.co.jp
To　　　kevin@ibcp.co.jp

参加の意思を伝える ▶ 032

Thank you for inviting me to the annual cocktail party on Friday, September 11, at 8:00 p.m. at your Tokyo headquarters. I will be pleased to attend. I look forward to seeing you and your colleagues at the party.

結びの言葉 ▶ 037

カクテルパーティーへの参加確認

東京本社で開催される毎年恒例のカクテルパーティー〈9月11日（金）20時〉にお招きいただきましてありがとうございました。喜んで参加させていただきます。パーティーで皆様にお目にかかれることを楽しみにしております。

---

confirmation　確認
annual　年次の（毎年恒例のイベントの前に annual をつけることが多く、「第○回」を英語では序数で表す。例えば、「第3回（年次）授賞式」は、The 3rd Annual Awards Ceremony とする）
headquarters　本社（場合によっては main office、head office、central office とされる）

030　商品発表／リリース／展示

- ブース10から12で行われる、貴社の新モデルのデモに立ち寄ってほしいというお招きに感謝します。イベントには必ず参加します。
  I appreciate your invitation to stop by Booths 10 to 12 for demonstrations of your new models. **I will definitely attend the event.**

- 7月20日午前11時にアクセラント社新宿ショールームで**開催される**、2013年新型アクセラント・スポーツ・セダンのプライベート発表会に、**喜んで参加します**。
  I would be delighted to take part in the private showing of the new 2013 Axcelant Sports Sedan **at** Axcelant's Shinjuku showroom **on** July 20, **at** 11 a.m.

- 銀座ギャラリーで開催される貴殿の新しい彫刻の展覧会にお招きいただきまして光栄です。12月21日の夜8時に出席します。
  Thank you for the honor of inviting me to the exhibit of your new sculptures **at** the Ginza Gallery. **I will attend on** December 21, **at** 8:00 p.m.

031　移転／開業／会社の記念日

- 4月20日土曜日の午後8時30分からのオープニング・パーティーにご招待いただき、ありがとうございます。必ず行きます。
  Thanks for inviting me to your opening party **on** Saturday, April 20, **at** 8:30 p.m. **You can count on my being there.**

  count on 〜を期待する、あてにする

- TRV社の創立15周年祝賀パーティーに参加させていただけるとは大変幸いです。
  It would be a pleasure to attend the party celebrating TRV's 15 years in business.

- 5月15日水曜日にあるアメリカーナ・グリル六本木店のグランド・オープンに招待いただき、ありがとうございます。ご招待をお受けし、午前11時に伺います。
  Thank you for the invitation to attend the grand opening of Americana Grill's Roppongi store **on** Wednesday, May 15. **I am happy to accept the invitation and will be there at** 11:00 a.m.

032 会合／パーティー

▶ 5月16日午後6時30分にお宅で開く、ユミの誕生日祝いの夕食に招待してくれてありがとう。楽しいでしょうね！
Thanks for the invitation to Yumi's birthday dinner **at** your place **on** May 16, **at** 6:30 p.m. **It will be fun!**

▶ 7月8日午後1時にハイアット・ホテル「カフェ・テラス」で開かれる昼食会に招待いただき、ありがとうございます。喜んで参加いたします。
Thank you for inviting me to the luncheon at the Cafe Terrace at the Hyatt **on** July 8 **at** 1:00 p.m. **I'll be happy to join you.**

▶ 第5回年次功労賞パーティーへのご招待、喜んでお受けします。
It gives me great pleasure to accept your invitation to attend the 5th Annual Awards Banquet.

033 会議／セミナー／プレゼンテーション

▶ 7月3日に開催される国際交渉戦略特別セミナーへの招待、光栄です。午前8時30分までに伺います。
I am honored to be invited to the special seminar on international negotiating strategies **on** July 3. **I will be there** before 8:30 a.m.

▶ 8月7日午後8時に、貴社の執行委員会会議で私の調査結果を発表してほしいという招待メール、ありがとうございます。喜んでお受けします。
Thank you for your e-mail inviting me to present my research findings at your executive committee meeting on Wednesday, August 7, at 8:00 p.m., **which I am pleased to accept.**　　　an executive committee　執行委員会

▶ 11月5日火曜日に、貴社役員に私の提案を発表してほしいというご招待ありがとうございます。喜んで招待をお受けします。
Thank you for your kind invitation to present my proposal to your board of directors on Tuesday, November 5. **I shall be happy to accept your invitation.** for

034　会社への訪問

▶ 貴社の工場を案内してくださるというお申し出、大変感謝いたします。来週の火曜日の午後でよろしいですか？
I really appreciate your offer to take me on a tour of your factory. **Would** next Tuesday afternoon **be okay?**

▶ 短い打ち合わせのために金曜日に貴社に立ち寄る件、お誘いありがとうございます。よろしければ、喜んで午前10時に伺います。
Thank you for your invitation to stop by your office **on** Friday for a short meeting. **I will be glad to be at** your office at 10:00 a.m. if that's suitable for you.

　　　　　　　　　　　　　　　　　　　　　　suitable 適切な、ふさわしい

▶ 来月初めの貴社への招待についての、7月2日のメールにお答えします。東京を訪問している間、貴社の取締役副社長にお会いできましたら幸いです。
In reply to your e-mail of July 2 **inviting me to visit** your office early next month, **I would be pleased to meet with** your executive vice president during my visit to Tokyo.

　　　　　　　　　　　　　　　　　　　　in reply to 〜への答えとして

035　会食／レジャー

▶ テニスの試合とはいいですね。今週の金曜日の午後に私も入れてください。
A round of tennis **sounds good. Count me in for** this Friday afternoon.
`inf`
　　　　　　　　　　　　　　　　　　　　count in 人数に含める

▶ ありがとう！　土曜日の朝にぜひバスケットボールをしましょう。
Thanks! I would definitely be up to playing some basketball **on** Saturday morning.
　　　　　　　　　　　　　　　　　would be up to 〜をしたい

▶ はい、金曜のランチは空いています。どこに行きたいですか？
Yes, I am free for lunch **on** Friday. **Where do you want to go?**

▶ 今週土曜日のゴルフに招待してくれてありがとう。はい、ぜひ参加します。
Thank you for inviting me to a round of golf this Saturday. **Yes, I would love to join you.**

▶ 木曜日のスティーブとの夕食にお招きいただき、大変ありがとうございます。その日の晩は空いていますので、午後7時までに「エル・キャプテン」に行きます。
I sincerely appreciate your asking me to join you and Steve for dinner **on** Thursday. **I am free that evening, and I will be at** El Capitan by 7:00 p.m.

036　発表者としての招待

▶ 国際化学製品市場の現状について**基調講演**を行うようお招きいただき、大変光栄です。喜んで招待をお受けします。
It is an honor to be invited to deliver the keynote speech on the current status of the world's chemical products market, **and I am pleased to accept your invitation**.

▶ 最善の建設管理法をテーマとしてスピーチを行うようお招きいただき、ありがとうございます。ご提示いただいた金額にてご招待を喜んでお受けします。
Thank you for your thoughtful invitation to speak on the subject of optimal construction management methods. **I am delighted to accept your invitation and the fee offered**.

037　結びの言葉

▶ そこで会いましょう。
I will see you there.

▶ 絶対に行きます。そこで会いましょう。
I wouldn't miss it for the world. See you there. `inf`

▶ またお会いできるのを楽しみにします。
I look forward to seeing you again.

▶ あなたとお会いできること、常々うれしく思っています。
It's always a pleasure seeing you.

▶ 私のことを考えてくださり、ありがとうございます。
Thank you so much for thinking of me.

▶ あなたを訪問するのをいつも楽しみにしています。お久しぶりですね。
I always enjoy visiting with you, and it has been a while.

▶ イベントを大変楽しみにしています。
I am very much looking forward to the event.

タイプ4 招待を辞退する

✉ 辞退する理由を簡単に述べる

招待を辞退するときは、簡潔に礼儀正しく返事を書きます。まず、招待へのお礼を述べて、招待していただいたことに対する感謝の気持ちを必ず表現します。そして、具体的でなくてもいいので、辞退せざるをえない理由を簡単に述べます。

Subject Customer Appreciation Dinner
From robson@gemail.com
To customerservice@ibcp.co.jp

Thank you for your personal invitation to attend the customer appreciation dinner on September 1. ●Unfortunately, I cannot attend as I am going to Hawaii on a business trip at the end of the month. Thank you again for the invitation.

仕事の都合による辞退 ▶ 038

お客様感謝祭のディナー
9月1日に開催されるお客様感謝祭の夕食にお招きいただきましてありがとうございます。残念なことに、今月末にハワイに出張することになっており、参加できそうにありません。ご招待いただいたことに感謝しております。

---

appreciation 感謝　unfortunately 残念ながら　a business trip 出張

038　仕事の都合による理由

▶ グランド・オープンにご招待いただきまして大変ありがとうございました。あいにく、プロジェクト終盤のパンチリストを完成させなくてはならなくなり、お伺いすることができません。
I sincerely thank you for inviting me to the grand opening, **but I regret that I won't be able to make it because** I have to complete the last-minute project punch list.
　　　　　last-minute 終盤の　**punch list** パンチリスト(工事仕上げ時の欠陥を改善するために作成するリスト)

▶ パーティーに出席したいのですが、申し訳ありませんが、その日は顧客と地方で会議に出ています。
Although I would like to attend the party, **I am sorry that** I have an out-of-town meeting with a client that day.　　**out-of-town** 地方の、市外の

▶ ご招待ありがとうございます。とても出席したいのですが、申し訳ありませんが、そのときは出張で韓国にいるため、伺うことができません。
I was pleased to receive your invitation. Much as I would like to attend, however, I am sorry that I cannot as I will be in Korea on a business trip at the time.

▶ 貴グループへの講演に招待してくださってありがとうございます。申し訳ありませんが、先約があり参加することができません。
Thank you for your invitation to speak to your group, **but I am sorry that previous obligations will not allow me to attend.**
　　　　　　　　　　　　　　　　　　　　　　　a previous obligation 先約

039　個人的な理由

▶ 申し訳ありませんが、ユミと私は今回あなたと一緒に香港に行くことができません。ユミの母親のお見舞いに行かなければならないんです。
I am sorry Yumi and I **won't be able to** go to Hong Kong with you this time. **We need to** visit her mother in the hospital.

▶ 招待ありがとうございます。パーティーに行けたらいいのですが、すでに他の予定があります。
Thanks for the invitation, and though I wish I could make it to the party, **I've already made other plans.**

▶ 金曜日の夕食に誘ってくれてありがとうございます。通常なら喜んでうかがうのですが、その晩は家族の集まりに参加しなければなりません。
Thanks for asking me to join you for dinner on Friday. **Normally I would be delighted, but** I have to attend a family function that evening.

a family function 家族の集まり

▶ 親切な招待状を受け取りました。私のことを考えてくださってありがとうございます。しかし、私の息子の卒業式が同じ日なので、今年の祝典には参加することができません。
I just received your kind invitation, and **I thank you for thinking of me. However,** my son's graduation is on the same day, **so I am unable to attend** the annual banquet.

▶ 出席するかどうか聞いてくださってありがとうございます。しかしながら、先約があって参加することができません。
I appreciate your asking us to attend, but because of prior commitments, we won't be able to.

commitment 約束、責任

▶ スケジュールが重なって行くことができません。
Because of a conflict in my schedule, I will not be able to go.

conflict 衝突、葛藤

タイプ5 会議や社内行事の通達

✉ 連絡可能な電話番号を記載する

最初に会議やイベントの目的と主な理由を述べます。もっとも重要である場所や日時を正確に記載し、参加できないときや質問がある場合を考慮して、送信者の電話番号をメール本文に記載するとよいでしょう。

Subject First TS Task Force Team Meeting
From kevin@ibcp.co.jp
To wayne21@endoverco.net

The first TS task force team meeting is scheduled for Thursday, November 9 at 2 p.m. To ensure a more productive meeting, I am attaching an agenda. Please review it and add your suggestions as needed. If you can't make the meeting, please let me know by tomorrow.

- 会議の日時 ▶ 040
- 会議の議題 ▶ 041
- 参加の可否を確認 ▶ 043

第1回 TS タスクフォースチーム会議

第1回 TS タスクフォースチーム会議が11月9日午後2時に予定されています。さらに生産性の高い会議となるように、議題リストを添付します。こちらをごらんになって、必要に応じて提案事項を追加してください。もし会議にご出席できないようでしたら、明日までにお知らせください。

---

task force team (=TFT) (タスクフォースチーム:企業内の特別な目的のために、複数の部署からの構成員からなるチーム)　**ensure** 保証する、〜を確かにする

040 会議の場所／日付／時間

▶ 3月20日午前10時30分に会議室Bで会いましょう。
Let's meet on March 20 **at** 10:30 a.m. **in** Conference Room B.

▶ 1月31日金曜日の午前10時に工事現場事務所で毎週の進捗会議をします。
We're having our weekly progress **meeting on** Friday, January 31, **at** 10 a.m. **at** the project site office.　　　**a project site office** 工事現場事務所

▶ 9月27日金曜日午前9時に、大会議室で会う予定を立てておいてください。
Please plan to meet on Friday, September 27, **at** 9 a.m. **in** the main conference room.

▶ 次のチームミーティングは、来週月曜日の午後5時に5階会議室で行われる予定です。
Our next team **meeting is scheduled for** next Monday **at** 5 p.m. **at** the meeting room on the fifth floor.

▶ 最初のプロジェクト会議が2月3日午前10時からCルームで行われます。
The first project **meeting will be held on** Monday, February 3, starting **at** 10:00 a.m. **in** Room C.

▶ 海外マーケティング責任者が、明日、6月29日水曜日午前9時に、彼のオフィスでの緊急チーム長会議を招集しました。
The director of overseas marketing **has called an emergency meeting of** all team leaders **for** tomorrow, Wednesday, June 29, **at** 9 a.m. **at** his office.

041 会議の議題

▶ 6月4日午後2時に、前回の会議での未処理事項を話し合う会議が開かれます。
There will be a meeting on June 4 **at** 2 p.m. **to discuss** the outstanding issues from our last meeting.　　　**outstanding** 未処理の

▶ 6月12日午後7時に、新しい会計事務所を選定するための執行委員会が、役員室で開催されます。
A meeting of the executive committee **will be held on** June 12 **at** 7:00 p.m. **in** the boardroom to select a new accounting firm.
accounting firm 会計事務所　**boardroom** 役員室

- 8月7日木曜日午後2時に、スターマックス社**取締役会**が、東京本社で**招集**されます。役員は、役員報酬について話し合います。
  The Board of Directors of StarMax **will meet on** Thursday, August 7, **at** 2:00 p.m. **at** the company's main office in Tokyo. **The Board will discuss** executive salaries.

- この会議では、IBT社の取引回復について、**提案をお聞かせください**。
  At this meeting, I want to hear your suggestions on regaining the IBT account.
                  regain 回復する account 取引先、顧客

- 問題を処理する複数の選択肢を話し合うために、今晩9時に3階の会議室で**会議をします**。
  To discuss the various options to deal with our problem, **we will meet** this evening at 9 **at** the third floor conference room.

- この会議の目的は、下請けの候補企業が出した3つの提案を評価することです。
  The purpose of the meeting is to evaluate the three proposals from potential subcontractors.
                 evaluate 評価する subcontractor 下請け業者

- 二つの目標があります：
  1. 注文数を決定する
  2. 運送会社を選定する
  We want to accomplish two **things:**
  1. Decide on the order quantity
  2. Select a freight forwarder
                        freight forwarder 運送会社

- 次の点を話し合います：
  We will discuss the following:

- 主にこれについて話し合います：
  The main topics we'll cover are:

- 私たちが直面している重要な問題は、これです：
  Here are the key issues we are facing:
                      face ～に直面している

- 提案されている議題は以下のとおりです：
  The proposed agenda is as follows:
                      agenda 議題、案件

- 仮の議題を添付します。
  Attached is the tentative agenda.
                      tentative 仮の

- 現在の欠陥の量を減らす方法を提案する準備をしてください。
  Be prepared to suggest ways to decrease the current amount of defects.
                      defect 欠陥

- 以下の課題リストを検討し、それについて話し合う用意をしてきてください。
  Please consider the following list of issues and come ready to discuss them.

- 提案を準備してきてください。
  Please come prepared with your suggestions.

- 会議の前に、添付の議題をお読みください。
  Please read the attached agenda before the meeting.

- 話し合いをしたい何か他の項目があれば、教えてください。
  If you have any other items you would like to discuss, please let me know.

042　社内イベント

- 10月30日木曜日午後8時30分に、ジャニス・リムのためのパーティーが赤坂OK ビール・バーで行われます。
  The party for Janice Lim **will start at** 8:30 p.m. **on** Thursday, October 30 **at** the OK Beer Bar in Akasaka.

- 今晩、会社を辞め、花屋としての新しいキャリアを追うスティーブのための小さな送別会があります。
  There will be a small going-away **party for** Steve tonight, who is leaving us to pursue a new career as a florist.
  　　　　　　　　　　　　　　　　　　　a going-away party　送別会　　pursue　追求する

- 5月7日水曜日午後5時に会議室3で、スマート・ソリューションズ社の取締役副社長であるスティーブ・フォシーが、新会計システムについて説明します。その後質疑応答があります。
  Steven Fosey, executive vice president of Smart Solutions, **will be explaining** the new accounting system **on** Wednesday, May 7 **at** 5 p.m. **in** Conference Room 3. **There will be** a Q&A **afterwards**.
  　　　　　　　　　　　　　　　　　　　　　　　　　　　afterwards　その後

- アメリカニスター社のカレン・ニコラスさんを歓迎するために、4月2日午後7時にCEOクラブでセミフォーマルの夕食会があります。北米営業部の皆さんは、可能な限りこのイベントに参加してください。
  To welcome Ms. Karen Nicholas from AmeriCanisters, **there will be** a semi-formal dinner **at** the CEO Club on Wednesday, April 2, at 7:00 p.m. Everyone in the North American sales division **is asked to attend the event, if at all possible.**

043 参加の可否を確認

▶ この会議には参加する義務があります。
The meeting is mandatory.   mandatory 義務の

▶ 参加できるどうか教えてください。
Please let me know if you can attend.

▶ 参加できない場合、金曜日までに教えてください。
Please let me know by Friday, **if you can't attend.**

▶ 参加できない場合、添付の放棄書に署名し、コピーをFAXで返送してください。
If you are unable to attend, please sign the attached waiver notice and fax back the executed copy.   waiver notice 放棄書 execute 署名した、実行した

タイプ6　議事録の配信

✉ 欠席者を考慮して作成する

議事録は、参加者が会議の内容を再確認できるように、欠席者が会議の内容を知ることができるように書かれた文書です。よって、会議のあと、できるだけ早めに内容を整理して送るとよいでしょう。結びの言葉には、相手に異議申し立ての機会を与えるために、誤りや抜け落ちている内容があれば知らせてほしいと書きます。

Subject　Yesterday's Meeting Minutes
From　　kevin@ibcp.co.jp
To　　　johny@ibcp.co.jp

会議結果の要約▶ 044

Please find attached the minutes of yesterday's meeting. If you have anything you would like to add, please e-mail me.

結びの言葉▶ 045

昨日の会議の議事録
昨日の会議の議事録を添付しました。追加したいことがあれば、メールをください。

---

minute　議事録

044 会議結果の要約

- 5月2日にあるプロジェクトの提案会議の議事録を添付しました。
  Attached are the minutes of our May 2 meeting on the project proposal.

- 検討してもらえるよう、この間のマーケティング会議の議事録を添付します。
  I'm attaching the minutes of the last marketing meeting for your review.

- 下に会議要約があります。
  Please find below a summary of the meeting.

- 以下を話し合いました：
  We discussed the following:

- あらゆるミス、抜け、誤解を防ぐために、話し合いの要点と実行項目をまとめたいと思います。
  I would like to summarize the key points discussed and the action items to avoid any errors, omissions or misunderstanding.

  omission 抜け、脱落

- この間の会議では、以下の問題を取り上げました：
  During the last meeting, the following issues were addressed:

045 結びの言葉

- 追加またはご意見があれば教えてください。
  Let me know if you have anything to add or comment on.

- 何かミスや抜けをを見つけたら、ご連絡ください。
  If you find any errors or omissions, please contact me.

- 議事録でのミスや抜けを見つけたら、教えてください。
  If you discover errors or omissions in the minutes, please advise me.

UNIT 04

アポイントメントをとる／変更する

タイプ1 アポイントメントをとる
タイプ2 アポイントメントについての承諾と拒否
タイプ3 予定変更とキャンセル

UNIT 04

アポイントメントをとる／変更する

Scheduling & Changing Appointments

ほかの部署や取引先との約束をとりつけて時間と場所を決めるメールです。アポイントメントを変更、延期、キャンセルして、次回のために日程を調整するメールも含まれます。

🗨 タイプ別 Key Point

タイプ1	アポイントメントをとる	→	相手が選べるようにいくつか日程を提案する
タイプ2	アポイントメントについての承諾と拒否	→	承諾するときは、日付と時間、場所を明示する
タイプ3	予定変更とキャンセル	→	新しいアポイントメントを提案し、確認してもらう

🔍 専門家の E-mail Advice

アポイントメントをとったり変更したりするときは、相手の誤解がないように、時間と場所をはっきりと提示します。こちらからアポイントメントをとるときには、適当な日付と時間をいくつか提案して、相手が選択できるようにすると、何度もメールをやりとりする手間を省くことができます。

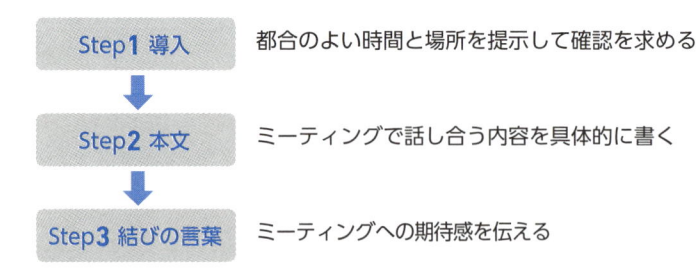

✏ すぐに書ける 3 Steps

Step 1 導入 都合のよい時間と場所を提示して確認を求める

⬇

Step 2 本文 ミーティングで話し合う内容を具体的に書く

⬇

Step 3 結びの言葉 ミーティングへの期待感を伝える

同じプロジェクトに関わる海外企業の担当者に、業務のアポイントメントとミーティングの内容を伝える

Best Sample

Subject: My Team's Visit
From: ken@designdeco.com
To: roy@furnifacture.com

Dear Roy,

Step 1 導入

After much internal discussion, I am now slated to fly into Honolulu on Sunday, May 25, accompanied by three members of my team. We are planning to go directly from the airport to the Hibiscus Inn, so I think the best time for us to meet would be sometime on Monday morning, either at the hotel or at your office. Please let me know your preferred place and time.

● 時間・場所の提示

Step 2 本文

At the meeting, we are going to need to take a look at the table and chair fabric samples you mentioned in your last e-mail. Also, could you ask the supplier's rep to join the first part of our meeting? We will have to collectively make decisions on the samples right away if we are going to meet our tight schedule. After that, we can discuss the list of rework the architect gave you yesterday.

● ミーティングの内容

Step 3 結びの言葉

As always, I appreciate all that your team is doing there to make this project a success. We will be seeing you soon!

● 期待感を表現

Regards,

Ken Gold

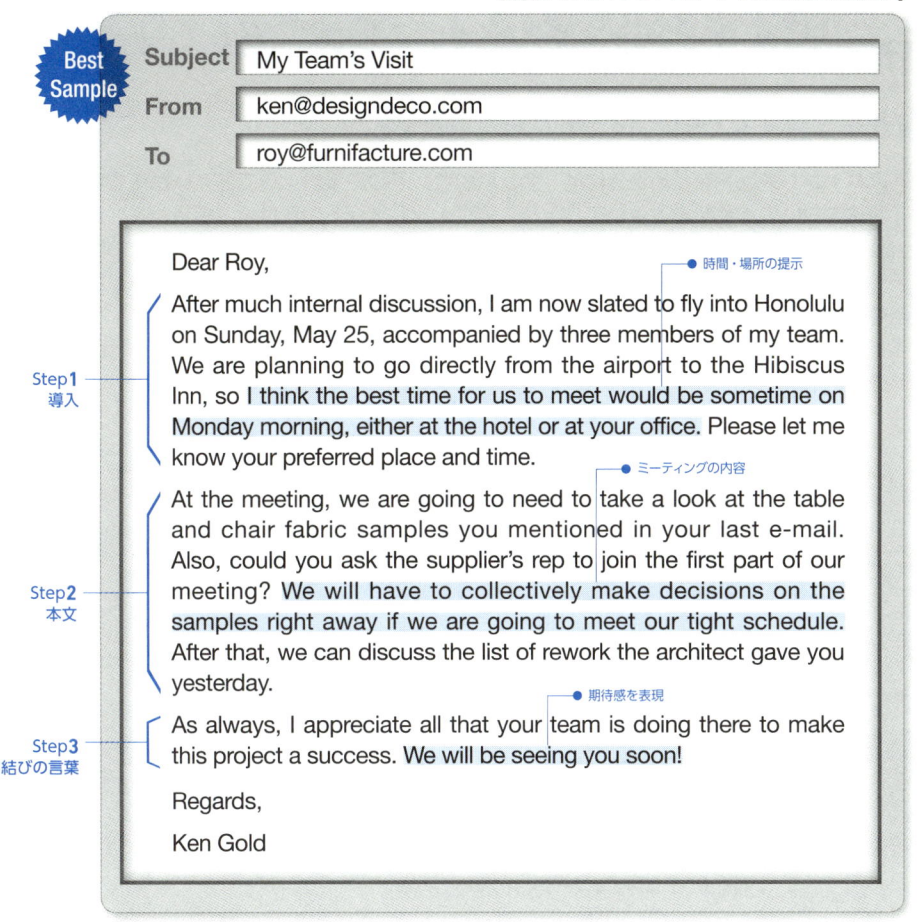

私たちの訪問について

ロイさま、

社内で議論を重ねた結果、チームのメンバー三名と共に、5月25日（日）のフライトでホノルルに伺うことになりました。私たちは空港からまっすぐハイビスカス・インに向かう予定ですので、月曜日の朝に貴社のオフィスかホテルでお会いできればと考えております。ご都合のよい場所と時間をお知らせいただけますでしょうか。

ミーティングの際に、先日のメールでおっしゃられていたテーブルと椅子の生地サンプルを拝見させていただきたいと思います。また、ミーティングの始めに納入業者の代表様にもご参加いただけるかどうか、たずねていただけますでしょうか。過密スケジュールのなかでお会いするのであれば、すみやかにサンプルについての決定をくださなくてはなりません。そのあと、昨日、設計者がお送りした改訂版のリストについて話し合いましょう。

いつものように、今回のプロジェクトの成功のために貴社のチームが尽力してくださっていることに感謝しております。では、まもなくお目にかかれます。

ケン・ゴールド

---

be slated to 〜する予定である　　**rep (= representative)** 代表　　**collectively** 共同で

UNIT 04 アポイントメントをとる／変更する

タイプ1 アポイントメントをとる

✉ 相手が選べるようにいくつか日程を提案する

アポイントメントをとるときには、会う理由と、その結果によってお互いが得られる利益について言及するとよいでしょう。アポイントメントの日付は、相手が選べるようにいくつかの日程を提案します。そして、ミーティングにかかる予想時間についても述べるとよいでしょう。必要であれば、相手が準備すべき事項や予想される参加者も記載します。

Subject Request for a Meeting to Discuss Project
From jane@ibcp.co.jp
To tanner@debrixdesign.com

We are very much interested in discussing the upcoming project in more detail and would like to set up a meeting with you.
● Would Wednesday or Thursday of next week be convenient for you? Please let me know which date is better or if you prefer another date.

待ち合わせの時間を提案する▶ 046

プロジェクトに関するミーティングの申し入れ

私たちは今後のプロジェクトについてもっと詳しく話し合いたく、ぜひミーティングを設けたいと思っております。来週の水曜日か木曜日のご予定はいかがでしょうか？ ほかの日程をご希望であれば、ご都合のよい日をお知らせいただけますでしょうか。

upcoming この度の、次回の

046 面会の提案

- 30分程度時間をいただくことができますか？ 直接お会いしたいのです。
  Do you think you can spare half an hour or so? **I'd like to see you in person.**
  in person 直接

- 今週の木曜午後に近くに行きます。立ち寄ってもいいですか？
  I'm going to be in your neighborhood this Thursday afternoon. **Could I drop by?**
  drop by 立ち寄る

- 例えば今日の午後のスケジュールはどうなっていますか？ 伺って1時間お会いすることはできますか？
  What is your schedule like this afternoon? **Can I come see you** for an hour?

- 伺ってもいい時間はいつですか？
  When is a convenient time for me to visit?

- 10月7日がご都合悪ければ、どの日がいいか教えてください。
  If October 7 **isn't good for you, please let me know your preferred date.**

- よろしければ5月初めに訪問したいと思います。
  We would like to visit you in early May **if that's okay with you.**

- 月曜日にお会いするのがご都合よいかどうかと思いまして。
  I was wondering if it would be convenient for you to see me on Monday.

- アポを取るためにお電話ください。
  Please call me to set up an appointment.

- ご都合のよいときにお会いできるようアポを取りたいと思います。
  I would like to set up an appointment to see you at your convenience.

- 新しい方針の実施について相談する必要があり、お時間のあるときに早めにお会いしたいと思います。いつがいいか教えてください。
  I need to consult with you about the implementation of the new policy and **would like to see you as soon as you're available. Please let me know when's a good time for you.**
  implementation 実施、実行

- 一緒にスケジュールを検討したいので、すぐお会いしたほうがよさそうです。
  As I want to go over the schedule with you, **it might be good to meet soon.**
  go over 〜を検討する

- この問題の解決策を見つけるためにお会いしたほうがよさそうです。
  I think it would be a good idea for us to get together to find a solution to this problem.

- 来週30分お時間いただければ幸いです。
  I would appreciate thirty minutes **of your time** next week.

- お会いしたい理由は、ソフトウェアのバグの問題を話し合うためです。
  The reason I want to see you is to discuss the software bug issue.

- いつご都合がよいか教えていただけますか？
  Would you let me know when would be convenient?

- どの日がいいか教えてください。
  Please let me know what day will be good for you.

- この件についてさらにお話しされたい場合、ご都合の良いときに喜んでお会いします。
  If you would like to discuss this matter further, **I would be glad to meet with you at your convenience.**

- 今夏の研修プログラムについて話し合うために、近いうちに直接会って会議をすることができますか？
  Could we have a face-to-face meeting soon to discuss this year's summer training program? 　　　a face-to-face meeting　対面会議

- オーシャン・セル・コンドミニアムの最終的図面をお見せするのに、9月29日にアポを設けることができますか？
  Could I set up an appointment with you for September 29 to show you our final drawings for the Ocean Shell Condo?

- カールソン・プロジェクトで協力し合うにあたり、まず会ってアイデアのブレインストーミングができないかと思いました。
  Because we will be working side by side on the Carlson project, **I thought we could meet** to brainstorm ideas first.　　side by side　協力して

- 私の提案を詳細に説明させていただくのに、明日約1時間ほどオフィスに寄らせていただいてもいいですか？
  May I come by your office for an hour **or so** tomorrow to explain my proposal in detail?

- 契約について直接話し合いをすることができましたら幸いです。
  We would appreciate being able to discuss the contract **with you in person.**

- 会議を来週火曜日に予定することはできますか？
  Could we schedule a meeting for next Tuesday?

- その日時がご都合よいようでしたら教えてください。
  Please let me know if the date and time **is convenient for you.**

- 明日から来週火曜まで東京におりますので、新しい工場設備に関し、詳細にお話ししたいのですが。
  I will be in Tokyo from tomorrow through next Tuesday and would like to discuss the new plant equipment **with you at length**.

  at length 詳細に、十分に

047　面会場所の選択

- 建築家のオフィスで会うのはどうですか？
  How about meeting at the architect's office? `inf`

- COEXインターコンチネンタルのロビーで会いましょう。
  Let's meet at the lobby of the COEX InterContinental.

- どこで会うのがいいでしょうか？
  Where would you like to meet?

- オフィスにうかがってもいいですか？
  Could I go over to your office?

- 貴社オフィスと私のところでお会いするのとどちらがいいですか？
  Would you rather meet at your office **or** mine?

- 私たちは、ホテルのコーヒーショップにいます。そこでお会いできたらと思います。
  We will be at the hotel coffee shop. **It would be great if you could meet us there.**

048　来社リクエスト

- 金曜日にここにおいでいただくのはどうでしょう？
  How about coming here on Friday? `inf`

- 私どものオフィスで会うのがいいでしょうか？
  Should we meet at my office?

- 図面がすべてここにあるので、私どものオフィスで会うのはどうでしょう？
  Why don't you meet us at my office since all the drawings are here?

▶ 会計システムの可能な契約について話し合うのに、おいでいただくアポを設定したいのですが。
We would like to set up an appointment to have you come in to discuss the possible contract for the accounting system.

▶ この件についての話し合いが必要であれば、来週ここでお会いすることができます。
If you need to discuss this, **I could see you** here next week.

▶ MOUについて話し合うのに、貴殿と貴社スタッフをオフィスに招待したいと思います。
I would like to invite you and your staff **to** our office to discuss the MOU.

▶ その代わり、こちらに来ていただけませんか？
Could I ask you to come here **instead?**

▶ キースと私の両者が貴社オフィスに伺うのは難しいため、麹町の**弊社オフィスで会議を行いたいと思います。**
Because it would be difficult for both Keith and me to go to your office, **I want to suggest that we conduct the meeting at our office in Kojimachi.**

▶ プロジェクトの開始にあたり、私は移動するのが難しい場合もあり、貴殿が弊社オフィスにおいでいただくのがいいかもしれません。
With the project starting, it might be difficult for me to move, so **perhaps you can come to** our office.

049　他人との面会の要請

▶ 彼に会っていただけませんか？
Can you do me a favor by meeting with him?

▶ 貴社オフィスでお会いする約束をするのに、パーク氏が来月のいつかお電話してもいいでしょうか？
Will it be okay for Mr. Park **to call you** sometime next month **to set up a time for him to go see you** at your office?

▶ 来週の月曜か火曜に彼に会ってもらうことができますか？
Would it be okay for you to meet with him **on** Monday or Tuesday next week?

- 上司のJ・K・ストーンが数日間町におり、貴社オフィスにごあいさつに伺いたいのですが。
  My boss, J.K. Stone, is in town for a few days and **would like to come by** your office **to say hello**.

- 同僚の高橋が11月に2週間ロサンゼルスにおり、貴殿に会いたいと考えています。彼女がそこにいる間のいつか、会っていただくことはできますか？
  Ms. Takahashi, a colleague of mine, will be in Los Angeles for two weeks in November, and **is interested in meeting with you. Would you be able to see** her sometime while she's there?

- 佐藤の工場見学を2月22日に予定していただけるでしょうか？
  Could you schedule a plant tour for Ms. Sato **for** February 22?

- 今週の金曜、同僚二人を連れて大阪から会いに行ってもいいですか？
  Could I bring two of my colleagues from Osaka **to see you** this Friday?
  colleague 同僚

- ニューヨーク・オフィスからきたフレッド・マッキンゼーと会い、ここでの事情について話し合っていただけますと、大変ありがたいのですが。
  I would be much obliged if you could meet with Fred McKinsey from the New York office **and** discuss our situation here. `for`
  obliged 感謝して

050　約束の確認と追加事項

- オフィスのロビーに着いたら電話したほうがいいですか？
  Should I call you when I get to the office lobby?

- 午後2時までに12階に行けばいいですか？
  Would you like me to go to the 12th floor **by** 2 p.m.?

- 弊社の提案のほか、その他何か役に立つものを持って行ったほうがいいですか？
  Besides our proposal, **would you like me to bring anything else with me** that may be useful?

- 私とともに弊社の技術の専門家の一人が伺います。
  One of our technical specialists **will be joining me.**

- 回路図の変更について話し合う、5月29日の会議の確認をしたいのですが。
  I would like to confirm our meeting **on** May 29 to discuss the changes in the schematics.
  schematic 回路図、配線略図

- 金曜日、貴社からはその他どなたが参加するか教えてください。
  Please let me know who else from your company **will be joining us on** Friday.

- 10月6日にお会いする件、ご承諾ありがとうございます。
  Thank you for agreeing to meet with us on October 6.

- スコット・レーベンと私は、3月3日月曜午前10時に、貴社で貴殿と貴社スタッフにお会いするのを楽しみにしています。
  Scott Leven and I **look forward to meeting** you and your staff **on** Monday, March 3, at 10 a.m. **at** your office.

- 以下は、11月20日の会議に出席する弊社チームのメンバーのリストです。
  Below is the list of people from our team **that will be attending the meeting on** November 20.

タイプ2　アポイントメントについての承諾と拒否

✉ 承諾するときは、日付と時間、場所を明示する

約束を承諾するときには、まずはその理由と共に感謝の気持ちを伝えます。そして、目的や日時、場所を指定し、必要であればミーティングに予想される所要時間を確認します。断るときには、その理由を明確にすることを優先します。特別な事情があって会えない場合には、相手の助けとなるような、ほかの選択肢を提示します。

Subject RE: Request for a Meeting
From john@ibcp.co.jp
To matson@debrixdesign.com

アポイントメントの承諾 ▶ 051

I would be pleased to meet with you on Monday, November 24, at 4 p.m. at my office. I've asked Scott Meyer, one of our technical managers, to join us, so the meeting should be quite productive. When you arrive at the lobby, just give me a call and I'll come down and get you.

当日の案内 ▶ 053

RE：ミーティングの申し入れ

11月24日(月)16時に、私のオフィスでぜひお目にかかりたいと思います。技術担当者の一人であるスコット・マイヤー氏にも同席するように頼みましたので、非常に生産性の高いミーティングになるでしょう。ロビーに到着しましたら、私に電話をしてください。お迎えにあがります。

---

a technical manager 技術担当者　productive 生産的な

051　アポイントメントの承諾

▶ 火曜日で大丈夫です。
Tuesday **would be no problem.** `inf`

▶ どちらの日も大丈夫です。
Either date would be okay.

▶ いいですよ。いつ会いましょうか？
Sure. When do you want to meet?

▶ わかりました。でも、短い打ち合わせにしてもらえますか。
All right, but I think it'll have to be a quick meeting.

▶ はい、会いましょう。いつがいいですか？
Yes, let's meet. When is a good time for you?

▶ いいですよ。水曜の午後3時に会いましょう。
Sure. I'll see you at 3 p.m. on Wednesday.

▶ そのときは空いていますので、月曜午後2時30分に会いましょう。
I'm free then, so I'll see you at 2:30 p.m. on Monday.

▶ オフィスを出る前にお電話ください、用意できますから。
Just call me before you leave your office so I can get ready.

▶ 私どもは、来週ならいつでもいいです。
Any time next week **would be fine with us.**

▶ 終日オフィスにいるので、いつでも寄ってください。
I will be in the office all day, so drop in any time.

▶ 午前11時から会議に出ているかもしれませんが、長くはかかりません。
I might be in a meeting **from** 11 a.m., **but that shouldn't take long.**

▶ 選べるように、いくつか日付を挙げてもらえませんか？
Why don't you give me a couple of days to choose from?
　　　　　　　　　　　　　　　　　　　a couple of　いくつかの

▶ 契約を完了させるため、4月23日水曜午後3時に、弊社オフィスにてお会いできますと幸いです。
I would be glad to meet with you in my office **on** Wednesday, April 23, **at** 3 p.m. to finalize the contract.

- 9月19日午前10時30分にお会いできるのを楽しみにしています。
  We look forward to seeing you on September 19 at 10:30 a.m.

052　日付と時間の提案／代替

- 午後5時でいいですか？
  Will 5 p.m. **work for you?**

- 来週の月曜日はどうでしょうか？
  How about Monday next week?

- その時私はオフィスにいません。午後のいつかがいいでしょう。
  I'm out of the office then. Sometime in the afternoon **would be better.**

- 実はその日は都合が悪いんです。明日はいかがですか？
  That's not a good day for me actually. How about tomorrow?

- 今度の金曜は空いていません。来週の金曜のほうがいいですね。
  I won't be free this Friday. Next Friday **would be better.**

- 午後4時以降、いつでも寄ってください。
  You can stop by any time after 4 p.m.

- 私は午後2時が一番いいのですが。
  For me the best time would be 2 p.m.

- 私は午前11時が都合がいいです。
  11 a.m. **would be convenient for me.**

- 私たちは、7月1日か2日がいいです。
  We prefer July 1 **or** 2.

- 午後1時から3時30分まで空いています。
  I am available from 1 **to** 3:30 p.m.

- 代わりに7月1日はいかがでしょうか？
  May I suggest July 1 **instead?**

- 来週はちょっと難しいので、代わりにその次の週はいかがでしょうか？
  Next week is a bit inconvenient, so could I suggest the week after that **as an alternative?**

  alternative　代替、別の可能性

053　会う方法の案内

- エレベーターで12階に上がり、受付に私との約束があると言ってください。
  Just take the elevator up to the 12th floor and tell the receptionist you have an appointment with me.

- 22階で、エレベーターの横にある電話で内線2231を押してください。
  On the 22nd floor, dial extension 2231 on the phone by the elevators.

  extension　内線

- ビルのロビーで会いましょう。
  I will meet you at the building lobby.

- アシスタントの斉藤がレストランのすぐ外でお会いします。
  Ms. Saito, my assistant, will meet you right outside the restaurant.

- 階段で2階に上がり、入口でインターホンを押して私を呼んでください。
  Please take the stairs to the second floor, and at the entrance, push the intercom and ask for me.

054　アポイントメントの拒絶

- 実は私どもは買付を扱っていません。このメールを買付チームに転送しますので、そちらからご連絡します。
  Actually, we don't handle purchasing. I will forward this e-mail to the purchasing team, and someone there will contact you.

- お会いするのが有益だとは思えません。
  I don't think the meeting would be beneficial.

  beneficial　有益な

- 10月12日に戻る予定ですので、それから次のアポを決めましょう。
  I expect to return on October 12, so let's set up another appointment then.

- 弊社の法務チームが適切だと考えておらず、貴殿にお会いすることができません。
  I won't be able to meet with you about the matter as our legal team feels it is not proper to do so.

- 先約があり、いずれの日付も不可能です。
  Due to previous commitments, neither of the dates is possible for me.

▶ お会いする件お尋ねいただいたのはありがたいのですが、現時点ではよい考えではないようです。
I appreciate your asking me to meet you, but I don't think it is a good idea at this point.

▶ 6月末まで、オフィスにいません。7月初めに再度ご連絡ください。
I will be out of the office until the end of June. **Please contact me again in** early July.

▶ あいにく私はその時中国にいます。そこで、佐々木さんに会うことをお勧めします。あなたのお役に立つかもしれません。
Unfortunately, I will be in China then, so **I suggest that you meet with Mr. Sasaki, who may be able to assist you.**

▶ どのようにお役に立てるかわからず、ご要望をお断りしなければなりません。
Since I am not certain how I could be of help, I will need to decline your request.

▶ この件につきすでに電話で詳細をお話ししたので、お会いして役に立つとは思えません。
Because we have already discussed the matter in detail on the phone, **I do not see that a meeting would be useful**.

タイプ3　予定変更とキャンセル

✉ 新しいアポイントメントを提案し、確認してもらう

アポイントメントの日程を変更するときは、できるだけ早めに相手にメールで知らせます。まず、お詫びを伝えます。そして、予定していた日時や場所に触れながら、新しいアポイントメントの日時を提案して、可能かどうかを確認します。完全にキャンセルする場合には、予定していた日時や場所を明確に記し、キャンセルの理由を述べ、ほかに提案があればそれを示します。

Subject	Need to Change Our Meeting Date
From	kevin@ibcp.co.jp
To	chris@triplus.co.jp

I am sorry about the short notice, but because of an emergency meeting I need to attend, **I would like to ask if we can change our meeting time and date from 10 a.m. tomorrow to 2 p.m. this Friday.** I hope this doesn't cause too much of an inconvenience for you. Please let me know if the change is okay.

> 予定の変更
> ▶ 055

ミーティングの日程を変更していただけますか

直前のご連絡で申し訳ございませんが、緊急会議に出席しなくてはならなくなりました。そのため、ミーティングの日時を明日の午前10時から、今週の金曜日の午後2時に変更していただけるか、おたずねしたいと思います。大変なご迷惑とならないことを願っております。もし変更してもよろしければ、お知らせください。

---

a short notice 直前の通知　**an emergency meeting** 緊急会議　**cause inconvenience** (人に)迷惑をかける

055 変更／延期

- 急に用ができて、打ち合わせの日を変更する必要が出てきました。
  Something came up, and I'm going to need to change our meeting date.

- 打ち合わせを午後3時に繰り上げてもいいでしょうか？
  Is it okay if we pushed our meeting back to 3 p.m.?

- 約束の日を繰り上げてもいいかどうかうかがわなければなりません。
  I need to ask if we can push up our appointment date.

  push up 繰り上げる

- アポを3月2日から3月5日に変更することができますか？
  Can we change our appointment on March 2 **to** March 5?

- 急で申し訳ありませんが、もっと早い日付でお会いすることができますか？ 火曜は大丈夫ですか？
  Sorry for the short notice, but could we meet on an earlier date? Would Tuesday **be okay with you?**

- お会いすることを約束した週に、福岡に出張するよう言われました。1週間早く会うことができますか？
  I have just been asked to go on a business trip to Fukuoka on the week we are scheduled to meet. Can we meet a week **earlier?**

- 申し訳ございません。予定が重複しました。約束を午後7時に変更してもよろしいでしょうか？
  Please accept my apologies. There's a scheduling conflict. Do you mind if we move our get-together to 7 p.m.?   a scheduling conflict 予定の重複

- アポを今週の金曜日から来週の月曜日に変更してもよろしいでしょうか？
  Would you mind changing our appointment from this Friday **to** next Monday?

- 日付を8月1日に繰り上げることができますか？
  Could we move up the date to August 1?

  move up 繰り上げる

- 会議を月曜日に延期することが可能でしょうか？
  Would it be possible to postpone the meeting to Monday?

- 元の予定である4月30日にお会いすることができません。
  I will not be able to keep our original appointment date of April 30.

- 予定調整のため、明日ご連絡します。
  I will contact you tomorrow **to reschedule.**

056 キャンセル

▶ 予定外の出張のため、10月2日木曜午後1時30分に予定されていた会議をキャンセルしなければなりません。
I have to cancel our meeting on Thursday, October 2, **at** 1:30 p.m. **due to an unscheduled** business trip.

▶ 本当に申し訳ありませんが、急な用件があり、6月9日の予定をキャンセルしなければなりません。
I am terribly sorry, but I need to cancel my June 9 **appointment with you because of a sudden emergency.**

emergency 急な用件、緊急事態

▶ 予期せず困難な事態が生じ、5月5日にいただいたお約束を守ることができません。
Due to an unexpected complication, I will not be able to honor our appointment date of May 5.

complication 困難な事態　honor （約束を）守る

▶ 佐藤浩が病気になり、8月18日午前10時のお約束に伺えない旨お知らせします。
I am writing for Mr. Hiroshi Sato who is ill and thus **cannot keep his appointment with you on** August 18 **at** 10 a.m.

UNIT 05

注文と変更

- タイプ1　見積もりの依頼
- タイプ2　見積もりの提供
- タイプ3　交渉
- タイプ4　注文
- タイプ5　注文への返信
- タイプ6　出荷
- タイプ7　注文のキャンセルや変更

UNIT 05

注文と変更
Placing & Changing Orders

取引先に見積もりを依頼して交渉によって価格を決定するメールや、注文を発注して出荷するまでにやりとりするメールです。

📧 タイプ別 Key Point

タイプ1 見積もりの依頼	製品の詳細をすべて記載する
タイプ2 見積もりの提供	条件と有効期限を含める
タイプ3 交渉	同意した内容は書面に残す
タイプ4 注文	注文フォームに従う
タイプ5 注文への返信	注文書番号、配達予定日と時間、配送方法を含める
タイプ6 出荷	出荷日と到着日を明示する
タイプ7 注文のキャンセルや変更	数量や条件を、すでに注文した内容と比較して提示する

🔍 専門家の E-mail Advice

注文や予約はお金と直接関係しているため、今後、損害賠償やその他の争いが生じた場合には、非常に重要な資料になります。よって、いつもより慎重にメールを作成しなければなりません。本文は簡潔に作成しますが、注文内容については混乱を避けるために細かく列挙します。

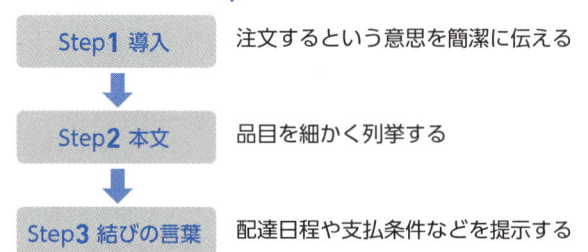

✏️ すぐに書ける 3 Steps

Step1 導入 注文するという意思を簡潔に伝える

Step2 本文 品目を細かく列挙する

Step3 結びの言葉 配達日程や支払条件などを提示する

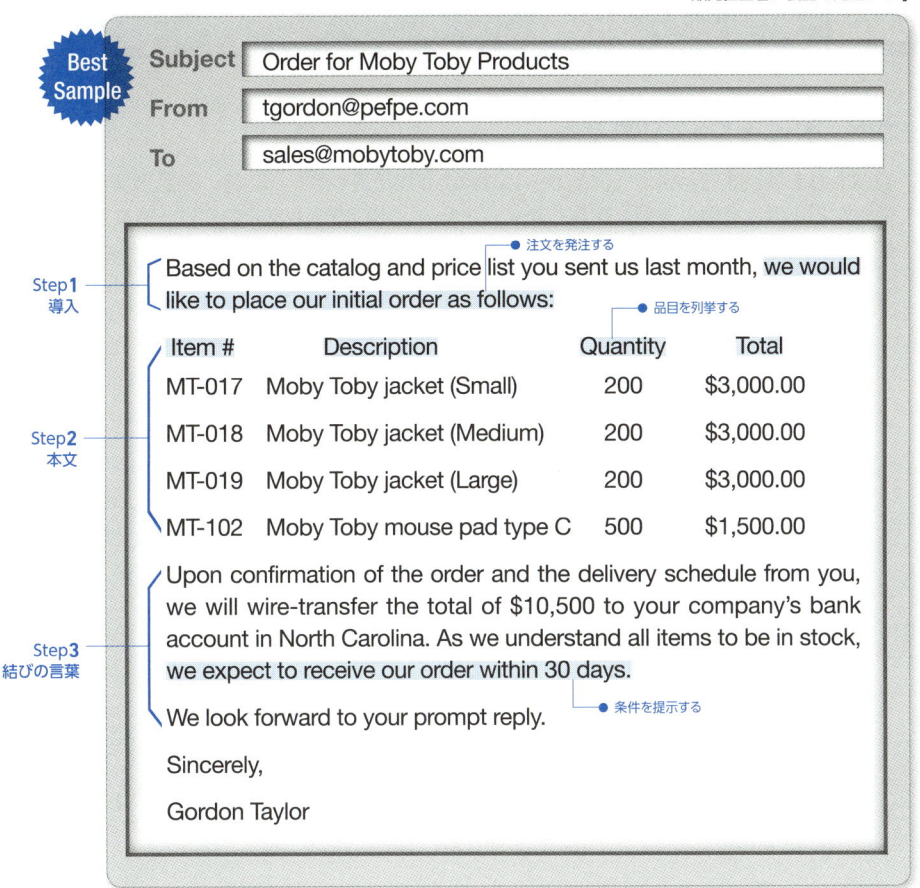

取引先から提供されたカタログを見て、
販売担当者に製品を発注する

Best Sample

Subject	Order for Moby Toby Products
From	tgordon@pefpe.com
To	sales@mobytoby.com

Step1 導入

Based on the catalog and price list you sent us last month, we would like to place our initial order as follows:

● 注文を発注する
● 品目を列挙する

Step2 本文

Item #	Description	Quantity	Total
MT-017	Moby Toby jacket (Small)	200	$3,000.00
MT-018	Moby Toby jacket (Medium)	200	$3,000.00
MT-019	Moby Toby jacket (Large)	200	$3,000.00
MT-102	Moby Toby mouse pad type C	500	$1,500.00

Upon confirmation of the order and the delivery schedule from you, we will wire-transfer the total of $10,500 to your company's bank account in North Carolina. As we understand all items to be in stock, we expect to receive our order within 30 days.

● 条件を提示する

Step3 結びの言葉

We look forward to your prompt reply.

Sincerely,

Gordon Taylor

Moby Toby 製品の注文

先月送ってくださったカタログと価格表をもとにして、次のように発注したいと思います。

商品番号	内容	数量	総額
MT-017	Moby Toby ジャケット(S サイズ)	200	3,000 ドル
MT-018	Moby Toby ジャケット(M サイズ)	200	3,000 ドル
MT-019	Moby Toby ジャケット(L サイズ)	200	3,000 ドル
MT-102	Moby Toby マウスパッド C タイプ	500	1,500 ドル

貴社からの注文と配送日程の確認を基にして、ノースカロライナ州の貴社の銀行口座に合計 1 万 500 ドルを電信送金いたします。すべての品目が在庫ありと理解していますので、30 日以内にすべての注文品を受領できるものと期待しております。

迅速なお返事をお待ちしております。

ゴードン・テイラー

UNIT 05　注文と変更

| タイプ 1 | 見積もりの依頼 |

✉ 製品の詳細をすべて記載する

見積もりを依頼するときは、混乱が生じないように品目や数量、価格、納品日、支払条件などをできる限り詳細に記載します。さらに、出荷方法や支払条件は、注文前に顧客と業者とのあいだで協議する必要があるので、共に言及するとよいでしょう。

Subject　Request for Quote
From　　stephen@hamaimports.com
To　　　sales@euroelec.com

見積もりの
依頼 ▶ 057

● Please quote us the following items:

　　Keron Mouse (Model A-21)　　　　　　3,500 each

　　Keron USB Flash Memory Stick (8MB)　5,000 each

We would like the price for CIF Yokohama included in your quote. If you require additional information, please let me know.

Thank you.

見積もり依頼
次の品目について見積もりをお願いいたします。
　　Keron マウス(A-21 モデル)　　　　　　　　3,500 個
　　Keron USB フラッシュメモリスティック(8MB)　5,000 個
横浜までの送料と保険料も見積もりに含めていただきたいと思っています。
さらなる情報が必要な場合はお知らせください。
ありがとうございました。

CIF (= cost, insurance and freight) 送料と保険料込みの価格　**quote** 見積もり、見積もりを出す

057　見積もりの依頼

▶ 次の項目についての見積もりをお願いします：
Please quote the following items:

▶ 見積もりに含まれる内容：
The quote should include:

▶ 下記に並べた項目について正式な見積もりを出してください。
Please provide us with an official quote for the items listed below.

▶ 下記の項目につきFOB価格の見積もりをいただけませんか？
Could you quote us the FOB **price of the items below?**

FOB (= free on board) price　FOB価格、港本船渡し価格

▶ 大量購入割引を含む、貴社の最善の価格をお知らせください。
Please provide us your best offer, including your bulk discounts.

bulk discounts　大量購入割引

▶ C2T800（500GB版）5000個の見積もりをいただきたいのですが。
We would like a quote for 5,000 units of C2T800 (500GB version).

unit　単位

▶ RC-201モデル20個の購入を検討しています。
We are considering purchasing 20 units of the model RC-201.

▶ 数量割引をいただけるかどうか教えてください。
Please let us know if you offer a volume discount.

▶ 弊社工事現場までの運送費を含めてください。
Please include delivery cost to our project site.

project site　工事現場

▶ FOBとCIF価格の両方で見積もりをいただきたいのですが。
We would like a quote for both FOB and CIF prices.

Tips & More

FOB vs. CIF

FOBはfree on boardの略で、輸出業者が1) 製品を輸出港まで輸送する費用、2) 船舶に積載する費用、3) 輸出通関費用、をすべて負担することをいいます。そのため、「FOB価格」とは、製品の原価と輸出港の船上（on board）で製品を渡すまでのすべての費用が含まれます。つまり、輸出業者の責任が船上で終わる（free）ことを意味するのです。一方、CIFはcost、insurance and freightの略で、輸出業者が製品の原価、船舶に積載する費用、目的港までの運送料と保険料の両方を負担する貿易取引条件です。

- 見積もりには可能な割引、配送日程および支払条件を含めてください。
  Your quote should include available discounts, a delivery schedule **and payment terms.**

  payment terms 支払条件

- 添付のリストにある品目供給につき見積もりを送ってください。
  Please send me a quote for the supply of items on the attached list.

- 大阪オフィスにノートパソコンを2台追加する必要があり、貴社の見積もりをいただきたいのですが。
  We need two additional laptops for our Osaka office **and would like a quote from you.**

- 5月2日までに確定見積もりをいただければ、大変ありがたいです。
  Your providing us with a firm quotation by May 2 **would be greatly appreciated.**

- 明日までに貴社の見積もりをメールまたはファクスで送信してください。
  Please e-mail or fax me your quote by tomorrow.

- 貴社の価格が合えば、喜んで最初の発注をします。
  If your prices are agreeable, we would be happy to place our first order.

  agreeable 好ましい

Tips & More

Quote vs. Estimate

どちらも一般的には「見積書」という意味で使用されますが、quote（またはquotation）とestimateの使い方は異なります。quoteには、固定価格が含まれていますが、estimateは、文字通り「価格を大雑把に見積もる」という意味があります。そのため、見積もりを取るときには、その違いを知っておくべきでしょう。一般的に、製品を購入するときはquoteを取り、確定していない工事のようなものにはestimateを取ります。

タイプ2 見積もりの提供

✉ 条件と有効期限を含める

見積もりの依頼を受けたあと、早めに相手が提示したすべての事項および条件と有効期限が含まれている見積もりを提供します。もし、すぐには提供できない情報があれば、その情報を伝えられる日を記載することが大切です。見積もりの依頼に応じない場合には、その理由を明確にして代案を提示するとよいでしょう。

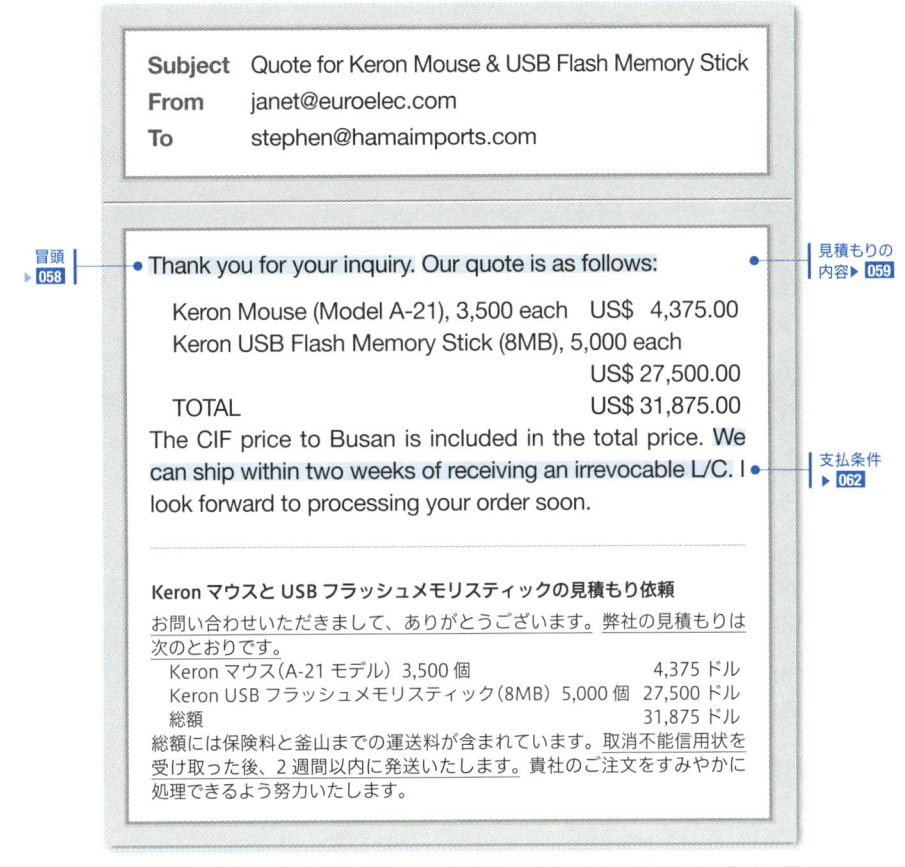

Subject Quote for Keron Mouse & USB Flash Memory Stick
From janet@euroelec.com
To stephen@hamaimports.com

・Thank you for your inquiry. Our quote is as follows:

    Keron Mouse (Model A-21), 3,500 each   US$ 4,375.00
    Keron USB Flash Memory Stick (8MB), 5,000 each
                                                          US$ 27,500.00
    TOTAL   US$ 31,875.00

The CIF price to Busan is included in the total price. We can ship within two weeks of receiving an irrevocable L/C. I look forward to processing your order soon.

KeronマウスとUSBフラッシュメモリスティックの見積もり依頼

お問い合わせいただきまして、ありがとうございます。弊社の見積もりは次のとおりです。
    Keronマウス（A-21モデル）3,500個   4,375ドル
    Keron USBフラッシュメモリスティック(8MB) 5,000個 27,500ドル
    総額   31,875ドル
総額には保険料と釜山までの運送料が含まれています。取消不能信用状を受け取った後、2週間以内に発送いたします。貴社のご注文をすみやかに処理できるよう努力いたします。

---

an irrevocable L/C (= letter of credit) 取消不能信用状（円滑な代金決済のために信用状に記載されている商品の引受や代金決済の条件をキャンセルしたり、変更することができないようにすることをいう）

058 冒頭

- 9月22日にお問い合わせいただきありがとうございます。
  Thank you for your inquiry of September 22.

- C&D製品にご関心をお寄せいただきありがとうございます。
  Thank you for your interest in C&D products.

- 見積もりのご依頼ありがとうございます。
  Thank you for your request for quotation.

059 見積もりの内容

- ご依頼の情報を喜んで提供いたします。
  We are happy to provide you with the information you requested.

- 喜んで以下のようにお見積もりいたします：
  We are pleased to quote as follows:

- 見積もりをPDF形式で添付しました。
  Our quotation is attached in PDF format.

- 価格には包装と沖縄までのCIF配送料が含まれています。
  The prices include packing and CIF delivery to Okinawa.

- 8%の消費税が含まれていることに注意してください。
  Please note that 8% sales tax is included in the prices.

- ご依頼につき弊社工場と話し合い、3日以内に正式な見積もりをお送りします。
  We will send you our official quote within three days after discussing your request with our factory.

- LAN設置に関する添付の見積もりをご覧ください。
  Please find our attached estimate for the LAN installation.

- 弊社見積もりは90日間有効です。
  Our quotation is valid for 90 days.

060　配送日時

▶ 即時配達可能な数量の在庫があります。
We have the quantities in stock for immediate delivery.
quantity　数量、多数

▶ 受注後30～45日以内に、商品の出荷が可能です。
The items can be shipped within 30~45 days upon receipt of order.

▶ 受注後30日以内の発送が可能です。
The delivery can be made within 30 days from receiving your order.

▶ 実際の発送日は、ご注文日によります。
Actual delivery date will depend on the date of your order.
depend on　～による

061　割引

▶ 数量50以上購入された品目には、5%の割引を提供できます。
We can offer you a 5% discount on items purchased in quantities of 50 or more.

▶ 5%の数量割引は、2500個以上のご注文にのみ適用されます。
The 5% quantity discount is only available for orders of 2,500 units or more.

062　支払条件

▶ 支払条件：
Payment Terms:

▶ 注文書を受領し次第、ご注文の処理を進めます。
We will process the order upon receipt of your PO.
PO (= purchase order)　注文書

▶ ご注文を進めるには、50%の前金が必要となります。
A 50% deposit is required to process the order.
deposit　前金、保証金

▶ 貴社信用状を受け取った後、3週間以内の発送が可能です。
Shipment can be made within three weeks of receiving your L/C.

- 取消不能信用状を受け取り次第、ただちに貴社ご注文を処理します。
  Upon receiving an irrevocable L/C, we will process your order immediately.

- 請求書の日付から30日以内のお支払いが必要です。
  Payment is required within 30 days **of invoice date.**

- お支払いは、商品受領後10日以内に電信送金で行われる必要があります。
  Payment is to be made by wire transfer **within** 10 days **after receipt of goods.**

063　見積もり依頼の拒絶

- あいにく、それらの品物はもう在庫がありません。
  Unfortunately, the items are no longer in stock.

- そのモデルはもう生産していません。
  We no longer produce that model.

- その品目は扱っていません。
  We do not carry the item.　　　　　　　　　　　carry 取り扱う

- その品目は廃止となりました。
  The item has been discontinued.　　　　discontinue 廃止する、中止する

- 貴社のご要望を満たすことができる北米独占販売代理店があります。アドレスと連絡先番号は次のとおりです。
  There is an exclusive distributor in North America **that can fulfill your request. Its address and contact numbers are listed below.**

- 今年はいつになく大量の需要があり、現時点でOC-201についての新規お問い合わせをお受けすることができません。
  We are unable to accept any new inquiries for OC-201 **at this time due to an unusually large demand for the product** this year.

タイプ3　交渉

✉ 同意した内容は書面に残す

交渉をおこなうときは丁重な態度で臨みますが、この交渉で今後の継続的な取引が保証されるという信頼を与えることが重要です。反対に、相手の提案に対して交渉を拒否しなければならないときには、丁重にその理由を示します。交渉する際は、何であれ一つ譲歩したなら、一つ得るということを原則とし、同意が得られたら、必ず書面で残しておくとよいでしょう。

Subject　RE: Delivery Date
From　janet@euroelec.com
To　stephen@hamaimports.com

We can agree to your new delivery date if you could give us an additional 1% discount on the order. Please let me know if this is acceptable. Thank you.

　　割引を要求 ▶ 064

RE：配達日
もし、今回の注文についてさらに1％割引していただけるなら、貴社が提示された新しい納品日程に従います。ご承諾いただけるかどうか、お知らせいただけますでしょうか。ありがとうございました。

a delivery date 納品日程

064 発注者の要求

▶ 今回は大量注文につき、5%の割引をいただきたいのですが。
Because this is a large order, we would like to ask for a discount of 5%.

▶ FOBオークランドよりCIF大阪がいいのです。
We prefer CIF Osaka **to** FOB Oakland.

▶ 注文を5万個増やすと、1個あたり2ドルになりますか？
Would you agree to US$ 2.00 **per unit if we increased our order to** 50,000 **units?**

▶ 期限を守るには、2カ月以内に注文品を受け取る必要があります。
In order for us to meet our deadline, we will need our order within two months.
deadline 期限

065 要求への回答

▶ 代わりに15%の割引を受け入れてもらえますか？
Would you be open to a 15% **discount instead?**
be open to ～を受け入れる用意がある

▶ ご要望に同意すれば、取消不能信用状をすぐに開設しますか？
If we agree to your request, then would you open an irrevocable L/C at sight?
at sight すぐに、即座に

▶ アメリカへの出荷では、代金引換を受け入れることができません。
We do not accept cash on delivery for shipments to the U.S.
cash on delivery (= C.O.D.) 代金引換、着払い

▶ 配送受領後30日以内に支払いが行われるという条件で、10%の割引を提供いたします。
We would like to offer a 10% **discount, provided that payment is made within** 30 **days of receipt of shipment.**
provided that ～という条件で

▶ 1個20ドルに価格を下げることは不可能です。
It would be impossible for us to lower the price to $20.00 **per unit.**

066 条件の受け入れ

▶ 1個2ドルであれば了解します。
　$2.00 **a unit is acceptable.**

▶ 30日以内の支払いに同意します。
　We agree to net 30 days.　　　　　　　net ~ days　〜日以内に支払う

▶ 2月18日の対案を受け入れます。
　We accept your counteroffer of February 18.　　counteroffer　対案、逆提案

| タイプ **4** | 注文 |

✉ 注文フォームに従う

個人で注文するときは業者のウェブサイトなどで order form（注文フォーム）を作成し、オンラインで注文します。しかし、メールで注文するときには、会社によって、注文フォームを添付したり、本文に詳細な注文内容を記載したりすることもあります。

Subject　Order for A4 Ebony Paper
From　　wonho77@ibcp.co.jp
To　　　jameswillis@myoffice.net

注文について
言及する▶ 067

● I would like to order the following items:

　　Item: #E-02 ebony paper (A4)
　　Quantity: 25 reams
　　Total price: $100.00

Please charge the total, any taxes, and shipping and handling fees to my credit card indicated below. The delivery address is also below.

A4 エボニー用紙の注文
次の品目を注文したいと思います。
　　　品目：E-02 番エボニー用紙(A4)
　　　数量：25 連
　　　総額：100 ドル
総額、税、出荷費用や取扱手数料は、下記のクレジットカードで決済してください。配送先は下記のとおりです。

---

ream（紙の取引単位）連　**shipping and handling fees** 出荷費用と取扱手数料

067 注文に対する言及

- 記入済み注文書を添付します。
  I'm attaching the completed order form.

  order form 注文書

- 昨日電話でお話しした品目に関する注文書を添付します。
  I'm attaching the purchase order for the items I mentioned on the phone yesterday.

- 次の発注をしたいと思います：
  I would like to place an order for the following:

  place an order 発注する、注文する

- 以下の品目を送ってください：
  Please send me the following items:

- 注文したものを下記の住所に送ってください。
  Please send my order to the address below.

- 私のクレジットカード情報は、次のとおりです：
  My credit card information is as follows:

- クレジットカードで決済してください：
  Please charge my credit card:

- 注文品を速達で送ってほしいのですが。
  I would like my order sent via express mail.

- 注文書を添付しています。
  Our order sheet is attached.

- 注文の処理を進めてください。
  Please proceed with the order.

- 以下の供給をお願いします：
  Please supply the following:

- 7月2日現在のオファーを喜んでお受けします。
  We are pleased to accept your offer of July 2.

- 以下の教材の注文をお願いします：
  Please accept my order for the following textbooks:

- 注文書に記入して添付しました。
  An order form has been filled out and is attached.

- 以下の品目につき注文ナンバーA-221を添付しました。
  Our purchase order number A-221 for the items below is attached.

- 今日の午後に電話で行った注文への確認は以下のようになります：
  This is to confirm the order placed by telephone this afternoon as follows:

- 署名した注文書（注文番号21991）をPDF形式で添付しました。
  A signed purchase order (PO #21991) is attached in PDF format.

- メールまたはファックスで今回の発注の受領確認をしてください。
  Please confirm receipt of this order by e-mail or fax.

- 注文書（番号NA-AS02-101）を添付しました。
  Our PO (#NA-AS02-101) for the order is attached.

  PO (= purchase order) 注文書

- 貴社ウェブサイトに記載されているように、2週間以内の配送をお願いします。
  As indicated on your website, we expect delivery within two weeks.

- 貴社の見積書に記載されているように、注文を確認します。
  We hereby confirm the order as shown on your pro forma invoice.

  `for`　　　　　　　　　　　hereby これにより　a pro forma invoice 見積書

- 注文が確認され次第、貴社を受益者として取消不能信用状を開設します。
  An irrevocable L/C will be established in your favor upon confirmation of order.

  in one's favor 〜の利益になるように

068　配送日時

- 再度お伝えしますが、製品を2月末までに受け取りたいのです。
  Again, we would like to receive the products by the end of February.

- 品目を即座に出荷してくださるようお願いします。
  We hope that you will ship the items immediately.

- 見積もりに記載されているように、即座に在庫から配送してくださるようお願いします。
  As you've indicated in your quote, we expect immediate delivery from stock.

- 5月3日までに製品を配送していただく必要があります。
  We need the products delivered no later than May 3.
  no later than ～までに

- 指定の配送期日にご注意ください。
  Please note the required date of delivery.

- ただちに配送してください。
  We require immediate delivery.

- 見積もりに記載されているように、8月30日より前に配送してください。
  As indicated in your quotation, we expect the delivery to occur before August 30.

- 顧客は夏が始まる前にこれらの品目を必要としており、5月末より前に受領する必要があります。
  Because these items are required by our customers before the start of summer, **we will need to receive them before** the end of May.

タイプ5 注文への返信

✉ 注文書番号、配達予定日と時間、配送方法を含める

注文に対する受付メールを送信するときは、注文日、注文書番号、注文品の予定配送日と配達方法などを詳しく記載します。注文していただいたことへの感謝を伝えるとよいでしょう。注文を受け付けることができない事情が生じたときは、その理由を明確に述べます。

Subject Your Order #KOR-2100A
From jameswillis@myoffice.net
To wonho77@ibcp.co.jp

[注文の受付 ▶069]
We are pleased to receive your order of April 11. Your order [配送予定 ▶070] for 25 reams of A4 ebony paper (item #E-02) is in stock and will be shipped via UPS early next week. The items (including shipping and handling fees) have been charged to your credit card (approval #95882) for the amount of $119.25. Thank you for placing your first order with us, and
[結びの言葉 ▶073]
we hope to continue serving you.

注文番号 KOR-2100A について

4月11日付のご注文を喜んでお受けいたします。注文していただいたA4エボニー紙25連(商品番号E-02)は在庫があり、来週初めにUPS宅配便での配送となります。これらの品目について(発送諸経費を含む)、お客様のクレジットカード(承認番号95882)に総額119.25ドルを請求させていただきました。初めてのご注文に感謝しております。これからもどうぞよろしくお願いいたします。

---

via ～を経由して　approval 承認

069 注文の受付

- 5月5日付のご注文ありがとうございます。
  Thank you for your order dated May 5.

- 全商品在庫があります。
  We have all the items in stock.

- 注文番号20331のご注文ありがとうございます。
  Thank you for your purchase order number 20331.

- 10月5日のご注文を喜んでお受けします。
  We are pleased to accept your order of October 5.

- ゴム手袋に関する貴社のご注文を受けています。
  We are in receipt of your order for latex gloves.

  be in receipt of 〜を受けている

- 7月7日付の注文番号TS4221の受領を確認いたします。
  This is to confirm receipt of your order #TS4221, **dated** July 7.

- 以下の通りご注文を確認します：
  We confirm your order as follows:

- 新しいお客様として歓迎いたします。
  We would like to welcome you as a new customer.

- ご注文（注文番号T-50438）の受領確認です。
  This is to acknowledge our receipt of your order (PO #T-50438).

- 見積もりに記載された価格と条件に基づき、ご注文の品を提供いたします。
  Your order will be supplied at the prices and terms stated in our quote.

- 信用状番号を教えてください。
  Please let us know the L/C number.

070 発送予定

- ご注文は明日出荷されます。
  Your order will be shipped tomorrow.

- その品目の在庫があれば2営業日以内に出荷します。
  If the items are in stock, we'll ship your order within two **working days.**
  　　　　　　　　　　　　　　　　　　　　　　　　a working day 営業日

- 今日の午後、ご注文を出荷しました。
  We have shipped your order this afternoon.

- 全商品が在庫があり、明日の航空貨物にて出荷します。
  All items are in stock, so we will ship them by air freight tomorrow.

- 5〜7日以内に商品が届くはずです。
  You should receive the items within 5〜7 days.

- ご注文は来月初めにデトロイト工場から直接出荷します。
  Your order will be shipped directly from our factory in Detroit early next month.

- ご注文は、現在、デンバーの倉庫で処理されており、3月20日までに出荷します。
  Your order is currently being processed at our warehouse in Denver **and will be shipped by** March 20.

- 最終配送スケジュールは1月17日までにお送りします。
  We will send you the finalized delivery schedule by January 17.

- ご注文がそちらの倉庫に到着するまで2〜3週間かかります。
  Please allow two to three weeks **for your order to arrive at your warehouse.**

071 配達遅延

- 供給元からの出荷を待っています。
  We are awaiting shipment from our supplier.

- メーカーからの出荷が遅れています。
  There is a delay of shipment from the manufacturer.

- あいにく201番の商品は現在在庫がありませんが、メーカーから近いうちに新たに出荷されるのを待っています。
  Unfortunately, item no. 201 is currently out of stock, but we expect new shipment from the producer soon.

- 来月までにご注文を出荷することができず申し訳ありません。貴社ご注文の特定の商品が現在在庫切れです。
  We regret that we are unable to ship your order by next month, **as the specific items in your order are currently out of stock.**

- 在庫がある商品を先に出荷したほうがいいですか？
  Would you like us to ship the items that are in stock first?

- 1、2、4、5の商品は、来週配送予定で、3、6の商品は、2週間以内に出荷します。
  While delivery of items 1, 2, 4 and 5 **is scheduled for** next week, **items** 3 and 6 **will be shipped within** two weeks.

- Tシャツは出荷しましたが、野球帽は3〜5日以内に出荷します。
  The T-shirts have been shipped, but the baseball caps **will be shipped within** 3 to 5 days.

- いつにない悪天候のため、ご注文は来週出荷可能となります。
  Due to unusually severe weather, **we will be able to ship your order** next week.
  　　　　　　　　　　　　　　　　　　　　　　　　　　　severe weather 悪天候

- あいにく工場ストライキのため、商品をすぐに供給することができません。
  Unfortunately, due to a strike at our factory, **we will not be able to supply the items immediately.**

072　発注拒絶

- 申し訳ございませんが、現在、貴国に商品を出荷することができません。
  We are sorry, but currently we are not able to ship items to your country.

- その商品の在庫はもうお取扱いしておりません。
  We no longer carry the items in stock.

- あいにく2201番の商品は、もうお取扱いしておりません。
  Unfortunately, we no longer carry item #2201.

- あいにくご指定のモデルはもう生産しておりませんことをお知らせします。
  We are sorry to inform you that we no longer produce that particular model.

- 申し訳ありませんが、ご注文の商品は、現在在庫がありません。
  I regret that the item you've ordered is now out of stock.

- 出版社からその本は絶版になった旨連絡がありました。
  The publisher **has informed us that** the book **is out of print**.

  out of print 絶版になった

- そのため、ご注文をお受けすることができません。
  Thus, we will not be able to fill your order.　　　fill one's order 〜の注文に応じる

- 12月1日にという配送日に間に合わず、今回は、ご注文をお受けしかねます。
  Because we cannot meet the delivery date of December 1, we are unable to fill your order at this time.

- 2月27日の対案を慎重に検討しました結果、あいにくお受けすることができかねます。
  After carefully reviewing your counterproposal of February 27, we regret that we will not be able to accept it.　　counterproposal 対案、逆提案

073　結びの言葉

- 製品にご満足いただけることを確信しています。
  We are sure you will find the items to your satisfaction.

- 製品が貴殿のニーズに応えることと確信しています。
  We are confident that the products will suit your needs.

- 近いうちに再びご注文をいただくことを楽しみにしています。
  We look forward to receiving your order again soon.

- さらにご注文をいただく機会を得られることを願っています。
  We hope that we will have the pleasure of receiving more orders from you.

タイプ6　出荷

✉ 出荷日と到着日を明示する

注文出荷を通知するときは、出荷日や到着日など、相手に必要な情報が含まれてなければなりません。出荷が遅れる場合に、然るべき理由を述べて、心からお詫びするのは正しいことです。しかし、謝罪の言葉を過剰に並べるのは避けましょう。

Subject Shipment of Your Order #KC-207
From janet@euroelec.com
To stephen@ibcp.co.jp

出荷通知
▶ 074

- **I am happy to inform you that your order #KC-207 was shipped this morning.** Copies of the shipping documents are attached, and the originals are being sent to you via DHL. As scheduled, the shipment should arrive at your warehouse on or before July 5. Thank you.

注文番号 KC-207 の出荷について
今朝、お客様が注文された注文番号 KC-207 の商品が出荷されたことを謹んでご報告いたします。出荷書類のコピーを添付しましたが、元の書類は、DHL でお送りいたします。予定通り、商品は 7 月 5 日、あるいは、それより前に貴社倉庫に到着します。ありがとうございました。

a shipping document　出荷書類

074 出荷通知

▶ ご注文のT220番が本日出荷されたことを、喜んでお知らせします。
We are pleased to inform you that your order #T220 **was shipped** today.

▶ 出荷物は5月3日にロサンゼルス港に到着する予定です。
The shipment is estimated to arrive at the Los Angeles port **on** May 3.

▶ ご注文のC-201番が本日海風9号船にて出荷されたことをお知らせします。
Please be advised that your order #C-201 **was shipped on board** the vessel Umikaze-9 today.
vessel 船

▶ 船荷証券、梱包明細書、商業送り状を含む出荷書類を明日DHLでお送りします。
The shipping documents, including the bill of lading, packing list and commercial invoice, **will be sent via** DHL tomorrow.
a bill of lading 船荷証券

▶ 貴社の出荷品を積んだ新しい船は、現在3月2日に神戸港を出発する予定です。
The new vessel carrying your shipment is now scheduled to depart Kobe port on March 2.

075 出荷遅延

▶ 明日ご注文の一部を出荷します。
We are shipping part of your order tomorrow.

▶ 現在、メーカーからの鉄鋼部品の配送を待っています。
We are currently awaiting delivery of the steel components **from the manufacturer.**
component 部品

▶ 最近のノースカロライナの吹雪のため、配送が若干遅れています。
Recent snowstorms in North Carolina **have caused a slight delay in delivery.**

▶ トラック運転手組合のストライキのため、ご注文の出荷が遅れています。
Due to a trucker's union strike, **your order has been delayed.**

▶ 現在、代わりの船を見つけようとしています。
We are now attempting to find a substitute vessel.

- 代わりにロサンゼルス港に出荷することを提案したいのですが。
  As an alternative, we would like to suggest sending the shipment to Los Angeles port.

- 1月19日に東京からオークランド港に向かう予定だった船が、あいにく修理を行うことになりました。
  Unfortunately, the vessel that was scheduled to leave for Oakland **port from** Tokyo **on** January 19 **has been called in for** repairs.

- 申し訳ございませんが、ご注文のGT-007番は、予定した8月末には出荷しかねることをお知らせします。
  We regret to inform you that we are unable to ship your order #GT-007 at the end of August **as planned.**

- この避けられない遅延についてお詫び申し上げます。ご注文の出荷を早めるために全力を尽くすことを約束いたします。
  We apologize for this unavoidable delay and would like to assure you that we are doing all we can to expedite shipping your order.

  do all one can 全力を尽くす

- 今回の遅延により生じるあらゆるご不便に対し、弊社の謝罪をお受けください。
  Please accept our apologies for any inconvenience this delay may cause you.

- 貴社の信用状UB-93101番の有効期限を修正する必要があります。
  An amendment to the expiry date on your L/C No. UB-93101 **will be necessary.**

  amendment 修正　expiry date 有効期限

➡「製品発送の遅延に対する謝罪」に関連する表現は、「Unit15 ▶謝罪」を参照してください

タイプ7　注文のキャンセルや変更

✉ 数量や条件を、すでに注文した内容と比較して提示する

致し方なく注文をキャンセル、または変更しなくてはならないときは、すぐに相手に知らせなければなりません。キャンセルの場合には、キャンセルの背景や理由を説明し、変更する場合には、相手が変更事項を正確に把握できるように変更された数量や条件をすでに注文した内容と照らし合わせながら詳しく提示します。

Subject　Revision for Order #09A-002
From　　noan@newandold.co.jp
To　　　mellisa@ecree.com

I discovered an error in the order I sent you yesterday afternoon. I had mistakenly typed in the wrong item number for the leather jackets. It should correctly be #LJ-07, not #LJ-02 as I had originally indicated. The revised PO is attached. I apologize for the undue inconvenience.

注文の変更 ▶077

注文番号 09A-002 の注文を変更します

昨日の午後にお送りしました注文書で誤記を見つけました。革のジャケットの商品番号を誤って入力してしまいました。LJ-02 ではなく、正確には LJ-07 です。訂正した注文書を添付します。余計なご迷惑をおかけして申し訳ございませんでした。

---

mistakenly 誤って　**undue** 不必要な

076 注文のキャンセル

- 少々急だとは承知しておりますが、ペーパータオル300箱の注文のキャンセルをお願いしなければなりません。
  I realize this is a bit abrupt, but I need to ask you to cancel our order for 300 boxes of paper towels.　　　　　abrupt 突然の、予期せぬ

- 次の通知があるまでノートブックパソコンの発注を延期するよう、弊社取締役が言っておりましたが、私がこれを知ったのはすでに発注した後でした。
  Our director had asked that we postpone placing orders for laptop computers **until further notice**, but I only became aware of this request after I had already placed the order.　　until further notice 次の通知があるまで

- 注文を即座にキャンセルすることが可能かどうか教えてください。
  Please advise if it is possible to cancel our order immediately.

- これにより最新の注文（201102番）をキャンセルします。
  We are hereby cancelling our last order (number 201102).
  　　　　　　　　　　　　　　　　　　　　　　　　　　　hereby これにより

- 残念ながら、当社の電子製品部門内の決定で仕方なく私達の注文の（T-2010回の注文書）をキャンセルします。
  Regretfully, we are forced to cancel our order (PO #T-2010), **prompted by** a decision in our electronics division.

- 最近の景気後退により、主要顧客の何社かが新規購入を先送りにすることとし、**注文をキャンセルする**必要が出てきました。
  Cancelling the order became necessary as several of our major customers have decided to hold off on new purchases from us **because of** the recent economic downturn.　　economic downturn 景気後退

077 注文の変更

- 数量を200個から250個に変更する必要があります。
  We need to change the quantity from 200 **to** 250 units.

- 最近の注文を以下のように修正したいのですが：
  We would like to revise our last order as follows:

- 昨日お送りした注文にミスがありました。
  We made a mistake in our order sent to you yesterday.

- 7月30日の注文を、以下の修正した注文に変更してください。
  Please change our July 30 order to the revised order below.
- 元の注文に以下の項目を追加する必要があります：
  The following items should be added to the original order:

UNIT 06

抗議と督促

- **タイプ1** 抗議やクレーム
- **タイプ2** 抗議やクレームへの対応
- **タイプ3** 延滞通知や督促

UNIT 06 抗議と督促
Complaints & Collection

製品の損傷や不良、配送の問題、品質などについて抗議やクレームをおこなうメール、抗議を受けた側がそれに対する措置を提供するメールです。取引先に延滞を通知したり、督促したりするメールも含まれます。

タイプ別 Key Point

タイプ1	抗議やクレーム	望ましい解決策を提示する
タイプ2	抗議やクレームへの対応	相手の心情に共感と理解を示す
タイプ3	延滞通知や督促	延滞が延びるにつれて語調を強める

専門家の E-mail Advice

抗議やクレームをおこなうときは、該当する問題の記憶がはっきりしているうちにメールを作成するほうがよいでしょう。このとき、攻撃的な語調は避け、落ち着いて、明確に問題が生じたことを伝えます。最後に、この問題によって発生する可能性がある損害について言及し、それに対する妥当な措置を提示します。抗議やクレームを受けた場合には早めに返信し、処理の手続きについて伝えます。

すぐに書ける 3 Steps

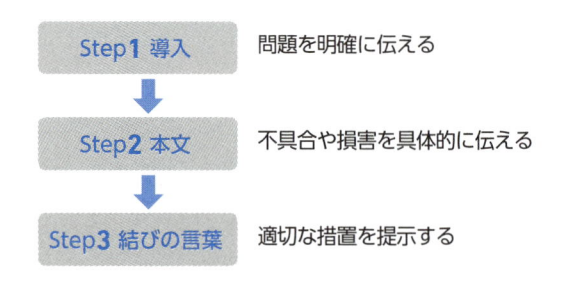

- **Step1 導入** — 問題を明確に伝える
- **Step2 本文** — 不具合や損害を具体的に伝える
- **Step3 結びの言葉** — 適切な措置を提示する

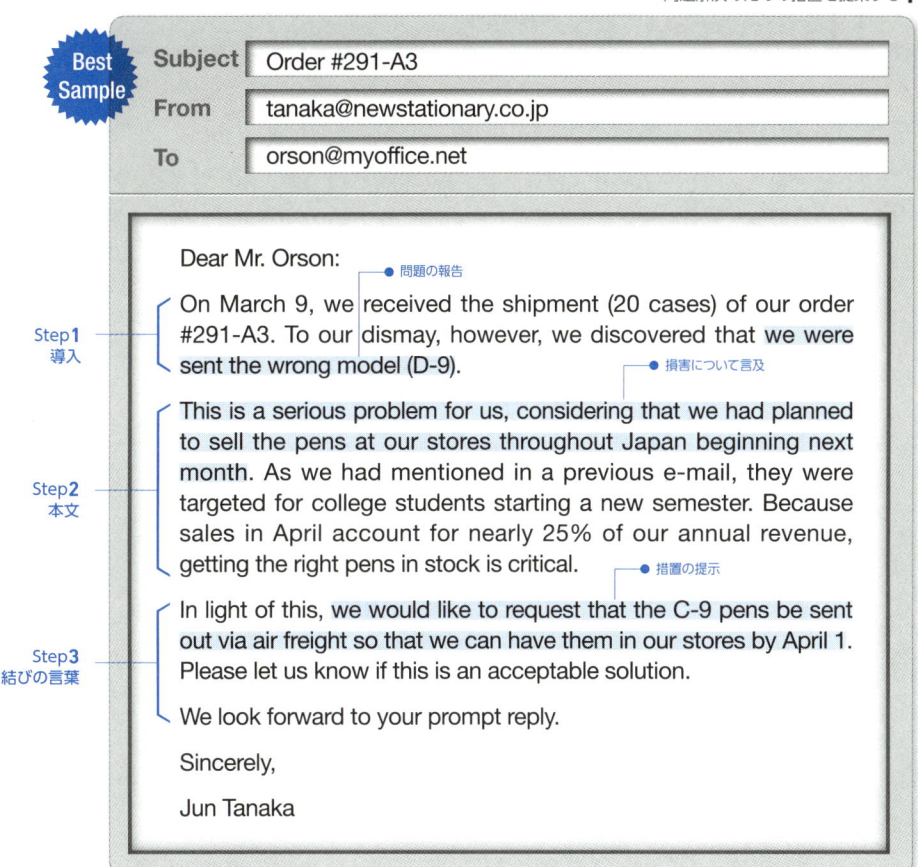

製品が誤って配送されたことについて抗議をおこない、問題解決のための措置を提案する

Best Sample

Subject Order #291-A3
From tanaka@newstationary.co.jp
To orson@myoffice.net

Dear Mr. Orson:

Step1 導入 ● 問題の報告

On March 9, we received the shipment (20 cases) of our order #291-A3. To our dismay, however, we discovered that we were sent the wrong model (D-9).

● 損害について言及

Step2 本文

This is a serious problem for us, considering that we had planned to sell the pens at our stores throughout Japan beginning next month. As we had mentioned in a previous e-mail, they were targeted for college students starting a new semester. Because sales in April account for nearly 25% of our annual revenue, getting the right pens in stock is critical.

● 措置の提示

Step3 結びの言葉

In light of this, we would like to request that the C-9 pens be sent out via air freight so that we can have them in our stores by April 1. Please let us know if this is an acceptable solution.

We look forward to your prompt reply.

Sincerely,

Jun Tanaka

注文番号 291-A3 の注文について

オーソン様、

3月9日に、注文番号 291-A3 の商品(20箱)を受け取りました。しかし、残念なことに、別のモデル(D-9)が届いたことがわかりました。

来月から日本全域の店舗でペンを販売する予定だったことを考慮すると、これは弊社にとっては深刻な問題です。前回のメールでも伝えたように、それらは新学期を開始する大学生を狙ったものです。4月の売上高が弊社の年間売上高の約25％を占めるので、適切なペンの在庫を確保することは大きな問題です。

これを踏まえて、4月1日までに、弊社の店舗に入荷できるように C-9 のペンを航空便でお送りいただけますでしょうか。受容できる解決策であるかどうか、お知らせください。

迅速なお返事をお待ちしております。

田中淳

---

to one's dismay 残念なことだが、　**revenue** 売上高

UNIT 06 抗議と督促

タイプ1 抗議やクレーム

✉ 望ましい解決策を提示する

注文した商品へのクレームやサービスに関する不利益への苦情を申し立てることは、相手からこちらが望む結果を引き出すことが目的であって、八つ当たりとは違います。したがって、何が問題なのかをまず明確に伝えて、細かいことを順序だてて明示します。そして、どのような不利益を被って、どのような解決策を望んでいるのかを落ち着いて述べます。

Subject Quality of Handle Sample #640-2
From ted@buildmas.co.jp
To carlharris@ezcon.com

・**We are most disappointed with the handle sample you sent us.** As you know, our finished products must satisfy the quality standards of our clients. **We would appreciate your sending us a new sample that meets our requirements as soon as possible.**

品質に対する抗議 ▶ 081
解決策の提示 ▶ 084

注文番号 640-2　ハンドルサンプルの品質について
送っていただいたハンドルのサンプルに大変失望しました。ご存知のように、弊社の完成品は、顧客の品質基準を満たさなければなりません。弊社の要件を満たす、新しいサンプルを早急に送っていただければ幸いです。

---

a finished product 完成品　quality standards 品質基準　meet 満足させる

078 損傷／故障／不良

▶ 受け取った商品に欠陥があります。
The product I received is defective.

▶ 製品に欠陥があることを発見し、驚きました。
We were dismayed to discover that the product had defects.

▶ 貴社が製造した2000型モデルに問題があります。
We are having a problem with the Model 2000, manufactured by your company.
　　　　　　　　　　　　　　　have a problem with 〜に問題がある

▶ 箱を開封したときに、CDプレーヤーのうち3つが破損しているのを発見しました。
When we opened the box, three of the CD players were found to be damaged.

▶ あいにく製品が正常に動作しません、購入したことを失望しています。
Unfortunately, the product is not functioning properly, and I am disappointed with my purchase.

▶ オレンジ mp3 デラックス・プレーヤーを今日受け取りましたが、シャッフルが正常に動作しません。
I received the Orange mp3 Deluxe Player today, but the shuffle does not function properly.

▶ 2カ月前に供給してもらったバッテリーに問題がありました。
There has been a problem with the batteries you had supplied us two months ago.

▶ 送ってもらった生地の品質が貴社の通常のレベルに及ばず、非常に失望しました。
I was quite disappointed that the quality of the fabric you sent me was not up to par with your company's usual standards.
　　　　　　　　　　　　　　　up to par with 〜の標準に達して

079 配送遅延

▶ 遅延を知って心配しています。
We are distressed to learn of the delay.

▶ 5月15日に注文しましたが、今日になってようやく到着しました。
I had placed the order on May 15, but the product did not arrive until today.

- 配送が遅すぎて、グランド・オープンに使うことができませんでした。
  It was delivered too late for us to use for our grand opening.

- 1月20日の注文（12-4000番）、ワイン2箱をまだ受け取っていません。
  My order (#12-4000) **for** two cases of wine, **placed on** January 20, **has not yet been received.**

080　項目および数量錯誤

- サイズが間違っているセーターを受け取りました。
  I received the wrong-sized sweater.

- コンテナの中には4000個しかありませんでした。
  We found only 4,000 pieces **in the container.**

- 弊社の注文に混乱があったようです。
  There appears to have been a mix-up in our order.　　mix-up 混乱、錯誤

- 注文書にはY-002番3000個とはっきり記載されていますが、貴社の商業送り状と梱包明細書には、2000個だけと書かれています。
  Although our PO clearly indicates 3,000 units **of** #Y-002, **your commercial invoice and packing list show only** 2,000 units.
  　　PO (= Purchase Order) 注文書

- 不足している分を航空貨物便でお送りいただけるようお願いします。
  We would like to request that the missing balance of shipment be sent by air freight.

081　品質

- 製品の品質に満足していません。
  I am unhappy with the quality of the product.

- 21番の写真ではっきりと変色がわかります。
  You can clearly see the discoloring on photo #21.　　discoloring 変色

- 箱ごとに品質が異なると、難なく気づきました。
  It wasn't difficult to see that the quality varied from carton to carton.
  　　carton 箱、カートン

▶ 出荷された製品の色を元の色サンプルと比較してみると、目に見えて異なっているのがわかりました。
When we compared the shipped products' color **with** the original color sample, **we found out that it is noticeably different.**
noticeably 目に見えて

▶ 添付された製品の写真を一度見てください。
Please take a look at the attached photos of the product.

▶ 実際の商品は、貴社が2カ月前に送ってくれたサンプルのレベルに達しませんでした。
The actual goods were not up to par with the original samples you had sent us two months ago.
be up to par with ～のレベルに達する

082　請求書

▶ 2013年9月29日付けの002-A2番の請求書に関し、このメールを送信します。
This is in regard to the invoice #002-A2 **dated** September 29, 2013.

▶ 違う商品の請求を受け取りました。
We were billed for a different item.

▶ ミスが起こるということはわかっていますが、200ドルの過剰請求は少々理不尽です。
I realize that errors do happen, but overbilling me by $200 **seems a bit unreasonable.**
overbill 過剰請求

▶ 6月2日に月餅10箱をキャンセルしましたが、まだ貴社からの確認を受けていません。
We cancelled our order for 10 boxes of moon cakes **on** June 2**, but we have not received confirmation from your company yet.**

▶ 弊社の記録を徹底的に検討した結果、誤って追加金額が請求されたのは確かです。
Having made a thorough check of our records, I am certain that the extra charge was made in error.

▶ 弊社の毎月の請求書から合計3000ドルを控除してください。
Please deduct the amount of $3,000 **from** our monthly billing.
deduct 控除する、収縮させる

083　顧客応対

▶ 貴社のオフィスで受けた待遇を不快に感じています。
   I am offended by the treatment I received at your office.
   　　　　　　　　　　　　　　　　　　　　　　　offended　不快に感じて

▶ 貴社スタッフはかなり失礼でした。
   Your staff was rather rude.

▶ 貴社の顧客サービス担当者の一人の行動について、私の苦情を正式に提出したいと思います。
   I would like to file a formal complaint concerning the behavior of one of your customer service representatives.
   　　　　　　　　　　　　　　　　　　　file　（抗議などを）提出する

▶ ここ最近受けてきたサービスに懸念を感じています。
   I am concerned about the recent service I have been receiving.

084　解決策の提示

▶ この件につき調査をお願いします。
   I ask that you look into this matter.
   　　　　　　　　　　　　　　　　　　look into　調査する

▶ この問題を処理してください。
   Please take care of this problem.

▶ この製品の交換を求めます。
   I request that you replace the product.

▶ 全額返金を求め商品を返却します。
   I am returning the item for a full refund.
   　　　　　　　　　　　　　　　　　　full refund　全額返金

▶ この商品を交換していただけたら幸いです。
   I would appreciate it if you would exchange the item.

▶ 私の口座に返金していただけたら、大変幸いです。
   Your crediting my account would be greatly appreciated.

タイプ2 抗議やクレームへの対応

✉ 相手の心情に共感と理解を示す

抗議やクレームには早急に回答することが重要です。納得できない不満であっても、相手の心情に共感と理解を示したあと、問題への対策案を示すとよいでしょう。心から謝罪しますが、製品の品質や欠陥についての言及はなるべく避け、相手を煩わせたことや不快感に焦点を合わせます。該当する問題に対する責任がないときは、まずそのように説明してからクレームを拒絶しますが、相手のせいにするようなニュアンスや皮肉な口調は絶対に避けてください。

Subject RE: Lack of Service at the Setagaya Store
From customerservice@goodretail.co.jp
To stevewonder@gemail.com

Thank you for writing us about your concerns regarding the service you received at our Setagaya store. **Please accept our apologies for the inconvenience you have experienced and rest assured that we are seriously looking into the matter.** While the type of rudeness you described is rare, it highlights the need for an even better service ethic within our stores. **We value your business, and to show our appreciation for your e-mail, we are attaching a coupon for a complimentary coffee of your choice.**

謝罪 ▶085
対策について ▶086
肯定的な結びの言葉 ▶088

RE：世田谷店でのお粗末なサービスについて

世田谷店でのサービスについての懸念をお送りいただきましてありがとうございました。お客様にご不便をおかけしたことに対するお詫びを申し上げます。また、その件につきましては、真摯に調査しておりますのでご安心ください。書き送ってくださったような失礼な行動はまれなことですが、弊社の店舗でのよりよいサービス倫理の必要性を如実に示しています。貴社との取引は非常に重要です。また、こうしてメールをお送りいただいたことへのお礼として、お好きなコーヒーを召し上がっていただける、無料のクーポン券を添付いたします。

---

rest assured 安心する　**highlight** 強調する、浮き彫りにする　**complimentary** 無料の

085 謝罪

- 製品にご満足いただけていないとは、大変残念です。
  We are sorry that you were not satisfied with the product.

- そのモデルの機能について誤解があったとすれば、お詫び申し上げます。
  I apologize if there was a misunderstanding about the model's functions.

- 特別包括料金について知らされているべきだったというご意見は確かにごもっともです。
  You are absolutely right that you should have been told about the special package rate.

- 乗務員からの謝罪がなくご立腹でいらしたとのこと、承りました。
  I can see why you were upset with the lack of apology from the flight attendant.

  lack of 〜がなくて

- 絶対に起きてはならないことでした。
  That should never have happened.

- 提供されたサービスに失望されたということがわかりました。
  We can understand your disappointment with the service you received.

- 貴殿の予約の取り扱いについて聞き、私たちも困惑しております。
  We were also distressed to hear about the handling of your reservation.

- 出荷物に損傷があったことを知り、案じておりました。
  We were disturbed to learn that there were damages to the shipment.

- 弊社のオレンジ mp3 デラックス・プレーヤーに関し、お客様にご迷惑をおかけしたことをお詫び申し上げます。
  We apologize for the inconvenience you've experienced with our Orange mp3 Deluxe Player.

- 配送の問題をご指摘いただきありがとうございます。
  We appreciate your pointing out the problem with the delivery.

- 請求の誤りについて反省しています。
  We regret the billing error.

- 弊社の予約システムにより、ご不便をおかけしたことをお詫び申し上げます。
  We apologize for the inconvenience caused by our reservation system.

- チケット業者の未熟な振る舞いにつき、弊社の謝罪をお受けください。
  Please accept our apology for the unprofessional behavior of the ticket agent.

- 破損した商品の写真を送っていただき、ありがとうございます。
  Thank you for the photos of the damaged items.

- この問題を私たちに知らせてくれてありがとうございます。
  Thank you for bringing this to our attention.

- ささいなミスがあり、間違った請求書が送られました。
  Due to a clerical error, you were sent the wrong invoice.
  clerical error ささやかなミス、事務的な誤り

- 貴社がメールで述べたように、弊社がサイズ違いのセーターを送付しました。
  As you have mentioned in your e-mail**, we sent you the wrong-sized sweater.**

- まさに貴社が言及した通り、食品が到着するのに1時間以上かかってはなりません。
  As you have rightly mentioned, the food should not have taken more than an hour to arrive.

- 町田メトロ・クリニックを代表して、貴殿のご家族が受けた処置につき、心よりお詫び申し上げます。
  On behalf of the Machida Metro Clinic, **I sincerely apologize for the treatment your family received.**

- 貴殿がご覧になった行動は、品質の高い顧客サービスを提供するという弊社の信念に反するものです。
  The behavior you witnessed **goes against our commitment to providing quality customer service.**

- 顧客のニーズを満たすことが、弊社の最優先事項です。その販売員がお客様のお手伝いをすることに無関心なようだったという事実は、受け入れがたいものです。
  Because our top priority is meeting the needs of our customers, the fact that the sales clerk seemed uninterested in helping you **is unacceptable.**
  top priority 最優先事項

086 対策について

- 次のマネージャー会議でこの問題をマネージャーたちに図り、そのような行動が2度と起こらないことを確実にする方法を話し合います。
  I will bring this matter up with the managers **at** our next management meeting **and discuss ways to ensure that such behavior does not occur again.**

  bring up 持ち出す、話題にする

- 製品をただちに交換いたします。
  We will replace the products at once.

- 全額返金いたします。
  We will refund the full amount.

- 新しいセーターを送り、すぐさま事態を収拾します。
  We will immediately rectify the situation by sending you a new sweater.

  rectify 正す、修正する

- 貴社の取引口座に、適切な調整を行いました。
  We made the relevant adjustments to your account.

  relevant 関連した、適切な　adjustment 調整

- ご提案いただきましたように、新しいmp3プレーヤーと交換いたします。
  As you've suggested, we will exchange it with a new mp3 player.

- 無料デザートクーポンを添付しました。
  We have attached a coupon for a complimentary dessert.

- 月次計算書を修正して添付しました。
  We have revised the monthly statement, **which is attached.**

- この問題につきただちに調査を行い、回答をお送りします。
  We will look immediately into this problem and get back to you with an answer.

- ご安心ください、ただちに正しいサイズのものをお送りします。
  Please rest assured that the correct sizes will be sent to you immediately.

- お客様の取引口座に25ドル入金しました。
  Your account has been credited for $25.

- ご利用いただけるよう、電子割引券を発行しました。
  An electronic **voucher has been issued for your use.**

  voucher 割引券、商品券

- 部品は**弊社負担**で、今日の午後の航空貨物便で**発送**します。
  The parts **are being shipped** this afternoon **via** air freight **at our cost**.

- ミスを訂正し、改訂した請求書を添付しました。
  The error has been corrected, and the revised invoice is attached.

- 弊社のエンジニアの一人サム・ハンティントンを、数日以内に、お客様の工事現場に送ります。
  Sam Huntington, one of our engineers, will be sent out to your project site in the next few days.

- ご連絡いただいた行動は大変まれなことではありますが、いずれにせよ、この問題について新宿店マネージャーと話し合います。
  Although the type of behavior you have brought to our attention is extremely rare, I will nevertheless discuss this matter with the managers at the Shinjuku store.　　**nevertheless** それでも、それにもかかわらず、

087　こちらに責任がないとき

- 残念ながら、弊社が送ったサンプルを受け入れられたため、出荷品を交換することはできません。
  Unfortunately, because you accepted the samples we had sent you, we will be unable to replace the shipment.

- 記録を再度ご確認いただけましたら、弊社が20箱正確に請求したということがおわかりになるでしょう。
  If you would recheck your records, you would see that we have billed correctly for 20 boxes.

- 記録を確認しましたが、残念ながら、お申し出されたキャンセルメールはございません。
  We have checked our records, but unfortunately we do not have the cancellation e-mail you mentioned.

- その製品は、開封時に破損したと思われます。
  We believe the products were damaged during the unpacking.

- 正しい製品をお送りしましたが、満足されない場合、喜んで他のモデルと交換いたします。
  Although we have sent you the correct product, if you are dissatisfied with it, we would be happy to exchange it with another model.

- ご希望の数量が記載されている、署名済みの注文書原本を添付します。
  Your original signed PO is attached, showing the requested quantity.

- 商品が破損していたことを示す写真のような、ご用意可能な書類を送ってください。
  Please forward us any documentation you can provide, such as photographs, to show that the items were delivered damaged.

- 弊社製品仕様書に記載されているように、そのコーヒーメーカーは、野外用として設計されてはいません。
  As our product specifications indicate, the coffee maker is not designed to be used outdoors.

- コンテナに積載する前に、商品すべてを個々に再点検しました。破損は輸送中または開封時に起こったに違いありません。
  Because each and every item was double-checked before being loaded into the container, the damage must have occurred either during transit or while being unpacked.

088　肯定的な結びの言葉

- ご理解と忍耐に感謝いたします。
  Thank you for your understanding and patience.

- フィードバックに重ねて感謝いたします。
  Again, thank you for your feedback.

- いつもながら、貴社にサービスをご提供する機会をありがとうございます。
  As always, we thank you for the opportunity to serve you.

- 今回の問題で、貴社の弊社に対する信頼が揺らぐことはなかったといいのですが。
  We hope your confidence in us has not been shaken by this problem.

- この問題が引き起こしたご不便につき、心からお詫び申し上げます。
  We sincerely regret the inconvenience this has caused you.

- 常にお客様を最優先としておりますので、今後ほかに問題があるようでしたらどうかお知らせください。
  As our customers are always our number-one priority, please let me know if you have any other problems in the future.

タイプ3　延滞通知や督促

✉ 延滞が延びるにつれて語調を強める

延滞通知や督促状を送る際にもっとも難しい部分は、支払いを要求しつつ、相手との取引を継続できるように柔らかな語調で書くことでしょう。そのため、督促状を先に送るのではなく、一定の間隔で数回に分けて、徐々に語調を強めながら延滞通知書を送るのがよいでしょう。延滞通知や督促状には、延滞金額、延滞期間および顧客が取るべき行動が記載されていなければなりません。差し迫った法的措置を知らせる督促状を送る前に、まず社内の法務部や弁護士と話し合い、メールではなく、個人の署名が入った手紙を送るとよいでしょう。これまでの担当者よりも高い地位にある上司の名前で作成することが支払金の受領により効果的なこともあります。

Subject	Overdue Invoice #AT-8010 (Third Notice)
From	susie@ibcp.co.jp
To	chris@triplus.co.jp

強い語調の
延滞通知
▶ 090

This is our third request for payment for the overdue invoice #AT-8010. Since it has been over 60 days since you have received your order, **we ask that the payment is made immediately.** We hope to hear from you soon.

注文番号 AT-8010 の未払請求書(第三通知)
こちらは注文番号 AT-8010 の未払請求書に関する三回目の支払い請求です。貴社が注文品を受け取ってから 60 日以上経過しましたので、すみやかに入金をお願いいたします。早急なご連絡をお待ちしております。

overdue 延滞する

089　初期の延滞通知

- 恐らく見落としでしょうが、請求書番号A2-090の支払いがまだ行われていません。
  It's probably an oversight, but the payment for invoice #A2-090 has not been made yet.
  　　　　　　　　　　　　　　　　　　　　　　　　　oversight　見落とし、見過ごし

- お支払いが15日遅れていることを、改めてお知らせします。
  This is just a reminder that your account is now 15 days overdue.
  　　　　　　　　　reminder　思い出させるもの (人)、督促状　overdue　未払いの、期限の切れた

- 22-A01番のご注文の請求書をお送りしてから、2週間経ちました。
  It has been two weeks since we sent you the billing for your order #22-A01.

- 弊社の記録によると、残金1万ドルが支払い期限を過ぎています。
  Our records show that the balance of $10,000 is now past due.

- 貴社の信用取引勘定を維持するには、今日お支払いください。
  In order to keep your credit account open, please send your payment today.

090　強い口調の延滞通知

- 未納の請求書について再度お知らせを送るのは、あまり愉快なことではありません。
  It is a bit upsetting to send you another notice about your unpaid invoice.

- 取引を継続できるよう、ご協力ください。
  Please help us to continue serving you.

- すぐにお支払いしてくださるようお願いします。
  We ask that you make the payment immediately.

- 今回が延滞請求書20-901番に関する3回目の通知です。
  This is our third notice to you regarding the past-due invoice #20-901.

- いかなる追加料金もかからぬよう、2月20日より前にご連絡をいただけるといいのですが。
  To avoid any additional charges, we would like to hear from you before February 20.

- ご注意ください、支払いについて、過去4回のお知らせにご回答をいただいておりません。
  Please note that we have not received an answer to the last four reminders for payment.

- 合計6万590ドルの取引明細書が、60日延滞しています。
  Your statement totaling $60,590 is now 60 days overdue.

- 貴社の信用状態が危うくなるのを避けるため、支払いをお送りください。
  Please send us the payment to avoid putting your credit standing in jeopardy.
  　　　　　　　　　　　　　　　credit standing 信用状態　in jeopardy 危うくなって

- 支払いにつき何度かお願いしましたが、まだ貴社から回答を受け取っていません。
  Although we have made several requests for payment, we still have not received an answer from you.

091　督促

- 度重なる試みにもかかわらず、貴社から回答を得られておりません。
  Despite repeated attempts, we have been unable to receive an answer from you.

- 法的な悪影響なしに、請求書を精算されたいことと信じています。
  I am certain you prefer to settle the invoice without legal ramifications.
  　　　　　　　　　　　　　　　　ramification 予期しない結果、（悪）影響

- 10月30日までに全額が支払われない場合、集金代行業者に連絡するしかありません。
  If we do not receive full payment by October 30, we will be forced to contact a collection agency.
  　　　　　　　　　　　　　　　a collection agency 集金代行業者

- 弊社の通知への回答を拒絶されたため、貴社への与信の提供を中止せざるを得ませんでした。
  Your refusal to answer our notices has forced us to stop extending credit to your company.
  　　　　　　　　　　　　　　　extend credit 与信を提供する

- 未納額2万ドルが90日延滞しており、集金のため法的手段を取らざるを得ません。
  With your unpaid balance of $20,000, which is now 90 days overdue, we will be forced to take legal measures to collect the payment.

- 弊社が適切な法的手続きを踏むことを避けるには、3月29日より前にご連絡ください。
  Please contact me before March 29 to avoid our taking appropriate legal action.

- 弊社の法務部は、3000ドルの代金を回収するため、適切な法的手続きを取る旨私に知らせてきました。
  Our legal department has notified me of its intention to take the appropriate legal action to collect the payment of $3,000.

- 弁護士にこの件を委ねる以外、選択の余地がありません。
  I have no choice but to turn the matter over to our lawyer.

UNIT 07

情報請求と問い合わせ

- タイプ 1　情報請求
- タイプ 2　追加情報の請求
- タイプ 3　情報源の請求
- タイプ 4　使用許可の要請
- タイプ 5　個人や取引先の紹介

UNIT 07 情報請求と問い合わせ
Requests for Information & Inquiries

ほかの部署や社外に情報を請求したり、反対に情報を請求されたときに、それらの情報を提供するメールです。また、著作権のある情報について使用許可を願い出る場合も含まれます。

📋 タイプ別 Key Point

タイプ1 情報請求	請求項目を詳細に示す
タイプ2 追加情報の請求	送ってもらった情報への感謝を示す
タイプ3 情報源の請求	出どころを明らかにする理由を正しく説明する
タイプ4 使用許可の要請	どのように使用するかを明確に示す
タイプ5 個人や取引先の紹介	礼儀正しい語調と表現を使用する

🔍 専門家の E-mail Advice

礼儀をもって、必要な情報を具体的に要求し、それが必要な理由にも言及します。希望する返信日を示すようにします。相手が情報を提供することによって得られる利益について示唆すれば、協力してもらえる可能性がより一層高まるでしょう。

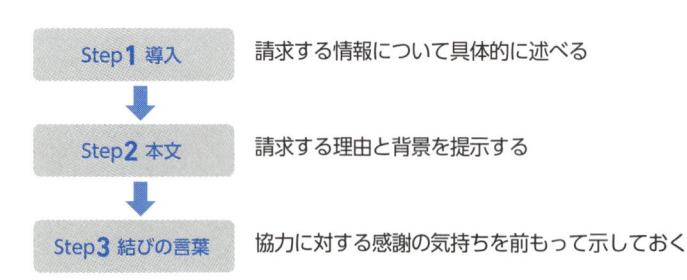

✏️ すぐに書ける 3 Steps

Step1 導入 請求する情報について具体的に述べる

Step2 本文 請求する理由と背景を提示する

Step3 結びの言葉 協力に対する感謝の気持ちを前もって示しておく

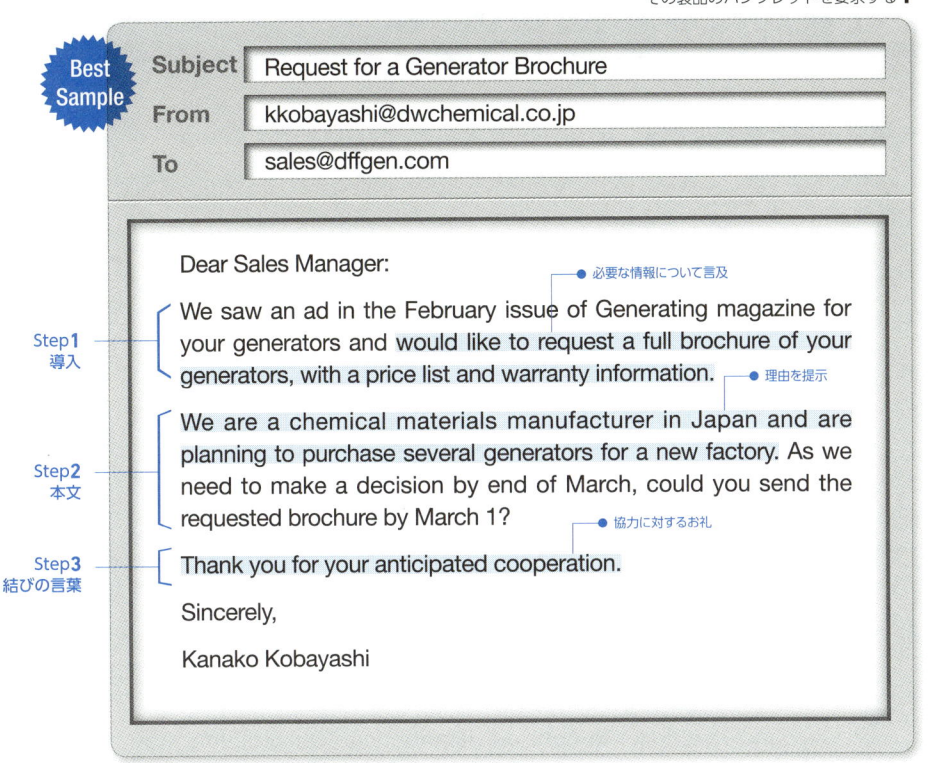

雑誌の広告を見て、
その製品のパンフレットを要求する

Best Sample

Subject	Request for a Generator Brochure
From	kkobayashi@dwchemical.co.jp
To	sales@dffgen.com

Dear Sales Manager:

Step1 導入
We saw an ad in the February issue of Generating magazine for your generators and would like to request a full brochure of your generators, with a price list and warranty information.
― 必要な情報について言及
― 理由を提示

Step2 本文
We are a chemical materials manufacturer in Japan and are planning to purchase several generators for a new factory. As we need to make a decision by end of March, could you send the requested brochure by March 1?
― 協力に対するお礼

Step3 結びの言葉
Thank you for your anticipated cooperation.

Sincerely,

Kanako Kobayashi

発電機のパンフレットの要求

営業部長様

Generating magazine の 2 月号で貴社の発電機の広告を拝見して、価格表や保証に関する情報と共に、貴社の発電機すべてを網羅しているパンフレットをいただきたいと思っております。

弊社は日本の化学原料製造業社で、新しい工場に配置する発電機を数台購入する予定です。3 月末までに決定をしなければならないので該当するパンフレットを 3 月 1 日までに送っていただけますでしょうか。

ご協力をよろしくお願いいたします。

小林加奈子

---

generator 発電機　**brochure** パンフレット、カタログ　**warranty** 保証(期間)、保証書
anticipate 予想する、期待する　**cooperation** 協力

タイプ1　情報請求

✉ 請求項目を詳細に示す

必要な内容を詳しく示さないと、望む情報を相手が提供できなかったり、見当違いの情報が送られてきたりすることがあります。よって、相手が回答しやすいように、できるだけ詳細に請求事項を述べて、相手が情報提供に進んで協力するだけの妥当な理由を示してみましょう。

Subject　Request for Car Wash Products Brochure
From　　sasaki@cleancars.co.jp
To　　　david@ukcpre.com

We are a large distributor specializing in imported car wash products for the Japanese market. **We saw your advertisement in the October issue of *Clean Auto* magazine** and would like to consider distributing your products locally. **Could you send us a brochure of your car wash products, along with any other information that may assist us?**

情報を得た経緯 ▶ 092
情報請求 ▶ 093

洗車用品カタログの請求
弊社は、輸入洗車用品を日本市場に供給する大手販売代理店です。Clean Auto 誌10月号の広告を拝見して、こちらで貴社製品を流通することを考えております。貴社の洗車用品パンフレットを、ほかの役立つ資料と共に送っていただけますでしょうか？

---

specialize in　〜を専門とする　**locally**　地元で、その地域で

092 情報を得た経緯とソースの説明

- 貴社ウェブサイトでお名前を拝見しました。
  I got your name from your Web site.

- オレンジカウンティ地域での花の配達サービスを探していたときに、貴社ウェブサイトを見つけました。
  I came across your website while searching for flower delivery services in the Orange Country area.　　　**come across** 発見する、(偶然) 会う

- サクラメント市の職業別電話帳で貴社の名前を見つけました。
  I found your name in the Sacramento yellow pages.
  　　　　　　　　　　　　　　　　　　　　　yellow pages 職業別電話帳

- タイム誌の9月12日で貴社の広告を見ました。弊社オフィスのためのEZDデータベースソフトウェアに関する情報をいただけませんか。
  I saw an advertisement in the September 12 issue of *TIME*, **and I would like to receive information on** the EZD database software for our office.

- モルガン・スタンレー社のスティーブ・フォスター氏から、貴殿のメールアドレスを受け取りました。
  Steve Foster at Morgan Stanley **gave me your e-mail address.**

- U-レント社の営業担当が、貴社が提供するフォークリフトのレンタルサービスについて教えてくれました。
  A sales contact at U-Rent told me about the forklift renting services **you offer.**　　　　**sales contact** 営業担当者　**forklift** フォークリフト

- ハリエット・ウィンタースさんが貴社を推薦してくれました。
  Ms. Harriet Winters recommended your firm to us.

- ゴッドウィン・エンタープライズ社のジョン・ゴッドウィン氏を通じて、貴社のことを知りました。
  I learned about your company through John Godwin **of** Godwin Enterprises.

- エイブリー氏が貴殿のヘッドハンティング会社を熱心に推薦してくれました。
  Mr. Avery has enthusiastically recommended your executive search firm.　　　　**an executive search firm** ヘッドハンティング会社（人材あっせん会社）

- カリフォルニアにある弊社の子会社から、貴社のお名前を受け取りました。
  Your company's name was given to us by our subsidiary in California.
  　　　　　　　　　　　　　　　　　　　　subsidiary 子会社

- シトロ・バンク社のラシッド・カリディさんから、貴殿のお名前をいただきました。
  We were given your name by Mr. Rashid Khalidi **of** Citro Bank.

093 情報請求

- 貴社の家具カタログを請求するメールを書いています。
  I am writing to request a catalog of your furnitures.

- 10代をターゲットにしたゲームについてもっと知りたいのですが。
  I would like to learn more about the games targeted at teenagers.
  　　　　　　　　　　　　　　　　　　　　　　　target at 〜をターゲットとする

- 半導体産業に関する貴社の最新ニュースレターを受け取ることができますか？
  Is it possible to receive a copy of your latest newsletter on the semiconductor industry?
  　　　　　　　　　　　　　　　　　　　　　　　newsletter ニュースレター

- 貴社のウェブサイトによると、ビジネス・コミュニケーション・スキルのコンサルティングを提供しているそうですが、弊社は、プレゼンテーションの個人指導サービスに関する詳細な資料をいただくことに関心があります。
  According to your Web site, you offer business communication skills consulting, and **we are interested in receiving further information on** personal coaching services for presentations.

- 貴社のウェブサイトを訪問し、過去の環境にやさしい建築プロジェクトについてさらに知りたいと思ったのですが。
  After visiting your website, we were quite interested in finding more about your past eco-friendly construction projects.
  　　　　　　　　　　　　　　　　　　　　　　　eco-friendly 環境にやさしい

- 貴社のビジネスワークショップ、セミナーおよび講座に関する詳細な情報をいただけると助かるのですが。
  It would be helpful if you could provide us with detailed information on your business workshops, seminars, and classes.

- 保証に関する情報をいただきたいとも思っています。
  We are also interested in receiving information about the warranty.

- オフィス・デスクとイスの商品ラインの写真を送っていただけませんか？
  Would you mind sending me pictures of your line of office desks and chairs?

214

▶ 貴社の地域での不動産投資機会に関するパンフレットはありますか？
Do you have any literature on real estate investment opportunities in your area?　　　　　　　　　　　　　　literature　パンフレット、チラシ　　real estate　不動産

▶ 貴社の掘削機の購入を検討しているのですが、弊社の現在のニーズに合うモデルがあるかどうかと思いまして。
We would like to consider purchasing an excavator from your company **and wonder if you have a model that would suit our current needs.**　　　　　　　　　　　　　　　　　　　　　excavator　掘削機

▶ 貴社が提供する金融サービスに関する情報をいただければ幸いです。
I would appreciate receiving information on the financial services provided by your firm.

▶ 留学生のための秋入学の資料を送っていただければ幸いです。
I would be grateful if you could send me the fall enrollment information for international students.

▶ つきましては、X-900モデルの仕様書を送っていただければ非常にありがたいです。
I would therefore greatly appreciate your sending me the specifications on the X-900 model.　　　　　　specification　仕様書

▶ 直近の年次報告書のコピーを郵送してください。
Please mail me a copy of your most recent annual report.

▶ 価格、割引、サービス保証、オプションのアップグレードなどを含めて、ネットワークソフトウェアに関するすべての資料をお送りください。
Please send me complete information regarding the networking software, including pricing, discount, service warranties, and upgrade options.

▶ 貴社のコピー機につき最新カタログをお送りください。今月中に少なくともコピー機を2台購入する予定です。
Please send us the latest catalog of your copiers. **We are planning to purchase** at least two copiers within the month.

▶ キャンプについての総合的な資料を送っていただければ、決定に役立ちます。
If you could send us general information about the camp, **it would help us make a decision.**

▶ 貴社のサービス領域についてさらに知りたいのですが、貴社に関するいかなる関連資料でも送っていただけると助かります。
As I am interested in learning more about your scope of services, **your sending me any relevant information on** your company **would be helpful.**　　　　　　　　　　　　　　　　　　　scope　領域、範囲

UNIT 07　情報請求と問い合わせ　215

▶ この資料を送っていただけると、大変ありがたいのですが。
Receiving this information would be greatly appreciated.

094　問い合わせ

▶ ウェブサイトのアドレスを教えてくれますか？
Can you tell me your website address?

▶ メキシコへのツアーを販売しているか知りたいのですが。
I am trying to find out if you offer a tour package to Mexico.

▶ その本は大量購入が可能かどうか教えてもらえますか？
Can you tell me whether the books are available for bulk purchase?

bulk purchase 大量購入

▶ 現金払いで割引がありますか？
Do you also offer discounts for cash payments?

▶ 現在、日本に代理店がありますか？
Do you currently have a distributor in Japan?

▶ ミッドランド商工会議所の加入手続きを教えていただけますか？
Could you tell me the procedure for joining the Midland Chamber of Commerce?

Chamber of Commerce 商工会議所

▶ X37モデルについての次の質問にに答えていただけますか？
Could you provide answers to the following questions about the X37 model?

Tips & More

ウェブサイト

日本やいくつかの国では、「ウェブサイト」を通常、「ホームページ (homepage)」と呼びますが、英語圏では一般的に Web site や website と呼びます。Homepage とは本来、「ウェブサイト」の最初のページを意味します。興味深いのは、英語圏ではいまだに「ウェブサイト」の英語表記について議論が行われているということです。一部では website がよく使用されていますが、多くの英語辞書や Microsoft 社のような IT 企業では、大文字で始まる2語からなる Web site が好まれています。

タイプ2　追加情報の請求

✉ 送ってもらった情報への感謝を示す

まず、送ってもらった資料や情報に対する感謝の気持ちを表したあと、さらに必要となった事項を提示します。最初に情報を請求したときと同じく、必要とする詳細事項について明確に記すことが重要です。また、追加情報の使い道や目的、そしてさらなる情報を請求する理由を示して、相手が情報提供に協力しやすくなるようにします。

Subject　Request for Additional Information
From　stephen@bccp.co.jp
To　orson@nationallogics.com

追加情報の請求 ▶ 095

Thank you for sending us your latest catalog. **Could you also send us more detailed information about the forklifts, including pricing, warranties, and delivery dates?**

追加情報の要求
最新カタログを送っていただきまして、ありがとうございました。フォークリフトの価格、保証、配送日などが含まれる、さらに詳しい資料も送っていただけますでしょうか？

---

detailed 詳細にわたる

095　追加情報の請求

▶ 東海岸での可能性について、さらに情報がほしいのですが。
I'd like to get more information about the opportunities in the East Coast.
　　　　　　　　　　　　　　　　　　　　East Coast（アメリカの）東海岸地域

▶ CADファイルも送ってもらえますか？
Would you also send us the CAD file?
　　　　　　　　　　CAD(= Computer Aided Design) コンピュータを利用した設計システム

▶ 資料を送ってくださってありがとうございます。ただ、さらに必要としているのは：
Thanks for the information you sent, but I am still looking for:

▶ メールには組織図と従業員の情報が含まれていませんでした。できるだけ早く送ってください。
Your e-mail did not include the organization chart and personnel information. **Please send them ASAP.**
　　　　　　　　　　　　organization chart 組織図　personnel 従業員、社員

▶ 現在のバージョンナンバーと現在の使用顧客リストを含む、ソフトウェアの追加情報をいただきたいのですが。
I am interested in getting more information about the software, **including** the current version number and the list of clients who are currently using it.

▶ 配送料、配送日および保証に関する追加資料を送っていただければ、大変助かります。
It would really help us if you could forward us additional information about the freight costs, delivery dates and warranties.

▶ 送ってくださったカタログは便利ですが、具体的な価格情報が知りたいのですが。
Although the catalog you sent us **is helpful, we would like specific** pricing **information.**

▶ 昨日データを送ってくださってありがとうございました。関連する図表も送ってもらえますか？
I appreciate the data **you sent** yesterday, **but could you also forward me** the associated graphics?

▶ 箱の実際の寸法を送っていただけますか？
Could you send us the actual dimensions of the boxes?
　　　　　　　　　　　　　　　　　　　dimensions 寸法、サイズ

▶ 欧州市場での売上高に関する詳細を、さらに提供していていただけますか？
Could you provide more detail on the sales in the European market?

- 現実的なスケジュールであるように思いますが、適切に評価するには、詳細な日付が必要です。
  I agree that the schedule seems realistic, **but to** evaluate it properly, **we require** detailed dates.

- 日本でのコンサルティングサービスに関する追加資料を送っていただければ幸いです。
  We would appreciate it if you could send us further information on your consulting services in Japan.

- フランチャイズ・プログラムについてもっと知りたいので、コーヒー・ワールドに関する追加情報を送ってください。
  Please send me additional information on Coffee World, **as I would like to learn more about** the franchise program.

- 貴社のサービスの利用を検討していますが、プログラム講師の追加情報がほしいのです。
  Although we are considering utilizing your services, we would like additional information about the instructors for the program.

- 価格や保証など、製品に関するさらに具体的な情報をいただくことができますか？
  May we please receive more specific information on your products, such as pricing and warranties?

タイプ3 情報源の請求

✉ 出どころを明らかにする理由を正しく説明する

送ってもらった情報の出どころをたずねる場合、相手が気にかけることもありえます。そのときは、その理由をはっきりと説明して、こちらの意図するところを正確に伝える必要があります。

Subject	Need the Source of Info
From	kevin@ibcp.co.jp
To	jim@hansconsulting.com

情報源の請求
▶ 096

• Would you mind letting me know where you got the information?
I just know my boss is going to ask, and I don't want to look foolish.

Thanks!

情報源が必要です
情報がどこで得られたのかを教えていただけますでしょうか？　上司にたずねられるでしょうから、知りたいと思っているだけです。ぼんやりしているように思われたくないのです。
ありがとうございます！

look foolish 馬鹿のように見える、ぼんやりしているように見える

096　情報源の請求

- 誰が情報をくれたのですか？
  Who gave you the info? `inf`

- ちょっとした質問：プロジェクトのスケジュールについて誰と話せばいいですか？
  Quick question: Who's a good person to talk to about the project schedule? `inf`

- この情報をどこで得たのですか？
  Where did you get this information?

- 困らせるつもりはありませんが、本当に情報源が必要なのです。
  I don't want to put you on the spot, but I really need to know your source.
  　　put ~on the spot　～を困らせる、困難な状況に置く

- 内密でなければ、だれがこの情報を提供したか教えてもらえますか？
  If it's not confidential, can you tell me who gave you this information?
  　　confidential　内密の、秘密の

- カタログの進展に関する有益な情報はどこで得られますか？
  Where is a good place to look for useful information about developing a catalog?

- この情報の出所を教えていただけますか？
  Could you tell me the source of this information?

- オンライン教育に関する資料を得るための、よい情報源を勧めていただけますか？
  Could you recommend some good sources of information on on-line education?

タイプ4 使用許可の要請

✉ どのように使用するかを明確に示す

使用許可や転載（すでに発表された記事を他所で使うこと）許可を要請するときには、使用しようとする箇所を具体的に示して、いつ、どこで、どのように使用するかをはっきりと伝えます。許可を得られたら、記載内容を提示して事前に感謝を伝えます。

Subject Request to Reprint Section of The Valley Revolutionaries
From nora@pqragency.co.jp
To aliceway@email.com

I am writing a book about companies in Silicon Valley for a publisher in Japan. **I would like your permission to reprint a section of the interview with Joseph Calloway, CEO of San Jose Solutions, on page 211 from your book, *The Valley Revolutionaries*.**

転載許可の要請 ▶ 098

"The Valley Revolutionarie"の一部転載の要請

私は日本のある出版社の依頼でシリコンバレーの企業についての書籍を執筆しています。御著書 The Valley Revolutionaries の 211 ページに記載されている San Jose Solutions 社 CEO のジョセフ・キャロウェイ氏とのインタビュー部分を転載することをお許しいただけますでしょうか。

---

revolutionary 革命論、革命の　**Silicon Valley** シリコンバレー（米国サンフランシスコの南側の盆地に位置する先端電子産業地区）　**reprint** 転載する、再発行する

097　使用許可の要請

- 貴殿の記事の一部を日本語に翻訳し、弊社の教育マニュアルに掲載する許可をいただきたいのですが。
  I would like your permission to translate a section from your article into Japanese to include in our training manual.

- 貴社の『ゴーン・ウィズアウト・キス』の映画ポスターを、今度のハリウッド映画についての本に掲載する許可を得るためにメールを書いています。
  I am writing to obtain your permission to include one of your movie posters for Gone without a Kiss in an upcoming book on Hollywood films.

- 貴社の許可を得て、その図表を、弊社のウェブサイトに使用したいのですが。
  With your permission, we would like to use the graphics for our website.

- 内部利用のコピーを作成するのに、貴社のパンフレット1部をいただくことは可能ですか？
  Is it possible to obtain a copy of your pamphlet to make copies for our internal use?　　　　　　　　　　　　　　　　　　　　　**internal** 内部の

- 貴殿の文章を弊社のニュースレターに掲載する許可をいただけますか？
  Could we get your permission to include your essay in our company newsletter?

- 『マーケット・インベイダーズ』220ページの一部を、私の本に引用する許可をいただけますか？
  May I have permission to quote a section from page 220 of Market Invaders in my book?

098　転載許可

- 「キャンドルズ・コーポレーションの許可を得て転載」という許可の一文を含めることを提案します。
  We propose to include a permission line: Reprinted with permission from Candles Corporation.

- 次のようにクレジットしてください：日本自動車のパワー（ニューヨーク：ハーパーコリンズ出版、2004年）、134ページ。ジョン・T・ウィルソンの許可を得て転載。
  You would be given credit as follows: The Power of Japanese Automobiles (New York: HarperCollins Publishers, 2004), p.134. **Reprinted with permission from** John T. Wilson.

タイプ 5　個人や取引先の紹介

✉ 礼儀正しい語調と表現を使用する

ビジネスにおいて、ある個人を紹介したり推薦するときには、用件と背景を説明しますが、それは名前や役職、会社名などの情報を含みます。本人にとってはすぐに役に立たず、情報のみを伝える段階であっても、今後、別の仕事で協力しあうこともありえます。そのため、礼儀正しい語調と表現を使用して誠意をもって作成します。

Subject	A Possible Project
From	jimelliot@kingintl.co.jp
To	kimalison@ncus.com

他の人に相手を推薦する ▶ 100

- Another client of our company, George Sanders at ETC Design, is interested in discussing a possible project with you. I hope you don't mind that I gave him your contact information. He should be sending you an e-mail soon.

実行可能なプロジェクト

弊社の顧客である ETC Design のジョージ・サンダース氏が実行可能なプロジェクトについて、あなた様と話し合いの場を設けたいとおっしゃられています。その方にあなた様の連絡先をお伝えしたのですが、お気になさらないとよいのですが。その方からまもなくメールが届くはずです。

contact information 連絡先

099　適任者の紹介の要請

▶ 新製品に使用する素材のタイプについて、問い合わせるのに適した人を知っていますか？
Do you know the right person to ask about the type of materials to use for the new product?

▶ このような情報を収集することに関して、最も権威があるのはどなたでしょうか？
Who would be the best authority on collecting this type of information?

▶ 信頼できる建築家を推薦していただければ、大変ありがたいです。
If you could recommend a reliable architect, **I would greatly appreciate it.**

▶ 日本企業についてこれまでに経験がある弁護士を紹介していただければ幸いです。
I would appreciate your introducing me to an attorney **with prior experience with** Japanese corporations.

▶ プロジェクト・マネージャーの採用を手伝ってくれる方を紹介していただけますか？
Could you introduce me to a person who can assist me with hiring project managers?

100　他人に相手を推薦する

▶ 教育コンサルタントをしている同僚に、貴殿の名前を伝えました。
I passed your name on to an associate, who is in the market for a training consultant.　　　　　　　　　　　　　　　**pass on** 伝える

▶ 香港銀行のジェーン・リューが貴殿に会いたがっています。近いうちに私たち2人とランチを取りたいそうです。
Jane Liu at the Hong Kong Bank **wants to meet you and** would like to have lunch with the two of us soon.

▶ 私の友人シェーン・オルソンが日本での弁護士を探していたので、貴殿を紹介しました。
A friend of mine, Shane Olson, is looking for an attorney in Japan, and **I referred you** to him.

▶ EZDソフトウェア社の小池靖氏が、貴殿に紹介してもらいたがっていました。
Mr. Yasushi Koike at EZD Software **wanted me to introduce him to you.**

- 以前の同僚に、信頼できる建築家を推薦するよう頼まれ、貴殿の名前を伝えました。
  A former co-worker **asked me to recommend a reliable** architect, **so I gave him your name.**

- TBL社のCEOである林正人氏が、貴殿にすぐにメールを送ります。
  Masato Hayashi, the CEO of TBL, **should be sending you an e-mail soon.**

101　相手に他人を推薦する

- ジョーイが貴殿に連絡します。貴殿のお役に立つ適任のマネージャーがいるとすれば、ジョーイがお手伝いできます。
  I will have Joey **contact you. He can help you find the right** manager **if anyone can.**

- このような情報に関しては、恐らくポール・ジョーが一番の権威であると言わざるを得ません。これがジョーの連絡先です。
  I would have to say Paul Jo **is probably the best authority on that type of information. Here's** his **contact information:**

- お答えできる者がここにいるかどうかわかりませんので、貴殿のメールを弊社のサンフランシスコ・オフィスのジョン・エバンズに転送します。
  Since I am not sure there's anyone here that can answer that, **I'll forward your e-mail to** John Evans at our San Francisco office.

- その情報を得るには、ダラス・オフィスのサム・モランに連絡されるのがいいかもしれません。
  You might want to contact Sam Moran at the Dallas office to get that info.

- それについてはジェイ・キムという者がお役に立つでしょう。貴殿に電話させるようにします。
  A man named Jay Kim **can probably help you with** that. **I will have him call you.**

- ご関心があるようでしたら、アメリカのオンライン・ゲーム市場に進出したい日本企業があります。
  If you're interested, there's a Japanese **company** that wants to enter the on-line gaming market in the U.S.

➡ 「適任者の推薦」に関する表現は、「Unit 19 ▶離職／転勤／推薦／採用」を参照してください

UNIT 08

資料や製品の送付

- タイプ1 情報や資料の送付
- タイプ2 資料や物品を別途送付
- タイプ3 情報提供の拒否
- タイプ4 受領の確認

UNIT 08 資料や製品の送付
Sending Files and Items

社内外で情報や資料を要求するメールを受け取り、相手が必要とする情報や資料を添付して返信するメールです。発送したあとに、相手がきちんと受領したかどうかを確認するメールも含まれます。

📋 タイプ別 Key Point

タイプ1	情報や資料の送付	→	情報や資料は、別途添付する
タイプ2	資料や物品を別途送付	→	何を別々に送るのか具体的に明示する
タイプ3	情報提供の拒否	→	提供できない理由を簡単に述べる
タイプ4	受領の確認	→	資料や情報が届いたらすぐに報告する

🔍 専門家の E-mail Advice

まず、内容がよくわかるようなタイトルをつけて、本文では送る資料や製品について簡潔かつ明確に書きます。問い合わせへの返信では、まず感謝の気持ちを示し、すべての質問に誠実に答えます。相手からの情報要請にすぐに応えられないときには、情報を得られるように別の方法を伝えます。

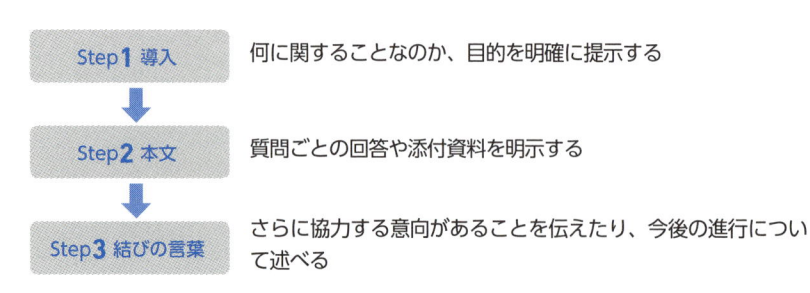

📎 すぐに書ける 3 Steps

Step1 導入 — 何に関することなのか、目的を明確に提示する

Step2 本文 — 質問ごとの回答や添付資料を明示する

Step3 結びの言葉 — さらに協力する意向があることを伝えたり、今後の進行について述べる

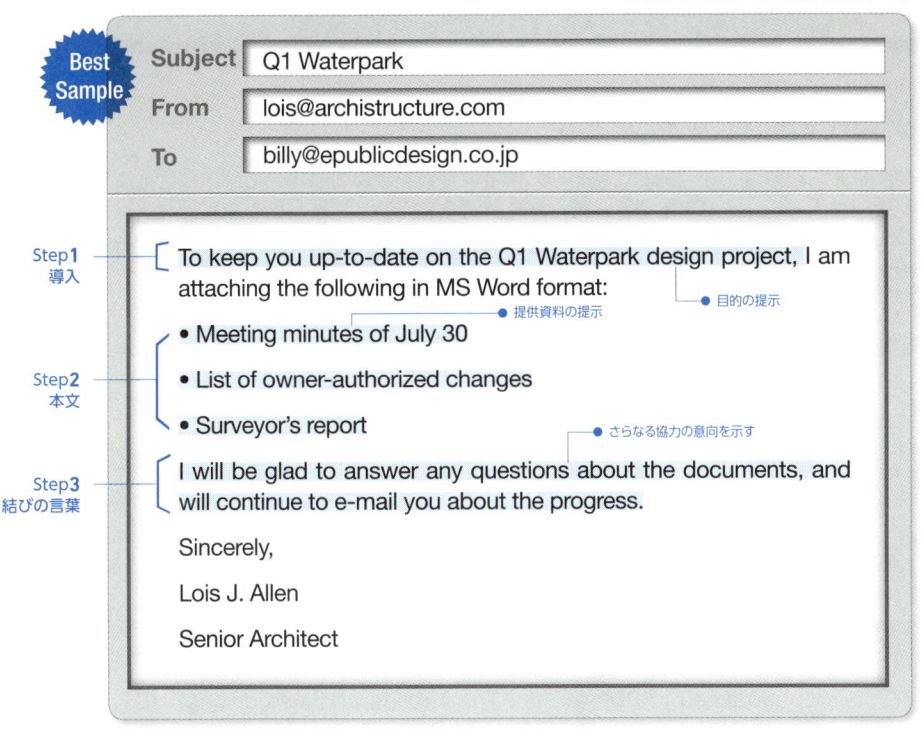

ウォーターパークの設計に関する最新の資料を
要求した部署へ該当資料を送付する

Best Sample

Subject	Q1 Waterpark
From	lois@archistructure.com
To	billy@epublicdesign.co.jp

Step1 導入 — To keep you up-to-date on the Q1 Waterpark design project, I am attaching the following in MS Word format: (目的の提示 / 提供資料の提示)

Step2 本文
- Meeting minutes of July 30
- List of owner-authorized changes
- Surveyor's report

Step3 結びの言葉 — I will be glad to answer any questions about the documents, and will continue to e-mail you about the progress. (さらなる協力の意向を示す)

Sincerely,

Lois J. Allen

Senior Architect

Q1 ウォーターパーク

Q1 ウォーターパークの設計プロジェクトに関する最新情報を把握していただくため、MS Word で下記の内容を添付します。

・7月30日付けの会議議事録
・施主によって認可された変更リスト
・測量士のレポート

ドキュメントに関する質問なら何でも喜んでお答えいたします。また、経過について、引き続きメールでお知らせいたします。

ロイス・J・アレン
主席建築家

---

waterpark ウォーターパーク（水上テーマパーク）　**up-to-date** 最新の　**minutes** （会議の）議事録　**authorized** 〜が許可された　**surveyor** 測量士、鑑定人　**progress** 経過、過程

UNIT 08　資料や製品の送付

タイプ1　情報や資料の送付

✉ 情報や資料は、別途添付する

まずメールの目的を具体的に説明し、情報や資料を添付する場合には、別に言及します。問い合わせへの返信であれば、会社や製品を宣伝する機会になることもありますので、親切で礼儀正しい語調で作成します。すぐに対応できないときは、対応可能な日付を記して返信したほうがよいでしょう。

Subject　Product Catalog
From　harold@safeproduct.com
To　orson@email.com

送付の目的 ▶102

・In response to your e-mail of December 1, I'm pleased to be able to send you our comprehensive product catalog, attached in PDF format. The catalog contains pricing,

添付資料 ▶104

本文の情報 ▶103

・shipping and warranty information. If you have further questions, I would be glad to personally answer them. Meanwhile, I look forward to your first order.

製品カタログ

12月1日付けのメールに応じて、弊社の総合カタログをPDF形式で添付してお届けすることができてうれしく思っております。カタログには価格、配送および保証に関する情報が記載されています。さらに質問がありましたら、私が直接お答えいたします。また、ご注文いただけることを楽しみにしております。

---

in response to　〜に応えて　　comprehensive　包括的な　　personally　直接に

102 送付の目的

- ▶ ご依頼いただきました市場調査書を添付します。
  I'm attaching the market survey **you asked for.**

- ▶ ご覧いただけますよう、ジョイ・カンパニーの提案をお送りします。
  I am sending you the proposal **from** Joy Company **for your review.**

- ▶ ご検討いただけますよう、弊社のブースデザイン案を添付します。
  I am attaching our ideas for the booth design **for your consideration**.

- ▶ ご承認いただけますよう、仮予算を添付しました。
  I have attached the preliminary budget **for your approval.**

  preliminary 仮の、予備の

- ▶ ご参考までに、昨日のプロジェクト経過会議の議事録を添付します。
  For your information, I am attaching the minutes from yesterday's project progress meeting.

  for your information[reference] ご参考までに

- ▶ 個人的な使用のためにのみ、事故の写真を添付します。
  For your personal use only, we are attaching the photos of the accident.

- ▶ ご意見をいただけますよう、この情報をお送りします。
  We are sending this information for your comments.

- ▶ 貴殿の保管用に、ご依頼の報告書を添付します。
  We have attached the requested report for your files.

  for (one's) files ドキュメント保管用に

103 本文の情報

- ▶ プロジェクトに関するご質問に、喜んでお答えいたします。回答は次のとおりです：
  I am happy to answer your questions about the project. **They are as follows:**

- ▶ ミッドランド商工会議所の登録手順に関する次の情報が、貴社の決定に役立つことを願っています。
  I hope the following information on the procedure for joining the Midland Chamber of Commerce **will prove helpful in your making a decision.**

▶ 弊社ウェブサイトにて、特定のモデルについてさらに多くの情報を得ることができます。
You can also access more information on specific models **on** our Web site.

▶ メールありがとうございます。弊社ウェブサイトのアドレスはwww.wearesoftware.comです。
Thank you for your e-mail. Our Web site address is www.wearesoftware.com.

▶ お問い合わせに回答いたします。弊社の書籍は確かに大量購入が可能です。購入可能な出版物のリストを添付しました。
To answer your question, our books **are certainly available for** bulk purchase. **I have attached** a list of available titles.　　　title 本、出版物

▶ X37モデルについてのお問い合わせに関し、回答は次のとおりです：
Regarding your questions about our X37 model, **our answers are as follows:**

▶ メキシコ・ツアーへのお問い合わせに関し、弊社は現在、メキシコの5つの都市に行く25種類以上のパッケージを提供しています。
Regarding your inquiry about tour packages to Mexico, **we currently offer** more than 25 types of packages to five cities in Mexico.

▶ ご依頼に応じ、幹部MBAプログラムについて弊社が提案させていただくテーマを以下に挙げます：
Per your request, we have listed below our suggested topics for your executive MBA program:　　　per ～によって

▶ 秋入学留学生用の資料請求に関し、一般的な要件は、次のとおりです：
With reference to your request for information on fall international student enrollment, **our general requirements are as follows:**

▶ ご依頼の情報は、次のとおりです：
The following is the information you requested:

▶ 弊社ウェブサイトに、さらに情報があります。
Additional information is available on our website.

▶ 当面の問題をよりよく理解できるよう、訴訟までの流れを以下に説明しました。
To facilitate a better understanding of the problem at hand, I have outlined below the sequence leading to the lawsuit.
　　　facilitate 促進する　at hand 当面の　sequence 流れ、順序　lawsuit 訴訟、告訴

104　添付資料

▶ 弊社の最新カタログを**お届けすることができまして幸いです**。
　We are pleased to be able to send you our latest catalog.

▶ ご依頼いただきましたオフィス・デスクとイスの商品ラインの**写真を添付します**。
　The requested pictures of our line of office desks and chairs are attached.

▶ 弊社の最新の年次報告書を添付します。
　A copy of our most recent annual report is attached.

▶ ご依頼の情報をエクセル形式で添付しました。
　Attached is the information you requested in Excel format.

▶ 弊社のネットワーク・ソフトウェアに関してご依頼いただきました情報を、喜んでお送りいたします。ソフトウェアと価格の全リストを、PDF形式で添付しました。
　We are pleased to send you the information you requested regarding our network software. A complete list of software and pricing is attached in PDF format.

▶ 残業に関する会社の方針を添付します。
　Attached is the company policy on overtime.

▶ 弊社サービス領域についての資料請求に関し、添付しました弊社サービスのパンフレットをお送りするようにと、ジェフ・マクドナルドから聞きました。
　Regarding your request for information on our scope of services, Jeff McDonald has asked me to send you the attached brochure of our services.

▶ 弊社の金融サービスを**説明する**フルカラーのパンフレットを添付することができ、**大変う****れしく思っています**。
　I am most pleased to attach a full-color brochure illustrating our financial services.
　　　　　　　　　　　　　　　　　　　　　illustrate 説明する　full-color フルカラーの

Tips & More

添付ファイルの形式

米国や日本では通常、同じアプリケーションを使用することが多いのですが、添付したファイルの形式が相手のコンピュータにないこともあります。たとえあったとしてもバージョンが違う、またはその他の理由で自動的に作動しないこともあります。よって、短い内容であれば、本文に直接書きます。ファイルを添付するならば、添付ファイルの形式が何であるのか、メールの本文に記載するようにします。

- 添付の情報がお役に立つことを願っています。
  I hope the attached information will prove helpful.

- お問い合わせへの回答として、X-900モデルの仕様書を添付します。
  In response to your query, I'm attaching the specification for the X-900 model.

- ご依頼に応じ、半導体産業に関する弊社ニュースレター9月号を添付します。
  In response to your request, we are attaching a copy of the September issue of our newsletter on the semiconductor industry.

- 現金決済に伴う割引のお問い合わせにお答えし、弊社が提供する品目別の割引率を示す集計表を添付しました。
  In response to your question about discounts for cash payment, **we have attached** a spreadsheet **showing** discount rates per each item we offer.

- エル・パソの不動産投資機会に関し、ご依頼いただきました特別報告書を添付します。
  Attached is our special report **you have requested on** the real estate investment opportunities in El Paso.

- ケビン・アシュフォードが懸念している問題に対処いただけますよう、アシュフォードからのメールを転送します。
  I am forwarding the e-mail from Kevin Ashford **so that** your team can address the issues he is concerned about.

タイプ2　資料や物品を別途送付

✉ 何を別々に送るのか具体的に明示する

別途に送る資料や物品が何なのかを具体的に明示して、送付日と送付方法はできるだけ正確に伝えます。送付が遅れる場合には、その理由を説明します。

Subject Accessories Samples
From julie@goldenheart.co.jp
To shopmaster@accindubai.com

Regarding the requested samples of our line of fashion accessories, we are attaching high-resolution photos of our gold, silver and pearl accessories, including necklaces, earrings and bracelets. **Actual samples of lower price items will be shipped today via DHL, which should reach you in a few days.**

別途送付 ▶ 105

アクセサリーのサンプル
弊社のファッションアクセサリー全製品のサンプルのご請求と関連して、ネックレス、イヤリング、ブレスレットなどを含む、金、銀、真珠アクセサリーの高画質画像を添付します。低価格品の現品サンプルは、本日、DHLで出荷されて、数日以内に到着します。

---

high-resolution 高画質　**bracelet** ブレスレット　**an actual sample** 現品サンプル

105　別途送付の案内

▶ 今日パンフレットを郵送しました。
We mailed the brochure today.

▶ すぐにカタログを受け取られるでしょう。
You should be receiving the catalog **soon.**

▶ ご依頼の製品サンプルを、今日宅配便でお送りします。
We are sending the requested product sample **by** courier today.
courier　宅配便(業者)

▶ 貴殿の本3冊を、FedExで発送しました。
We have shipped three copies of your book **by** FedEx.

▶ 弊社の最新のカタログを、別便でお送りします。
We are forwarding you our latest catalog **under separate cover.**
under separate cover　別便で

▶ プレスリリースは6月10日までに郵便で到着します。
The press kit **should arrive by mail by** June 10.
press kit　(広報のための)プレスリリース

▶ 弊社製品の販売代理店となることにご関心をいただき、ありがとうございます。販売代理店向けサファリ・ホイールズ・プログラムの資料セットを速達でお送りします。
We appreciate your interest in becoming a dealer for our products. I'm sending via express mail an information packet about the Safari Wheels program for dealers.
dealer　販売代理店　information packet　資料セット、資料集

▶ ご依頼のサマーキャンプ情報の小冊子を明日速達で発送することをお知らせします。
This is to inform you that the information booklet on summer camps you requested will be express-mailed tomorrow.
booklet　小冊子

▶ ご依頼いただきましたカーペットサンプルを、別の包みで同梱しました。
Enclosed in a separate package are our carpet samples **you requested.**

106　追加送付予定の案内

▶ 昨年のプログラムのスケジュールを添付します。広報から今年度の暫定的なスケジュールをもらったら、それも送信します。
I'm attaching last year's program schedule. **After I receive** this year's tentative schedule from the PR team, **I will forward that as well.**

▶ 会議全体の議事録は、完成し次第お送りします。
I will forward you the full meeting minutes **as soon as they are completed.**

▶ 報告書の残りは、10月1日までにお客様にメールでお送りします。
The rest of the reports **should be e-mailed to you no later than** October 1.　　　　　　　　　　　　　　　　　　　　　　　rest 残り

▶ お問い合わせに感謝し、オンライン・プログラムのデジタル・サンプルを喜んで添付します。オフライン・プログラムに関連するサンプル教材は、梱包し、数日中に発送します。
We thank you for your inquiry, and are pleased to attach the digital samples of our online program. Sample course books for our offline program **are being packaged and should be shipped within a few days.**

▶ ご依頼の製品のリストを添付しました。製品の写真は、明日宅配便での発送となります。
Attached is the requested product list. Product photos **will be sent to you by** courier tomorrow.

Tips & More

宅配便
米国では、書類や小包を送るときに国内外を問わず宅配便を多く利用するため、メールでは運送会社の商号を提示するのが一般的です。代表企業として、FedEx、DHL、UPS、TNT、USPS Express Mail などがあります。

タイプ3　情報提供の拒否

✉ 提供できない理由を簡単に述べる

ときには、請求された情報や資料を保有していないか、または内部事情により提供できないことがあります。このようなときは相手に謝罪し、丁重にお断りします。

Subject New Investment Information
From george@hanconsulting.co.jp
To terryhansen@email.com

情報がない
場合▶ 107

In regard to your questions about the new investment, I am sorry that we are unable to provide that information because we have not received any information from the seller or the potential investors. My advice is for you to contact either party directly to get the answers.

新しい投資情報

新規投資に対する問い合わせについてですが、残念なことに、弊社は売り手や潜在的投資家たちからいかなる情報も受け取っていないため、そのような情報を提供することができません。それらの関係者の方に直接連絡を取って情報を取得してください。

---

investment 投資　a potential investor 潜在的な投資家　party 当事者、関係者

107　情報やデータがない場合

▶ あいにく現在、その情報がありません。
　Unfortunately, I don't currently have that information.

▶ 実は、私にはそのテーマについて話し合う権限がありません。
　The truth is I'm not qualified to discuss that topic.

▶ お役に立ちたいとは思いますが、ご依頼いただいたような写真を持っておりません。
　Although we would like to help, we do not have the type of photos you are requesting.

▶ 現時点でご質問にお答えすることができないことをお詫びいたします。
　We apologize for not being able to answer your questions at this time.

▶ あいにくその製品は製造中止となり、ご依頼に応じることができません。
　I am afraid that we are unable to fulfill your request as we have discontinued the item.
　　　　　　　　　　　　　　　　　　　　　discontinue　中止する、中断させる

▶ その特定の質問は、私の専門分野ではありません。ナンシー・ホッブスにメールを送ることをお勧めします。お役に立てるかもしれません。
　That particular question is not within my area of expertise. I recommend that you e-mail Nancy Hobbs, who may be able to assist you.
　　　　　　　　　　　particular　特定の　　an area of expertise　専門分野

108　提供することができない場合

▶ 申し訳ありませんが、その情報は部外秘です。
　I'm sorry, but that information is confidential.

▶ 私はハイランド問題について話し合うことが許されていません。
　I am not allowed to discuss the Highland case.

▶ そのデータを貴社に提供する権限がありません。
　I do not have the authority to provide the data to you.

▶ あいにくそのデザインは、ネックスコン社の所有にて、メールでお送りすることができません。
　Unfortunately, the design is proprietary to NexCon, so e-mailing it would be impossible.
　　　　　　　　　　　　　　　　　　　　　be proprietary to　～の所有である

▶ あいにく、顧客に関連するいかなる情報も、漏らすことは禁じられています。
I am sorry to say divulging any information regarding our clients **is forbidden.**
divulge 漏らす　forbidden 禁止された

▶ ぜひできるだけお役に立ちたいのですが、部外秘情報であるため、そうすることができません。
As much as I would love to help you, I am unable to do so due to the highly classified nature of the information.
highly classified 極秘の

▶ 他のサプライヤーと協議中であるため、現時点では、その設計図をお送りすることができません。
As we are in discussions with another supplier**, we are unable to send you** the schematics **at this time.**
schematics 設計図

タイプ4 受領の確認

✉ **資料や情報が届いたらすぐに報告する**

請求された資料や情報が到着したら、すぐに相手にそれらを受け取った旨を報告します。受領した日付と資料や物品の名称を正確に書き、感謝の意を伝えます。必要に応じて、今後の措置についても言及します。

Subject	Acknowledgment of Safari Wheels Information Packet
From	stephen@icp.co.jp
To	cecil@safariwheels.com

Thank you for sending us the information packet about the Safari Wheels program for dealers. The express mail package arrived this morning. We will review the packet and contact you again soon.

受領の確認 ▶109

Safari Wheels の資料を受領しました

販売者向けの Safari Wheels プログラムに関する資料集をお送りいただきまして、ありがとうございました。本日の午前中に速達で小包が届きました。資料を検討したあと、すぐにご連絡いたします。

acknowledgment 受領(受付)通知

109 受領の確認

▶ トム、今日の午後送信してくれたデータを受け取ったことを知らせます。本当にありがとう。
Tom, just letting you know that I got the data **you sent** this afternoon. **Much obliged.** `inf`

obliged（恵みについて）感謝する

▶ 今朝メールを受け取りました。本当にありがとう！ すぐにコメントを返送します。
I got your e-mail this morning. **Thank you so much! I'll get back to you soon with** my comments.

▶ 今日貴社の資料一式を受け取ました。
We received your information packet today.

▶ 今日到着したカタログ、ありがとうございます。
Thank you for the catalog, **which arrived** today.

▶ 今日の午後に到着したサンプル、ありがとうございます。決済をするのに役立ちます。
Thank you for the samples **that arrived** this afternoon. **They will be useful in helping us make our decision.**

▶ 今日、レストランの写真を受け取りました。ご協力本当にありがとうございました。
I received the photos of the restaurant today. **Thank you so much for your assistance.**

▶ ワークショップの教材ありがとうございます。昨日の午後、小包が届きました。
Thank you so much for the workshop course books. **The package arrived** yesterday afternoon.

▶ 2月20日の会議の議事録を受け取りました。
We are in receipt of the minutes **of** the February 20 meeting.

▶ 貴社が送ってくださったサマーキャンプの小冊子を受領したことをお知らせします。
This is to acknowledge receipt of the summer camp booklet **your company sent us.**

▶ アクセサリーのサンプルを入れたDHL小包を、今日受け取ったことの確認です。
This is to confirm that the DHL **package containing** the samples of accessories **was received** today.

UNIT 09

ヘルプやアドバイスの要請と受諾

- タイプ1　ヘルプを求める
- タイプ2　催促
- タイプ3　承認の要請
- タイプ4　アドバイスを求める
- タイプ5　アドバイスと勧誘
- タイプ6　アドバイスの受諾／拒絶

UNIT 09 ヘルプやアドバイスの要請と受諾
Requesting and Accepting Favors & Advice

特別な事案についてヘルプやアドバイスを要請したり、承認を求めたりするメールです。また、アドバイスの内容を受諾するメール、拒絶するメールも含まれます。

💬 タイプ別 Key Point

タイプ1 ヘルプを求める	助けを求める人を指定して作成する
タイプ2 催促	要求を受諾したときに、相手にもたらされる利益を述べる
タイプ3 承認の要請	具体的な要求事項とその理由を述べる
タイプ4 アドバイスを求める	感謝の気持ちを表す言葉で締めくくる
タイプ5 アドバイスと勧誘	頼まれた範囲外のアドバイスは控える
タイプ6 アドバイスの受諾／拒絶	アドバイスがどう役立ったのかを伝える

🔍 専門家の E-mail Advice

ヘルプやアドバイスを求めるときには、最初から最後まで丁寧な語調で書きますが、過剰に申し訳なさそうな表現は避けたほうがよいです。相手のヘルプをどのように活用するかを述べて、相手がどのような利益を得られるのかをそれとなくほのめかすと、肯定的な返事を受け取る可能性が高まります。

✏️ すぐに書ける 3 Steps

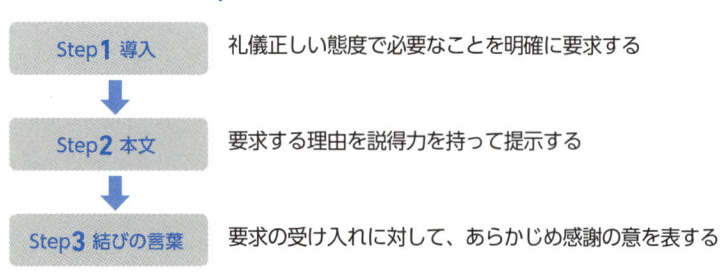

Step1 導入 礼儀正しい態度で必要なことを明確に要求する

Step2 本文 要求する理由を説得力を持って提示する

Step3 結びの言葉 要求の受け入れに対して、あらかじめ感謝の意を表する

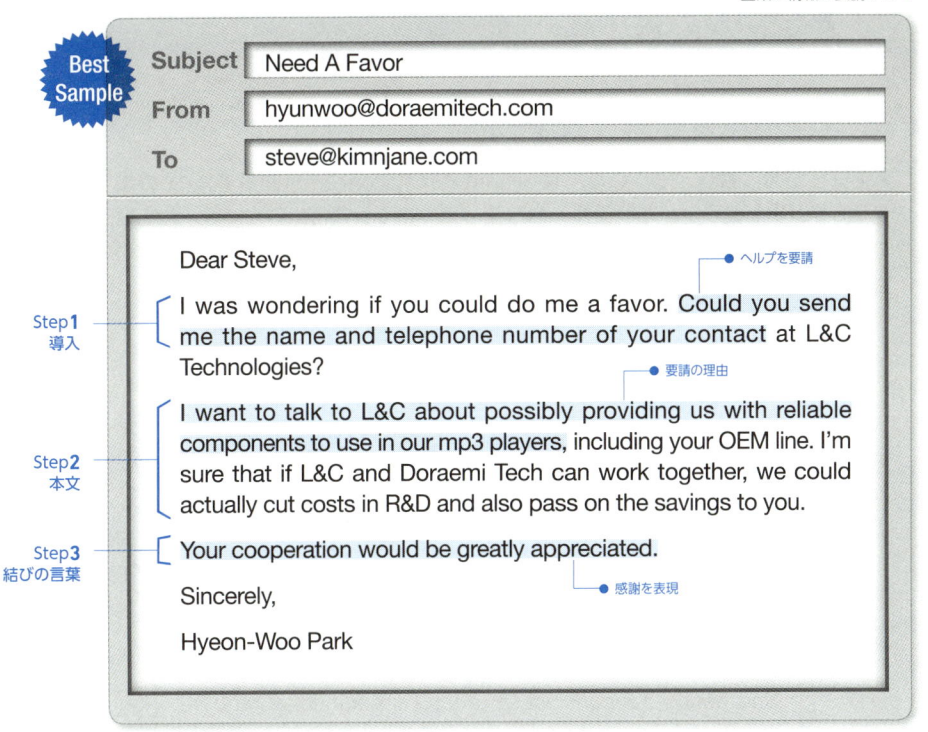

相手の会社と取引がある
企業の情報を要請する

Best Sample

Subject	Need A Favor
From	hyunwoo@doraemitech.com
To	steve@kimnjane.com

Dear Steve,

Step 1 導入
I was wondering if you could do me a favor. Could you send me the name and telephone number of your contact at L&C Technologies? ● ヘルプを要請

Step 2 本文
I want to talk to L&C about possibly providing us with reliable components to use in our mp3 players, including your OEM line. I'm sure that if L&C and Doraemi Tech can work together, we could actually cut costs in R&D and also pass on the savings to you. ● 要請の理由

Step 3 結びの言葉
Your cooperation would be greatly appreciated. ● 感謝を表現

Sincerely,

Hyeon-Woo Park

お願いがあります

スティーブさま、

お願いをきいていただけませんでしょうか？ L&C Technologies 社の取引担当者様のお名前と電話番号を教えていただけませんか。

貴社の OEM ラインを含む、弊社の mp3 プレーヤーで使用できる信頼性のある部品を提供していただけないか、L＆C 社と話し合いたいと思っております。 L&C と Doraemi Tech が協力しあうことによって、研究開発費を実質的に削減することができ、そのコスト削減を貴社にお返しすることができると確信しています。

ご協力いただけると大変嬉しいです。

パク・ヒョヌ

---

components 部品、コンポーネント　**OEM (= Original Equipment Manufacturing)** 相手先ブランドによる生産　**R&D (= Research and Development)** 研究開発　**pass on**（他人に利益などを）まわす、順送りにする

UNIT 09 ヘルプやアドバイスの要請と受諾

タイプ 1　ヘルプを求める

✉ 助けを求める人を指定して作成する

手を貸してもらおうと思うなら、To whom it may concern（関係者様へ）のような一般的な表現を使うよりも、直接、力を貸してくれそうな特定の人にメールを書くとより効果的です。結びの言葉には、要求の内容に再度触れるとともに、要求に応えてくれることに対する感謝を事前に伝えます。

Subject　Request for Photos of Hipper's Restaurant
From　　petergoo@jkdesign.com
To　　　wilson@hippers.com

（助けを求める ▶110）
● Could you do me a favor? Our PR team is putting together a press kit for the upcoming R3 convention in London and needs a recent photo of the Hipper's restaurant we renovated for you last year. Would it be too much trouble for you to e-mail us a few recent digital photos of the interior of the restaurant with guests and staff?

Hipper's レストランの写真をいただけませんか
お願いしたいことがあるのですがよろしいでしょうか？　弊社の広報チームは、英国ロンドンでまもなく開催される R3 代表者会議のためにプレスキットを作成しています。そこで、昨年、弊社がリフォームさせていただいた Hipper's レストランの最近の写真が必要になりました。お手数をおかけしますが、ゲストや従業員様が一緒に写っている、レストラン内部の最近のデジタル写真を数枚メールで送信していただけますでしょうか。

---

put together 構成する、集める　**press kit** プレスキット（記者会見時に配る資料一式）
upcoming 近づきつつある　**convention** 代表者会議、集会　**renovate** 改造する

110　ヘルプを求める

▶ お願いがあるのですが。注文を追跡してもらえますか？
I need a big favor. Can you track down an order for me?

　　　　　　　　　　　　　　　　　　　　　　track down　追跡する

▶ お願いがあり、メールを書いています。財務会計関連の本を何冊か借りることができますか？
I am writing to ask you a favor. Do you think I could borrow a few of your books on financial accounting?

▶ MBAの願書に入れる推薦状を書いていただけるかどうかと思いまして。
I was wondering if you could write a recommendation letter as part of my MBA application.　　MBA (= Master of Business Administration)　経営学修士

▶ スケジュールについて話し合うため、明日の夜7時にお客様に会ってもらえますか？
Can you meet with the client at 7:00 p.m. tomorrow evening to discuss the schedule?

▶ ご面倒をおかけしたくないのですが、営業部のステファニーに、発注についてJ・C・キムと連絡を取るよう伝えてもらえますか？
I hate to trouble you with this, but can you tell Stephanie in Sales **to** get in touch with J. C. Kim about the order?

　　　　　　　　　　　　　　　　　　　get in touch with　～と連絡を取る

▶ ご覧いただけますよう、プレゼンテーションの草案を送ってもいいでしょうか？　あなたの専門知識が大きな助けになります。
Would it be okay if I sent you my presentation draft **for your review? Your expertise would be extremely helpful.**　　draft　草案　expertise　専門知識

▶ 来週火曜、10分程度お時間をいただくことができるでしょうか。自動車整備士についていくつかの質問があり、その分野の専門家である貴殿が、お答えいただけるかもしれないと思いまして。
I wonder if you could spare ten minutes of your time on the phone sometime next Tuesday. I have a few questions about auto mechanics, **which you, as an expert in the area, may be able to answer.**　　spare　(時間を)　割く

▶ 弊社の記録として、追加のトレーニング教材セットをいただくことができますか？
Could we get an extra set of your training material **for our records?**

　　　　　　　　　　　　　　　　　　　　　　extra　別の、追加の

- ご不便をおかけして申し訳ありませんが、明日の午後数時間いただいて、今週アメリカのオフィスを訪れるチャールズ・スコット氏に、アラバマ工場見学を簡単に案内していただくことは可能ですか？
  I'm sorry to inconvenience you, but do you think you could spend a few hours tomorrow afternoon giving a short tour of our Alabama factory to Mr. Charles Scott, who is visiting the U.S. office this week?

  inconvenience 不便、面倒

- 会議に参加して、方針変更の提案に関するあなたの立場を明確にしていただければ幸いです。
  I would appreciate it if you could attend the meeting to clarify your position on the proposed changes to the policy.

  clarify 明確にする

- 先週のプレゼンテーションに出席できなかったので、後から配布資料を送っていただければ非常にありがたいです。
  As I was unable to attend your presentation last week, **I would greatly appreciate your sending me** a copy of the handout you distributed afterwards.

  handout 資料、印刷物

- 最近の輸送の問題を解決するため、彼女に直接会って話をしていただけませんか？
  Could you possibly talk to her in person to clear up the recent issues with delivery?

  in person 直接、じかに　　clear up 解決する、整理する

- サプライヤーに通知することができるよう、暫定的なスケジュールに記載されている、各手順の特定の日付も送っていただけませんか？
  Could you also send us the specific dates for each process listed on your preliminary schedule so that we can notify our suppliers?

- お願いがあるのですが。現在私たちのチームは、ハワイのウォーター・パーク・プロジェクトへの入札を計画していますが、コンラッド＆アソシエイツ社についてのいかなる情報でも、送っていただけると大変助かります。
  Could you help me with a favor? My team is currently putting together a bid for that water park project in Hawaii **and any information you can give us about** Conrad & Associates **would really help us.**

- ご面倒でなければ、製品サンプルを、工場から直接次の住所に送っていただけませんか？
  If it's not too much trouble, could you send the product sample to the following address directly from your factory?

- これまで受け取っている他のものと比較できるよう、ジョン・クィンの提案をメールで送っていただけますか？
  Could you please forward me John Quinn's proposal **by e-mail so that** we can compare it with others we have received?

▶ 契約を見直したところ、**十分に理解できない**個所がありました。素人でもわかるよう12条**を説明していただけませんか？**
Reviewing the contract, I came across a section **that I could not fully understand. Could you explain** paragraph 12 in layman's terms?
layman　素人、専門知識のない人

▶ 発生する可能性があるあらゆる潜在的な問題につき、客観的な意見**を得られるよう**、覚書に関する貴チームの評価**を送っていただけませんか？**
So that we can obtain an objective view of any potential underlying problems, **could you forward us** your team's assessment of the MOU?
underlying　潜在的な　　MOU (= Memorandum of Understanding)　覚書

▶ プロジェクトの図面一式を持って来る**ことができますか？**
Would it be possible for you to bring a full set of drawings for the project?
drawing　図面

▶ マスコミと協力することができるよう、アームストロング氏の日本でのスケジュールの詳細を送っていただきたいのですが、**ご面倒ではありませんでしょうか？**
Would it be too much trouble for you to send us the details of Mr. Armstrong's schedule in Japan to help us coordinate with the media?

▶ 弊社の新しいパンフレット**を作成しており**、お客様の声の欄に掲載するため、弊社サービスについての推薦文**をいただけませんでしょうか。**
We are in the process of producing a new brochure for the company and **would like to ask you for** a blurb about our service to include in the client testimonials section.
in the process of　〜中、〜が進行中　　blurb　推薦文　　testimonial　お客様の声

▶ 時間が許せば、最初のコマーシャル撮影に関連し、以下を送ってください：
1. オリジナル台本のコピー
2. コマーシャルのデジタル・ファイル
3. クライアントのコメントが書かれたもの
When your schedule permits, please send me the following relating to the first commercial shoot:
1. A copy of the original script
2. Digital file of the commercial
3. The client's written comments

▶ ご友人のジョージ・カプランに**連絡し**、アメリカの従業員のための今年のセミナーで、特別な顧客価値を備えることについて話していただくようお願いすることはできますか？
Would it be possible for you to contact your friend George Kaplan to speak at this year's seminar for U.S. employees on providing exceptional customer value?

タイプ2 催促

✉ 要求を受諾したときに相手にもたらされる利益を述べる

時間が差し迫っていて、何かを催促しなければならない状況では、何が、なぜ、いつまでに必要なのかを明確に伝えることが重要です。まず、相手の多忙なスケジュールを理解していることを伝えて、要求を受け入れることが相手にとっても利益があると説明すれば、比較的迅速な反応が得られます。

Subject　Need Urgent Feedback on Design Change
From　　eumino@hadadesign.co.jp
To　　　edwin@peff.com

催促
▶ 111

I realize that you are quite busy with other matters, but **we need to receive your immediate feedback regarding the recent design changes by the end of the week in order to meet your schedule.** We will expect your feedback soon.

デザイン変更にともなうフィードバックが早急に必要です
ほかの業務もあって非常に忙しくされていることは承知しておりますが、貴社のスケジュールに間に合わせるには、この週末までに直近のデザイン変更に関するフィードバックが早急に必要です。迅速なフィードバックを期待しております。

---

immediate 即時の　**in order to** 〜するために

111　催促

▶ ピート、その情報が本当に必要なんです。できるだけ早く送ってください。
Pete, I seriously need that info. **Please send ASAP.** `inf`

▶ ジョンにすぐに電話してもらえませんか？
Could you please call John **right away?**

▶ 遅くとも今週金曜の午後2時までに、貴殿の決定が本当に必要になります。
We really need your decision by this Friday at 2:00 p.m. **at the latest.**
　　　　　　　　　　　　　　　　　　　　　　　　　　at the latest　遅くとも

▶ 急なデザイン変更のため、お客様が来る前に、新しい要素を所定の位置に収めようと急いでいます。
Because of sudden changes in design, **we are scrambling to get all the new elements into place** before the client's visit.
　　　　　　　scramble　急いで〜する　　get ~ into place　〜を所定の位置に置く

▶ これ以上遅らせることができません。できるだけ早く返答をお願いします。
We cannot delay any longer. Please send your response as soon as possible.

▶ できるだけ早く報告書を完成させてください。
Please complete the report **as soon as possible.**

▶ これは弊社にとって非常に重要な問題であるため、サクラメントの現況をすぐに調査し、私たちに報告してください。
Since this is a critical issue for the company, please investigate the current situation in Sacramento right away and report back to us.
　　　　　　　　　　　　　　　　　　　　　　a critical issue　重要な問題

▶ 今回の決定が遅れているのには特別な理由があるのかどうか教えていただけますか？
Could you let me know if there is a particular reason why this decision is being delayed?

▶ スケジュールが詰まっていることはわかりますが、貴殿の協力が絶対に必要です。
I realize you have a loaded schedule, but your cooperation is absolutely necessary.
　　　　　　　　　　　　　　　　　　　loaded　重い、いっぱいになった

▶ これ以上の遅滞なく、貴殿の迅速な行動が必要とされます。
We require your immediate action without further delay.

▶ 仕様書をただちに修正することが、絶対に必要です。
It's absolutely imperative that you revise the specification **immediately.**
　　　　　　　　　　　　　　　　　　absolutely　絶対に　imperative　必須の

UNIT 09　ヘルプやアドバイスの要請と受諾

▶ 今回の事態は緊急であることは、いくら強調しても足りません。
I cannot stress enough the urgent nature of this situation.

cannot ~ enough　いくら〜しても不足している

▶ 締切を守るためには、この問題に関する貴チームの迅速な措置が必要になります。
Meeting the deadline requires your team's swift action on this issue.

swift　クイック

▶ 今回の案件は緊急を要するため、依頼を迅速に処理することが不可欠です。
Due to the urgent nature of this matter, your expediting the request is essential.

expedite　迅速に処理できる

▶ 現在遅れているので、すぐに答えをいただければ幸いです。
We're late as it is, so I would appreciate your prompt response.

as it is　現在、すでに

タイプ3　承認の要請

✉ 具体的な要求事項とその理由を述べる

上司やビジネス関係にある顧客の承認や許可、または同意を得なければならないときには、婉曲な表現で要求します。要求する内容は、具体的に提示するほうがよいでしょう。また、許可したときに相手にもたらされる利益をほのめかすとより効果的です。

Subject　Request for Approval to Attend F&AT Dallas
From　john@jeansblue.com
To　robin@jeansblue.com

May I get your approval to attend the Fashion & Apparel Trade Show in Dallas, Texas, from July 2 to 5? Although our company has never attended the show before, I believe the exposure for our line of jeans to international buyers would be huge. My proposal is attached.

社内での承認／許可 ▶ 112

ダラス F&AT への参加を承認していただけますか

テキサス州ダラスで7月2日から5日まで開催されるファッション＆アパレル展示会への参加を許可していただけますでしょうか？　今まで展示会に参加したことはありませんが、我々のジーンズ製品を海外のバイヤーに見てもらえる大きな機会だと思います。企画案を添付いたします。

---

exposure　（商品の）展示

112　社内での承認／許可

- よろしければ、個別の業者と交渉するのではなく、新工場の設計と施行を一括して契約するための正式な見積依頼を送りたいと思っています。
  If it's all right with you, I would like to send out an official request for proposals for the new factory design-build contract, rather than negotiate with a single contractor.
  design-build (= D&B) 設計施工一括、デザインビルド　request for proposal (= RFP) 見積依頼

- オーストラリアのチームとハイン・スミス・プロジェクトの仕事をしてもいいでしょうか？
  Would it be okay for me to work on the Hein-Smith project with the team from Australia?

- 来月ロサンゼルスで開催されるセールス・コンベンションに参加してもいいですか？
  Is it possible for me to attend the sales convention in Los Angeles next month?

- オール・アウト・スプレーに対する消費者のブランド認知度を確認するため、限定的な市場調査の承認をいただきたいのですが。予算案を含む概要書を添付します。
  I would like your approval for a limited marketing survey to ascertain consumer's brand recognition of All Out Spray. An outline, including the proposed budget, **is attached.**　a marketing survey 市場調査　outline 概要

- チームのメンバーをカリフォルニアに送る前に、アメリカの文化について教えてくれる研修会社を雇う許可をいただきたいのですが。
  Could I get your permission to hire a training company to teach the team members about American culture before they are sent to California?

- 私の古いノートパソコンはもう5年になりますので、新しいのを購入する許可をください。
  Please allow me to purchase a new laptop computer **as** my old one is now five years old.

- 許可をいただけましたら、契約について相手方弁護士と直接話し合いたいのですが。
  With your permission, I would like to discuss the contract directly with their attorneys.

- 提案されたプロジェクトについて私たちのチームの意見を発表できるよう、明日の会議に参加していいでしょうか？
  May I join the meeting tomorrow **so that I can** present our team's ideas on the proposed project?

- 息子の卒業式に出席するのに、１日休む**許可をもらえますか**？
  May I ask your permission to take a day off to attend my son's graduation? <small>take a day off １日休む</small>

- 母の葬儀に出席するため、謹んで休暇のお願いいたします。
  I respectfully request a leave of absence to attend to my mother's funeral. `for` <small>a leave of absence 休暇</small>

113　取引先への承認／同意の要請

- 完成品を1週間早く受け取ることはできますか？
  Is it possible for us to receive the finished product a week earlier?

- 弊社CEOが提案を検討することができるように、決定を3月22日に延長することは可能でしょうか？
  Is it possible for us to extend the decision date to March 22 **so that** our CEO has time to review the proposal?

- 同僚のスティーブン・K・チョイが、5月13日に貴社のオフィスで１日仕事をしてもいいですか？　翌週スプリングフィールドで顧客を訪問するので、インターネット接続とコピー機を使う**必要があります**。
  Is there any chance that a colleague of mine, Stephen K. Choi, can spend a day at your office on May 13? As he is visiting a customer in Springfield next week, **he will need** an Internet line and the use of a copier.

- 私のクラブのメンバーが、毎週水曜の晩、サッカーの練習をする**のに**、貴社倉庫の前の空地を使用してもいいですか？
  Would it be possible for the members of my club to use the vacant lot in front of your warehouse **to** practice soccer every Wednesday evening? <small>a vacant lot 空地</small>

- 発売日を１週間**繰り上げ**、クリスマスすぐ前の12月20日にすることができますか？
  Could we move up the release date a week earlier to December 20, right before Christmas? <small>move up 繰り上げる　a release date 発売日</small>

- 1年間取締役会に参加できるかどうかご**検討いただけますか**？
  Would you consider joining the board of directors for one year?

- 可能な場合は、娘を貴校の待機リストに載せていただければと思います。
  If it is at all possible, I would like my daughter to be wait-listed for your school.

▶ 先週、この地域を通過した暴風雨のため臨時休業したので、プロジェクトのスケジュールに3日加える許可をいただきたいのですが。
We would like your permission to add three days to the project schedule **to account for** the shutdown from the severe storm that passed the area last week.　　account for 〜の説明をする　shutdown 臨時休業、閉鎖

▶ 順番待ちリストに載せていただけますか？
Could I possibly get on the waiting list?

▶ メールで大容量のファイルを送信する代わりに、書類を速達で送ってもいいでしょうか？
Would it be acceptable to you if I express-mailed the documents **instead of** sending a large file by e-mail?

▶ 会計部のクライン氏に直接資料を送ってもいいですか？
Could I send the information **directly** to Mr. Klein in Accounting?

▶ 昨日オフィス・プリンタの箱を開けたばかりですが、保証期間を1カ月延長していただくことができますか？
Could you extend the warranty period of the office printers by one month **since we were only able to** unpack the boxes yesterday?

▶ あまりご不便でなければ、会議を8月2日に変更してもいいでしょうか？
If it's not too much of an inconvenience, could we move the meeting to August 2?

▶ 提案の提出期限を延長していただくことができますか？
Would it be possible to get an extension on the deadline for submitting the proposal?

▶ テックス・エンジニアリング社に出す応募書類に、貴殿の名前を推薦者として使ってもいいでしょうか？
May I use your name as a reference for my job application to Tex Engineering?　　reference （願書、応募書類の）推薦者、身元保証人

タイプ4　アドバイスを求める

✉ 感謝の気持ちを表す言葉で締めくくる

アドバイスを求めるときは、悩みを具体的に説明して丁寧な語調で伝えますが、相手に期待することを正確に述べます。とくに相手にアドバイスを求めている理由や、いつまでに回答してほしいのかを知らせるのもよいでしょう。かならず、事前に感謝の気持ちを表します。

Subject　Communication Problems with a PR Consultant
From　　harry@rpgworld.co.jp
To　　　riyj@ksnrd.co.jp

As you know, we recently hired an American PR consultant to promote our on-line games to the North American market. However, our internal PR staff is having a difficult time communicating our ideas to the firm, possibly due to both language and cultural barriers. **Should we hire a new consultant who can understand both English and Japanese?** I would sincerely appreciate any comments or advice you can give me on this.

（アドバイスを求める▶ 114）

広報コンサルタントとの意思疎通の問題

ご存知のとおり、弊社は最近、北米市場でオンラインゲームのプロモーションをおこなうために、米国人の広報コンサルタントを雇いました。しかし、弊社の社内広報スタッフは、言葉と文化の壁のせいか、広報会社に弊社の考えを伝えるのに苦労しています。日本語と英語どちらも理解することができる新しいコンサルタントを雇う必要があるのでしょうか？　この問題について、意見やアドバイスをいただけると幸いです。

---

possibly due to　〜のせいか　　have a difficult time -ing　〜するのに苦労をする

114 アドバイスを求める

▶ クランストン・ブックス社の新しい提案についてどう思いますか？
What's your take on the new proposal from Cranston Books?
take 見解、解釈

▶ このような状況では、どうすればいいでしょうか？
What do you think I should do in this situation?

▶ 著作権侵害をどのように処理すればいいでしょうか？
How do you think I should handle the copyright infringement?
infringement 侵害、違反

▶ 私たちのチームがこの取引を進めるのはいい考えだと思いますか？
Do you think it's a good idea for our team **to** pursue this account?

▶ 投資信託に投資する最適な時期はいつだと思いますか？
When do you think is the best time to invest in mutual funds?

▶ 最近、合併前より能率が落ちてきたジョンについてどのようにすべきだとお考えですか？
What do you think I should do about John, who lately has not been as productive as he had been before the merger?

▶ この添付メールにどのように対応すべきだとお考えですか？
How do you think we should respond to the attached e-mail?

▶ この分野での経験を積んだ方として、どの方法がよりよいと思いますか？
As someone who has had experience in this area, which would you suggest as a better method?

▶ ダイレクトメール・キャンペーンの成功率を高める方法について、いくつか提案してくれますか？
Can you suggest a few ways to increase the success rate of our direct-mail campaign?
direct-mail(= DM) ダイレクトメール

▶ 弊社の中核人材が最適な経営大学院を選択する上で、どのようなアドバイスをいただけますか？
What is your advice on choosing the most appropriate graduate business school for our high potentials?
a high potential 中核人材

▶ シリングス氏に新クリエイティブ・ディレクターのポジションを受け入れてくれるように説得するのに、何かアドバイスはありますか？
Do you have any advice about how I can convince Mr. Shillings to accept the position as the new creative director?
creative director(= CD) (広告会社の)クリエイティブ・ディレクター

- すべての条件が同じである場合、どの請負業者を選ぶのが賢明でしょうか？
  All things being equal, which contractor **do you think is the smart choice?**

- 今回の危機をどのように処理すべきか、どんなアドバイスでもいただけたら幸いです。
  Any advice you can give me about handling this crisis **would be greatly appreciated.**

- 私たちの学校に適したCRM管理システムを選択するのに、いくつかのアドバイスをいただけませんか？
  Could you give me a few pointers about choosing the right CRM system for our school?
  pointer　アドバイス　**CRM (= Customer Relationship Management) system**　顧客関係管理（顧客との長期的な関係を構築し、企業の経営成果を改善するための経営方式）

- アメリカン・メタルワークス社のCEOと会う際、まず何を話し合えばいいでしょうか？
  Could you tell me the first thing to discuss when I meet with the CEO of American MetalWorks?

- この分野の専門家として、そのショッピングモールへの投資を予定通り行うことを勧めますか？
  As an expert in the field, would you recommend that we proceed with the planned investment in the mall?

- 構造の健全性を損なわずに、駐車場の設計を変更する方法について、アドバイスいただければ幸いです。
  I would appreciate any advice you have on how to modify the parking lot design without compromising structural integrity.
  compromise　損なう、妥協する　**structural integrity**　構造健全性

- アメリカの大学生とのインタビューを実施するにあたり、アドバイスをいただければ幸いです。
  I would be grateful for your advice on conducting interviews with American college students.

- 北米市場での効率的なマーケティング戦略の策定について、どんなアドバイスでも歓迎します。
  We would welcome any advice you could give us on creating an effective marketing strategy for the North American market.

タイプ5 アドバイスと勧誘

✉ 頼まれた範囲外のアドバイスは控える

必然性がないかぎりは、頼まれていないアドバイスは避けたほうがよいでしょう。アドバイスするときは、依頼されたアドバイスの内容を具体的にもう一度言いなおして、権威的で断言するような態度は控えて、柔らかく婉曲な表現を使います。

Subject Thoughts on Investing in Mall
From jane@gemail.com
To alan@hanconsulting.com

You asked for my advice on investing in the mall. Based on the information you sent me, **I think that the ROI numbers appear to be realistic. However, it might be a good idea to discuss your business plan at length with a financial accountant before committing your funds.**

依頼に対するアドバイス ▶ 115

モールへの投資に関する考え
あなたはショッピングモールの投資について私の意見を求めました。送っていただいた情報をもとにすると、投資収益率の数値は現実的だと思われます。しかし、投資する前に、あなたのビジネスプランを財務会計士と詳細に話し合われるほうがよいでしょう。

ROI (= Return on Investment) 投資収益率　at length 詳しく

115 依頼に対するアドバイス

▶ 彼は適切な報酬を得られるかどうかを心配しているのか、直接彼に聞いてみたらどうだろう？
Why don't you ask him directly if his concern is with appropriate compensation?

▶ コンピュータを再起動しましたか？　それで解決するかもしれません。
Have you tried rebooting the computer? **That might be your solution.**

▶ 私の経験からすると、問題は未然に防がなければ、山積みになりかねません。
It's my experience that problems have a tendency to pile up if you don't nip them in the bud.

　　　　　　　　　　　　pile up 山積みになる　　nip ~ in the bud ～を未然に防ぐ、芽を摘む

▶ 貴社の場合、ダイレクトメール・キャンペーンが最も効果的な方法であるかどうかわかりません。
I am not sure that a direct-mail campaign is the most effective method in your case.

▶ 私ならネジを締めてみます。それが効果なければ、カバーを開けて配線が損傷していないどうか見てください。
I would try tightening the screws. **If that doesn't work,** open the cover and see if all the wiring is intact.

　　　　　　　　　　　　　　　　　　　　　　　　　　　intact 損傷していない

▶ 著作権侵害の問題について、経験のある弁護士と相談をするのがいいかもしれません。よろしかったら、何人かご紹介します。
You might need to discuss the copyright infringement issue with an experienced attorney. **If you would like, I can** provide a few references.

▶ アメリカの出版社に、日本の出版権の一時的な使用料の代わりに、著作権使用料を提示するのはどうでしょう？
How about offering the U.S. publisher royalties instead of a one-time fee for the Japanese publication rights?

　　　　　　　　　　　royalty 著作権使用料、ロイヤリティ　　one-time 一時的な

▶ 最近の遅延について話し合うため、発送責任者との対面会議を求めることを検討してください。
You might consider asking for a face-to-face meeting with the shipping manager to discuss the recent delays.

　　　　　　　　　　　　　　　　　　　　　　face-to-face 対面して、1対1で

- その会社が、すでに貴社の競合と話をしたのか調べる**といいでしょう**。
  It might be a good idea to find out if the company has already talked to your competitors.

- 長期的にコストを削減するには、正社員を雇用する**よりも**、専門家に外注する**ことを勧めます**。
  I suggest that, rather than hire a full-time employee, you contract out the work to a specialist to save costs in the long run.
  a full-time employee 正社員　in the long run 長期的に

- 選択肢を5校に絞り、年間授業料、倍率、留学生の登録率などを比較してみる**ようアドバイスします**。
  I advise you to narrow down your choices to five schools and compare such things as annual tuition, acceptance rate and international student enrollment rate.
  acceptance rate 倍率、入学競争率

- カスタマイズされたシステムに投資する前に、簡単なCRMソフトウェアを購入することから始める**のがいいでしょう**。
  I would suggest that you start with purchasing simple CRM software before investing in a customized system.

- 2つの請負業者に、価値工学の提案を依頼する**ことをお勧めします**。
  I recommend that you request value engineering proposals from the two contractors.
  value engineering (= VE) 価値工学

- ほとんどの人が働いていない週末に、コマーシャルを流す**といいでしょう**。
  My advice is to run the commercial on the weekends when most people are off work.
  run （コマーシャルを）流す、放送する

- 彼の能率の低下は、新しい同僚たちとの性格の違いが関係しているのではないかと、まず認識してはどうでしょうか。
  My suggestion would be to first find out if his lack of productivity is related to possible personality conflicts with his new co-workers.
  a personality conflict 性格の違い

Tips & More

アドバイスに潜む法律問題

専門家のアドバイスであっても、一つまちがえば予期せぬ法的争いにつながることがあります。善意が必ずよい結果をもたらすという保証はないからです。とくに米国のように、訴訟が多い国と頻繁に取引をおこなう場合には、さらに慎重に考える必要があります。よって、アドバイスをしなくてはならない状況であれば、個人的な意見というニュアンスで提示するとよいでしょう。この意見は多くの可能性のなかの一つであることを強調したほうが安全です。

116 自発的にアドバイスする

- いくつかの無料アドバイスです。
  Here's some free advice. `inf`

- 通常私は依頼されていないアドバイスをしませんが、今回は例外です。
  Normally I don't send out unsolicited advice, but this is an exception.　　unsolicited 依頼されていない

- 私の考えを求めていないことは知っていますが、いずれにせよお知らせします。
  I know you didn't ask for my two cents, but I feel obligated to give it to you anyway.　　two cents 求められていない考え

- 経営の仕方について口出しするほどおこがましいつもりはありませんが、スティーブ、私は心配です。
  I don't mean to be so presumptuous as to tell you how to run your business, Steve**, but I am concerned.**　　presumptuous 出しゃばった、おこがましい

- 頼まれてもいないアドバイスをすることをお許しください。長年の仕事仲間、友人として、これはお伝えしなければならないと思いました。
  I hope you will forgive me for offering an advice you didn't ask for, but as a longtime business associate and a friend**, I felt I had to tell you this.**

117 勧奨する

- ただちに投資信託に投資するべきだと思います。
  You really should invest in mutual funds **right now.**

- すべてのサプライヤーに参加義務のある会議を招集することが、切実に必要だと確信しています。
  I am convinced that setting up a mandatory meeting of all suppliers **is an absolute necessity.**

- ただちに工場長に連絡することを強く勧めます。
  I strongly urge you to contact the plant supervisor **immediately.**

- 今回の危機へのフィードバックを得るために、リストの人々に電話をかけることを強く勧めます。
  I would strongly advise you to start calling up the people on the list to get their feedback on this crisis.

タイプ6 アドバイスの受諾／拒絶

✉ アドバイスがどう役立ったのかを伝える

まず、アドバイスへの感謝の気持ちを伝え、そのアドバイスがどのように役立ったのかを述べます。アドバイスを受け入れることができないときでも、頼んでもいないアドバイスをされたときでも、感謝の意を表するとよいでしょう。

Subject Thank You for Your Advice on Ad Agency
From larry@ucct.co.jp
To johnesp@exellenties.com

Thanks so much for your expert advice on choosing the right advertising agency. We took your advice and found a wonderful company close to our San Jose office. Let us know if we can be of service to you in the future!

広告代理店に関するアドバイスをありがとうございました
広告代理店の選定についての専門的なアドバイスを誠にありがとうございました。いただいたアドバイスによって、弊社サンホセ店のそばにすばらしい会社が見つかりました。今後、お役に立てそうなことがございましたら、ぜひお知らせください。

> アドバイスを受けたことによる、ポジティブな結果 ▶ 118

expert 専門家の、専門家　**an advertising agency** 広告代理店　**be of service** 役立つ

118 アドバイス受け入れによる肯定的な結果

▶ アドバイス通りの変更を行い、業務を再開しています！
We made the changes as you advised, and now we're back in business!
　　　　　　　　　　　　　　　　　　　　　　　　back in business　業務を再開して

▶ 素晴らしいアドバイスです。取り入れてよかったです。
Your advice was excellent, and we are glad we took it.

▶ ありがとうございます。アドバイスを受け入れ、プロジェクトに関連するすべてのサプライヤーを会議に招集しました。
Thank you so much. We took your advice and called a meeting of all the suppliers involved in the project.

▶ CRMシステムに関するタイムリーなアドバイスに感謝します。
Thank you for your timely advice regarding the CRM system.

▶ 提案していただいたように、今日、その手順を導入しました。うまくいっています。
As you suggested, we implemented the process today. It's working.

▶ ショッピングモールへの投資に関する思慮深いアドバイスに感謝します。事業計画について財務会計士と話し合うべきだとのこと、まさに正しかったです。
Thank you for your thoughtful advice on the mall investment. **You were so right about** discussing the business plan with a financial accountant.

▶ 貴殿のアドバイスは大変意義のあるものでした。感謝しきれません。
Your advice has meant a great deal to me. I can't thank you enough.

119 アドバイスを拒絶した理由と回答

▶ 貴殿のアドバイスは適確で、私はそれを受け入れなかったことを後悔するかもしれませんが、会社を辞めることにしました。
Your suggestion was a good one, and though I may regret not taking it, I've decided to quit the company.

▶ 貴殿のアドバイスは素晴らしいものでしたが、役員会の意見に従うしかありませんでした。
Although your advice was great, I had to follow the opinion of the board.

▶ 好意的なアドバイスに感謝しますが、今この時期ではタイミングが悪く、現在のコンサルタントとの関係を維持することにしました。
Thank you for your well-meaning advice, but because the timing does not seem right at this point in time, we have decided to stay with our existing consultant.

stay with 関係を保持する　**at this point in time** 今この時期では

▶ 店舗の営業時間を延長するようにとのアドバイスに感謝します。残念ながらその方法は、市の店舗営業時間に関する規制のため困難です。
I appreciated your advice about extending the hours at the store. **Unfortunately, that would be difficult because of** the city's restrictions on store hours.

restrictions 規制、制限

▶ 現在の危機について、詳細な解決策を提示するのに時間を割いていただき、ありがとうございました。しかし、私たちのチームは新しいプロセスを実施し、うまくいくかどうか見てみたいと思います。
We are grateful for your taking the time to provide such a detailed solution to our current crisis. **However,** our team has implemented a new process, and **we would like to wait and see if it works.**

UNIT 10

意見のやりとり

- タイプ1　意見を求める
- タイプ2　意見の提示
- タイプ3　重要性の提示
- タイプ4　可能性の提示
- タイプ5　意見提示の延期と拒絶
- タイプ6　さらなる説明を求める／回答する

UNIT 10 意見のやりとり
Giving & Getting Opinions

意見を求めたり、意見を求められて回答したりします。確信の程度に応じて適切な表現でメールを作成してみましょう。

📋 タイプ別 Key Point

タイプ	内容	ポイント
タイプ1	意見を求める	事案について具体的に明確に説明する
タイプ2	意見の提示	責任が生じるような言及には注意する
タイプ3	重要性の提示	婉曲的かつ礼儀正しい語調で述べる
タイプ4	可能性の提示	可能性を表す表現を主に使用する
タイプ5	意見提示の延期と拒絶	礼儀を欠かないように、拒絶の理由を述べる
タイプ6	さらなる説明を求める／回答する	該当箇所を具体的にして、説明を求める

🔍 専門家の E-mail Advice

一般的に、意見を提示するときは、I think that 〜（〜だと思う）や in my opinion（私の意見は）のような表現を使用します。重要性を強調したり、特定の措置を望む場合には、must のような命令形は避けて、we、つまり「私たち」に共通して重要であるということを強調します。

✏️ すぐに書ける 3 Steps

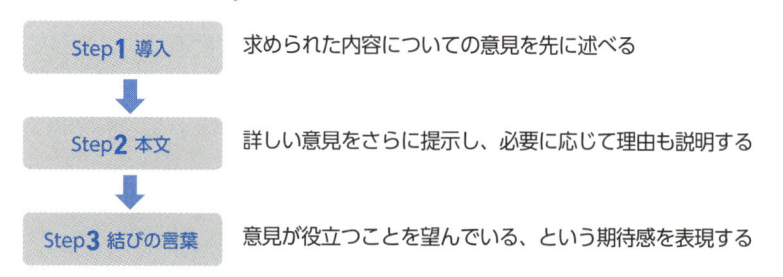

Step1 導入 　求められた内容についての意見を先に述べる

Step2 本文 　詳しい意見をさらに提示し、必要に応じて理由も説明する

Step3 結びの言葉 　意見が役立つことを望んでいる、という期待感を表現する

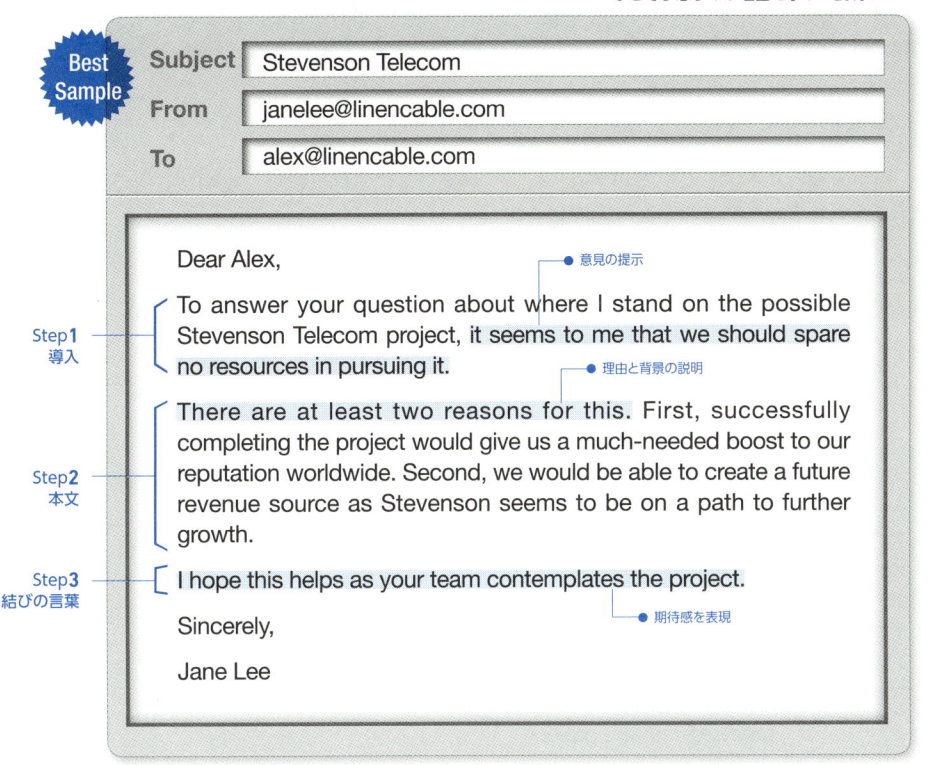

プロジェクト実施に関する意見を提示しつつ、
なぜそう思うのか理由を挙げて説明する

Best Sample

Subject	Stevenson Telecom
From	janelee@linencable.com
To	alex@linencable.com

Dear Alex,

Step 1 導入 — 意見の提示

To answer your question about where I stand on the possible Stevenson Telecom project, it seems to me that we should spare no resources in pursuing it.

Step 2 本文 — 理由と背景の説明

There are at least two reasons for this. First, successfully completing the project would give us a much-needed boost to our reputation worldwide. Second, we would be able to create a future revenue source as Stevenson seems to be on a path to further growth.

Step 3 結びの言葉 — 期待感を表現

I hope this helps as your team contemplates the project.

Sincerely,

Jane Lee

Stevenson Telecom について

アレックス様、

予定されている Stevenson Telecom プロジェクトに対する私の見解ですが、我々は実現のためにはいかなる援助も惜しむべきではないと思います。

これには、少なくとも二つの理由があります。まず、このプロジェクトを成功裏に終えることができれば、切望してきた我が社の世界的な評価を押し上げることができます。次に、Stevenson 社はさらなる成長をとげる過程にあると考えられるため、我が社にとって将来的な財源とすることができるでしょう。

この意見があなたのチームが本プロジェクトを検討するために役立つことを願っております。

ジェーン・リー

where ~ stands 〜の見解　spare 〜を出し惜しむ　pursue 遂行する、追求する　much-needed 切望していた　boost 促進剤　revenue 売上高、利益　on a path to 〜への道にある　contemplate 熟考する

UNIT 10　意見のやりとり

タイプ1　意見を求める

✉ 事案について具体的に明確に説明する

相手の理解が不足している場合は、背景や事案についてはっきりと説明して何のために意見を求めているのかを確実にします。

Subject　Request for Feedback on Feasibility Study
From　　alex@linencable.com
To　　　harryhanson@linencable.com

For your review, I am attaching John Suzuki's feasibility study on the proposed office complex project in Ichigaya. ●Can you give me your opinion on whether we should proceed with the project?

意見を求める
▶120

実現可能性調査のフィードバックの要請
ご検討していただきたく思いまして、市ヶ谷におけるオフィスビル造成プロジェクトに関するジョン・スズキ氏による実現可能性調査の結果を添付しました。プロジェクトに着手するべきかどうかについてご意見をいただけますでしょうか？

---

feasibility study　（プロジェクトや開発計画の実現可能性についての）実現可能性調査、予備調査
complex　団地、総合ビル　　**proceed with**　～に着手する、開始する

Tips & More

Feedback & Thoughts

英語圏では、とくにビジネスの場面では、opinion（意見）という言葉が相手には多少強く感じられることがあります。よって、相手が上司や顧客である場合には、feedback や thoughts、comment などに置き換えるとよいでしょう。

120　意見を求める

- ビル、添付したブースデザインについてどう思いますか？
  Bill, any thoughts on the attached booth design? `inf`

- このアイデアについてどう思うか教えてください。
  Tell me what you think of this idea.

- キム氏を新しいチームに異動させるのがいいと思います。どう思いますか？
  I was thinking we should transfer Mr. Kim to a new team. **What do you think?**
  transfer　異動させる

- 私たちはどうするべきでしょうか？
  What do you think we should do?

- その噂についてどう思うか教えてください。
  Let me know what you think about the rumor.

- 最近の弊社の株価格下落をどう思いますか？
  What's your take on the recent decline of our stock price?

- なぜこのようなことが起こったと思いますか？
  Why do you think this happened?

- 今日あったことをどう思いますか？
  What's your view on what happened today?

- 看板についての顧客の意見をどう思いますか？
  What are your thoughts on what the client said about the signage?
  signage　看板、道路標識

- 事務機器についての新しい提案についてどう思いますか？
  What do you think about their new proposal for office equipment?

- この問題をどのように処理するのがいいか、ご意見をください。
  Give me your thoughts on how we should deal with this problem.

- カーペットUSA社から送られたサンプルについてのご意見をいただけますか？
  Can you give me your opinion about the samples sent by Carpet USA?

- 新しい広告代理店のこれまでの成果について、どう思いますか？
  What do you think about the new PR agency**'s performance so far?**

- 今回の新規戦略計画の実行はいい考えだと思いますか？
  Do you think implementing this new strategic plan **is a good idea?**

- この仕事の適任者は誰だと思いますか？
  Who do you think is the right person for this job?

- これについていつお客様にお知らせするのがいいでしょうか？
  When do you think we should inform our client **about this?**

- お客様を夕食におもてなしするには、どこが一番いいでしょうか？
  Where do you think is the best place to take a client out to dinner?

- そのメールにどのように回答する必要がありますか？
  How do you think we should respond to the e-mail?

- クパチーノへのオフィス移転計画について、貴殿はどのような立場ですか？
  What's your position on the planned office move to Cupertino?

- どのような方法が適切であると思いますか？
  Which do you think is the proper method?

- キャンドルズ社の現在の取引状況について、貴殿の意見をお聞きしたいと思います。
  I want to ask your opinion on the current status of the Candles Inc. account.

- これに対して意見がありますか？
  Do you have any comments on this?

- ジョンソン氏が、なぜ急に会議を中座したのかご存じですか？
  Do you have any idea why Mr. Johnson left the meeting so abruptly?

  abruptly 急に、突然

- 新しい政府の政策に関する意見はありますか？
  Do you have any views on the new government policy?

- 私たちが落札できる可能性について、どうお考えですか？
  What's your opinion on the possibility of our winning the bid?

  win the bid 落札する

- 予算変更を提案について、どのようなお考えですか？
  Where do you stand on the proposed changes to the budget?

- 新しい候補者の履歴書について、どう思いますか？
  What's your opinion about the new candidate's resume?

  candidate 候補者

- 今回の危機に対する適切な対応を考案するために、**貴殿のご意見が必要です。**
  We need your opinion on devising a proper response to this crisis.
  devise 考案する

- スマート・フォン・ネット社買収を進めることについてどう思いますか？
  How do you feel about us moving forward with the acquisition of Smart Phone Net?
  move forward with 〜を進行する　acquisition 買収

- 納期を守らないサプライヤーに対してどのようにお考えかと思いまして。
  I was wondering how you felt about the supplier not meeting the delivery date.

- 5階のパーティションを再配置することについてどう思いますか？
  How do you feel about rearranging the cubicles on the fifth floor?
  cubicle パーティション（オフィスの仕切られたスペース）

- プロジェクトはどのように展開しているとお考えでしょうか？
  In your opinion, how is the project **unfolding?**

- キム氏の習慣的な遅刻をどのように扱えばいいか、何かお考えがありますか？
  Do you have any thoughts on how to handle Mr. Kim's habitual tardiness?
  habitual 習慣的な

- もしフランクの息子を採用しないことにしたら、どんな結果になると思いますか？
  What do you think the consequences will be if we decided not to hire Frank's son?

- スケジュールの問題について意見をいただけますか？
  Could I get your input on the schedule issue?

- そちらの事業部の新入社員の意見に興味があるのですが。
  I am curious about your opinion on the new employee in your business division.

- 弊社コンサルタントとしてのカート・テイラーの役割について、率直な評価を歓迎します。
  I would welcome your honest assessment of Kurt Taylor's role as our consultant.

- 進捗状況報告書について、建設的なフィードバックをください。
  Please give me some constructive feedback on the progress report.
  constructive 建設的な　a progress report 進捗状況報告書

- エンジニアが新たに提案した方法について、あなたの個人的な意見を聞いてみたいと思います。
  I'm interested in hearing your personal thoughts on the new method proposed by the engineers.

- 事前マーケティングの計画承認について、私たちは全員意見が一致しています。そちらのチームはどうですか？
  We are all in consensus of approving the preliminary marketing plan. **How about** your team?
  consensus　意見の一致、総意

- どのように対応したらいいのか、貴殿の意見を伺いたいのですが。
  I would be interested in getting your opinion on how to respond.

- どのように考えているのか教えてください。
  Please let me know what you think.

- 昨晩の緊急役員会議の結果について、意見を聞きたいのですが。
  I would like to hear your opinion on the results of last night's emergency board meeting.
  emergency　緊急の

- 昨日のCEOの発表について、ぜひ貴殿の意見を伺いたいのですが。
  We would love to hear what you have to say about the CEO's announcement yesterday.

- 最近の研究センターでの事故について、貴殿の意見を伺いたいのですが。
  We would like to get your thoughts on the recent incident at the research center.

- 合意した着手日について意見をいただけませんでしょうか？
  Would you mind giving me your opinion about the agreed-upon starting date?
  agreed-upon　合意した

- レクサー社の財務状態について、これまでにわかっていることを考慮すると、弊社の最大の提示額はいくらがいいとお考えですか？
  Given what we know so far **about** Lexor's finances, **what would you suggest as** our maximum offering price for the company?
  offering price　提示額

- 貴殿の意見は大変重要なので、工場の従業員からの意見につき、専門的な所見をメールで送ってください。
  As your input is important, please e-mail me your professional opinion about the claims made by the plant employees.

- フィードバックをいただけましたら大変ありがたいです。
  Your company's feedback would be much appreciated.

- これについて、貴殿のチームのフィードバックをいただければ大変ありがたいです。
  Your team's **feedback on this would be greatly appreciated.**

- 貴殿の意見は、確かな情報に基づく決定を下すために大変重要です。
  Your views are important in our making an informed decision.
  informed decision　確かな情報に基づく決定

タイプ2 意見の提示

✉ 責任が生じるような言及には注意する

意見を述べるときには、礼儀正しい語調で、婉曲表現によって伝えます。いかなるコミュニケーション手段であっても、自分の意志を明確にし、慎重に伝えることが原則です。しかし、ビジネスメールのような文書中心の伝達手段では、後々に起こりえる問題や相手の反応などを考慮しなければならないので、とくに慎重になる必要があります。

Subject New Proposed Method for Interactive Software
From robson@techtek.co.jp
To chrisy@techtek.co.jp

率直な意見の提示▶122

• My opinion about the new method proposed by the engineers is that we should run multiple tests to ensure the program's stability. I don't think we can afford to rework the program after turning it over to our client.

インタラクティブソフトウェアついて新たに提案されたメソッドについて
エンジニアによって提案された新しいメソッドについて、プログラムの安定性を確保するには、多数のテストを実施すべきであるということが私の意見です。お客様が商品を入手したあとでは、プログラムを修正することはできないと思います。

---

interactive 双方向の　**multiple** 多数の、複合的な　**rework** 改正する、再加工する　**afford to** 〜しても差し支えない、〜する（金銭的）余裕がある

Tips & More

「私の考えでは……」

英語で自分の意見を述べるときに、as for me、in my case、あるいは frankly speaking という表現を使うことがありますが、英語圏ではこれらの表現は不自然に聞こえます。間違った表現ではありませんが、そのニュアンスが状況に適さないことが多いので、I think や in my opinion のような無難な表現を使うようにしましょう。

121　婉曲な意見の提示

- 私見ながら、新しい広報代理店の成果は期待を下回るものです。
  IMHO, the performance of the new PR agency **has been less than expected.**
  IMHO (= in my humble opinion) 私見では

- 最初の方法がよりよいという可能性もあります。
  It's possible that the first **method is better.**

- サプライヤーを変えることを検討してはどうかと思います。
  I would suggest that we consider changing the supplier.

- 提案された予算変更を再検討するのがよいようです。
  It may be a good idea to reassess the proposed budget changes.
  reassess　再検討する

- 法務チームとこの状況について話し合うのも悪くはないかもしれません。
  It may not be a bad idea to discuss the situation with the legal team.

- 製品のリリース失敗を、R&Dのせいにするのは間違っているかもしれないと考えつつあります。
  I tend to think that blaming the failure of the product launch on R&D may be a mistake.

- 長期計画の全段階を含むマスタープランが、解決策になるかもしれません。
  It could be that a master plan incorporating all phases of the long-term plan **may be answer.**
  master plan　マスタープラン、基本計画　incorporate　含む、組み込む

- 弊社の株価下落は、単に一時的なものでしょう。
  It might be the case that the decline of our stock price is only temporary.

- 現時点では、決定を延ばすのが賢明かもしれません。
  It may be prudent for us to hold off on making the decision at this time.
  prudent　良識のある、慎重な　hold off on　延ばす、先送りにする

Tips & More

IMHO

「私のつたない意見としては」という意味で、in my humble opinion の略語です。ビジネスメールでは、ビジネス用語でなければ、大概は略語の使用を控えます。しかし、IMHO は頻繁に使用される略語で、非公式なメールでよく使われているので知っておいたほうがよいでしょう。ここで興味深いのは、IMHO に続く意見が実際には逆説的で謙虚な (humble) 意見ではないということです。よって、使用するときには、この点を考慮してください。

▶ 最近の研究室で起こった出来事に対する、組織的な調査が必要であるように思います。
It would seem to me that the recent incident at the research center warrants an organized investigation.

warrant 〜を必要とする、正当化する

122　率直な意見の提示

▶ 私が見るに、その新入社員はよく適応している**ようです**。
To me, the new employee **seems to** be adjusting well.

▶ 私が見る限りでは、予備のマーケティング計画は依然として未完成のようです。
As I see it, the preliminary marketing plan is still incomplete.

▶ プロジェクトは順調に進んでいるようです。
I guess that the project has been going well.

▶ 新しい方法を考え出すには、エンジニアが最も適任と思われます。
I figure that the engineers are the most qualified to come up with a new method.

▶ 適切な時期ではないようです。
I'm not sure that the timing is right.

▶ ジョンソン氏は、時間を稼ぐために会議を中座したように感じます。
My feeling is that Mr. Johnson left the meeting in order to buy some time.

Tips & More

婉曲表現を使用する

• 表現を婉曲に転換する
It is a bad idea.
→　It may be a bad idea.
　　It would be a bad idea.
　　It could be a bad idea.

• 「やや」という意味の語を挿入する
You are late.
→　You are a little late.
　　You are a bit late.
　　You are kind of late.
　　You are sort of late.

• 否定的な表現を肯定的に転換する
That is stupid.
→　That is not too smart.
　　That is not very smart.

▶ そのブースデザインの色は、弊社が扱う製品には、派手すぎる**という感じがします**。
I feel that the booth design is too colorful for the type of products we carry.
carry 取り扱う

▶ 私が思うに、その噂は明らかにデマです。
As far as I'm concerned, the rumors are absolutely false.

▶ こんな遅い時期に会議を招集するとは、彼には底意があるかもしれない**と思います**。
I think that he may have an ulterior motive for calling the meeting this late in the game.
an ulterior motive 隠れた動機、底意　　late in the game 遅い時期に

▶ 私の意見では、このプロジェクトの各部分が時間通りに完了することを確実にするため、段階的スケジュールを作成すべきだと思います。
In my opinion, a phase-by-phase schedule should be drawn up to make certain that each part of this project will be completed on time.
phase-by-phase ステップバイステップの

▶ 私たちが落札できる可能性は、平均以上だと思います。
I believe that we have a better-than-average chance of winning the bid.

▶ フランクの息子を採用することについて、私たちには**選択の余地がないと言わざるを得ません**。
I would have to say that we have no choice but to hire Frank's son.

▶ 実際のところ開始日を早めなければならない**というのが、私の考えです**。
My thinking is that the starting date should actually be earlier.

▶ 私の考えでは、CEOの発表は**非常にタイムリーでした**。
My view is that the CEO's announcement **was quite timely.**
timely タイムリーな、時機のよい

▶ これは、弊社にとって得策だとは言えません。
It's not in the best interest of our company.

▶ 私の考えでは、新政府の政策には、いくつかの利点があります。
From my point of view, the new government policy does have some merits.

▶ 私の考えでは、キム氏を新しいチームに異動させるのは、**素晴らしいアイデアです**。
In my view, transferring Mr. Kim to a new team **is an excellent idea.**

▶ 以下に説明するように、新しい戦略計画にはいくつかの欠点がある**というのが、私たちの意見です**。
It is our opinion that the new strategic plan contains a few flaws, **as outlined below:**
flaw 欠点

123 確信に満ちた意見の提示

▶ 正直に言って、それは取るに足らない問題です。
Frankly, it's a non-issue.
　　　　　　　　　　　　　　　　　　　　non-issue　取るに足らない問題

▶ 言わせてもらえれば、それは恐ろしいアイデアですね。
It's a scary idea, if you ask me.

▶ 遠回しには言いませんよ、フランク。それはお粗末な考えです。
I'm not going to mince words, Frank. **It's a bad idea.**
　　　　　　　　　　　　　　　mince words　遠回しな言い方をする

▶ パーティションを再配置しても何も変わらないというのは、誰にでもわかります。
Anyone can see that rearranging the cubicles **will not change anything.**

▶ そのハンドルの設計が、新しいノートパソコンの差別化要素であることは、言うまでもありません。
It goes without saying that the handle design is the new laptop's differentiating factor.

▶ 期限を守ることができると確信しています。
I am confident that we can meet the deadline.

▶ 新製品が成功することに、大変自信があります。
I have total confidence in the success of the new product.

▶ 大幅な経費削減策を実行する以外、私たちに選択の余地はありません。
We have no choice but to pursue extreme cost-cutting measures.

▶ 私たちの業界は、回復する準備ができていると確信しています。
I'm certain that our industry is set for a rebound.　rebound　回復する、立ち直る

▶ 彼は正しいことをすると確信しています。
I'm sure that he will do the right thing.

Tips & More

late in the game（遅い時期に）のようなスポーツ関連イディオム

米国では、ビジネスコミュニケーションにおいてスポーツに関連したイディオムをよく使用します。He's not playing ball.（彼は協力をしない）や The ball is in their court.（決定権は彼らにある）、The game's over.（勝負あったな）、in the ballpark（予想の範囲内で）のような表現がよく使われます。

- 新しい政策は非正規職労働者を考慮していないと、**確信しています**。
  I'm convinced that the new policy does not take temporary workers into consideration.   take ~ into consideration　～を考慮する

- 正しい選択をしたと考えるのに十分な理由があります。
  I have every reason to believe that we made the right choice.

- 明らかに、この件に対するあちらの立場も考慮すべきです。
  Obviously, we ought to consider their position on this matter.

- この計画が失敗するということは**明白**です。
  It's obvious that this is a losing proposition.　　a losing proposition　失敗する計画

- 明らかに、プロジェクトチームは他の選択肢を検討していなかったでしょう。
  Clearly, the project team has not considered other options.

- この合併が私達の唯一の選択肢であるということに**疑いの余地はありません**。
  There can be no doubt that this merger is our only choice.

タイプ3 重要性の提示

✉ 婉曲的かつ礼儀正しい語調で述べる

ある特定の措置や要素に相手を集中させたいときは、その重要性を説得力をもって際立たせなくてはなりません。そのためには、これまでよりもさらに婉曲かつ礼儀正しい語調で述べることが重要です。

Subject Rain Damage to Warehouse
From steve@ibcp.co.jp
To peter@ibcp.co.jp

最優先課題
▶ 124

- **I think the most important thing is to first ascertain the extent of the damage at the warehouse caused by the rain.** Only then can we formulate an action plan to address this problem. Also, I don't think that informing our client is that important at this point.

倉庫の雨害
もっとも重要なことは、まず雨による倉庫の被害状況を確認することです。そうして初めて、この問題に対処するための実行計画を立てることができます。また、顧客に報告することは、現時点ではあまり重要ではないと考えています。

---

ascertain 確認する、究明する　**extent** 規模、程度　**formulate** （組織的に）計画をたてる　**address** 〜に対処する

UNIT 10 意見のやりとり

124 最優先課題

- 注文を間に合わせることに**集中しましょう**。
  Let's concentrate on fulfilling the orders on time.

- 取引を獲得するには、彼らのビジネスを理解することが重要だと**確信しています**。
  I'm convinced that understanding their business **is the key to** winning their account.

- この手順を6月末までに完了することがいかに大切か、言えないくらいです。
  I can't tell you how important it is for us to complete this phase by the end of June.

- 研究により導き出されたすべてのデータを再確認することを、**強くお勧めします**。
  I strongly recommend double-checking all data from the research.
  　　　　　　　　　　　　　　　　　　　　　　　　　　　　　double-check 再確認する

- アンジェロ・エクィップメント社から送られてき添付メール**の重要性を見落とすわけにはいきません**。
  We cannot overlook the significance of the attached e-mail from Angelo Equipment.
  　　　　　　　　　　　　　　　　　　　　　　　　　　　　　overlook 見落とす

- まず、報告書の背景を理解することが重要です。
  It's critical to first understand the background of the report.

- 間違いなく、北米市場への進出に、弊社のすべてのリソース**を集中させる必要があります**。
  Without a doubt, we will need to focus all our resources on penetrating the North American market.
  　　　　　　　　　　　　　　　　　　　　　　　　　　　　　penetrate 進出する

- 適切な広報が、この製品の発売の成功のために不可欠です。
  Getting the right publicity **is vital to** the success of this product launch.
  　　　　　　　　　　　　　　　　　　　　　　　　　　　　　publicity 広報

- 現時点で私たちの最優先事項は、クランストンさんとの関係を修復する方法を見つけることです。
  Our major priority at this point is to figure out a way to salvage our relationship with Mr. Cranston.
  　　　　　　　　　　　　　　　　　　　　　　　　　　　　　salvage 修復する、救済する

- 特に、採用合格者は、弊社のビジネスについて完璧な知識**を持っていなければなりません**。
  In particular, the successful candidates **must possess** a thorough knowledge of our business.
  　　　　　　　　　　　　　　　　　　　　　　　　　　　　　a successful candidate 合格者

▶ すぐさま購入に着手することが不可欠です。
It is imperative that we move quickly with the purchase.
imperative 不可欠の、必須の

▶ この顧客は従来からデザインに重点を置くことを考慮すると、今回のプロジェクトには一時的にデザイナーを雇うべきです。
Considering that this client has traditionally placed a strong emphasis on design, **it behooves us to** hire temporary designers for this project.
emphasis 重点、強調　behoove ～が当然である

▶ 新しい板金の切断法を見つけることが、工場の**最優先事項**であるべきです。
Finding a new method of cutting sheet metal **should be given primary importance** at the plant.
sheet metal 板金、金属板

▶ 新しい事業分野への移行にあたり、従業員の士気は**必須要素**です。
During our transition to a new business area, employee morale **is an essential element.**
transition 移行、変化　morale 士気、やる気

▶ 市場でトップを維持するには、**最大の総力**が必要とされます。
Maintaining the lead in the market **requires our foremost collective effort.**
foremost 先頭の　collective effort 総力

▶ 最終的な価格が**最も重要**です。
The final price **is of utmost importance to us.**
utmost 最大限の

125　副次的な問題

▶ 私が見るに、今週までに生産を完了するということは**あまり重要ではない**ようです。
To me, finishing the production by this week **is not that important.**

▶ 弊社の過去の土地開発プロジェクトの経験が、今回の提案で**それほど重要かどうかは疑問**です。
I doubt that our past experience with land development projects **is that crucial** to this proposal.

▶ その問題は、貴殿が思っているほど重要ではありません。
That issue is less important than you might think.

▶ 迅速な配送を保証することが**最優先事項ではない**と思います。
I feel that guaranteeing swift delivery **is not a major priority.**
swift 迅速な、すばやい

▶ 文体よりも、内容自体が重要です。
Your writing style **is not as important as** the content itself.

▶ MOU締結の重要性は、二次的なものです。
Executing an MOU is of secondary importance.　　　secondary　二次的な

▶ 売上高は、純益に比べると重要度は低いです。
The significance of sales revenue is minor compared to net profits.
　　　　　　　　　　　　　　　　　　sales revenue　売上高　net profits　純利益

▶ 彼らが検討しているのは、個々の価格ではないでしょう。
Their main consideration is probably not individual prices.

▶ ローリーの辞任による長期的な影響は少ないでしょう。
The long-term effect of Laurie's resignation will be minor.

▶ 三番目は、重要ではない項目です。
The third one is a nonessential item.　　　nonessential　重要ではない

▶ 価格だけでなく、考慮すべき重要な要素がたくさんあります。
There are more important factors to consider than just pricing.

タイプ4 可能性の提示

✉ 可能性を表す表現を主に使用する

確実ではないことについて意見を伝えたけれど、結果的に間違っていたり、約束が成立しなかった場合には、顧客や上司から叱責を受けることがあります。そのため、可能性を提示するときには、likely、possible、probably や may、could のような慎重な表現を使用するほうがよいでしょう。

Subject First Phase Completion Date
From jane@ibcp.co.jp
To alex@linencable.com

可能性の提示
▶126, 127

- I believe it is likely that the first phase of the project can be completed by April 2, provided that the owner-furnished items arrive on time. However, to prevent any potential problems, we would like to propose a reasonable new date of April 15. This would allow your other vendors enough time to complete their own portion of the contract.

第一段階完了日
支給材料が予定どおり到着すれば、4月2日までにプロジェクトの第一段階が完了すると考えられます。それでも、潜在的な問題が起こるのを防ぐために、4月15日を妥当な日程として新たに提案したいと思います。これにより、貴社の他の取引先もそれぞれの契約を完了するための十分な時間が与えられることになります。

---

owner-furnished items 支給材料（工事発注者が提供する建築材料） **provided** もし〜ならば、〜という条件で **reasonable** 適切な、妥当な **portion** 部分、分量

126 可能性が高いとき

- あなたがラスベガスにいる間、シンディ・ハンセンとチャールズ・ピンに会う**可能性が高い**でしょう。
  There's a good chance that you will be able to see Cindy Hansen and Charles Ping during your visit to Las Vegas.

- 彼は明日にでも私たちに電話して、注文をキャンセル**することができます**。
  He **could easily** call us tomorrow and cancel the order.

- もちろん、それについて私たちは間違っているかもしれません。
  We could be wrong about that, of course.

- 遅くとも今晩までに、ゼノン社からメールを受け取る**でしょう**。
  We will probably get an e-mail from Xenon by tonight at the latest.

- そうなりそうです。
  That is likely to happen.

- まだそうなる可能性はあります。
  It may still happen.

- 彼にメールを送っても送らなくても、そうなる**かもしれません**。
  That may happen whether you e-mail him **or not**.

- 会議のとき、相手側は実際の価格について話し合い**たいかもしれません**。
  It is possible that the other side **will want to discuss** the actual price during the meeting.

- 顧客は弊社のサービスに満足していない**かもしれません**。
  It could be that the client is unhappy with our service.

- 噂が真実になる**こともあります**。
  The rumors could very well turn out to be true.

- ベータテストを予定通り完了できれば、そのゲーム・タイトルをもっと早くリリースする**ことが可能です**。
  The possibility for an earlier release of the game title **is there, provided** we can complete the beta testing as scheduled.

127 可能性が低いとき

- 今回、ビルが役に立ってくれるとは想像できないですね。
  I can't imagine Bill being able to help us this time.

- 恐らくストライキは起こらないでしょう。
  I don't think a strike **is likely to happen.**

- こんなに急では、特別対策チームを設置できるかどうか疑問です。
  I doubt we can set up a task force team on such short notice.
  　　　　　　　　　　　　　　　　　　　　　　　　short notice 突然の知らせ

- おそらくゼノン社からメールは来ないでしょう。
  We probably will not get an e-mail from Xenon.

- そうなりそうにありません。
  That is unlikely to happen.

- 他に誰がそのプロジェクトに入札しているか、見つけるのは難しいでしょう。
  It will be difficult to find out who else is bidding on the project.

- それは起こりそうにない事態で、決して起こらないないことを願っています。
  That is an improbable situation – one that I hope never materializes.
  　　　　　　　　　　　　　improbable 起こりそうにない　materialize 実現する

- 現時点では、サプライヤーを説得して再度交渉に臨んでもらうことは、事実上不可能です。
  At this point, persuading the supplier to come back to the negotiating table **is practically impossible.**

- 彼らの気持ちを変えようにも、私たちができることはほとんどありません。
  There is not much we can do to change their minds.

- 私の意見では、暴風雨が起こる可能性は非常に低いです。
  The possibility of a severe storm **is quite low in my opinion.**

- その仕事を明日までに完了することができる可能性は、3つに1つです。
  The likelihood of us completing those tasks by tomorrow **is** one in three.
  　　　　　　　　　　　　　　　　　　　　　　　　likelihood 可能性

- 締切に間に合う可能性はかなり低いです。
  The chances of us meeting the deadline **are quite slim.**

タイプ5　意見提示の延期と拒絶

✉ 礼儀を欠かないように、拒絶の理由を述べる

意見を提示してほしいと要請を受けた事案が不確定だったり、意見を述べにくくて先のばしにしてしまうことがあります。時間がもっと必要であれば、礼儀正しい語調で延期して、意見の提示自体が不可能な場合には適切な理由をあげるようにします。理由を明らかにするのが難しいようなら、簡単かつ丁重に拒絶すればよいでしょう。

Subject	RE: Tower's Structural Integrity
From	ken@ttrc.co.jp
To	alex@linencable.com

意見の提示を拒絶 ▶ 129

- Since I am not qualified to provide an opinion on the structural integrity of the tower, I will not be able to give you any feedback on the matter. Of course if you have any questions regarding its architectural elements, I would be happy to discuss it.

RE：塔の構造的完全性

私にはその塔の構造完全性について意見を述べる資格がないため、その件に関するフィードバックをおこなうことができません。もちろん、もしその建築的要素に関するご質問がございましたら、喜んでお話しいたします。

---

structural integrity 構造的完全性　qualified 資格のある　architectural 建築的な

128　意見提示の延期

▶ 今はその提案についての意見はありませんが、十分に検討することができたら、メールを送ります。
Right now I have no comment about the proposal, but I will e-mail you after I've had a chance to review it thoroughly.

▶ 報告書をまだ見ていなかったため、現時点では確かなことは言えません。
Because I haven't seen the report yet, I really can't say for sure at this point.

▶ 役に立つフィードバックができるよう、この事態について熟考する時間をいただけますか？
Could you give me some time to mull over the situation so I can provide a useful feedback?
　　　　　　　　　　　　　　　　　　　　　　　　mull over　熟考する、検討する

▶ 私の意見は後でお伝えするということでよろしいですか？
Would you mind if I got back to you later with my comments?

129　意見提示の拒絶

▶ 役員会の決定について、特に意見はありません。
I don't really have any specific comments about the board's decision.

▶ 申し訳ありませんが、そのチームが提示した変更点について、言うべきことはあまりありません。
I'm sorry, but I don't have much to say about the changes proposed by the team.

▶ そのデザインについて、個人的な意見はありません。
I'm not sure that I have a personal opinion on the design.

▶ 気にされないようでしたら、リンドバーグ社の開発計画については話し合いたくないのですが。
If you don't mind, I would rather not discuss Lindberg Inc.'s development plans.

▶ 何も知らない出来事について、意見を言う立場にはありません。
We are not in a position to provide an opinion about an incident that we know nothing about.
　　　　　　　　　　　　　　　　　　　　　in a position to　〜する立場にある

タイプ6　さらなる説明を求める／回答する

✉ 該当箇所を具体的にして、説明を求める

前に受け取った回答が不十分で、さらなる説明を要求するときには、まず受け取った内容に対する不満を示すような語調は避けます。その代わりに、必要な意見をかならず得られるように具体的に要求します。反対に、さらなる説明を提供する側であれば、以前送ったメールの内容と同じことを主張するのではなく、より詳しく意見を裏付けられる根拠を示したほうがよいでしょう。

Subject Reassessment of Proposed Budget Changes
From yamada@ibcp.co.jp
To peter@ibcp.co.jp

In your last e-mail, you expressed the opinion that the proposed budget changes should be reassessed. **I was wondering, however, if you could clarify which specific aspects of the proposed changes you thought should in fact be reassessed.**

→ さらなる説明を要求 ▶ 13

予算変更案の見直しについて
前回のメールで、予算変更案を再検討すべきだというご意見をいただきました。実際に、あなたが特にどの部分を見直すべきだと思うのかを明確にしていただけませんでしょうか。

---

reassessment 再評価　**reassess** ～を見直す　**clarify** 明確にする　**aspect** 面、様相

130　追加説明の要求

▶ 週の間ずっと、コンサルタントが私たちと一緒に働けるようにと提案しているのですか？
Are you proposing that we allow the consultants to work with us for the entire week?

▶ 見積もりが間違っているとは、正確にはどういう意味ですか？
What exactly did you mean by the estimate not being correct?

estimate 見積もり

▶ 生産性を高める方策について、もう少し詳しく説明していただけますか？
Can you provide more details about your ideas to improve productivity?

▶ 極端な経費削減策とはどのようなものか教えてもらえますか？
Can you tell me what those extreme cost-cutting measures **might be?**

▶ マスタープランとは何を意味するのかよくわかりません。すべての部門の意見によって作成する計画のことですか？
I'm quite not sure what you meant by a master plan. **Do you mean** a plan created with input from all departments?

▶ 新入社員の成果について、あなたがどう思うか知りたかったのです。
What I wanted to know was what you thought about the new employee's performance.

performance 仕事の処理能力

▶ 両方の会議を合体させようというあなたの意見について、もっと聞きたいと思います。
I'd be interested to hear more about your idea to combine the two meetings.

▶ MOUの重要性が二次的であるとは、どういう意味でしょうか？　契約そのもので交渉を進めるべきだということですか？
What do you mean by MOU being of secondary importance? **Are you saying that** we should proceed with negotiating for the contract itself?

▶ 一点だけ明らかにしていただけますか？
Could you clarify one point for me?

▶ 製品をより早く出荷すべきだとおっしゃいましたが、何日がいいでしょうか？
You said we should attempt to ship the products earlier. What would be an appropriate date?

▶ 最初の方法のほうがよいと指示されましたが、「最初の」が何を意味するか明確にしてください。
You indicated that the first method is better. **Please clarify what you meant by** "first."

▶ 実は、弊社のリソースに与える潜在的な効果について尋ねておりました。この問題について話していただけますか？
I was actually asking about the potential effect on our own resources. **Could you address this issue?**

▶ なぜこのプロジェクトが失敗すると思っているのか、もう少し具体的に言っていただけますか？
Could you be more specific about why you think the project is a losing proposition?

▶ 弊社の製品を展示するには、ブースのデザインの色が派手すぎだと指摘されましたが、オプション2についてもそう思いますか？
You indicated that the booth design seems too colorful to showcase our products. **Do you feel that way about** option 2 **as well?**

▶ 事前のマーケティング計画で抜けている点が何か、さらに教えていただけますか？
Could you tell me more about what the preliminary marketing plan **is missing?**

▶ 会議が実り多いものだったとおっしゃったのは、私たちが進歩していると感じられたということでしょうか？
When you stated you thought the meeting was productive, **did you mean that** you felt we were making progress?   **make progress** 進歩する

▶ 正しく理解できたとすれば、経理から特別対策チームに2人異動させることを提案しているということで合っていますか？
If I understood you correctly, you are suggesting that we transfer two personnel from Accounting to the task force team. **Am I correct?**
   personnel 社員、職員

▶ お尋ねしてもいいでしょうか、サプライヤーに2週間早く発送してもらう件を、どう提案されますか？
If you don't mind my asking, how do you propose we get the supplier to send us the shipment two week early?

131　追加説明の提供

- それについて明らかにすべきだと思います。
  I think I should clarify that.

- 書いたことを言い換えさせてください。
  Let me try and rephrase what I wrote.

- 私が言おうとしていたのは、アンジェロ・エクィップメント社が弊社最大の顧客であるため、取引を失うわけにはいかないということです。
  What I was trying to say was that Angelo Equipment is our largest client, and we can't afford to lose the account.

- MOUが必要ないという意味ではありませんでした。まず、考慮すべき要素があるという意味でした。
  I didn't mean that the MOU is unnecessary. **I meant that** there are factors to consider first.

- 長期的な効果があまりないと言ったのは、1カ月以内かそれくらいで、適切な代わりを見つけることができるだろうという意味でした。
  When I mentioned that the long-term effect will be minor, **I meant that** we will be able to find a suitable replacement within a month or so.

- その製品の継続販売が妥当であるかを決めるには、十分な利益を上げる必要があるという意味でした。
  What I meant was that we need to make enough profits with the product to justify its continued existence.

UNIT 11

要求と指示

- タイプ1　要求を受諾
- タイプ2　要求の拒絶
- タイプ3　決定と指示の要請
- タイプ4　指示する
- タイプ5　再確認する
- タイプ6　メッセージの伝達

UNIT 11

要求と指示
Requests & Instructions

ヘルプや承認を求められたときに、受諾または拒否を伝えるメールです。また、ある問題について決定や指示を求め、それに答えるメールや、受け取ったメールを別の人に伝えるメールでもあります。

📧 タイプ別 Key Point

タイプ1 要求を受諾	冒頭で受諾するかどうかを述べる
タイプ2 要求の拒絶	申し訳ないという気持ちを表しつつ、拒絶の意思をはっきりと伝える
タイプ3 決定と指示の要請	いつまでに必要なのか、時間を明示する
タイプ4 指示する	必要な日付と具体的な指示内容を明示する
タイプ5 再確認する	口頭で決定した内容は、書面に残す
タイプ6 メッセージの伝達	コメントを若干添えて送る

🔍 専門家の E-mail Advice

要請を受けたときは、冒頭でそれに対する感謝の意を表したあと、メールの背景や用件の内容について明確に述べます。そして相手が混乱しないように承諾や拒否の意思をはっきりと伝えます。指示を出すときは、その理由を提示します。

📝 すぐに書ける 3 Steps

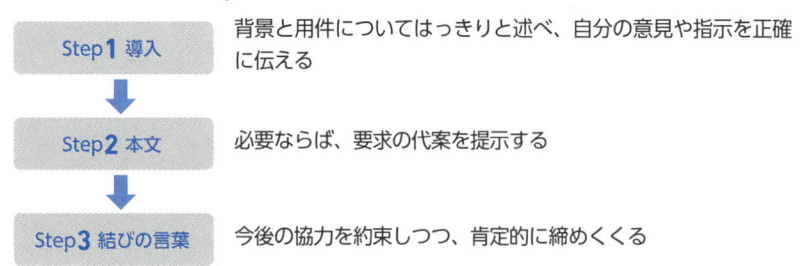

Step1 導入 — 背景と用件についてはっきりと述べ、自分の意見や指示を正確に伝える

Step2 本文 — 必要ならば、要求の代案を提示する

Step3 結びの言葉 — 今後の協力を約束しつつ、肯定的に締めくくる

プリントのコピーを求められたが、
持っていないので代案を提示する

Best Sample

Subject	My Presentation Handout
From	hoshikumi@economicon.jp
To	luke@ibcp.co.jp

Dear Luke,

● 拒絶を伝える

Step 1 導入
Thank you for your e-mail asking me for a copy of the handout of my presentation last week. Actually, there was never a handout, which you assume I distributed to the audience afterwards. So, I won't be able to forward you anything substantial that would help you make a proper assessment of the Russian market.

● 代案の提示

Step 2 本文
However, I am attaching a copy of a PDF booklet entitled Breaking into Russia, in the hopes of assisting you in some way. It contains some of the same information I presented last week to your division.

● 肯定的に締めくくる

Step 3 結びの言葉
I hope the attached proves helpful. Please let me know if there's any other way I can be of service.

Regards,

Kumi Hoshi

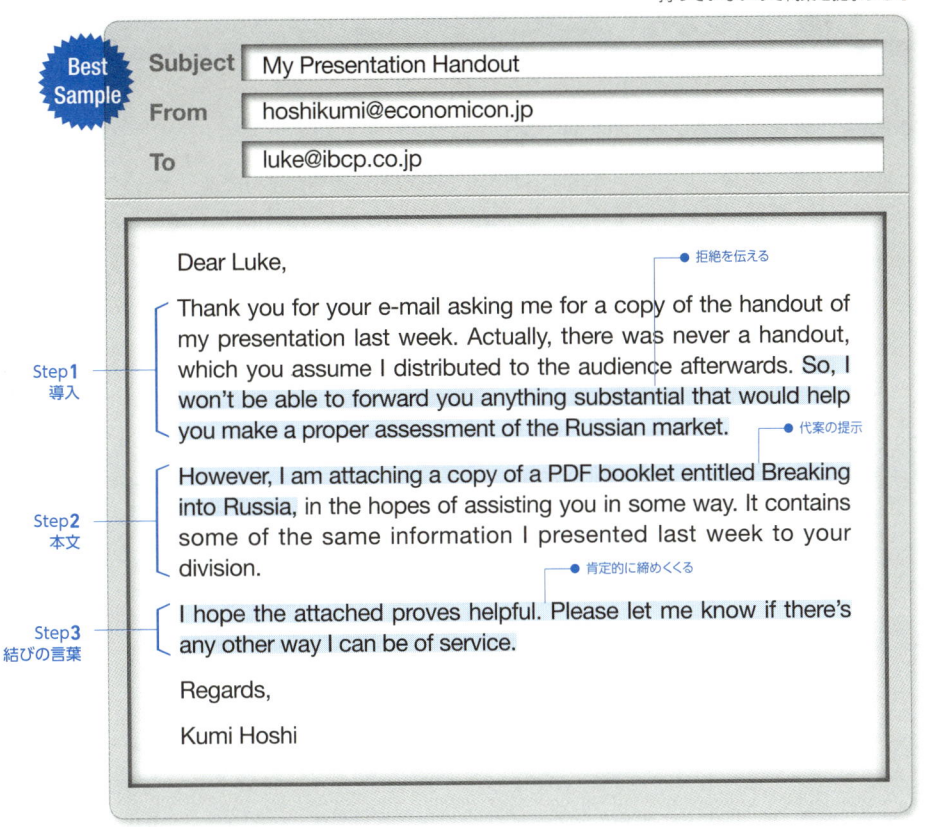

プレゼンテーションの配布資料

ルークさま、

先週のプレゼンテーションの配布資料のコピーについてのメールをいただきましてありがとうございます。実は、プレゼンテーションのあとに皆様にお配りしたとおっしゃられる配布資料は、こちらには準備がございません。よって、ロシア市場を適正に評価するのに役立つ資料をお送りすることはできません。

しかし、何とかお役に立ちたいと考えて、"Breaking into Russia" という見出しがついた小冊子のPDFファイルのコピーを添付します。ここには、先日発表した内容と同じ資料がいくつか含まれています。

こちらの添付ファイルがお役に立てば、と思っております。ほかに私にできることがあれば、どうぞお伝えください。

星久美

---

handout 配布資料　**substantial** 実質的な　**entitle** 表題をつける

タイプ1 要求を受諾

✉ 冒頭で受諾するかどうかを述べる

要求を受諾するメールでは、受諾するか否かがもっとも重要な部分です。よって、まずは冒頭に受諾の意思を簡潔に述べて、受諾する内容が何かを具体的に再確認します。これからも取引がつづく可能性がある相手や、顧客には、受諾することができてうれしいという意味を丁寧な語調で表現します。

Subject Blurb for Your New Brochure
From peter@ibcp.co.jp
To nickoscar@injane.co.jp

ヘルプの要請を受諾 ▶ 132

- I would be pleased to provide a blurb about your services for the testimonials section in your new company brochure. I've taken the liberty to write a short paragraph below, but if you require something more specific, please let me know.

新しいパンフレットのための推薦文

貴社の新しいパンフレットの顧客推薦欄で貴社のサービスについての推薦文を提供することができてとても嬉しく思っております。おこがましくも、下に短い文章を作成しましたが、もしより具体的な内容をお求めでしたら、そのようにお伝えください。

---

blurb 推薦文　**testimonial** 推薦状　**take the liberty** 勝手ながら〜する

➡「アドバイスの受諾／拒絶」に関連する表現は、「Unit9 ▶ヘルプやアドバイスの要請と受諾」を参照してください

132　ヘルプおよび要請を受諾

▶ 許可します。
　You have the green light. `inf`

▶ わかりました！　喜んで来週伺って、サンプルを検討します。
　Sure! I will be delighted to come by and look at the sample next week.

▶ 時間と場所を教えていただければ、そこへ行きます。
　Just tell me the time and place, and I will be there.

▶ はい、彼女に直接会って話をし、配送の問題を解決してみます。
　Yes, I will talk to her in person and try to clear up the delivery issue.
　　　　　　　　　　　　　　　　　　　　　　　clear up　解決する

▶ まったく大丈夫です。私の意見をMS Wordファイルで添付します。
　It's no trouble at all. My comments are attached in MS Word.

▶ いつでも喜んでお手伝いします。
　I'm always glad to help.

▶ 新しいノートパソコンを買ってもいいですよ。
　I'm okay with you getting a new laptop computer.
　　　　　　　　　　　　　　laptop (computer)　ノートパソコン

▶ 会議を8月2日に変えることは問題ありません。
　Moving the meeting to August 2 won't be a problem.

▶ 注文番号を確実に追跡してみます。注文番号は何ですか？
　I will certainly try and track your order down for you. What's the order number?

▶ 少々厳しいですが、翻訳は4月30日までに終わらせます。
　It will be a bit tight, but I will complete the translation by April 30.

▶ 全図面一式を宅配便で送りました。ほかに何か必要な場合はお知らせください。
　I just sent you the full set of drawings via courier. Let me know if you need anything else.
　　　　　　　　　　　　　　　　　　　　　courier　宅配便

▶ 10分は確実に割くことができますが、正午前に電話してください。
　I can definitely spare ten minutes, but please call me before noon.

▶ 契約についての話し合いを、相手方弁護士と直接進めてください。
　Go ahead and discuss the contract directly with their attorneys.
　　　　　　　　　　　　　　　　　　　　　go ahead　進む

UNIT 11　要求と指示

- 明日の会議に出席することは問題ありません。
  I have no problems with you joining the meeting tomorrow.

- あなたが営業総会に参加するのはいいことだと、私も思います。
  I also think it's a good idea for you **to** attend the sales convention.

- 私たちはそれをすることに同意できると思います。
  I think we can agree to do that.

- 特殊な状況を考慮して、論文の提出を1週間遅らせるという要望を承認します。
  Taking your unusual **circumstances into account, I'm going to approve** your **request to** turn in the thesis a week late.
  　　　　　　　　　　　　　　　　　　　　　take ~ into account　〜を考慮する

- 喜んでキャンセル待ちリストにお載せします。
  We will be happy to place you on the waiting list.
  　　　　　　　　　　　　　　　　　waiting list　キャンセル待ちリスト

- ご依頼いただきましたように、新しい自動変速機モデルの設計図をCAD形式で添付します。
  As you requested, I'm attaching the schematics of the new automatic transmission model in CAD format.

- 喜んで、ジョージ・カプランに連絡して差し上げます。
  I would be more than happy to contact George Kaplan **for you.**

- 検討した結果、あなたのロサンゼルス転勤を承認することにしました。
  After some consideration, I have decided to approve your transfer to L.A.

- 追加のサンプルリクエストにつきまして、来週までに喜んでさらに10個お送りします。
  Regarding your request for more samples, **I would be glad to** send you ten more by next week.

- 要望のあった10日間の延長を許可することにしました。
  We have decided to grant your request for a 10-day time extension.

- 息子さんの卒業式に出席するため1日休むという申請を許可します。
  I am approving your request to take a day off to attend your son's graduation.

- 彼らの提案を私が最初に検討するという条件の下で、研修会社の利用を承認します。
  I will give you permission to hire a training company **provided that** I get a chance to evaluate their proposal first.　　provided that　〜という条件の下で

- 決定日を3月22日に延長するという貴社の要求を受け入れます。
  I accept your request to extend your decision date to March 22.

- 貴殿のMBA願書の推薦状を、喜んで書かせていただきます。
  It would be my pleasure to write you a recommendation letter for your MBA application.

- 明日の午後、喜んでスコット氏に弊社工場をご案内します。
  I would be glad to take Mr. Scott on a tour of our factory tomorrow afternoon.

- 1年間役員会に参加できるとは光栄です。
  I would be honored to join the board of directors for one year.

- 弊社倉庫前の空き地の使用を、喜んで許可します。
  It would be my pleasure to allow you to use the vacant lot in front of our warehouse.

- これは、プロジェクトのスケジュールに3日追加することを許可するものです。
  This will serve as my permission for you to add three days to the project schedule. `for`

133　紹介／情報源照会依頼を受諾

- わかりました。あなたが連絡されたいのは、新事業開発チームのスーです。
  Sure. The person you want to contact is Sue at the new business development team.

- マッカーサー・アエロスペース社のキンバリー・プレストンから、その情報をもらいました。
  I got the tip from Kimberley Preston **at** McArthur Aerospace.

- その情報は、セヴィル氏から来ました。
  The information came from Mr. Seville.

- その分野を専門とする2人の建築家を推薦します：エース・シセロとヒューバート・エイカーソンです。
  I would recommend two architects **specializing in that area:** Ace Cicero and Hubert Ackerson.

- テッド・ヘンダーソンは、ロシア市場に関しては最高の権威でしょう。
  Ted Henderson **would be the best authority on** the Russian market.

best authority 最高の権威者

- 必要な情報をくれたのは、ヨン・T・パーク氏でした。
  It was Mr. Yong T. Park **who gave us the information we needed.**

134　使用許可要請を受諾

- 私の文章を、貴社の社内報で使ってもかまいません。
  You may use my essay **in** your company newsletter.

- 本が出版されたら私に1部送っていただけますか？
  When the book **is published, could you forward me a copy?**

- 『マーケット・インベーダーズ』220ページの一部を引用することを許可します。
  You have my permission to quote a section from page 220 of *Market Invaders*.

- 指定の個所だけ転載するならば、要望を受け入れます。
  As long as only those sections you indicated are reprinted, I accept your request.　　as long as 〜であるかぎり　reprint 転載する

- 『ゴーン・ウィズアウト・キス』のポスターを貴殿の本に転載されるというご依頼を、喜んでお受けします。
  I am pleased to accept your request to reprint my poster for *Gone without a Kiss* **in** your book.

- 貴殿の本にその写真を転載することを、喜んで許可します。
  We would be pleased to grant permission to reprint the photograph in your book.

- ご提示いただいた許可文を受け入れます。
  The permission line you suggested is acceptable.

- 次のクレジットラインと著作権表示を使用してください：
  Please use the following credit line and copyright note:
  　　credit line クレジットライン（著作物提供者の名前）

- 私の図版のすべての複製物には、「アンソニー・T・キムの許可を得て複製」という一文を添える必要があります。
  All reproductions of my graphics **are to be followed by the line "Reproduced with permission from** Anthony T. Kim."　　reproduction 複製物

p.304

タイプ2　要求の拒絶

✉ 申し訳ないという気持ちを表しつつ、拒絶の意思をはっきりと伝える

要求を拒絶する内容のメールはすみやかに送ります。相手の気持ちや体面を考慮して、適切な語調や表現を選んで使用します。拒絶する場合であっても、要請に対する感謝の気持ちを伝えましょう。応じることができない理由や釈明を伝えたあと、申し訳ないという気持ちとともに、拒絶の意思をはっきりと伝えます。結びの言葉では、代案を提示したり、今後もお役に立てればという内容を述べて、肯定的に締めくくります。

Subject　Permission to Reprint Maui Surfing
From　jane@ibcp.co.jp
To　pathammer@yourdaily.com

要求の拒否は冒頭で ▶ 135

Thank you for asking permission to reprint my article "Maui Surfing" in your book. Unfortunately, the first printing rights to the article belong to my publisher, which is planning to include it in an anthology this fall. I'm sorry that I couldn't help you, but let me know if you're interested in any other article I've written.

要求の拒否 ▶ 136,137

結びの言葉 ▶ 138

「マウイ・サーフィン」の転載許可

拙記事「マウイ・サーフィン」をご著書に転載可能かどうかをお問い合わせいただき、ありがとうございます。残念ながら、その記事の初版の著作権は出版社にあり、今秋に出版されるアンソロジーに収容される予定です。お役に立てることができなくて申し訳ございませんが、もし私のほかの記事についてご興味がおありでしたらお知らせください。

---

anthology　選集、アンソロジー

➡「アドバイスの受諾／拒絶」に関連する表現は、「Unit9 ▶ ヘルプやアドバイスの要請と受諾」を参照してください

➡「情報提供の拒否」に関連する表現は、「Unit8 ▶ 資料や製品の送付」を参照してください

135　冒頭

- 欧州市場での売上高についてのお問い合わせありがとうございました。
  Thanks for asking me about our sales figures in the European market.

- コンラッド＆アソシエイツ社の情報についてのお問い合わせありがとうございました。
  Thank you for asking for information on Conrad & Associates.

- 現地サプライヤーの情報に関し私にご連絡いただき、うれしく思います。
  I am pleased that you thought of me for information about local suppliers.

- 追加の製品サンプルリクエストに関してのご連絡です。
  This is in regard to your request for an additional product sample.

136　助けの求めに対する拒絶

- チャック、悪いけれど、これについては助けることができません。
  Chuck, **I'm sorry to say I can't help you with this one.**

- お役に立てず申し訳ありません。すでにプロジェクト・マネジャーにサンプルを渡しました。
  Sorry I can't help you. I've already given the sample to the project manager.

- 普段ならあなたのプレゼンテーションの草案を検討するのはかまわないんですが、すっかり仕事に忙殺されているんです。
  Normally, I wouldn't mind taking a look at your presentation draft, **but I'm totally swamped with work.**　　swamped with work　仕事に忙殺されて

- お断りしたくはないのですが、貴殿をセヴィル氏にご紹介するのは不適切であると考えます。
  I hate to turn you down, but I don't think it would be proper for us to introduce you to Mr. Seville.　　turn down　〜を断る

- お断りしたくはないのですが、貴殿の代わりに彼に電話をするのは、あまり愉快ではありません。
  I hate saying no, but I don't feel comfortable calling him on your behalf.　　on one's behalf　〜の代わりに

▶ できるものなら助けてあげたいのはおわかりでしょうが、現在は身動きできない状態です。
You know I'd help you if I could, but right now, my hands are tied.
one's hands are tied 身動きできない状態にある

▶ この件については承認できません。
I can't give you my approval on this.

▶ 申し訳ありませんが、安心して推薦できるような、信頼できる設計者を知りません。
I'm sorry to say that I don't know any reliable architect I can comfortably recommend.

▶ 申し訳ありませんが、予備がないため、図面の余分なセットを会議に持っていくことができません。
I'm sorry that I won't be able to bring an extra set of drawings to the meeting **because we don't have** a spare one.

▶ ステファニーに、J・Cに連絡するように伝えるのはかまいませんが、彼女は今外国にいます。
Telling Stephanie to get in touch with J.C. **wouldn't be a problem, except** she is out of the country right now.

▶ ここで不動産業者を見つけるお手伝いをしたいのですが、その分野では何のつてもないのです。
I would like to help you with locating a real estate agent here, **but I really don't have any contacts in that area.**
contact つて、つながり

▶ どのようにでもお手伝いしたいのですが、化学工学の知識はないのです。
I would be glad to help any way I can, but chemical engineering **is not my field.**

▶ スケジュールが7月までいっぱいで、あいにく貴社の会議に出席することができません。
Because my schedule is completely booked until July, **I am sorry that I won't be able to** attend your meeting.

▶ その提案をお送りできるといいのですが、そうすることは倫理に反する可能性があります。
I wish I could forward the proposal, **but it might be unethical for me to do that.**

▶ 正式な提案依頼を出したいのはわかりますが、もともと時間の制約があるので、既存の請負業者との交渉をお願いしなければなりません。
I can understand why you want to send out an official request for proposals, **but because of the inherent time constraint, I have to ask you to** negotiate with the existing contractor.
inherent 持ち前の　time constraint 時間の制約

- 二度手間になるので、自社による市場調査の実施要求は却下しなければなりません。
  I have to deny your request for conducting our own marketing survey **since it would be a duplication of effort.**　　　duplication of effort　二度手間

- 調査報告書の請求について、あいにくコピーを渡すのは会社の方針に違反します。
  As for your request for the survey report, **I'm sorry that** giving you a copy would be against company policy.

- あいにくそれを許可することはできません。
  I'm afraid I cannot allow you to do that.

- 研修教材セットをぜひ余分に提供したいのですが、手元の部数が限られているため、ご要望をお受けすることができません。
  We would love to provide you with an extra set of training materials, **but because** we have only limited copies on hand, **we will be unable to accommodate your request.**

- あいにくそれは極秘事項です。
  I am afraid that is strictly confidential.　　　strictly confidential　極秘の

- 出張中であるため、貴殿のご要望にお応えすることができず残念です。
  I regret that I am unable to answer your request as I am on a business trip.

- すでにスケジュールを確定したので、期限延長を認めることはできません。
  We have already committed to the schedule, **so we are unable to grant** a time extension.

- 申込期限が終了したので、貴殿の依頼を受け入れることはできません。
  Because the deadline for applications has closed, **we will be unable to grant your request.**

- 残念ながら、現時点では貴殿をキャンセル待ちリストに載せることができません。
  Regretfully, we will not be able to put you on the waiting list **at this time.**

- スタッフに不要な混乱を招くだけなので、追加の指示を作るというあなたの要望は却下するしかありません。
  I must decline your request to create additional guidelines **on the grounds that it would** only create unnecessary confusion for the staff.
  　　　on the grounds that　〜という理由で

- 日程は、あいにく変更できません。
  The schedule, unfortunately, cannot be altered.

▶ 守秘義務に同意したので、残念ながら、情報のソースを開示することができません。
Since we have agreed to maintain confidentiality, I regret that I cannot disclose the source of information.   confidentiality 守秘義務、機密保持

137 使用許可の要請を拒絶

▶ 私にはそのような許可を行う権限がありません。
I have no authority to grant such permission.

▶ 残念ながら、私はその本の著作権を管理していません。
Unfortunately, I do not control the rights to the book.

▶ 内容に関する権利は出版社にあります。
My publisher holds the rights to the content.

▶ 弊社の方針では、それらの図版の転載を許可しません。
Our company policy does not permit reproduction of those drawings.

▶ 日本語への翻訳権はフューチャー・ブックスにあります。その出版社に連絡することをお勧めします。
The rights to the Japanese translation belong to Future Books. We recommend that you contact the publisher.

▶ その本に掲載された写真は、各写真家の許可を得て転載したので、転載を希望される写真の所有者に直接連絡するようお願いします。
Because the photos in the book were reprinted with permission from individual photographers, we ask that you directly contact the owners of the photos you want to reprint.

▶ 著作権の問題で、今回は許可を出すことができません。
Due to copyright issues, we will not be able to grant you permission at this time.

▶ 著者がいかなる転載も許可しないとはっきり言ったので、貴殿の依頼をお断りしなければなりません。
We have to decline your request as the author has explicitly asked that no reprints be allowed.   explicitly 明らかに

▶ 私の契約によると、その資料の転載は禁じられています。
My contract prohibits me from allowing reprints of the material.

138 結びの言葉

- 調査がうまくいくといいですね。
  Good luck on your search.

- 必要なものをご提供できず申し訳ありません。
  I'm sorry I couldn't provide what you needed.

- 他の方法で支援できることがあれば教えてください。
  Let me know if I can help you in some other way.

- ミルトン・ペーパー社に連絡して、サンプルを請求してはいかがでしょうか。
  You might want to contact Milton Paper **to request** a sample.

- これに関して研究開発部のJ・Tさんに聞いてみてはいかがでしょうか。
  Perhaps you could check with J. T. in R&D **about this.**

- 誰か他に支援できる方が見つかることを、切に願っています。
  I sincerely hope you will be able to find someone else who can help you.

タイプ3 決定と指示の要請

✉ いつまでに必要なのか、時間を明示する

特定の事案について決定を要求するときは、相手が把握しやすういように、簡潔に背景を説明して、決定に役立ちそうな詳細を提示するとよいでしょう。時間がないときには、いつまでに決定する必要があるのかも伝えておきます。

Subject 3 Possible Choices for Market Survey Consultant
From jose@linencable.co.jp
To alex@linencable.co.jp

After looking for possible consultants for the market survey, we have narrowed our choices to three companies: BT Marketing Consultants, Hansen Consulting Group, and Campbell & Stanley. I've attached brief profiles of each in MS Word. Once you've had a chance to look through them, please let me know which firm you would like us to go with.

> 決定の要請 ▶ 139

市場調査コンサルタントにおける三つの候補

今回の市場調査のために適したコンサルタントを探した結果、BT Marketing Consultants、Hansen Consulting Group、Campbell & Stanley、の三社に絞りました。各企業の簡単なプロフィールをMS Wordで添付しました。ご検討いただいたうえで、どの会社と組むべきか、どうぞご教示ください。

---

narrow 狭い、減少する　**look through** 〜を検討する

139　決定および指示の要請

▶ これはあなたが決めることです。
This is your call. inf
　　　　　　　　　　　　　　　　　　　　　　　　　one's call 〜が決める問題

▶ 彼らと会うこともできるし、キャンセルすることもできます。あなた次第です。
We could meet with them or we could call it off. It's up to you.
　　　　　　　　　　　　　　call off キャンセルする　up to 〜次第

▶ どうしてほしいのか教えてください。
Tell me what you want me to do.

▶ 新しい日付に同意してほしいのですか？
Do you want me to agree to the new date?

▶ 何を優先させますか？
What's your preference?

▶ 次に何をすべきでしょうか？
What should be our next step?

▶ この件にはあなたが関与すべきだと思います。
I think you should get involved in this one.

▶ 契約を締結すべきでしょうか？
Should we sign the agreement?

▶ 上記の件につき、できるだけ早くあなたの決断が必要です。
I need your decision on the above matter as soon as possible.

▶ この特定の問題にどのように取り組むべきか、指示を出してください。
Give me your instructions on how I should approach this particular problem.

▶ サプライヤーの苦情にどのように対応してほしいのですか？
How do you want me to handle the supplier's complaint?

▶ どのようにすべきか言ってくれるのを待っています。
We are waiting for you to tell us what to do.

▶ この件について私には決定権がありませんので、あなたにまかせます。
Because I don't think I have the authority to make the decision on this, I defer it to you.
　　　　　　　　　　　　　　　　　　　　　　defer 〜にまかせる

- どのように進行させたいのか教えてください。
  Let me know how you would like to proceed.

- 変更命令を実行する前に、あなたの公式な指示が必要です。
  We need your official instruction before we can proceed with the change order.

- 決定し次第、私に教えてください。
  As soon as a decision is made, please let me know.

- その顧客とどのように進めていったらいいか教えてください。
  Please let me know how you would like me to proceed with the client.

- 求めている行動についてメールで送ってください。
  Please e-mail me about the action you require.   action 行動、行為

- ヘルシンキ出張に関し、あなたの指示を待っています。
  We are awaiting your instructions regarding the business trip to Helsinki.

タイプ 4　指示する

✉ 必要な日付と具体的な指示内容を明示する

指示事項を伝えるメールでは、関係がない内容や不必要な内容は省略しますが、実行期限や目的とするところを具体的に明示すれば、相手が把握しやすくなるでしょう。大抵は、最初の文にメールの目的と指示する背景を提示します。権威的な語調は控えます。

Subject　Market Survey Consultant
From　alex@linencable.co.jp
To　jose@linencable.co.jp

指示 ▶ 140

To answer your question about choosing the consultant for our market survey, I would like you to negotiate a contract with Hansen Consulting Group because that would allow us to work with their office in Japan. Please let me know when you start the negotiations.

市場調査コンサルタント
我が社の市場調査におけるコンサルタント選定に関する問い合わせについてですが、Hansen Consulting Group と契約交渉をしてほしいと思っています。そうすれば、彼らの日本支社と作業することができるからです。いつから交渉を開始するかお知らせください。

---

negotiate 交渉する

140 指示

▶ このようにしてもらいたいと思います。
Here is what I want you to do.

▶ 水曜朝までにスケジュールの草案が必要になります。
I need the draft schedule **by** Wednesday morning.

▶ 平日のみシモンズ・プロジェクトに取り組むよう、チームに連絡してください。
Let the team **know that they are to** work on the Simmons project only on weekdays.

▶ その数値についてはフランクに再確認するのがいいでしょう。
You may want to double-check with Frank **about** the figures.

▶ 欠陥のある設計で努力するより、最初から始めるほうがいいでしょう。
It would be better to start from scratch rather than trying to work with a faulty design.　　　**start from scratch** 最初から始める、ゼロから始める

▶ ロビーの床タイルに関し、新しいサンプル57-D番で進行してください。しかし、コーヒーショップのカーペットは、元の選択であるサンプル番号25-Aにしてください。
Regarding the lobby floor tiles, **go ahead and accept** the new sample no. 57-D, **but as for** the carpeting in the coffee shop, **I would like you to go with** our original choice, sample no. 25-A.

▶ 契約の変更に同意する前に、まず法務部に相談するようお願いします。
I ask that you first check with the legal department **before** agreeing to make changes in the contract.

▶ 数日以内に請負業者を招集して、現実的な完了日についての合意を得てください。
I would like you to get the subcontractors together in the next few days and **reach a consensus on** a realistic completion date.
　　　consensus on ～についての合意

▶ 価格について妥協することが、最善の措置であると思います。
I think the best course of action is to make a compromise on the price.

▶ 追加料金についてカート・マクレーンの同意なしに進めることはできないと、マクレーンに伝えてください。
I want you to tell Curt McClain **that we will be unable to move forward without** his agreeing on the additional cost.

- あなたのチームがハンブルグ行きの飛行機に乗る前に、ミュラー・シュミット社の人たちが工場見学のスケジュールを決めていることを確認してください。
  Before your team flies out to Hamburg, **please make sure that** the people at Muller Schmidt have set up the plant tour schedule.

- 今週金曜までに、見積もり作業の改訂について私に教えてください。
  Please provide me with an update on the estimate work **by** this Friday.

- 計画通りに進行してください。
  Please proceed as planned.

- 私の指示は、次のとおりです：
  My directions are as follows:

- 私たちが求める措置は、以下に説明しています：
  The following outlines the actions we require:

- 仮の市場評価が完了したら、メールでコピーを送ってください。
  When you are done with the preliminary market evaluation, **send me a copy via e-mail.**

- 正式に苦情を申し立てるのが、そのメールに対する適切な対応だと思います。
  I would say that filing a claim **is the proper response to the e-mail.**

- 何があっても、このことについてチョウさんとは話し合わないでください。
  You are not to discuss this matter with Mr. Cho **under any circumstances.**   under any circumstances どのような場合であっても

- 今後オフィス備品の経費は、必ず当オフィスの承認を受けてください。
  Any future expenditures for office equipment **must be approved by** this office.   expenditure 支出、費用

- 抜本的な対策を取る前に、先方の真意を確認するのがいいと思います。
  My preference would be to ascertain their true intentions before we take drastic measures.

- 相手方が動くまで待ってみるのが賢明かもしれません。
  It may be wise to simply wait for the other side to make a move.

- すべてが含まれていることを確認するため、添付の最終案を注意深く読んでください。
  Please read the attached final draft **carefully to make sure** we have included everything.

- 最初のステップは、あなたのチームのメンバーとブレーンストーミングをすることです。
  The first step involves brainstorming ideas with the members of your team.

- 倉庫のすべての資材の棚卸が終わったら、データを集計表に入力してください。
  When you have finished inventorying all the materials in the warehouse, **enter the data into** the spreadsheet.
  inventory 棚卸をする、在庫を調べる

- 2部プリントした後、両方に署名し、署名したもののオリジナルを1部宅配便で送ってください。
  After printing out two copies, **sign** both **and send** us one original executed copy via courier.

➡「優先と要求」に関連する表現は、「Unit12 ▶感情的な意思表現」参照してください

141　決定

- はい、そうしましょう。
  Yes, let's go with it.
  go with ～で進める

- クラリス・コンピューター社の入札を許可することに決めました。
  I've made up my mind to allow Claris Computers to turn in a bid.

- マンディのサンフランシスコ・オフィスへの転勤を許可することにしました。
  I have decided to allow Mandy to transfer to the San Francisco office.

- 決定する前に、これについてさらに考えさせてください。
  Let me give this further thought before I make a decision.

- 熟考の末、私たちは、交渉を持続することにしました。
  After much consideration, we have made the decision to continue with the negotiations.

- 私たちは、山田一郎氏がCFOとして適任であると決定しました。
  We have determined that Mr. Ichiro Yamada **is the appropriate choice for** the CFO **position.**
  CFO(= Chief Financial Officer) 最高財務責任者

- サントス・イクイップメント社にまかせようというのが、役員会の決定です。
  It is the board's decision to award the contract to Santos Equipment.

142　使用説明

▶ アカウントを設定するには：
1. ウェブサイトwww.colorskorea.comにアクセスしてください。
2. メインページの右上にある「新規会員登録」をクリックしてください。
3. 新規会員登録ページの指示に従ってください。

To create your account:
1. **Visit our website at** www.colorskorea.com.
2. **Click on** the 'New Member Sign-up' on the top right side **of the main page.**
3. **Follow the instruction on the** New Member Sign-up **page.**

▶ 以下の指示に従ってください。
Please follow the instructions below.

▶ 機械を動作させるには、まずケーブルをコンセントに差し込んでください。
To start the equipment, **first** plug the cord into an outlet.

　　　　　　　　　　　　　　　　　　　　　　　　　　outlet　コンセント

▶ 次に、容器からふたを取り外してください。
Next, remove the lid from the container.

▶ 最後のステップは、包装用テープで箱を閉じることです。
The final step is to seal the box with packing tape.

▶ 電源ケーブルをコンセントから抜く**前に**、電源がオフになっている**ことを確認する必要が**あります。
You will need to check to see if the power is off **before** pulling out the power cord from the outlet.

▶ まず、プリンタを箱から慎重に取り出す**ことが重要**です。
It is important to first carefully unpack the printer from the box.

▶ 新しい安全上の注意を添付しています。
The new safety **guidelines are attached.**

Tips & More

順序に関する表現

最初の	first	二つ目の	second
三つ目の	third	それから	then
次の	next	そのあと	after that
それが終わったら	when that's finished	最後に	finally

316

タイプ5 再確認する

✉ 口頭で決定した内容は、書面に残す

重要な内容を相手に再確認させたり、再確認されたりすることは、英語圏のビジネスでは日常的に行われていることです。口頭で指示したり合意したりした内容を書面で残しておけば、今後の法的な問題の発生を防ぎ、責任を負うことも避けられます。したがって、業務の進行に応じて、事案の重要性が大きくなるほどに繰り返し書面による確認をするとよいでしょう。

Subject　Call to John Smithson
From　tanaka@ibcp.co.jp
To　jane@ibcp.co.jp

I just wanted to check if you were able to call John Smithson about the change in our monthly budget. **Could you drop me a line and let me know how John took the news?** Thanks.

→ 確認の要請　▶ 143

ジョン・スミッソン氏への電話
私はただ、月次予算の変更についてジョン・スミッソン氏に電話で話すことができたのかを確認したいと思っただけです。ジョンがその報告をどのように受け止めたのか、一言書いて送ってもらえますか？　ありがとうございます。

---

budget 予算　**drop a line** 消息を伝える

UNIT 11　要求と指示

143　確認の要請

▶ ちょっと質問です。カルロスに電話したでしょう？
Just a quick question. You did call Carlos, didn't you? inf

▶ 来週予定通りヘルシンキで会うかどうか確認をお願いします。
Please confirm that we are meeting as scheduled in Helsinki next week.

▶ 第2段階は完了しましたか？
Was phase 2 **completed?**

▶ その数値を再確認する機会がありましたか？
Did you get a chance to recheck the numbers?

▶ 出張がキャンセルされたのは確かでしょうが、確認しなければなりません。
I'm sure the trip was cancelled, **but I need to confirm that.**

▶ ブラックストーン社の問題についてメールを送ってから1週間経ちましたが、返事を受け取っていません。
It's been a week **since I e-mailed you about** the Blackstone issue **but I haven't gotten a reply.**

▶ 支払条件についての意見が同じであることを確認したいのです。
I want to make sure we're on the same page about the payment terms.
　　　　　　　　　　　　　　　　　　be on the same page　同じ意見である

▶ 請負業者との会議を招集するとの指示を、私の最後のメールで確認しました。
I am following up on my last e-mail instructing you to set up a meeting with the subcontractors.

▶ ハンセン・コンサルティング・グループの2番目の提案に関する私のメールを受け取ったかどうか、確認したいのです。
I just want to confirm that you have received my e-mail regarding the second proposal from Hansen Consulting Group.

▶ 人事考課が完了したことを確認する、簡単な返事を送ってくれますか？
Could you send me a quick reply e-mail confirming that you have completed your employee evaluations?
　　　　　　　　　　　　　　　　　　employee evaluation　人事考課

▶ セロス・プロジェクトの遅延について今朝交わした会話を確認するためのメールです。
This is to confirm our conversation this morning **concerning** the delay of the Celos project.

144 リマインドする

▶ これに心当たりがありますか？
Does this ring a bell? inf
            ring a bell 心当たりがある

▶ これで記憶が呼び起されるかもしれません。
Maybe this will jog your memory.
            jog （記憶を）呼び起こす

▶ 忘れたかもしれないので念のため、遅延による結果は、会社には致命的であることを覚えておいてください。
In case you forgot, remember that the consequences of a delay would be devastating for the company.
        consequence 結果　devastating 致命的な、破壊的な

▶ 思い出してください、報告書は、来週月曜締め切りです。
If you would recall, the report **is due** next Monday.

▶ キム・リー＆パーキンソン社のサミュエル・キムが、明朝、我が社のオフィスに立ち寄ることを、改めて知らせようと思いまして。
I just want to remind you that Samuel Kim from Kim, Lee & Parkinson will be coming by our office tomorrow morning.

▶ 念のため、顧客の前で正式なテストをする前に、もう一度ベータテストを実施する必要があります。
As a reminder, another beta test **has to** be performed before the official test run in front of the client.

▶ タイのフランチャイズ加盟店から受け取ったすべての資料を会議に持ってきてくれるよう、改めてお知らせします。
This is just a reminder for you to bring to our meeting all the materials we received from the franchisee in Thailand.

タイプ6　メッセージの伝達

✉ コメントを若干添えて送る

自分が直接作成した内容ではなく、他人が口頭でおこなった要求や、他人が送ってきたメッセージを代わりに渡す必要があるときはいつでも、誰から受け取った内容なのか、その背景を明らかにします。自分と関連したことであれば、本人の意見を添えることもできます。他人のメールを何の説明もなく、無造作に伝えることはできるだけ避けます。

Subject　FW: A Strike at the Port
From　　jane@ibcp.co.jp
To　　　tanaka@ibcp.co.jp

（メッセージについての意見 ▶145）

I received the e-mail below from our U.S. forwarder this morning about a possible delay in the delivery of our container due to a strike at the Oakland port. This obviously would be a big problem, and we may have to consider airfreighting some of the urgent items first. Let me know your thoughts.

FW：港のストライキ
今朝、米国側の運送業者から、オークランド港でのストライキによってコンテナ配送が遅延するかもしれないという、以下のメールをもらいました。
　明らかに大きな問題が生じると思いますので、まずは急ぎの荷物を航空貨物で送ることを検討しなければならないかもしれません。ご意見をお聞かせいただけますでしょうか。

---

obviously 当然、明らかに　**airfreight** 空輸する

145　内部メッセージ

- 本社から、我が社が落札した**という連絡を受け取りました**。
  I just got word from the head office **that** we won the bid.
  　　　　　　　　　　　　　　　　win the bid　落札する　　get word　連絡を受ける

- マーティンと電話をしたところ、オープンを3月のいつかに遅らせる**べきだと言われました**。
  I just got off the phone with Martin, **and he said we should** move back the opening date to sometime in March.　　move back　（日付を）遅らせる

- ジョーは、これを見たらすぐに電話をしてほしいそうです。
  Joe **wants you to call** him **as soon as you see this.**

- 私たちが明日シリコンバレーに出発する準備ができていることを、フランクがあなたに伝えるようにと言いました。
  Frank has asked me to tell you that we are prepared to travel to Silicon Valley tomorrow.

- 経営陣から、明日の夜の集まりをキャンセル**するよう言われています**。
  We are being asked by the management **to** cancel the get-together tomorrow night.

- CEOは、来客が十分なもてなしを受けること**を確認したがっています**。
  The CEO **wants to make sure** the visitors are well taken care of.

- 取締役の小林敦が、クランストン氏の夫人を夕食に招待する**ようにと強く言いました**。
  Director Atsushi Kobayashi **insists that** we invite Mr. Cranston's spouse to the dinner.　　　　　　　　　　　　　　　　　　　　　　spouse　配偶者

- アビゲールは、岩手新工場の計画に変更はない**とメールで明言しました**。
  In her **e-mail,** Abigail **stated that** there will be no changes in the plans for the new plant in Iwate.

- 常務取締役は、社外の誰とも合併についての話**をしないようにと**、海外オフィスの**全員に呼びかけています**。
  Our managing director **is asking everyone** in the overseas offices **to refrain from** discussing the merger with anyone outside the company.
  　　　　　　　　　　　　　　　　　　　　　　　　　　　　　　　　　　　　　　merger　合併

- 副社長からの以下のメールを読んでください。
  Please read the e-mail from the vice-president **below.**

- そのメモによると、私たちはすぐに第1段階を実施する**必要があります**。
  According to the memo, we are to initiate phase 1 **immediately.**

146 外部メッセージ

- PVCサプライヤーからのメッセージです：
  Here's the message from the PVC supplier:

- 機械エンジニアから、機械図面にミスがあるという緊急電話を受けました。
  I just received an urgent call from the mechanical engineer **that there is a mistake in** the mechanical drawings.　　mechanical drawings　機械図面

- ジャック・ロドリゲスから来た次のメッセージを読んでください。
  Please read the following message from Jack Rodriguez.

- マンボ・ジャンボ・プロダクツ社のトッドから来た鋳造問題に関するメールを転送します。
  I am forwarding the e-mail I received from Todd **at** Mambo Jambo Products **regarding a problem with** a casting.　　casting　鋳物、鋳造

- 不燃加工会社のエンジニアであるハリス・ヒューズが、あなたに直接会いたいと伝えてくれと言ってきました。
  Harris Hughes, the engineer from the fireproofing company, **asked me to tell you that** he wants to see you personally.　　fireproofing　耐火、不燃加工

147 外部への伝達

- 配送問題について上司と確認しましたが、彼は6月初めに軸受が必要だと考えています。
  I've checked with my superior **about** the delivery issue, **but he feels that we need to** get the bearings by early June.

- 調査結果について、明朝あなたに電話すると伝えてほしいと、J・Sが言ってきました。
  J. S. **wanted me to let you know that** he will be calling you tomorrow morning **about** the survey results.

- あなたとの会議を求めるメールを、今朝上司から受け取りました。
  I received an e-mail from my boss this morning **requesting** a meeting with you.

- 経営陣は私のチームに、プロジェクトを中止するよう言ってきました。
  Our management **has asked** my team **to** stop work on the project.

- 弊社には責任がないというのが、ケネスの考えです。
  Kenneth**'s position is that** our company was not at fault.
  　　at fault　（間違いに対して）責任がある

UNIT 12

感情的な意思表現

タイプ1　希望と要求

タイプ2　趣向

タイプ3　期待と信頼

タイプ4　目標と計画

タイプ5　懸念と不確実性

タイプ6　確信と約束

タイプ7　必要性と支援

UNIT 12 感情的な意思表現
Expressing Intentions

さまざまな状況で自分自身の感情を伝えなくてはならないときに使うメールです。好みや期待、信頼、懸念、確信などの感情をビジネス様式に合わせて伝えるメールを作成してみましょう。

📧 タイプ別 Key Point

タイプ1	希望と要求	選択肢のなかで好きなものをはっきりと示す
タイプ2	趣向	明確に示しても、説得するような語調は避ける
タイプ3	期待と信頼	これからの仕事の方向性について述べる
タイプ4	目標と計画	5W1Hを考慮しつつ、明確に伝える
タイプ5	懸念と不確実性	不確実性を感じる理由について説明する
タイプ6	確信と約束	メールには法的効力があることに留意する
タイプ7	必要性と支援	支援を求めるときには具体的に述べる

🔍 専門家の E-mail Advice

自分の意思を伝えるときは、ほかのときよりも、単語の選択と語調により慎重にならなくてはなりません。一般的に、楽観的な内容であるときは文章も短く簡単な表現を使い、悲観的な内容であるときはいくぶん婉曲表現を使い、長い文章になることが多いでしょう。どちらにしても、相手に誤解を与えないように、自分の意思を明確にすることが重要です。

✏️ すぐに書ける 3 Steps

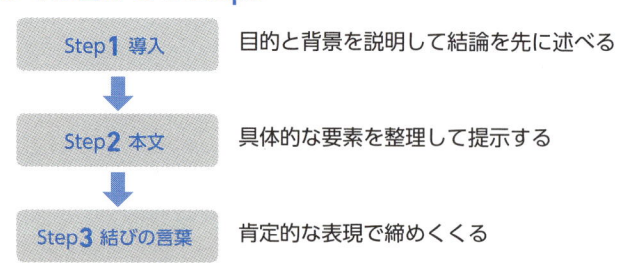

Step1 導入	目的と背景を説明して結論を先に述べる
Step2 本文	具体的な要素を整理して提示する
Step3 結びの言葉	肯定的な表現で締めくくる

プロジェクトを共に遂行する二社の、
それぞれの担当者間の争いについて意見を伝える

Best Sample

Subject	Incident at Your Office
From	sato@ibcp.co.jp
To	chris@hotmail.com

Dear Chris,

Step 1 導入

As you requested, I've been mulling over the incident at your office during our project meeting on Monday. Let me first say that, because the shouting match between Brandon and Thomas did no real harm, I would like to ask you to let them off the hook. After all, our mutual goal is to finish the project by next month.

● 目的と背景を説明して結論を先に述べる

Step 2 本文

I've always liked working with Brandon. He's a trustworthy person who is definitely an asset to your company. I hope that he doesn't take some of the remarks from Thomas too seriously. I talked to Thomas, and he wasn't sure how to apologize to Brandon. I asked him to just call Brandon. You have my word that you won't see him shouting in meetings again.

● 具体的な要素を整理して提示する

Step 3 結びの言葉

Thanks for your understanding, and let me know if there's anything else you want me to do. I'm always ready to assist.

● 肯定的な表現で締めくくる

Regards,

Sato

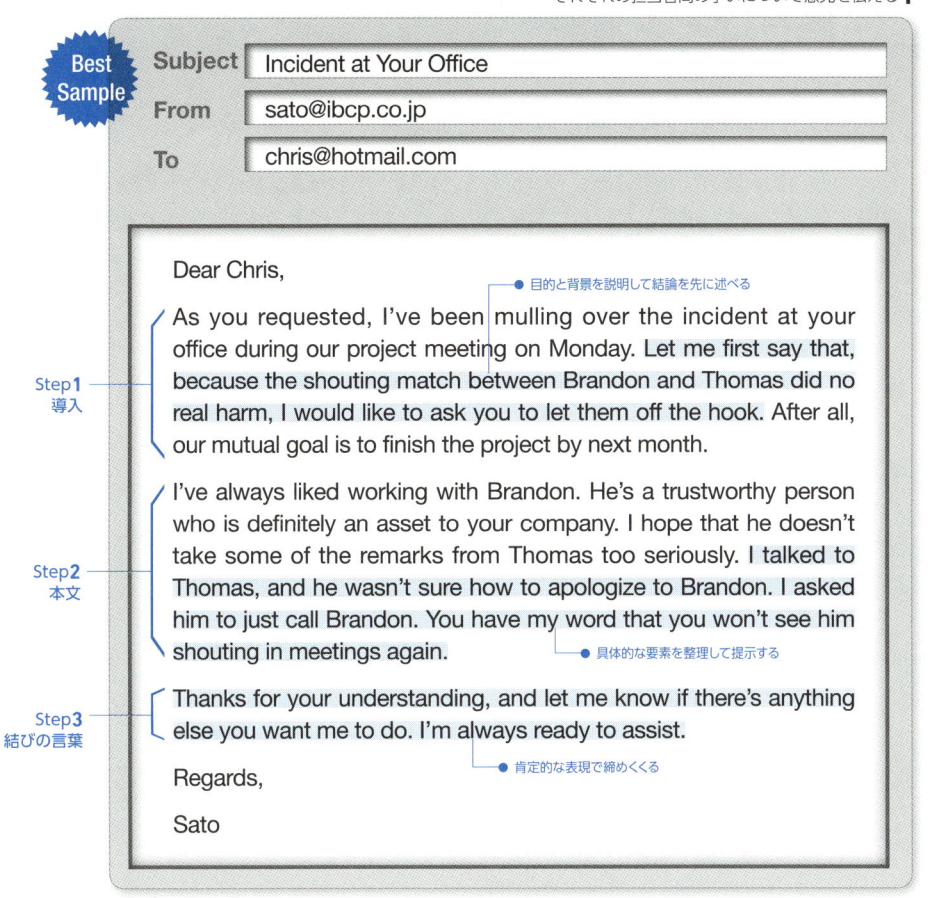

貴社での出来事に関して

クリスさま、

ご依頼いただきましたように、月曜日のプロジェクト会議中に、貴社で起こったことについてよく考えてみました。まず最初に申し上げたいことは、ブランドン氏とトーマス氏のあいだの激しい口論によって実害はありませんでしたので、彼らを大目に見てくださるようお願い申し上げます。結局のところ、我々の共通の目標は、来月までにプロジェクトを完了することですからね。

私はいつもブランドン氏と仕事をしたいと思っています。彼はたしかに貴社にとっての財産となる信頼できる人物です。トーマス氏の言葉をあまり深刻に受け止めないことを願っています。トーマス氏とも話をしましたが、彼はブランドン氏にどう謝ってよいのかわからないと言っています。私はブランドン氏に電話してみるように言いました。会議中に彼が怒鳴っている姿を見ることは二度とないとお約束いたします。

ご理解いただきまして、感謝しております。もし私にできることがありましたら、何でもおっしゃってください。いつでもお役に立てるように心積もりしております。

佐藤

UNIT 12 感情的な意思表現

タイプ1 希望と要求

✉ 選択肢のなかで好きなものをはっきりと示す

いくつかの選択肢のなかで好きなものがあるときは、相手が混乱しないように意思を明確に表現します。選択したことに意見の相違があれば、相手の体面や気持ちを考慮して、なるべく婉曲な語調で述べます。

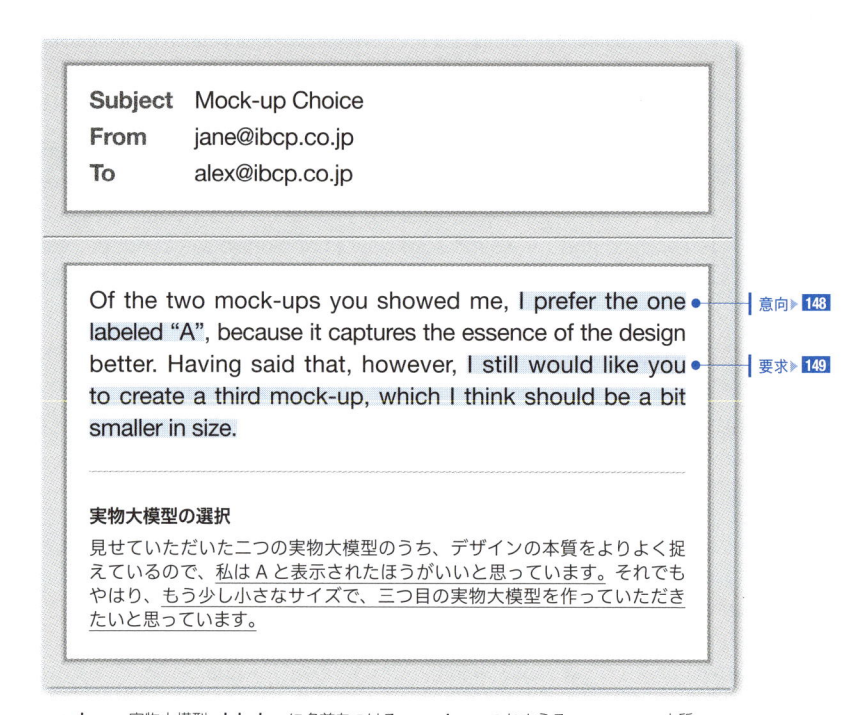

Subject Mock-up Choice
From jane@ibcp.co.jp
To alex@ibcp.co.jp

Of the two mock-ups you showed me, **I prefer the one labeled "A"**, because it captures the essence of the design better. Having said that, however, **I still would like you to create a third mock-up, which I think should be a bit smaller in size.**

意向 ▶ 148
要求 ▶ 149

実物大模型の選択
見せていただいた二つの実物大模型のうち、デザインの本質をよりよく捉えているので、私はAと表示されたほうがいいと思っています。それでもやはり、もう少し小さなサイズで、三つ目の実物大模型を作っていただきたいと思っています。

---

mock-up 実物大模型　**label** 〜に名前をつける　**capture** つかまえる　**essence** 本質

148 意向

▶ 私の考えでは、当初の計画に固執するべきです。
IMHO, we should stick to the original plan. `inf`
　　　　　IMHO (= in my humble opinion) 私の考えでは、私が思うに、 stick to ～に固執する

▶ 私はチャールズを支持します。
Charles **gets my vote**.

▶ 差し支えなければ、それはやりません。
If it's all the same to you, I'd rather not do that.

▶ 時間の延長を求める一方で、プロジェクトの進行を速めるべきだと考えていませんか？
Don't you think we should accelerate the project, **as opposed to** asking for a time extension?
　　　　　　　　　　　　　　　　　　　　　　as opposed to ～に対立して

▶ この問題を代わりに法務部にまかせるのはどうでしょうか？
Why don't we refer this matter to the legal department **instead**?
　　　　　　　　　　　　　　　　　　　　　　　refer まかせる、委託する

▶ 疑問の余地がありません。誤解を解く最善の方法は、行って、彼らと直接話をすることです。
There's no doubt about it. The best way to end the misunderstanding **is to** go and talk directly with them.

▶ 間違いなく、空港からヘルシンキまで電車で移動することを選びます。
Taking the train to Helsinki from the airport **would be my choice, hands down.**
　　　　　　　　　　　　　　　　　　　hands down 間違いなく、疑う余地なく

▶ 大きな窓があるので、4階で会議をするのがよいでしょう。
I would say that having the meeting on the fourth floor **is preferable, since** it has the large windows.

▶ よろしければ、私は一人で会議に行きたいのですが。
I prefer going alone to the meeting, **if that's okay with you.**

▶ 私が生地を選択するならば、今朝見た最初のものにします。
If I had to pick the fabric, **I would go with** the first one we looked at this morning.
　　　　　　　　　　　　　　　　　　　　go with ～を選ぶ

▶ 色は明るい赤にするべきだと思います。
I think the color **should be** bright red.

▶ ああいうタイプの生徒には、エマのほうがよいトレーナーになれるでしょう。
I find that Emma is a better trainer for those types of students.

- 顧客に提案を持って行ってくれるよう、マイケルに頼むのがいいでしょう。
  I would rather ask Michael to bring the proposal to the client.

- 私には、伝統的な方法を用いるのがより好ましい選択だと思われます。
  For me, using the traditional method **would be a more desirable choice.**

- 福岡がより妥当な選択です。
  Fukuoka **is a more logical choice.**

- 私の考えでは、二番目のデザインは最初のものほどよくはありません。
  In my opinion, the second design **is not as good as** the first one.

- 何が起こるか予測しようとするよりも、目前の問題に再度集中すべきだと思います。
  Rather than trying to predict what might happen, **I think we should** focus back to the issue at hand.
  　　　　　　　　　　　　　　　　　　　　　at hand 目前の、近くにある

- ラ・テラスのほうがいいですよ、食事がいいですから。
  La Terrace **is a better choice because** it has better food.

- 成功したCEOの伝記は、多分私が一番好きなタイプの本です。
  Biographies of successful CEOs **are probably my favorite type of books.**

149　要求

- 日程が重なっているため、どうしても来週出張に行くことはできません。
  There's no way that I can go on the business trip next week, **with** the schedule conflict.

- 本当に彼女とはもう一緒に仕事をすることができません。
  I really cannot work **with** her **anymore.**

- 明日の午前10時までに、本当に仮の設計が必要なんです。
  I really need the preliminary design **by** 10 a.m. tomorrow.

- 申し訳ありませんが、今回の集まりには欠席したいのですが。
  I'm sorry, but I would like to skip the get-together this time.
  　　　　　　　　　　　　　　　　　skip 飛ばす、省略する

- 指定された場所で喫煙するよう皆に頼んでもいいですか？
  Would it be okay if we asked everyone to smoke in the designated areas?

- ジョンではなく、私に直接報告書を出してください。
  I ask that you provide the reports **directly to me, not to** John.

- もしかまわなければ、出張は見合わせたいのですが。
  I would like to opt out of the business trip, **if you don't mind.**
  　　　　　　　　　　　　　　　　　　　　　　　　　opt out　見合わせる、免除してもらう

- 何とかより遅い飛行機に乗ることができれば、本当にありがたいです。
  If there is any way I could take a later flight, **I would really appreciate it.**

- セミナー参加は免除していただけないでしょうか。
  I would like to be excused from attending the seminar.
  　　　　　　　　　　　　　　　　　　be excused from　〜を免除する

- 今回は、会議中に電話を取らないよう要請してもいいですか？
  Could we ask people not to answer their phones during the meeting this time?

- お願いがあるのですが、あなたの同僚に、彼のプロらしくないメールについて話してください。
  Please do me a favor and talk to your co-worker about his unprofessional e-mails.
  　　　　　　　　　　　　　　　　　unprofessional　プロらしくない、職業倫理に反する

- これを見たらすぐに、約束したアドレスを送ってもらえますか？
  Could you possibly send me the address you promised **as soon as you see this?**

➡「意見」に関連する表現は、「Unit10 ▶意見のやりとり」を参照してください。

タイプ2 趣向

✉ 明確に示しても、説得するような語調は避ける

英語圏の人々は、全体的に自分の好きなこと、嫌いなことの意思表現が明確です。頑な語調は避けますが、相手がこちらの意向について誤解しないようにはっきりと伝えます。その代わり、あくまでも自分の意見であるということを述べて、相手を説得するような雰囲気を作らないようにすることが大切です。

Subject Next Year's Workshop Topics
From kevin@ibcp.co.jp
To jane@ibcp.co.jp

Thanks for your suggestions for possible topics for next year's workshops. I really liked most of your choices, but there were a few I didn't quite like. I wrote comments for each choice below.

> 好きか、嫌いか
> ▶ 150, 151

来年のワークショップの課題

来年のワークショップにふさわしい課題を提案してくれてありがとう。選んでくれたもののほとんどは非常にすばらしかったのですが、それほど気に入らなかったものがいくつかありました。それぞれについて、下に意見を添えました。

150 好き

- それがよければ、そうしましょう。
  If you like it, then I say let's go with it.

- いつも公平なので、私はその顧客の大ファンです。
  I'm a big fan of the client, **because** he **is** always fair.

- 私は最近スキーに夢中なんです。
  I'm really crazy about skiing **these days.**

- 昨年背中にけがをしたあと、ハイキングにはまっています。
  I got into hiking after I injured my back last year.

- 毎日でもトミーズ・ディナーに行くことができます。
  I could go to Tommy's Dinner **every day.**

- エンジニアリング部門のフランク・チョウはすごくいい人だと思います。
  I think Frank Cho in engineering is **a great guy.**

- あなたのチームの提案、すごくよかったです。
  I liked the proposal from your team **quite a lot.**

- 実は、古い映画を見るのが好きです。
  I enjoy watching old movies, **actually.**

- 最近はよく自己啓発書を読んでいます。
  Reading self-improvement books is my thing now.

  self-improvement 自己啓発

- あなたのプレゼンテーション、大変楽しませてもらいました。
  I enjoyed your presentation **very much.**

- 色をとても上手に使っていましたね。
  I think you've captured the color very nicely.

- 夏季合宿で箱根に行くというのは、いいアイデアですね。
  Going to Hakone for our summer retreat is a good idea.

  summer retreat 夏季合宿

151 嫌い

- 中華料理が大好きというわけではないと、言わざるを得ません。
  I have to say I'm not a big fan of Chinese food.

- 特に野球ファンというわけではありません。
  I am not much of a baseball **fan.**

- はっきり言って、あまり気に入りませんね。
  Frankly, I don't like the sound of that.

- 新しいコンサルタントの態度はあまり気に入らないですね。
  I am not sure that I like the new consultant's attitude.　　　attitude 態度

- 私も長い会議は苦手なので、短く終わらせるようにしましょう。
  I can't stand long meetings, either, so let's make sure it stays short.

- そのような不確実な冒険性のある事業のために特別対策チームを組むというアイデアには、あまり感心しません。
  I'm not really into the idea of forming a task force team for such an uncertain venture.

- このような急な連絡で長野まで運転しなければならないとは、気乗りしないですね。
  I'm not very keen on having to drive to Nagano **on such a short notice.**　　　be keen on ～に乗り気な

- 彼の最後のメールの口調が気に入らないんです。
  I don't think I liked the tone of his last e-mail.

- パーク氏の考えが非常に気に入ったとは言えません。
  I can't say I liked Mr. Park's idea **very much.**

- その新しい顧客と働くのは、そう簡単ではありません。
  The new client **is not really easy to work with.**

- とても一方的なので、新しい方針にはあまり感心していません。
  I'm not all that pleased with the new policy, since it is all one-sided.

- 彼の提案だけが唯一論理的であるという考えは、受け入れかねます。
  The idea that his proposal is the only logical one **is hard to swallow.**　　　swallow 飲み込む、受け入れる

- 仕事の後、同僚とお酒を飲むのはあまり好きではありません。
  I don't like having drinks with co-workers after work.

タイプ3 期待と信頼

✉ これからの仕事の方向性について述べる

誰か、あるいは何かに対する期待や信頼を表現するときは、対象について具体的に述べます。さらに、私が思うには、どのように仕事がうまくいくのかについても言及してみましょう。

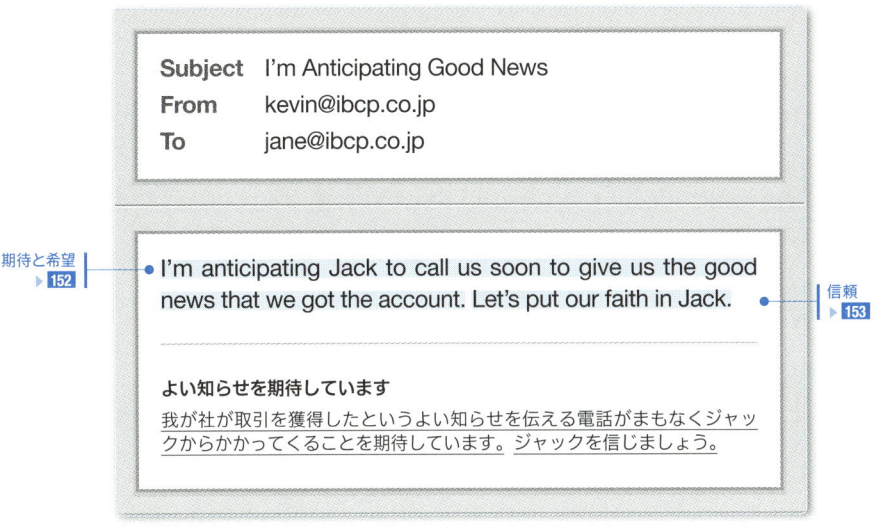

Subject I'm Anticipating Good News
From kevin@ibcp.co.jp
To jane@ibcp.co.jp

期待と希望
▶ 152

信頼
▶ 153

- I'm anticipating Jack to call us soon to give us the good news that we got the account. Let's put our faith in Jack.

よい知らせを期待しています
我が社が取引を獲得したというよい知らせを伝える電話がまもなくジャックからかかってくることを期待しています。ジャックを信じましょう。

---

account 取引　**put faith in** 〜を信じる

152　期待と希望

▶ 今回の件につき、幸運を祈ります。
I'm crossing my fingers on this one.　　　cross one's fingers　幸運を祈る

▶ 新しいサンプルを送るのは、効果があると思います。
I think sending a new sample **will do the trick.**　　　do the trick　効果がある

▶ CEOが、エンジニアをもう一人雇うことを許可するといいのですが。
I am hoping that the CEO **will allow us** to hire another engineer.

▶ 今回はブランドンがうまくプレゼンテーションをやってのけるといいのですが。
I would really like Brandon to ace the presentation this time.
　　　ace　うまくやる、他を圧倒する

▶ 以下の改訂を気に入ってもらえるといいのですが。
I hope that the following revisions **are to your liking.**　　　liking　好み、趣味

▶ 来週火曜の、あなたとマークとのランチを本当に楽しみにしています。
I am really looking forward to having lunch with you and Mark next Tuesday.

▶ 前四半期の収益結果を上回ることを期待しています。
We are expecting to surpass last quarter's earnings results.
　　　surpass　上回る、しのぐ

▶ 何も見落としがないと信じています。
I trust that nothing has been omitted.　　　omit　見落とす、省略する

▶ 私たちのチームは、プロジェクト・マネジャーからの肯定的な反応を見込んでいます。
Our team **is anticipating a positive reaction from** the project manager.

▶ 来年には経済が回復するという期待をまだ持っています。
I remain hopeful that the economy will turn around next year.
　　　turn around　向きを変える、好転する

▶ 3連休のおかげで、日曜のショーに多くの人出があると見込んでいます。
With the three-day holiday weekend, **we are predicting** a big turnout for our show on Sunday.　　　turnout　人出、参加者

➡「可能性」に関連する表現は、「Unit10 ▶意見のやりとり」を参照してください

153 信頼

- 彼を100%支持してあげましょう。
  Let's back him up **100%**.
  　　　　　　　　　　　　　　　　　　back ~ up　〜を支持する

- Aチームが最初に課題を終了する**ことに賭けます**。
  I would put my money on Team A to finish the tasks first.
  　　　　　　　　　　　　　　　　　　put one's money on　〜に賭ける

- チョウ氏が明日電話してきて、条件を再交渉しようとする**に違いありません**。
  I'll bet that Mr. Chow will call us tomorrow to renegotiate the terms.
  　　　　　　　　　　　　　　I'll bet　きっと〜だと思う、〜に違いない

- 会計チームは私たちの予算に同意しないような気がします。
  I have a feeling that the accounting team **will say no to** our budget.

- よい福利厚生**があれば**、彼が入社するだろう**と確信しています**。
  With the right benefits package, **I'm sure that** he will join the company.

- 彼は私たちのためにやり遂げてくれるだろうと、私は固く信じています。
  There is no doubt in my mind that he will come through for us.
  　　　　　　　　　　　　　　　　come through　成功する、成し遂げる

- 限定製品の発売**は成功するでしょう、疑いの余地はありません**。
  The limited product rollout **will be successful, no doubt about it.**
  　　　　　　　　　　　　　　　　　　　　　　rollout　発売、公開

- ジョージ**は正しいことをしてくれるだろうと信じています**。
  I trust George **to do the right thing.**

- はい、何の疑いもなく確信しています。
  Yes, I am certain beyond the shadow of a doubt.
  　　　　　　　　　　　　　beyond the shadow of a doubt　何の疑いもなく

- 今回の対策が、彼の体面を保つということに、彼も同意すると確信しています。
  I'm confident that he will agree that this measure will allow him to save face gracefully.
  　　　　　　　　　　　　　　　measure　対策　save face　体面を保つ

- 我が社が彼らの見積もり価格を受け入れれば、きっと彼らも我が社の条件を受け入れるでしょう。
  They will certainly accept our terms if we accept their price quote.

- スケジュール変更のおかげで、請負業者には作業を完了させるだけの十分な時間**があると思います**。
  We believe that the revised schedule **will allow** the subcontractors enough time to complete their work.

タイプ4 目標と計画

✉ 5W1Hを念頭におきつつ、明確に伝える

相手にある特定の目標や目的、計画を伝えるときは、who、what、when、where、why、how の 5W1H を念頭におきつつ、背景や理由を具体的に説明して誤解が生じる余地がないようにします。おおげさな表現や不確かな言葉は避け、できるだけ目標や計画の本質を正確に表現する単刀直入な言葉を使用します。

Subject New Customer Service Policy
From peter@ibcp.co.jp
To all@ibcp.co.jp

To reiterate, the purpose for introducing the new customer service policy is to decrease the amount of complaints. We would like to decrease the complaints by 25% by the end of the year. Phase 1 of the policy will go into effect on July 1.

> 目標と計画
> ▶154, 155

新しい顧客サービス方針
再度申し上げますが、新しい顧客サービス方針を導入する目的は、顧客からのクレームを減少させることです。年末までにクレームを 25％減少させたいと思っています。この方針の第一段階は 7 月 1 日に発効します。

---

reiterate ～繰り返し言う　go into effect on ～に実行する、発効する

154 目標

▶ 私たちがしなければならないことは、腰を落ち着けてスケジュールを完成させることです。
What we have to do is sit down and finalize the schedule.

▶ 弊社が期待するのは、最低でも10％の純利益の増加です。
What we would like to see is a minimum of 10% increase in our bottom line.
　　　　　　　　　　　　　　　　　　　　　　　　　　　　　　　　a bottom line　純利益

▶ ご存じのように、弊社の長期的な目標は、アジアでも有数のモバイル・コンテンツ・プロバイダになることです。
As you know, our long-term goal is to become the leading mobile content provider in Asia.

▶ 弊社の使命はプログラムのすべてのバグを取り除くことであると、重ねて申し上げます。
I want to reiterate that our mission is to filter out all the bugs in the program.
　　　　　　　　　　　　　　　　　reiterate　繰り返し言う　**filter out**　取り除く、除去する

▶ 最終的には、異なる部門間で、すべてのコミュニケーションがより円滑に取れるようになることを望んでいます。
Ultimately, we would like all communication to flow more effectively among our different divisions.

▶ 2週間以内にプロジェクトが完成することを願っています。
We hope to complete the project within two weeks.

▶ 短期的には、少なくとも5つの新しい独自のケーブル・プログラムを開発したいと思います。
In the short term, we want to develop at least five new original cable programming.

▶ 最終版をCEOに見せる前に、私たちのマーケティング戦略を強固にしようとしています。
We intend to solidify our marketing strategy **before** showing the final version to the CEO.
　　　　　　　　　　　　　　　　　　　　　　　　　　solidify　固める、強固にする

▶ 弊社の来年の売上目標は1500万ドルです。
Our sales target for next year is $15 million.

▶ 以下が私たちの部門の来年の目標です：
The following is our division goals for the coming year:

▶ 消費者のブランド認知度を高めることが、新広告キャンペーンの目標です。
Creating higher consumer brand recognition **is the goal of** the new advertising campaign.

recognition 認識、認知度

▶ 来週の研修プログラムの目的は、参加者の海外派遣準備です。
The purpose of next week's training program **is to** prepare participants for foreign assignments.

▶ 今回のワークショップの目的は、意見交換や互いの成功事例の共有です。
The aims of the workshop **are to** exchange ideas and to share one another's best practices.

best practice 成功事例、ベストプラクティス

▶ 緊急会議の主な目的は、弊社の横浜店を管理する臨時のレストラン・マネジャーを決定することです。
The main objective of the emergency meeting **will be to** decide on a temporary restaurant manager to run our Yokohama store.

objective 目的　**decide on** 〜を決定する　**run** 管理する、経営する

155　計画

▶ 議題を決める前に、他の人からのフィードバックを受けてみましょう。
Let's get some feedback from others before we establish an agenda.

establish 決める、確立する　**agenda** 議題

▶ まず、スケジュールの草案を作成します。
We need to draft up a schedule first.

draft 〜の草案を作る

▶ その顧客をなだめるために、どのような措置を講ずる必要があるかは明らかです。
It's clear what steps we have take to placate the client.

placate なだめる、鎮める

▶ 私たちが提案した計画を添付します。
Attached is our proposed plan.

▶ 弊社の暫定的な計画は、以下のとおりです：
Our tentative plan is as follows:

tentative 暫定的な、一時的な

▶ この計画では、子会社にさらに資本金を注入します。
The plan is to inject more capital into the subsidiary.

inject 注入する

▶ 私たちの計画には、いくつかの段階があります。
There are several stages to our plan.

▶ 西日本地域の店舗数の縮小を含む、**第一段階を開始します。**
We will start with the first phase, which involves reducing the number of stores in the West Japan area.

▶ 最初のマイルストーン**に達すると、次に進むことができます。**
Once we reach the first milestone, **we can move on to** the next one.

milestone　マイルストーン

▶ 弊社が創出するアイデアは、新しい方針を策定するための青写真となります。
The ideas we generate will serve as a blueprint for establishing a new set of policies.

▶ この3段階のプロセスは、弊社の飲料輸入事業参入を促進するために設計されています。
This three-step **process is designed to** accelerate our entry into the beverage import business.

▶ 新しい方針は、弊社の企業価値を誰もが確実に遵守する**ために実施**されます。
The new policy is being implemented to ensure that everyone adheres to our corporate values.

adhere　忠実である、確実に実行する

Tips & More

日程に関する表現

加速する	accelerate	予定より早い	ahead of schedule
遅延する	delay	予定のとおり	on schedule
締め切り	deadline	予定より遅れて	behind schedule
期限延長	time extension		

タイプ5　懸念と不確実性

✉ 不確実性を感じる理由について説明する

まだ起きていないことについて、具体的な根拠なくして懸念を表現するときや、ある事件や人に対して、または重要な決定をする前後に感じることがある不確実な気持ちを伝えるときは、そのように感じる理由を説明するとよいでしょう。

Subject Negotiation with Tipper Automotive Supplies
From kenwise@autocool.com
To janeknowles@autocool.com

Regarding the results of our negotiation with Tipper Automotive Supplies, I have to admit that I am feeling a bit uneasy about agreeing to send our engineers to San Diego. Besides, I'm not sure that J. G. Shin will be too pleased with the deal once he gets our report.

▶ 懸念と不確性 156, 15

Tipper Automotive Supplies 社との交渉
Tipper Automotive Supplies 社との交渉の結果に関して、当社のエンジニアをサンディエゴに派遣すると同意したことについて少々不安を感じています。さらに、J・G・シン氏が当社のレポートを受け取って、交渉に満足するかどうかもわかりません。

---

automotive 自動車の　**uneasy** 不安な　**besides** さらに　**once** 〜すると、〜するとすぐに

156 懸念

▶ 認めたくはないのですが、ボブ・シモンズを起用することについて再考しています。
I hate to admit it, but I am having second thoughts about recruiting Bob Simmons.
　　　　　　　　　　　　　　　　　　　　　　　　have second thoughts 再考する

▶ 現在の交渉の進み方に関し、嫌な感じがします。
I have a bad feeling about the way the negotiations are going right now.

▶ 上司も私も、予定されている東京のワークショップに不安があります。
Both my boss and I **have some misgivings about** the planned workshop in Tokyo.
　　　　　　　　　　　　　　　　　　　　　　　　　　　misgiving 不安

▶ そのコマーシャルを放映すると、動物保護団体から抗議を受ける可能性があるのではないかと少し危惧しています。
I am bit apprehensive about the possible protests from the animal rights groups if we ran the commercials.　　apprehensive 危惧して、懸念して

▶ いくつかの海外オフィスを閉鎖する可能性があるという取締役の話に、ここシアトル・オフィスの全員が、少々不安を感じています。
Everyone here at the Seattle office **is feeling a little uneasy about** the director's comment **about** the possible closures of some of the overseas offices.

▶ ジェーコブソン＆カンパニー社からの、最近の一連のメールを心配しています。
I am concerned about the recent series of e-mails from Jacobson & Company.

▶ 受け取ったクレームの数は、憂慮に値します。
The number of complaints received **has been alarming.**

▶ そうではないと再確認してくれましたが、競合他社が中国市場開拓の努力に失敗したという点で、私たちの不安には根拠があると思います。
Despite your reassurances **to the contrary, I think** our fears are well-grounded **in that** our competitors have failed in their efforts to penetrate the Chinese market.　　well-grounded 根拠が確実な

▶ 問題を改善しようとする最近の努力に照らし合わせると、ハッサン氏の意見は、やや気がかりです。
Mr. Hassan's comments **are a little disturbing in light of our recent efforts to remedy the problem.**
　　　　　　　　in light of 〜に照らし合わせると　　remedy 改善する、治療する

157 不確実性

- 私はここで板挟みになっています。
  I'm caught between a rock and a hard place here.
  caught between a rock and a hard place 板挟みになる

- 本当にジレンマですね。やってもダメ、やらなくてもダメ。
  Talk about a dilemma. I'm damned if I do and damned if I don't. `inf`
  damned ひどい、いまいましい

- フランク、この件については確信がありません。
  Frank, **I'm not really sure about this.**

- この問題をどう処理すればいいか、途方に暮れています。
  I am at a loss as to how to handle this problem.
  at a loss 途方に暮れて

- 彼らの提案は、スケジュールがあいまいであるように思います。
  Their proposal **seems a bit hazy on** the scheduling.
  hazy あいまいな

- すべてのことについて、まるで確信がありません。
  We are pretty much unsure about the whole thing.

- 正直言って、私のスタッフが新しい提案を受け入れるかどうか確信がありません。
  To be honest, I am not certain that my staff will accept the new proposal.

- カールからの返事は、支払条件についてどうもあいまいでした。
  The reply from Carl **was somewhat dubious regarding** the payment terms.
  dubious あいまいな、疑わしい

- 私たちはまだ、EZコンピューターズ社が発送の問題を解決するのを待っています。
  We are still waiting for EZ Computers **to resolve** the shipping **problem.**

- そのコンセプトについて、漠然とした考えしかありませんので、さらに詳細をいただけると幸いです。
  Since I only have a vague idea about the concept, **I would appreciate your giving me more details.**
  vague 漠然とした、あいまいな

- ここにいる私たちのほとんどと同様、役員会もスピンオフの時期については未定のままです。
  Like most of us here, the board **remains undecided on** the timing of the spin-off.
  spin-off スピンオフ（親会社の一部を分離・独立させて子会社を作る）

- タイでの事業中止につき、彼の動機は不明です。
  It is unclear what his motivation is in ceasing operations in Thailand.
  cease 中止する

タイプ 6 確信と約束

✉ **メールには法的効力があることに留意する**

あることについて確実性を強調したり、約束をしたりするときは、そのような態度の根拠を具体的に述べます。しかし、ここで注意すべきことがあります。メールで残す文章は、今後、法的に契約と変わらない効力を発揮することが多いので、確かではない衝動的な約束には気をつけましょう。

Subject Delivery of Desks
From jack@easyback.co.jp
To eddwight@economico.com

We understand your concern, but **let me reassure you that the custom-made desks will be delivered to your office by this Friday.** Once you receive the desks, our 2-year warranty will go into effect.

確信 ▶ 158

机の配送
お客様の不安は理解できますが、オーダーメイドの机は今週の金曜日までに貴社に配送されることを再び保証させてください。机の到着後、弊社の2年間の保証が発効されます。

---

reassure 安心させる、〜を再び保証する　**custom-made** オーダーメイドの、特注の
warranty 保証、保証書　**go into effect** 発効する

Tips & More

warranty vs. guarantee

after service（アフターサービス）は、和製英語であり、英語圏では、warranty といいます。ここで warranty と guarantee とで混乱することがあるかもしれません。これらの違いは、warranty は正式に書類化されている証明書で、故障があれば証書に記載されている期間内なら製品を無料で直してくれます。一方、guarantee は製品の品質などについて保証を与えることで、無期限の法的保証です。

UNIT 12 感情的な意思表現　343

158 確信

▶ フレッドが解雇されるのは、私とは関係がないという私の言葉を信じてください。
Believe me when I say that I had nothing to do with Fred being fired.
　　　　　　　　　　　　　　　　　　　have nothing to do with　〜とは関係がない

▶ プロジェクトは予定通り順調に進んでいるので、何も心配しないでください。
The project is moving right on schedule, **so you have nothing to worry about.**

▶ 貴殿の花瓶が安全に配送されることを保証します。
I can guarantee the safe delivery of your vase.

▶ 貴殿のご注文が2週間以内に到着することを保証します。
I can assure you that your order will reach you within two weeks.

▶ 明日の営業時間終了前に復旧作業を完了することを保証いたします。
Let me assure you that we will complete the repair work before the end of the business day tomorrow.

▶ 経営陣が貴殿の提案を受け入れると確信しています。
We are certain that the management will accept your proposal.

▶ ご安心ください、この問題を解決するため、弊社はあらゆることを行っています。
Rest assured that we are doing everything we can to resolve the problem.

▶ 弊社のエンジニアを信頼してください、故障の原因を見つけるために必要な診断テストを実行しています。
We ask that you trust our engineers as they perform the necessary diagnostic tests to determine the cause of the malfunction.
　　　　　　　　　　　　diagnostic test　診断テスト　**malfunction**　故障、誤動作

▶ 弊社保証には、すべての部品と人件費が含まれており、お客様の装置が24時間以内に再び動くようにします。
As our warranty covers all parts and labor, we will have your equipment working again within 24 hours.

159　約束

▶ あなたの代わりに彼に電話します。約束します。
I'll call him **for you. You have my promise.**

▶ 確かに伺います。
I will be there for sure.

▶ 真夜中前に、暫定的な調査結果をお送りします。約束します。
I will send you the preliminary findings before midnight tonight. **That's a promise.**

▶ 最終版を金曜午後3時までにあなたの机の上に置いておくと約束します。
You have my word that the final version will be on your desk **by** 3 p.m. Friday.

▶ 来週までに必ず報告書を出します。
We will definitely have the reports **to you by** next week.

▶ 顧客に最高のサービスを提供するために全力を尽くしていますので、あらゆる顧客の苦情を真摯に受け止めたいと思います。
As we are all committed to providing the very best service to our customers, **I want to suggest that** we take every customer complaint seriously.

▶ 私がスタッフにした約束はまだ有効です：私に悪い知らせを伝えても、罰せられることはありません。
The pledge I made to the staff **still holds true:** No one will be disciplined for giving me bad news.

　　　　　　　　　　　　　　　pledge 誓い、約束　**hold true** 事実である、当てはまる

タイプ7 必要性と支援

✉ 支援を求めるときには具体的に述べる

会社や団体にある特定の行動を提案するときは、それが何であるか、行動を取るべき必要性や期待する結果が何であるかを具体的に明示します。ヘルプやサポートを望んでいるならば、相手が必要とするかもしれないことについて、こちらからサポートできるという内容を簡潔かつ誠意をこめて表現しましょう。

Subject	How About a Staff Retreat?
From	kevin@ibcp.co.jp
To	jane@ibcp.co.jp

To raise the morale of your staff, an unscheduled staff retreat might be just what you need. <u>I can certainly help you get approval from Mr. Kimura</u>, so let me know if you want me to talk to him.

→ サポート ▶161

スタッフ団結大会はいかがでしょう？

スタッフのやる気を出させるために、予定にはないスタッフ同士の集まりを開催してはどうでしょう。<u>木村氏に許可をいただくお手伝いができますので</u>、もし話をつけてほしいとお考えでしたら、そのようにお知らせください。

retreat 修養会、集会の開催　**morale** 士気　**unscheduled** 予定外の

160 必要

▶ 現在、私たちのチームは田中教授なしではやっていけません。
Right now, our team **can't do without** Professor Tanaka.

▶ 恩返しをするべきだとは思いませんか？
Don't you think that we are obliged to return the favor?
　　　　　　　　　　　　　　　　　　be obliged to 〜しなければならない

▶ 入札招請を受けるための**必須条件**は、正確には何ですか？
What exactly are the prerequisites for being invited to bid?
　　　　　　　　　　　　　　　　　　　prerequisite 必須条件

▶ 福岡の仮事務所に、もういくつかデスクとイスが本当に必要なんです。
We really need a few more desks and chairs at the temporary office in Fukuoka.

▶ プレゼンテーションのスライドに、もう少し色を追加するといいですね。
I think you might need to add more color to your presentation slides.

▶ オメガ開発プロジェクトに関わる全員に、会議出席を義務付けるべきだと思います。
I feel that attending the meeting **should be mandatory for everyone involved in** the Omega development project.
　　　　　　　　　　　　　　　　　　　mandatory 義務的な

▶ ラインホールド・ケミカルズ社と競合するならば、きちんとした研究開発センターを立てなければなりません。
We have to build a proper R&D center **if we want to** compete with Reinhold Chemicals.
　　　　　　　　　　　　R&D (= Research and Development) 研究開発

▶ オーナーをなだめるには、素早く動くことが肝心です。
It's essential that we move quickly to pacify the owner.
　　　　　　　　　　　　　　　　　　pacify なだめる、鎮める

▶ バレー・ディストリビューターズ社のジムは、我が社の注文品を出荷することに乗り気ではありませんので、ジムと新しい合意を取ることが非常に重要です。
It's crucial that we work out a new arrangement with Jim at Valley Distributors **because** he's reluctant to ship our order.
　　　　　　　　　　　　　　　　　　reluctant 乗り気ではない、ためらって

▶ 提案はありがたいのですが、弊社は専門家のアドバイスを切実に必要としています。
Thank you for your offer, but a professional advice **is what we are in desperate need of.**
　　　　　　　　　　in desperate need of 〜を切実に必要として

▶ その契約では、15%の前払いが必要です。
The contract **calls for** an advance payment of 15%.
　　　　　　　　　call for 〜を要求する　an advance payment 前払い

▶ 会社は拡大していて、莫大な保険料は必要悪です。
High insurance costs **are a necessary evil as** we grow in size.

a necessary evil 必要悪

▶ アンドリュー・シムと話し合い、会社を辞めたい理由を聞くことが、今回の危機を解決する糸口になると思います。
It seems to me that the key to resolving this crisis is to sit down with Andrew Shim and find out his reasons for wanting to leave the company.

▶ 我が社の対案を受け入れるようジョナサン・セヴィルを説得する前に、取締役の承認が必要になります。
Before we can convince Jonathan Seville to accept our counterproposal, **we will need** the approval of the director.

counterproposal 対案

▶ 工場内では、訪問者も安全装置の着用が必要です。
Even the visitors **are required to** wear safety gear in the plant.

safety gear 安全装置

▶ 彼らの行動が非倫理的であるため、私たちの側から何らかの法的措置が必要です。
Their unethical behavior **demands** some form of legal action on our part.

▶ 品質保証を受けるために、まず我が社が対応しなければならないいくつかの条件があります。
In order to get the quality certification, **there are several** requirements we **first have to meet.**

▶ アメリカの会社で働いた経験が、あなたを選んだ決定的な要因の一つです。
Your experience in working with companies in the U.S. **was one of the critical factors in your being selected.**

▶ 語学力と現地の石油化学産業に関する知識により、ジャニス・チョウは弊社の中国事業に欠かせない存在です。
With her language skills and her knowledge of the local petrochemical industry, Janice Cho **is an indispensable part of** our operations in China.

petrochemical 石油化学の　**indispensable** 不可欠の

161 サポート

- いつでもお電話ください。
  I'm just a phone call away.

- マイク、助けが必要なのは皆同じです。どうお手伝いできるか教えてください。
  Mike, **everyone needs a helping hand. Let me know how I can help.**

- 私にできることなら何でも言ってください。
  Whatever I can do, just let me know.

- 貴社のすべてのニーズにお応えする用意ができています。
  We stand ready to assist you with all your needs.

- 今週末の引越の際に助けが必要な場合は、声をかけてください。
  If you need help moving this weekend, **just give me a shout.**

  give a shout 連絡する

- どのように役立つことができるか教えてください。
  Let me know how I could be of service.

- できることならなんでも喜んでお手伝いします。
  I would be glad to assist you in any way I can.

- 日本のラーメン市場について貴社が実施する調査のために、アドバイスや支援をしたいと思います。
  I would like to offer my input and assistance for the research you are conducting on the Japanese ramen market.

- 将来のプロジェクトについて話し合うために、ご都合のよいときに喜んで貴社を訪問します。
  I would be more than happy to visit you at your convenience to discuss any future projects.

- ここにいる私たち全員は、できることならなんでも協力する用意があります。
  All of us here are ready to cooperate with you in any way we can.

UNIT 13

賛成／反対／提案／解決

- タイプ**1**　賛成
- タイプ**2**　反対
- タイプ**3**　提案と妥協

UNIT 13 賛成／反対／提案／解決

Agreeing, Disagreeing, Proposing & Compromising

ある事案について賛成、反対といった見解を示す必要があるとき、自分の意思を伝えるメールです。新しい意見を提案するメール、意見が一致しないときには、妥協を求めるメールも含まれます。

タイプ別 Key Point

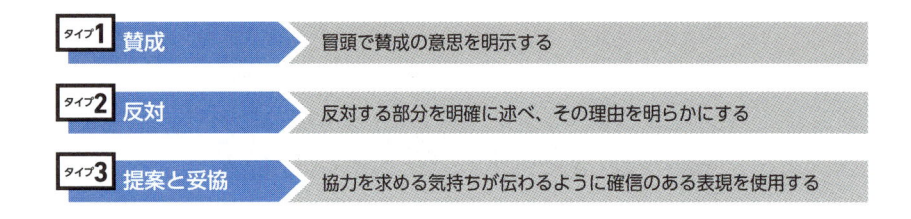

タイプ1 賛成	冒頭で賛成の意思を明示する
タイプ2 反対	反対する部分を明確に述べ、その理由を明らかにする
タイプ3 提案と妥協	協力を求める気持ちが伝わるように確信のある表現を使用する

専門家の E-mail Advice

同意や賛成をするときには、単刀直入な表現を使って、反対するときには相手の立場を考慮した表現で、その理由を述べるとよいでしょう。提案する場合は、自信に満ちた表現を使い、相手の協力を論理的に導きます。

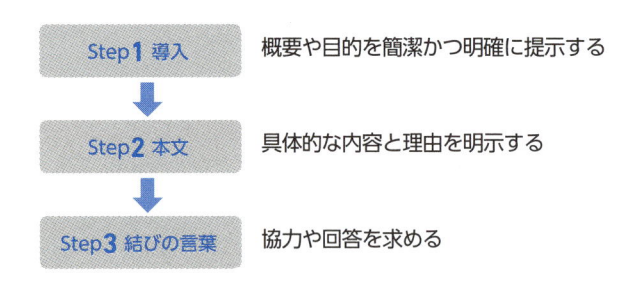

すぐに書ける 3 Steps

Step1 導入 　概要や目的を簡潔かつ明確に提示する

Step2 本文 　具体的な内容と理由を明示する

Step3 結びの言葉 　協力や回答を求める

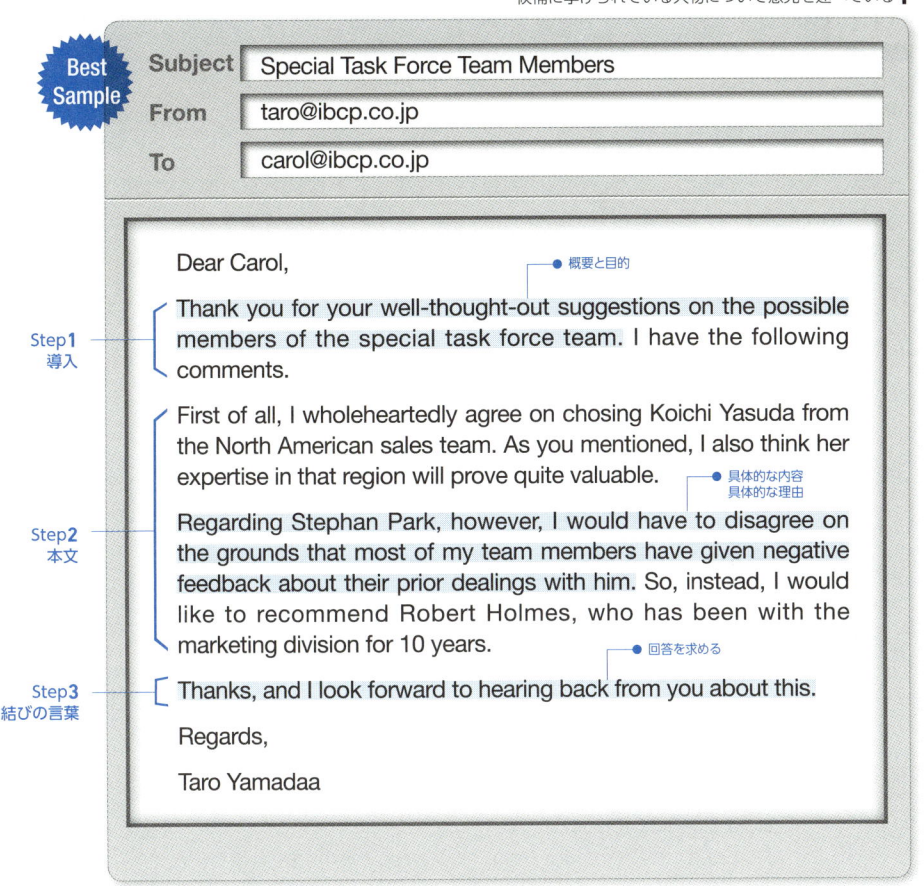

新しいチームを構成するために、候補に挙げられている人物について意見を述べている

Subject: Special Task Force Team Members
From: taro@ibcp.co.jp
To: carol@ibcp.co.jp

Dear Carol,

Thank you for your well-thought-out suggestions on the possible members of the special task force team. I have the following comments.

First of all, I wholeheartedly agree on chosing Koichi Yasuda from the North American sales team. As you mentioned, I also think her expertise in that region will prove quite valuable.

Regarding Stephan Park, however, I would have to disagree on the grounds that most of my team members have given negative feedback about their prior dealings with him. So, instead, I would like to recommend Robert Holmes, who has been with the marketing division for 10 years.

Thanks, and I look forward to hearing back from you about this.

Regards,

Taro Yamadaa

特別タスクフォースチームのメンバー

キャロルさん、

特別タスクフォースチームの候補者について、考え抜かれたご提案をありがとうございました。私の意見は次のとおりです。

まず、ノースアメリカン社の営業チームのコウイチ・ヤスダ氏を選んだことには心から賛成です。おっしゃるとおり、その地域についての彼女の専門知識は非常に有益でしょう。

しかし、スティーブン・パーク氏に関しては、チームメンバーの多くから以前の取引について否定的なフィードバックがあったので反対しなければなりません。そのため、マーケティング部門で10年間の経験のあるロバート・ホルムズ氏を推薦したいと思います。

ありがとうございます。それでは、お返事をお待ちしております。

山田太郎

---

well-thought-out 綿密な、よく考えられた **wholeheartedly** 心をこめて、誠心誠意 **on the grounds that~** 〜を根拠として、〜という理由で **a prior dealing** 以前の取引

タイプ1 賛成

✉ 冒頭に賛成の意思を明示する

任意のコメントや提案、または代案に同意や賛成をするときは、単刀直入に表現するのがよいでしょう。重要な合意の過程であれば、相手の意見に賛成する理由を簡単に述べることが有利に働くこともあります。部分的に賛成する場合には、まず賛成する部分について言及したあとで異議を述べます。

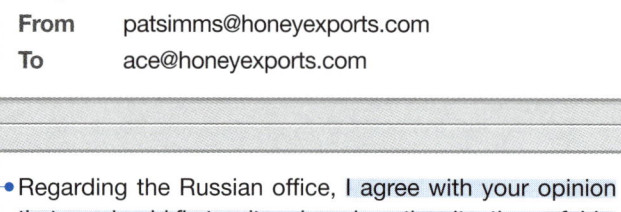

Subject Offices in Russia and China
From patsimms@honeyexports.com
To ace@honeyexports.com

賛成と支持
▶162

Regarding the Russian office, I agree with your opinion that we should first wait and see how the situation unfolds. With the office in China, however, I think we should move quickly.

部分的な同意
▶163

ロシアと中国の支社について
ロシア支社に関して、仕事がどのように進められるのか、まずは様子を見てみるべきだというご意見に賛成します。しかし、中国支社に関しては、すぐに動くべきだと思います。

---

wait and see 静観する　how the situation unfolds 仕事がどのように進められるのか

162 賛成と支持

▶ そうしましょう。
Let's go with it. `inf`

▶ わかりました。私が調査します。
Okay. I will investigate it.

▶ 納得しました。
You've convinced me.

▶ 私もそう思います。
I think so, too.

▶ そのとおりです。期限延長について確かにスティーブンと話し合うべきです。
You're right. We should definitely approach Stephen about the time extension.
　　approach 話をする、交渉する　time extension 期限延長

▶ この遅延の問題について、双方同じ考えです。
We are both on the same wavelength about this delay problem.
　　on the same wavelength 考えが同じである

▶ タイの事業中止について、あなたに賛成です。
As for ceasing operations in Thailand, you have my vote.

▶ 同意します。
I agree with you.

▶ 提案の送付を先送りするのはいい考えです。
Holding off on sending the proposal is a good idea.　　hold off 先送りする

▶ あなたの論拠に基づくと、私は同意せざるを得ません。
Based on your arguments, I would have to agree.

▶ プロモーションキャンペーンに対して起こり得る消費者の反発については、貴殿に一理あります。
You have a point about the possible consumer backlash to the promotional campaign.　　backlash 反発、反感

▶ 熟考の結果、プロジェクトの期間について貴殿の提案を支持することにしました。
After much thought, I've decided to support your suggestion for the project time frame.

- ▶ 政府に支援を要請することにした貴殿の決定を支持します。
  I support your decision to ask for help from the government.

- ▶ あなたの提案する変更に賛成します。
  I am in favor of your proposed changes.

- ▶ 私たちのチームは同じ意見です。
  Our team **has the same opinion.**

- ▶ 相互に利益があるとわかるので、その条項を削除するという提案に同意します。
  Since it could prove mutually beneficial, we can agree to your proposal to delete the provision.
  provision 条項

- ▶ 経営陣は、あなたのチームを支持します。
  Your team **has** the management**'s support.**

163　部分的な同意

- ▶ それは悪い考えではありませんが、ご提案の日付がいいかどうかはわかりません。
  That's not a bad idea, but I'm not sure I like the date you're proposing.

- ▶ よさそうですが、まず私のチームのフィードバックを受けたいと思います。
  That sounds okay, but I would like to get my team's feedback first.

- ▶ チームを率いる適任者を見つけることができる場合にのみ、特別対策本部を組むのに同意します。
  I'm in agreement about creating a special task force**, but that's only if** we can find the right person to head up the team.
  head up 率いる

- ▶ ある程度までは本当ですが、従業員の福祉が考慮されていません。
  That's true to an extent, but the well-being of the employees **has not been taken into account.**
  take ~ into account ～を考慮する

- ▶ ある程度はそう思いますが、純利益に及ぼす影響を考慮する必要があります。
  I agree to a point, but we need to consider the effects on our bottom line.
  a bottom line 純利益、総決算

- ▶ いくつかささいな点で反対はありますが、あなたの意見には利点があります。
  Your opinion has merits, even though we disagree on a few minor points.

- ▶ ご提案されたスケジュールに部分的に同意しますが、まだいくつかの側面が心配です。
  I agree partially with your proposed schedule, **but I am still concerned about a few aspects.**　　partially 部分的に　aspect 側面、状況

- ▶ プロジェクトの範囲に限っては同意できますが、ご提案の開始日に関しては、そのような遅い日付に同意することは困難です。
  As far as project scope **is concerned, we can agree, but** in terms of your proposed start date, **we find it difficult to agree on** such a late date.　　in terms of ～に関して

- ▶ しかし、具体的な発売日については、反対するつもりでいます。
  However, I am inclined to disagree with you on the specific launch date.

164　全面的な同意

- ▶ それには大賛成です。
  Two thumbs up on that. [inf]　　thumbs up on 全面的に賛成する

- ▶ 候補者については的を得ていますね。
  You're right on the money about the candidates.
  　　(right) on the money 的を得ている

- ▶ よくやった！　これ以上言いようがありません。
  Bravo! I couldn't have said it better myself.

- ▶ 最後まであなたを支持します。
  I'm behind your position all the way.　　all the way ずっと、最後まで

- ▶ まさにそれを言おうとしていました。
  You took the words right out of my mouth.

- ▶ 全面的に同意します。
  I couldn't agree with you more.

- ▶ 構造工事に我が社の労働力を利用することについて、100%賛成です。
  Concerning utilizing our own labor force for the structural work, **I'm with you 100%.**　　be with ～を支持である

- ▶ はい、まさにそのとおりです。
  Yes, you're absolutely right.

- 北米市場の見通しについて、あなたが言ったことに賛成です。
  I really like what you said about the prospects in the North American market.

- あなたは確かに私の支持を得ているということを、知っておいてほしいのです。
  I want you to know that you definitely have my support.

- あなたの意見に完全に同意します。
  I totally agree with your comment.

- あなたは絶対的に正しい。
  You are absolutely right.

- 説明されたことについて、何の批判もありません。
  I see absolutely nothing to criticize about what you've outlined.

  absolutely 完全に、全く　criticize 批判する

- これについて、あなたは弊社の全面的な指示を得ています。
  You have our full support on this one.

- この金融危機についてのご意見に、私は完全に同意します。
  Regarding your opinion on this financial crisis, **I'm in complete agreement.**

- MOUについて、私たちは確かに同意しています。
  We are most definitely on the same page on the MOU.

  on the same page 同意して

- あなたの決定に非常に満足しています。
  I am quite pleased with your decision.

- 提案いただいた変更について、ここにいる私たち全員が完全に同意しています。
  All of us here are in full agreement with your proposed changes.

タイプ2 反対

✉ 反対する部分を明確に述べ、その理由を明らかにする

他人の意見に反対するのはどの言語であれ簡単なことではないので、相手の体面や感情を考慮して、できる限り婉曲な表現を使用します。まず、相手の意見や立場についての理解を示し、反対する部分について明確に言及して、反対する理由を説明します。

Subject Suggestion to Change Training Binder Color
From claire@myoffice.net
To jane@ibcp.co.jp

Thank you for suggesting that we change the color of the training binder. I can understand your reason for wanting to have all materials match the T-shirts you've ordered, but we think that doing so now would be unrealistic and too costly.

　　　　　　　　　　　　　　　　　　　　　　　婉曲な反対
　　　　　　　　　　　　　　　　　　　　　　　▶ 168

トレーニングバインダーのカラー変更の提案
トレーニングバインダーの色を変更するというご提案をいただきありがとうございました。ご注文いただいたTシャツに、すべての素材を合わせてほしいという理由は理解できますが、現時点ではそうすることが非現実的であり、費用がかかりすぎると思っております。

---

match 〜にふさわしい　unrealistic 非現実的な　costly 高価な

165 意見に反対

▶ コニー、すみませんが、その意見を受け入れることはできません。
Connie, **I'm sorry, but I'm not buying the argument.**
buy （意見などを）受け入れる

▶ そうは思いません。費用がかかりすぎるでしょう。
I don't think so. It would cost too much.

▶ 正直、私は必ずしもそのようには考えていません。
To be honest, I don't necessarily see it that way.

▶ それには同意できません。
I can't agree with that.

▶ 弊社の資金不足を考慮すると、それを実現できるかわかりません。
I don't see how that is feasible, considering our lack of resources.

▶ サラの業績について、あなたがなぜそのように考えているのかわかりません。
I'm at a loss as to why you would think that way about Sarah's work performance.
at a loss as to ～がわからない、～について途方に暮れる

▶ 価格がより重要な要素であるというあなたの主張は、私には理解しかねます。
Your insistence that pricing is a more important factor **makes no sense to me.**
make no sense わからない、理に合わない

▶ 公平に考えれば、あなたの意見に利点がありますが、私たちにとってはうまくいきません。
To be fair, I think your opinion has its merits, but it just doesn't work for us.

▶ 反対したくはないのですが、あなたのチームの一部のメンバーは、オフィス改装工事をする主な理由を忘れてしまったようです。
I don't really want to disagree with you, but I think certain members in your team are forgetting the major reason for the office renovation.

▶ それが本当ならうれしいのですが、実際は、スティーブンソン・アソシエイツ社の人々は、その考えについて躊躇するでしょう。
I would be happy if that were true, but the reality is that the Stephenson Associates people **will balk at the idea.**
balk at ～に躊躇する

▶ 毎日の進捗報告書をメールで送ることは、実際的ではありません。
E-mailing a daily progress report is just not practical.

- あなたの立場はわかりますが、私はあなたに反対しなければならないでしょう。
  While I can appreciate your position, I would have to disagree with you.

- 今週までに生産を完了させる必要があるというあなたの意見は、理解しがたいですね。
  I'm having difficulties understanding your point about needing to finish the production by this week.

- 残念ながら、アンジェロ・エクィップメント社と共に働くことに対するあなたの意見に同意することができません。
  I'm afraid I can't agree with your opinion about working with Angelo Equipment.

- 全部署のトップを集めた会議を招集することが、今回の危機を脱する最良の方法ではないと、私は強く感じています。
  I feel strongly that calling a meeting of all department heads **is not the best way** out of this crisis.

- 時間どおりにプロジェクトを終わらせるというプレッシャーがあることはわかっていますが、我が社のコストで専門家たちを呼び寄せることには、強く反対します。
  I realize that we are under pressure to complete the project on time**, but I strongly oppose** flying in the specialists at our cost.

166　意見の相違を強調

- タイミングについて意見が一致していないことは明らかです。
  It's obvious that we don't see eye to eye on the timing.
  see eye to eye　意見が一致する

- 移転にはクパチーノが理想的な都市だと言われましたが、そもそもオフィス移転の理由を理解していただけていないと思います。
  You said Cupertino is the ideal city for relocation, but **I don't think you understood the reason behind** moving the office **in the first place.**
  in the first place　そもそも

- 私たちはこれを、完全に異なる二つの観点から見ているようです。
  I think we're looking at this from two totally different perspectives.

- 私には、ラウンジから禁煙の標識を取り除くのはいい考えだとは思えません。
  To me, removing the non-smoking signs from the lounge **is a bad idea.**

- アプローチの仕方の違いについて、私たちは振り出しに戻っています。
  With our differences in the approach, we are back to square one.
  be back to square one 振り出しに戻る

- 予算総額が主な障害です。
  The amount of budget is the main sticking point.
  a sticking point 障害

- 提示されたいくつかの点に疑問があります。
  I find myself questioning a couple of points you've made.

- 逆のことが本当であると思います。
  I find the opposite to be true.

- CEOのスピーチの評価について、私たちは両極にあります。
  We're poles apart on the assessment of the CEO's speech.
  poles apart 両極にある、正反対である　assessment 評価

- 残念ながら、私は新しい広告キャンペーンについて、あなたほど思い入れはありません。
  Unfortunately, I don't share your enthusiasm about the new advertising campaign.

- 新しいスケジュールを考案する必要性がわからないので、マイアー氏があなたに提案したことには同意できません。
  Because we fail to see the necessity to devise a new schedule, our team can't agree with what Mr. Meyer suggested to you.

- その製品が安全であるというあなたの主張には反対です。
  What I disagree with is your insistence that the product is safe.

- 新しい政府の政策について、私たちには意見の相違があります。
  We have differing opinions about the new government policy.

- 梅雨が来るので、新しい日付に同意することができません。
  Due to the coming rainy season, we cannot agree to the new date.

167　全面的な反対

- どうしてもそれをすることはできません。
  There is no way. I can't do that.

- それにはまったく同意できません。
  I can't agree with that at all.

- 絶対だめです。
  Absolutely not.

- これ以上ないほど反対です。
  I couldn't disagree with you more.

- 完全に反対します。
  I disagree completely.

- ２番目の点について、完全に反対します。
  I am in total disagreement with your second point.

168 婉曲な反対

- あなたのアイデアを実行すると、抗議が起こるかもしれないと思いませんか？
  There might be some protests if we implement your idea, don't you think?

- 本当にそれが安全な方法だと思いますか？
  Do you really think that's a safe method?

- それについてあなたが間違っているのではないかと思えて仕方ありません。
  I can't help wondering if you might be wrong about that.
  can't help -ing　～せずにはいられない

- 工場労働者の福祉について言っていることはわかるのですが、従業員規模を縮小しない場合の最悪のシナリオについて考えてみてください。
  Even though I see what you're saying about the welfare of the plant workers**, I urge you to think about** the worst case scenario if we don't cut back on staff.
  urge　促す、勧める

- この問題を解決するには、第三のオプションを選択するほうが容易だと思いませんか？
  Would you not agree that taking the third option **may be an easier way to** solve this problem?

Tips & More

Scenario

脚本、すなわち「シナリオ」は英和辞書でも scenario と出てはいますが、主に英語圏の生活のなかで scenario という言葉は、「今後、起こりえる事件の描写」を意味します。ちなみに脚本は screenplay、または script としなければ、通じません。

- あなたの意見は尊重しますが、他の要因も考慮すべきではないでしょうか？
  I can respect your opinion, but shouldn't we consider other factors as well?

- 同意できるかどうかわかりません。
  I am not sure I agree.

- あなたの意見はわかりますが、私たちの意見も考慮してください。
  While I can understand your opinion, I ask that you consider ours.

- おっしゃることはわかりますが、反対するつもりだと言わざるを得ません。
  I see your point, but I would have to say I'm inclined to disagree.

- はい、通常は代わりに使っても大丈夫ですが、潜在的な副作用について検討しましたか？
  Yes, it is normally a feasible alternative, but have you considered the potential side effects?
       feasible 実行可能な   **a side effect** 副作用

- あなたがそう言うのはわかりますが、私たちは、少なくとも2つの要因が問題を引き起こすだろうと考えています。
  We can appreciate where you are coming from, but we feel that there are at least two factors that would pose a problem.
     where ~ is coming from 〜と言うのは   **pose** (問題を)引きこ起こす

タイプ3　提案と妥協

✉ 協力を求める気持ちが伝わるように確信のある表現を使用する

何かを提案するときは、あいまいな語調を避け、協力してほしいという気持ちが伝わるように確信のある表現を使用します。相手が協力的である、または中立であると判断した場合には最初から具体的に提案し、相手が懐疑的である場合には具体的な現状と問題を提示し、分析して結論を出すとよいでしょう。

Subject　Speeding up the Project
From　tommy@neoelec.com
To　barrybeck@neoelec.com

提案の提示
▶ 169

• **I would like to propose a possible solution to our team's slow progress on the project.** To speed up the project, I think we should temporarily bring in at least three additional engineers from Nagoya until phase 2 is complete. This would not only allow us to catch up on our schedule but also give us a muchneeded variety of perspectives.

プロジェクトのスピードアップ
チームのプロジェクトがなかなか進まないことについて実行可能な解決策を提案したいと思います。プロジェクトの進捗をスピードアップするには、第二段階が終了するまで、少なくとも名古屋からエンジニアを三名、一時的に連れてくるべきだと考えています。そうすれば、スケジュールに追いつくことができるばかりか、私たちが必要としているさまざまな見通しを立てることができるでしょう。

---

speed up　促進する、速度をはやめる　**catch up**　追いつく　**a variety of**　さまざまな　**perspective**　見通し

169　提案の提示

- 解決策を提案したいのですが。
  I'd like to suggest a solution.

- 従業員の士気を高めるために、以下を提案したいのですが：
  To help boost employee morale, **I'd like to propose the following:**

- 新製品に対する消費者の反応をモニターできるよう、評判のよいコンサルタントを雇うべきです。
  We ought to hire a reputable consultant, **so that we can** monitor consumer reaction to the new product.　　　reputable 評判がよい、信頼できる

- それぞれがアイデアをブレーンストーミングして、数を絞り込むのがいいでしょう。
  It might be a good idea for each of us **to** brainstorm ideas and then narrow them down to a handful.　　　handful ひとつかみ、ひと握り

- 富田さんが出張から帰ってきたら、来週の火曜、全員で会って話し合う**ことを勧めます。**
  I recommend that we all meet to discuss the issue next Tuesday when Tomita gets back from his business trip.

- 従業員の新しい技術研修のため、年間予算の適切な割り当て**が必要です。**
  We need to allocate the proper amount of our annual budget for new skills training for employees.　　　allocate 割り当てる

- 外部の助けを求める**ことが、**この状況に対処する**ための最善の方法です。**
  The best way for us to manage this situation **may be to** seek outside help.

- 以下に説明したことが、人員の自然減を防ぐのに最も効果的な方法である**と確信しています。**
  I am convinced that what I have outlined below is the most effective method to reduce employee attrition.　　　attrition 人員の自然減

- すぐにプロジェクトを中止し、代替案を評価する**ことを提案しようと思います。**
  My suggestion would be to stop the project immediately and assess our alternatives.　　　assess 評価する、査定する

- 許可をいただければ、実行計画を提案したいと思います。
  With your permission, I would like to propose a plan of action.　　　a plan of action 実行計画、行動計画

- 提案させてください。
  Allow me to make a suggestion.

170 代案の提示

- それはいいアイデアですが、鈴木氏が提案したアプローチを使ったほうがよくはないでしょうか？
  That's a good idea, but wouldn't it be better using the approach Ms. Suzuki suggested?

- 早急に第2段階に入るのではなく、エンジニアたちに第1段階を完成させるべきだと思いませんか？
  Don't you think we should allow the engineers to complete phase 1 **instead of** prematurely going into phase 2?

- 自分たちで評価を実行しても、恐らく同様に効果的でしょう、そう思いませんか？
  Performing the evaluation ourselves **would probably be just as effective, wouldn't you say?**

- 代替案を提示してもいいでしょうか？
  Could we offer an alternative proposal?

- あなたの提案より、新たに海外営業チームを構築するほうがより妥当であると思います。
  Rather than what you have proposed, **I think it would be more reasonable to** create a new overseas sales team.

171 提案への反対

- すみませんが、プロジェクトを遅らせるのには賛成できません。
  Sorry, I can't agree to delay the project.

- 提案はありがたいのですが、それが現実的かどうかはわかりません。
  Thanks for your suggestion, but I'm not sure if it's realistic.

- 私たちが考えなければならない人員のことを考えると、恐らくうまくいかないでしょう。
  That probably won't work, given the resources we have to work with.

- ですからあなたの提案を却下しなければなりません。
  So I have to turn down your proposal.

- デザインをやり直すというあなたの提案はあまりにも性急だと思います。
  We think that your suggestion to redo the design **is too hasty.**

redo 〜をやり直す　hasty 性急な

▶ 現時点で、それが正しい解決策であるとは確信していません。
I am not convinced that is the right solution at this point.

▶ あなたの提案は、いくつかの重要な要因を考慮していないと思います。
Regarding your suggestion, I think there are several major factors you haven't considered.

▶ あなたの提案は不確定な要素が多すぎて、支持することができません。
I cannot support your proposal because there are just too many variables in it.
variable 変わりやすいもの

▶ コンサルタントがもう一人必要だとは思いません。
We do not feel that another consultant is necessary.

▶ 現時点では反対しなければならないでしょう。
We will have to say no at this time.

▶ 残念ながら、提案を受け入れることはできません。
Unfortunately, we cannot accept your proposal.

▶ エンジニアにスケジュールを再度作成させることは可能ですが、オーナーを納得させることはまったく別の話です。
Getting the engineers to rework the schedule **may be possible, but convincing the owner would be another matter all together.**

▶ あなたの計画は不必要な増員を伴うため、あなたの提案を受け入れることはできないでしょう。
Because your plan **would entail** adding unnecessary personnel**, we will not be able to entertain your proposal.**
entail 〜を伴う　entertain 受け入れる

▶ 出荷を早めることが我が社の得にはならないため、あなたの提案を受け入れることはできません。
Since it is not in our best interest to expedite the shipment, **we cannot accept your suggestion.**
expedite 早める、促進する

172　提案への強い反対

▶ できないよ、スティーブ。
No can do, Steve. `inf`

▶ それは問題外です。
That's out of the question.

- 絶対だめです。
  Absolutely not.

- 到底それを受け入れることはできません。
  There is no way that we can accept that.

- 申し訳ありませんが、それに同意することはできません。
  I am sorry. We can't agree to that.

- 彼の提案を受け入れなければならない理由が、ひとつも思いつきません。
  I cannot think of one reason why we should accept his proposal.

- あなたの提案に強い反対を表明しなければならないでしょう。
  I would have to state my strong objection to your proposal.
  state 表明する

- はっきり言って、私はカールソン氏の計画に断固反対します。
  For the record, I am firmly opposed to Mr. Carlson's plan.

- その提案を受け入れることを完全に拒否します。
  I am completely against entertaining the proposal.

- あなたの提案を拒絶する理由を以下に列挙しました。
  I have listed below my reasons for rejecting your proposal.

- 残念ながら、私たちはそれを許すことができません。
  Unfortunately, we cannot allow that.

- 会計士を替えるという考えにはまったく反対です。
  We are totally opposed to the idea of replacing the accountant.

- 提案を受け入れると、そのチームの損になります。
  Accepting the suggestion would be detrimental to the team.
  detrimental 損な、有害な

173　提案の受け入れ

- よくやった、ジャスティン！
  Way to go, Justin! `inf`

- 大賛成です。
  I'm all for it. `inf`

- そのアイデア、とても気に入りました。やりましょう。
  I love the idea. Let's go for it.

- ▶ ただちに実行しましょう。
  I say we implement it immediately.

- ▶ ジョン、提案に感謝します。とてもいいですね。
  I appreciate the suggestion, John. **I really like it.**

- ▶ 私はあなたの提案がいいと思います。
  Your proposal is fine with me.

- ▶ そのアイデアがとても気に入っています。
  We like the idea a whole lot.　　　　　　　　a whole lot　非常に、とても

- ▶ あなたの考えはまさしくやってみるに値します。
  Your idea is definitely worth a try.　　　　　worth a try　試すに値する

- ▶ 最後のメールで説明してくれた提案に賛成です。
  I'm in favor of the suggestions you've outlined in your last e-mail.

- ▶ 提案してくれたように、明日の午後の会議を2時間早く開始します。
  As you suggested, I will start the meetings two hours early tomorrow afternoon.

- ▶ 伊藤氏との再確認が必要ですが、あなたの提案に賛成できると思います。
  I would need to double-check with Mr. Ito, **but I think we can go along with your proposal.**　　go along with　〜に賛成する

174　再考の要請

- ▶ 木村さん、あなたの決定を再考しませんか？
  Mr. Kimura, **won't you reconsider your decision?**

- ▶ 私を神戸オフィスに転勤させるという決定を再考していただけませんか？
  Could you reconsider your decision to transfer me to the Kobe office?

- ▶ 当事者すべての利益となる決定をすることが、双方にとって得になると信じています。
  I believe that it's in both our interest to come to a decision that would benefit all the parties involved.

- ▶ 上述の条項を追加するという決定の再考をお願いしたいのですが。
  We would like to ask that you reconsider your decision to add the said provision.

- 相方にとって有益な合意に至らなければなりません。
  It would behoove us to come to a mutually-beneficial agreement.

  behoove 当然の、義務である

175　妥協案の提示

- 歩み寄りましょう。
  Why don't we meet half way?

  meet half way 歩み寄る、途中で会う

- 配送費の割引を提供したらどうなるでしょうか？
  What if we offered you a discounted shipping rate?

- 1年の契約延長を提案するということではどうでしょうか？
  How about if we offered you a contract for another year?

- 実際の契約の青写真となるMOU締結を提案します。
  I suggest we sign an MOU, which would serve as a blueprint for the actual contract.

  blueprint 青写真

- 妥協して、各部門から代表を2人送りませんか？
  Could we compromise and send two reps from each division?

  rep 代表

- 双方引き続き共に仕事をすることを望んでいるので、以下を提案します：
  As we both want to continue working together, I propose the following:

176　妥協案の受け入れ

- 代表2人を送ることには問題ありません。
  Sending two reps **would be okay with us.**

- 1年延長するという提案は妥当であると考えています。
  I think your offer for a 1-year extension **is reasonable.**

- あなたの対案に同意します。
  We will agree to your counterproposal.

- ご提示いただいた内容につき、反対はありません。
  We have no objections with what you are offering.

- あなたの解決策は、非常に適切な妥協案です。
  Your solution is a quite reasonable compromise.

- 2週間技術者を送ってくださるという以下の新しい提案を、弊社は受け入れます。
  Following your new offer to send technicians for two weeks**, we will accept.**

- 支払い条件を変更してくださったので、喜んで新しい提案を受け入れます。
  Since you have changed the payment terms**, we are happy to accept your new proposal.**

177　妥協案の条件的な受け入れ

- ティモシーがショーンに謝罪しなければ、それを受け入れることはできません。
  I can't accept that unless Timothy apologizes to Shawn.

- 20日以内の配送を保証するという条件の下、喜んで貴社の提案を受け入れます。
  I am willing to accept your offer on the condition that you guarantee delivery within 20 days.

- ご意見を取り下げることに同意していただければ、喜んでプロジェクトを再開します。
  If you agree to withdraw your claim**, we would be glad to** restart the project.

- 報告書を月末までに受け取ることができれば、私たちはあなたの解決策に同意することができます。
  We can agree to your solution as long as we receive your report by the end of the month.

- 全体に、あなたの提案に同意しますが、いくつかの項目を具体化する必要があります。
  Overall, we agree with your proposal, but a few items need to be fleshed out.　　　　　　　　　　　　　　　　**flesh out**　具体化する

- 以下の条件をそろえてもらえれば、同意することができます。
  We could agree, provided that the following conditions are met.

- ちょっとした変更をしてくだされば、あなたの対案に同意できるかもしれません。
  We might be able to accommodate your counterproposal with minor changes.　　　　　　　　　　　　　**counterproposal**　対案

178　妥協案の拒否

▶ すみませんが、この提案は受け入れることができません。
Sorry, we cannot accept the offer.

▶ 意見が相違している主要な部分が未解決のままなので、ご提案いただいた解決策に同意しかねます。
Because the major areas of disagreement remain unsettled, I cannot see myself agreeing to your proposed solution.

▶ ご提案には不満があります。
Your offer is unsatisfactory.

▶ 残念ながら、新しい提案をいただいたにもかかわらず、同意することができません。
Unfortunately, despite your new offer, we cannot agree.

▶ 現状では、あなたの提案を受け入れる立場にはありません。
We are not in a position to accept your proposal as it stands.

as it stands 現状では

▶ 弊社の顧客が追加費用を払い続けなければならないので、貴社の提供する解決策を受け入れるのは難しいでしょう。
It would be difficult for me to accept your proposed solution since our customers would be continuing to pay the extra fees.

UNIT 14

問題や不満を伝える

- タイプ 1 　アドバイス
- タイプ 2 　不満の表現
- タイプ 3 　エラーの報告
- タイプ 4 　問題の報告
- タイプ 5 　誤解の確認

UNIT 14 問題や不満を伝える
Problems & Dissatisfaction

仕事中に生じる感情的な問題について、格式を備えつつ、アドバイスしたり、不満を伝えるメール、問題点やエラーを伝えたり、誤解の解明を伝達するメールです。

🗨 タイプ別 Key Point

タイプ1 アドバイス	→	中立の立場で肯定的な文体で作成する
タイプ2 不満の表現	→	不満が生じた背景を具体的に言及する
タイプ3 エラーの報告	→	婉曲な語調と表現を使用する
タイプ4 問題の報告	→	解決策があれば共に提示する
タイプ5 誤解の確認	→	本来の意図や意思を再確認する

⊕ 専門家の E-mail Advice

問題が発生したり不満が生じたりした場合は、何が問題なのかを明示して、こちらの視点から説明します。できれば、具体的な解決策を提示します。問題が発生した相手と一対一で解決策を探ったけれども効果がない場合にのみ、問題解決のために他の人に参考意見を仰ぐとよいでしょう。

✎ すぐに書ける 3 Steps

Step 1 導入　問題の背景を説明して相手の注意を喚起する

↓

Step 2 本文　問題や不満事項を具体的に提示して、メールの受け手の立場を理解していることを示す

↓

Step 3 結びの言葉　解決策への期待感を示す

チーム・メンバーの業務怠慢を上部に報告し、適切な措置を求める

Best Sample

Subject: Jim Wilson
From: tjhong@lacondargame.com
To: paul@designerscore.co.jp

Dear Paul,

[Step 1 導入 / 問題の背景]
As our goal is to launch The War of Lacondar before June 1, I wish to call your attention to a problem that may affect this date. It's about Jim Wilson, one of your new senior graphic designers.

[Step 2 本文 / 問題点の提示 / 受け手の立場を理解]
For a few weeks now, his work has been disappointing at best and baffling at worst. His graphics do not match the original design and are often turned in late. This holds up the rest of the designers. I've tried to talk to him on several occasions to no avail. I realize this is a sensitive issue, since he was sent here on your recommendation, but he is delaying the game development.

[Step 3 結びの言葉 / 期待感を示す]
Again, as we are both committed to the launch date, let me know how you want to handle this problem. Thank you. I await your reply.

Sincerely,

T. J. 'Game Master' Hong

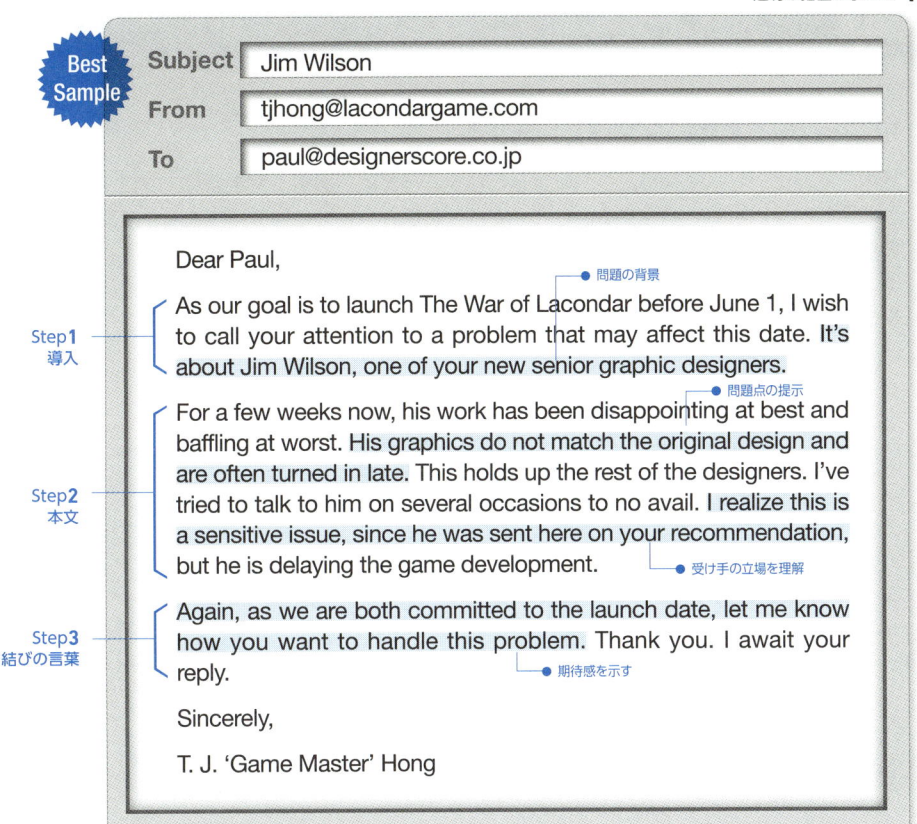

ジム・ウィルソン氏について

ポール様、

我々の最終的な目標は、6月1日以前に The War of Lacondar を発売することですので、スケジュールに影響を及ぼしかねない問題についてご指摘したいと思います。それは、貴社の新しい常任グラフィックデザイナーの一人、ジム・ウィルソン氏のことです。

これまでの数週間のあいだの彼の仕事ぶりは、よく言えば失望、悪く言えば当惑させられるものでした。彼のグラフィックスは、オリジナルデザインとはあわず、提出もよく遅れています。これによって、ほかのデザイナーの進行が妨げられます。何度かウィルソン氏と話してみようしましたが、無駄に終わりました。彼はあなたの推薦でここに来ているので、これが慎重を要する問題だということはわかっています。しかし、彼は今回のゲーム開発を遅らせています。

繰り返しになりますが、我々は発売日程に専心していますので、この問題をどのように扱えばよいのか、ご教示ください。ありがとうございます。お返事をお待ちしております。

T・J・"ゲームマスター"・ホン

---

a game console ゲーム機 call attention to ～に注意を促す baffling 当惑させる hold up ～の進行を遮る to no avail 無駄に laugh off 一笑に付す recommendation 推薦 established 定評がある be committed to ～に専念する

UNIT 14 問題や不満を伝える

タイプ1 アドバイス

✉ 中立の立場で肯定的な文体で作成する

社内で職員にアドバイスしたり、叱責したりするときは、通常、肯定的なアプローチが必要であり、相手を非難するよりも、間違った態度や行動自体に焦点をおいて問題の解決策を講じます。必要であれば、具体的に望ましい行動や成果を提示します。まず、中立な立場から肯定的な文章で始めて、内容を簡潔に伝え、問題を解決するために手助けすることができる、などの楽観的な結びの言葉で終えます。

Subject Complaints about Your Messy Desk
From kevin@ibcp.co.jp
To daniel@ibcp.co.jp

Because I've always seen you as a tidy person, I was surprised to receive multiple complaints from some of your co-workers about your messy desk. As we all value cleanliness, please keep your work area neat and orderly. If you need to talk to me about this, my door is always open.

態度に関するアドバイス ▶179
結びの言葉 ▶182

散らかった机に対する苦情
あなたはきちょうめんな人だとずっと思っていたので、あなたの机が散らかりすぎだという苦情がいくつも同僚のなかから出たことに驚きました。私たちはみな、清潔感を尊重していますので、ワークスペースは清潔で整頓された状態を保ってください。この件について話し合いが必要でしたら、いつでも相談に乗りますよ。

---

messy 乱雑な **tidy** きちんとした、きちょうめんな **multiple** 多数の、さまざまな、複合的な **cleanliness** 清潔感 **neat** きれいな **orderly** 整頓された

179 態度／行動に関するアドバイス

▶ ステファニー、できれば、電話中邪魔をするのはやめてもらえますか？
Stephanie, **if you would, could you not interrupt me when** I'm on the phone?

▶ 私も他の人も困っているので、そのようないたずらをするのは本当にやめるべきです。
You really need to stop playing those practical jokes **because they are making me and others feel uncomfortable.**

a practical joke （実際の行動が伴う）いたずら

▶ もしこれを続けるなら、あなたの行動を経営陣に報告せざるを得ません。
If you continue to do this, I will have no choice but to report your behavior to the management.

▶ これからは、指定された喫煙エリアでのみ喫煙してほしいのですが。
From now on, I would like to ask that you smoke only in designated smoking areas.

designated 指定された

▶ バイヤー会議でのあなたの行動に困惑しました。
I was disturbed to learn of your behavior at the buyer's convention.

▶ スタッフ会議に遅れてくるというのはどうしてか説明してください。
Please explain why you insist on coming late to the staff meetings.

▶ なぜ常習的に遅刻するのか説明してもらえると、とてもありがたいのですが。
If you could explain why you have been habitually coming in late, **I would appreciate it.**

▶ チームワークとコラボレーションの雰囲気を作るのを助けていただければ、本当にありがたいのですが。
I would really appreciate your helping me create an atmosphere of teamwork and cooperation.

atmosphere 雰囲気、様子

▶ 会社に5年以上いる人であれば、よりよい態度を期待します。
I expect a better attitude from someone who has been with the company for over five years.

▶ あなたがここにいる多くの人が期待するようなリーダーだということは分かっていたので、あなたがチームのメンバーに怒鳴ったというのを聞いてちょっと驚きました。
Because I know you are capable of the type of leadership many here have come to expect, **I was a little surprised to hear that** you had yelled at one of your team members.

▸ いつも報告書を迅速に提出してくれたので、最近になって提出が遅れる**傾向**があるのは少々珍しいですね。
You've always been prompt with turning in your reports, **so your recent tendency in** turning them in late **is a little unusual.**

▸ ここは100人以上のスタッフと従業員が一緒に使うオフィスだということを考慮してください。
Please consider that this is an office shared by over a hundred staff and employees.

▸ よく分かっているように、我が社は顧客サービスを非常に重視します。
As you are quite aware, we take customer service **very seriously.**

▸ ユリ・コム社では、相いに尊重することが企業価値の**最も重要な**面のひとつです。ですから、同僚に配慮を示してください。
At YuriCom, mutual respect **is one of the most important aspects of** our corporate values. **As such, I ask that** you show consideration to your colleagues.
                      consideration 配慮、思いやり

▸ お客様へのそのような無礼は容認されません。
Such rudeness to our customers **will not be tolerated.**

180　業務関連のアドバイス

▸ これは受け入れることができません。やり直してください。
This is unacceptable. Please redo it.

▸ 私ははっきりさせておきたいのです。絶対にスペルミスがあってはなりません。
I want to make myself crystal clear. There should be no spelling errors at all.
                      crystal clear 非常に明確な

▸ オマン・スキンケア・プロダクツ社から、あなたから電話をもらったことがない**という**電話を受けました。どうしてこのようなことが起こったのか説明してください。
I received a call from Oman Skin Care Products **that** you never called them. **Please explain how this happened.**

▸ これを警告として受け取ってください。
I would like this to be a warning.

▸ 非常に重要な年間予算について、より多くの努力を期待します。
I expect more effort with the all-important annual budget.
                      all-important 非常に重要な

▶ 報告書を訂正するために、以下のステップを踏んでください：
I would like to see you take the following steps to correct the report:

▶ このような行動を続けると、懲戒処分をせざるを得なくなります。
If you continue with this behavior, I would be forced to take disciplinary action.

disciplinary action 懲戒処分

▶ 経営陣に報告することができるよう、次回問題があったら、私に通知するのが望ましいでしょう。
Warning me if there is a problem next time would be ideal so that I can report it to the management.

▶ 期限までに報告書を提出しなければ、チーム全員に影響します。
Not turning in the reports on time **affects everyone** in the team.

▶ このような行動をただちに止めることを、強く要求します。
I firmly ask that you stop this type of behavior immediately.

▶ 役員ワークショップのためのプレゼンテーションのスライドについて、あなたの努力は賞賛に値しますが、再検討の結果、データ・分析・結論の面で、より具体的にすべき多くの点を見つけました。
I commend your efforts on the presentation slides for the executive workshop, **but** as I reviewed them, **I saw many areas where you will need to be more specific in terms of** data, analysis and conclusion.

▶ データで受け入れがたいミスがありました。すぐに修正する必要があります。
There were unacceptable mistakes in the data. **These need immediate correction.**

181　外部関連のアドバイス

▶ 善意であるのはわかりますが、私たちに代わってメールを書くのをやめてほしいのですが。
I realize that you mean well, but I would like to ask you to cease writing e-mails on our behalf.

▶ 契約に基づき、貴社が建築家に送ったすべてのメールのコピーを私たちにくれるのが適切だと思います。
Under our contract, I think that copying us on all your e-mails to the architect **is appropriate.**

- そうし続けるのであれば、あなたの上司にそれについて話す必要があるでしょう。
  If you continue to do so, I will need to talk to your boss **about it.**

- 弊社のエンジニアが貴社オフィスにいるとき、配慮をしてくださるようお願いします。
  We ask that you show some consideration to our engineers when they are at your office.

- マイルストーン・プロ・ソフトウェア開発のパートナーとして、貴殿と貴チームからもう少し敬意を払ってもらえたらと思います。
  As a partner in the development of Milestone Pro software, **we would like a little more respect from you and your team.**

182　結びの言葉

- いつでもお手伝いしますので、心配事があれば私を訪ねてください。
  I am here to help, so come see me if you have any concerns.

- 私がどのように役に立つか教えてください。
  Let me know what I can do to help.

- これについて個人的な配慮をお願いします。
  I ask you to give this your personal attention.

- これを慎重に考慮してください。
  Please give this your serious consideration.

- この問題は解決されなければなりません。
  This problem must be resolved.

- ご協力いただければ本当にありがたいです。
  Your cooperation would be really appreciated.

タイプ2 不満の表現

📧 不満が生じた背景を具体的に言及する

不適切な行動に対する不満でなければ、丁寧な語調でメールを作成することが原則です。いつ、どこで、誰が、どのように、何によって不満が生じたのか、具体的な原因を提示します。また、不満を解消すべき理由に言及するのもよいでしょう。一つのメールでさまざまな不満事項に対処するよりも、一つに集中するようにします。

Subject Second Beta Test
From maryester@designerscore.com
To ben21@lacondargame.com

I was a little surprised to see you declare in your last e-mail that you would be skipping the second beta test. Since we share the responsibility of the software's performance, **we are uncomfortable with the decision.** We strongly ask that you reconsider.

> 不満の表現
> ▶ 183, 184

二回目のベータテストについて
前回のメールで二回目のベータテストを省略するとされていて、少々驚きました。そのソフトウェアの性能についての責任は弊社も共有しているので、そのような決定に困惑しております。ぜひとも再検討することを願います。

---

declare 宣言する　**skip** 省略する　**reconsider** 再考する

➡「詳細な注文」に関連する不満の表現は、「Unit6 ▶抗議と督促」を参照してください

183 不満の表現

- それはチームにとって大変な失望でした。
  That was a big letdown for the team.　　　　　　　　　letdown 失望

- 殴られるのではないかと、本当に怖かったのです。
  I was actually scared that I would be punched.

- そのようなことをするのは、あまり愉快ではありません。
  I wouldn't feel comfortable doing something like that.

- 彼の失礼な行動に、ただショックだったとしか言えません。
  I can only say I was shocked by his rude behavior.

- ボブ・サンチャゴが私の助手を罵倒した時は、完全に言葉を失いました。
  I was completely speechless when Bob Santiago cussed at my assistant.　　　　speechless 言葉を失った、絶句した　cuss at 罵倒する

- あなたの秘書がいきなり電話を切ったとき、どんなに驚いたか言い表せません。
  I can't tell you how surprised I was when your secretary abruptly hung up on me.

- チン氏が私の提案をひと目見て笑い出したときの恐怖を想像してください。
  Imagine my horror when Mr. Chin took one look at my proposal and burst out laughing.

- 現時点でまた期間の延長を求めるのは、とても奇妙でしょう。
  Asking for another time extension **would be really awkward at this point.**

- あなたの選んだ着信音プロバイダに不満があります。
  I'm dissatisfied with your choice for the ringtone provider.
  　　　　　　　　　　　　　　　　　　　　　　　　　　　　ringtone 着信音

- 平日午後6時に門を閉めるというあなたの決定に、私たちは戸惑っています。
  We are baffled by your decision to close the gates at 6 p.m. on weekdays.　　　　　　　　　　　　　　　　　　　　　　baffled 戸惑って

- 合同会議中、あなた方の部門のスタッフが完全に無関心で、あっけにとられました。
  I was appalled by the complete nonchalance of the staff from your department during our collaborative meeting.
  　　　　　　appalled あっけにとられた　nonchalance 無関心な　collaborative 共同の

- 貴社が弊社とは契約を結ばないということを知り、非常に失望しています。
  We are very disappointed to learn that you will not be signing the contract with us.

- 私と話をするのを拒否することは、プロらしくないだけでなく、幼稚です。
  Your refusal to talk to me **is not only unprofessional but childish.**

  childish 幼稚な、子供のような

- オースティンさん、あなたのプレゼンテーションは、慈善募金の聴衆には不適切でした。
  Your presentation, Mr. Osteen, **was inappropriate for** the audience at the charity fundraiser.

- 非常に残念なことに、プロジェクトの図面はミスだらけでした。
  Much to my disappointment, the project drawings were full of errors.

- このようなメールをお送りするのは大変残念ですが、今回のプロジェクトでの貴社の実績について、私の失望を表明したいと思います。
  Although I regret having to send you this e-mail, I wish to express my disappointment at the performance of your firm during this project.

- UB社がそのプロジェクトを落札したというのは、残念なニュースでした。
  UB's being awarded the project **was disheartening news.**

  disheartening 残念な

- 前回のワークショップ参加者は、プロらしいトレーナーを期待しましたが、担当したトレーナーは、あいにく私たちの期待に応えられませんでした。
  Participants attending the last workshop **were expecting** a professional trainer, **but I am afraid** the assigned trainer **did not meet our expectations.**

- 2箱相当の金属の器具を再送するのは、お金がかかるのは言うまでもなく、少々不便です。
  It is a bit inconvenient to resend two boxes worth of metal tools, **not to mention** expensive.

  worth of ～相当の　not to mention 言うまでもなく

- 誠意をもってニューヨーク出張を準備した後、あなたが交渉会議を事実上無期延期すると聞いて、動転しました。
  After all the preparation we had made for the trip to New York **in good faith, it was upsetting to be told that** you were in fact postponing the negotiation meeting indefinitely.

  in good faith 誠意をもって　postpone ~ indefinately 無期延期する

- ハンセン氏がリサ・リーにそのように触れることは、非常に不適切です。
  It is quite improper for Mr. Hansen **to** touch Lisa Lee **in that manner.**

184 婉曲な不満の表現

▶ 正直言って、ライアン、うちのスタッフは残業しなければならないと文句を言っています。
Honestly, Ryan, my guys here **are complaining that** they have to work overtime.

▶ 隣の部屋の絶え間ない騒音を低減していただけないでしょうか？
Would you mind easing up on the incessant noise next door?

ease up on 〜を和らげる　incessant 絶え間ない

▶ 私たちがまたそちらに運転していくというのは、ちょっと不公平だと思いませんか？
Don't you think asking us to drive out there again **is a little unfair?**

▶ 貴殿からもう少し迅速に回答を得るには、どうすればいいでしょうか？
What can we do about getting replies from you a bit quicker?

▶ あなたのスタッフが、平日の夜うちのスタッフの携帯に電話するのを、やめると思いますか？
Do you think your guys **can maybe stop** calling my staff on their cellphones on weekday evenings?

▶ 私たちの会議は、本当に長くなり始めました。
Our meetings are beginning to get really long.

▶ その情報を渡すことは、私たちにとって不都合であるかもしれないということを、ご理解願います。
I hope you understand why it may be uncomfortable for us to give you that information.

▶ 新たに設定した期限のせいで、ここにいる私たちの多くは、少しプレッシャーを感じています。
Most of us here **are feeling a little pressure from** the new deadline you've set.

タイプ3 エラーの報告

✉ 婉曲な語調と表現を使用する

相手のエラーやミスを指摘するときは、できるだけ相手の体面を考慮する婉曲な語調と表現を使用して、性格や人格への言及はしないようにします。こちらがエラーをした場合には、言い訳を避け、エラーが生じた原因を簡単に説明し謝罪するようにします。

Subject The Correct Product List
From jane@ibcp.co.jp
To chris@trcc.com

Let me apologize. On my last e-mail, **I mistakenly attached last year's product list.** Please disregard the first one, as I've now attached this year's product list with this e-mail.

（当方のエラー報告 ▶ 186）

正確な製品リスト
申し訳ございません。前回のメールに、誤って昨年の製品リストを添付してしまいました。ここに今年の製品リストを添付しましたので、前回のものは放棄してください。

---

mistakenly 誤って　disregard 無視する

➡「注文エラー」に関連する表現は、「Unit6 ▶抗議と督促」を参照してください

185　相手へのエラー通知

▶ 大きな問題ではありませんが、どこかで見落としがあったようです。
It's nothing major, but there seems to have been a slip somewhere.
slip　見落とし

▶ 重大なことではありませんが、メールで送っていただいた分析に、いくつかの矛盾を発見しました。
It's nothing serious, but I found a few inconsistencies in the analysis you e-mailed me.
inconsistency　矛盾

▶ 昨日送ってくれた図面のミスについて、あなたに注意を促したかったのです。
I just wanted to call your attention to an error in the drawings you sent me yesterday.

▶ 見落としがあったようだと思います。
I think there might have been an oversight.

▶ 大変ためになる報告書でしたが、いくつかの誤字を直すといいでしょう。
Your report **was enlightening, but you might want to fix a few minor typos.**
typo　誤字、誤植

▶ 請求書に誤りがあります。
There is a mistake in the billing.

▶ 添付ファイルを開けたら、依頼したのとは別の写真のセットがあり、びっくりしました。
When we opened the attachment, we were surprised to find a different set of photos **from those we requested.**

186　当方のエラー報告

▶ すみませんが、先ほど誤った添付ファイルを送ってしまいました。これが正しいものです。
Sorry. I sent you the wrong attachment earlier. Here's the right one.

▶ おっしゃるとおりです。集計表に日付を入れるのを忘れてしまいました。追加して、新しいエクセル・ファイルを添付しました。
You're right. I forgot to include the dates in the spreadsheet. I've now added them, and **a new** Excel **file is attached.**

▶ テキストの配置を変えたときにちょっとした失敗があったのだと思います。
I think there was a bit of a blunder when I was repositioning the text.
blunder 失敗　reposition 配置を変える

▶ 間違って誤った注文を送りました。
We sent you the wrong order by mistake.

▶ 恥ずかしながら、写真を混同してしまいました。
I am embarrassed to say that there was a mix-up with the photos.
mix-up 混同、混乱

▶ お送りした請求書に書き間違いがあったようです。
It seems there were a few clerical errors in our billing **to you.**
clerical error 書き間違い、事務上のミス

▶ 最後のメールでお送りした計算にミスがありました。
There was an error in the calculation **I e-mailed you last time.**

▶ その2つのファイルを抜かしたのは、確かに私の見落としでした。
Leaving out the two files was definitely an oversight on my part.

タイプ4 問題の報告

✉ 解決策があれば共に提示する

問題が発生したら、いったん問題とその背景が何であるかを明確に提示して、解決すべき理由を説明します。放置しておいたときにどう悪化するかというシナリオにも言及し、解決策を提案してもよいでしょう。何よりも問題自体に相手の注意を集中させることが先決です。

Subject Punctured Gypsum Wall in the Lobby Area
From carlpark@gpcon.co.jp
To larryender@gpcon.co.jp

問題点 ▶ 187

A problem has occurred at the project site. Around 3 p.m., one of Landos KK's forklifts punctured a gypsum wall in the lobby area, but the operator insists it wasn't his fault. The gypsum wall contractor is, of course, refusing to redo the wall. I think you should talk to John at Landos.

解決策の提案 ▶ 190

ロビーエリアの漆喰の壁に穴が開いています

工事現場で問題が生じました。午後3時頃、Landos 社のフォークリフトがロビーエリアの漆喰の壁に穴を開けたのですが、その技師は、自分のせいではないと主張しています。壁の請負業者はもちろん、壁を手直しすることを拒否しています。Landos 社のジョン氏に話をしていただくべきだと思っています。

---

a project site 工事現場　puncture 穴を開ける　gypsum wall 漆喰の壁

187 問題

- ジャック、問題があります。スケジュール・ソフトが突然動作しないんです。
  Jack, **we have a problem.** The scheduling software **is suddenly not working.**

- チョウ氏のチームとちょっとした問題があります。
  There's a bit of a problem with Mr. Cho's team.

- プロジェクトが実際に期日通りに開始されるかどうか、気になり始めました。
  I am beginning to wonder whether the project can actually start on time.

- 彼にアプローチするかしないか、私たちがどうしても決定を下すことができないのが、大きな問題だと思います。
  I think the main problem is our nagging inability not to make a decision on whether to approach him **or not.**

  nagging つきまとう、消えることがない

- 今回の配送の問題は、機器の設置の遅れだけでなく、レストランの開店そのものに影響を与えます。
  This delivery **problem will not only** delay the equipment installation **but affect** the restaurant opening **itself.**

188 問題の原因

- この問題が、工場での不運な出来事により始まったのは確かです。
  I'm sure that the problem started with the unfortunate incident at the factory.

- あなたの言うことは認めますが、実際、予算が本当の問題ではありません。
  I can appreciate what you're saying, but the budget **is not the real problem.**

- 現時点で、コストが最大の障害です。
  The cost **is the biggest obstacle at this point.**

  obstacle 障害

- コンデンサーの問題は、設置時の不注意が原因で起こりました。
  The problem in the condenser unit **was caused by** carelessness during installation.

  condenser コンデンサー

189　今後の問題の可能性

- 放置しておくと、問題がさらに悪化する可能性があります。
  Left alone, the problem could get worse.

- 私たちが直面する可能性のある問題に、注意を喚起したいと思いました。
  I just wanted to call attention to a potential problem we might face.

- 今行動を起こさなければ、これは膨大な頭痛の種に変わってしまうのがわかります。
  I can see this turning into a massive headache if we don't act now.

- 現在は懸念事項ではないかもしれませんが、また起こって私たちを悩ませるかもしれません。
  It may not be a concern now, but it could come back and haunt us later on.

  haunt 悩ませる、つきまとう

- すぐに解決しなければ、この些細な遅延が、雪だるま式に大きな問題になるかもしれません。
  Without an immediate fix, this minor delay can snowball into a much bigger problem.

  snowball into （雪だるま式に）大きな問題になる

- 経営陣からの承認を得るにあたって問題があるかもしれません。
  There might be a problem with obtaining the approval from the management.

190　解決策の提案

- 1、2日熟考しましょう。
  Let's sleep on it for a day or two.

  sleep on ～を熟考する

- この問題を克服したいなら、チームとして集中する必要があります。
  We need to focus as a team if we hope to overcome this problem.

- 解決策は、プロジェクト・マネジャーに電話して、この件について彼のフィードバックを受けることです。
  My solution would be to call the project manager and get his feedback on this one.

- 私の考えでは、計算を完全にやり直すことが、この問題の解決策です。
  In my opinion, the way to solve this problem is to completely redo the calculation.

➡「提案の提示」に関連する表現は、「Unit 13 賛成／反対／提案／妥協」を参照

タイプ5 誤解の確認

✉ 本来の意図や意思を再確認する

確実ではなくても何か誤解を招く素地があれば再確認をお願いすることが原則であり、誤解に対して、本来の意図や意思を明確に表現するのが正しい態度です。また、意図を把握できていなかった相手に、それはわかっているという言葉を伝え、最初から説明が明確でなかったことを謝罪するとよいでしょう。

Subject My E-mail Yesterday
From pjsmith@windowworks.com
To chris@trcc.com

I think there might have been some misunderstanding about what I said in my e-mail yesterday. When I mentioned "the last product launch date," **I actually meant "the last possible," not "past."** I hope this clears up what I said, and I apologize for causing the confusion.

誤解の解消 ▶192

昨日のメールについて

昨日のメールでお伝えしたことについてですが、少々誤解が生じたのではないかと思っています。「the last product launch date」と申し上げましたが、実際には「前回の」ではなく「最後に可能な製品販売スケジュール」という意味でした。申し上げた内容がはっきりご理解いただけることを願っております。このような混乱を招くことになってしまい申し訳ございませんでした。

---

launch 発売　**clear up** 整理する、明らかにする　**confusion** 混乱

➡「さらなる説明の要求／回答」に関連する表現は、「Unit10 ▶意見のやりとり」を参照してください

191 再確認の要求

- あなたの話を正しく理解したか、確認させてください。
  Let me make sure I understood you correctly.

- 会議のスケジュールを変更したかったのですか？ 最後のメールからはよくわかりませんでした。
  Did you want to reschedule the meeting? **I wasn't sure from your last e-mail.**

- 「信じられない」と言ったとき、これはいい意味で言ったのですか？
  When you said "incredible," **did you mean this in a good way?**

- 明日の晩あなたが私たちとの夕食に参加することができないと、トムから聞きました。確認させていただけますか？
  I just received word from Tom **that** you won't be able to join us for dinner tomorrow night. **Could you confirm?**

- MOUに関し、それを先送りしたいという意味だったのですか？
  Regarding the MOU, **did you mean that** you would like to hold off on it?
  MOU memorandum of understanding、覚書

- ミラー・ファイルを送ってほしいのだと思ったのです。どのファイルが必要なのですか？
  I thought you wanted me to send you the Miller file. **Which** file **do you need?**

- 貴社はもう、弊社との契約を継続したくはないのだという私の理解は、正しいですか？
  Am I correct in understanding that you no longer wish to maintain the contract with us?

- 先日おっしゃったことを私が誤解したかもしれないため、メールを書いています。
  I am writing to you because I might have misunderstood what you told me earlier during the day.

- もし私たちの誤解でしたら言ってください。
  Please advise if we misunderstood you.

192　誤解の解消

▶ ロバート、私は彼にそのようには言っていません。私はその考えに賛成だと言ったのです。
Robert, that's not what I said to him. I told him I was okay with the idea.

▶ 申し訳ありませんが、聞いたことについて過剰に反応しておられます。
I'm sorry, but you're overreacting to what was said.

　　　　　　　　　　　　　　　　　　　　　　　overreact　過敏反応する

▶ 実は、私はフラーのファイルがほしかったのです。
Actually, I wanted the Fuller's file.

▶ 実は、私はそうは言いませんでした。「いつも遅れる人がいる」と言ったのです。
Actually, that is not what I said. What I said was, "Some people are always late."

▶ MOU締結式を社外で行いたいという意味だったのです。
What I meant was that I would like to hold the MOU signing ceremony outside the office.

▶ ご気分を害されているのはわかりますが、そういった意味で言ったのではないということを信じてください。
I can see why you are upset, but believe me when I say I did not mean it that way.

▶ 迅速な回答はありがたいのですが、私がお願いしたのは、プロジェクトの進捗状況でした。
I appreciate your quick reply, but what I was asking for was the status of the project.

▶ それは間違った結論だと言わざるを得ません。
I have to say that was the wrong conclusion.

　　　　　　　　　　　　　　　　　　　　　　　conclusion　結論、断定

▶ ソマーズ氏が無能であると示唆したわけではまったくありません。
I didn't mean at all to imply that Mr. Sommers was incompetent.

▶ 私の話をそのように受け取られたとしたら申し訳ありません。
I apologize if what I said was perceived that way.

　　　　　　　　　　　　　　　　　　　　　　　perceive　〜と受け取る、理解する

▶ それは決して私達の意図はありませんでした。
That was never our intention.

▶ 最後のメールに書いたことについて、小さな誤解があったようです。
There might been a minor misunderstanding about what I wrote on my last e-mail to you.

▶ これは明らかに誤解です。
That is definitely a misconception.   misconception（情報不足に基づく）誤解

UNIT 15

謝罪

- タイプ1 返信が遅れたことへの謝罪
- タイプ2 迷惑をかけたことに対する謝罪
- タイプ3 失敗に対する謝罪
- タイプ4 製品出荷の遅延を謝罪

UNIT 15 謝罪
Apologizing

相手のメールへの返信が遅れたり、業務上の不手際、失敗、遅延などの理由で謝罪するメールです。適切な理由を挙げて、相手を納得させられるようなメールを書いてみましょう。

タイプ別 Key Point

タイプ1	返信が遅れたことへの謝罪	別の仕事で忙しかったという言い訳は控える
タイプ2	迷惑をかけたことに対する謝罪	法的な責任が生じるような表現に注意する
タイプ3	失敗に対する謝罪	失敗を繰り返さないという言葉で締めくくる
タイプ4	製品出荷の遅延を謝罪	具体的な代案を提示する

専門家の E-mail Advice

謝罪はすぐにすべきだが、一度で終えるようにします。返信が遅れるということは相手に二度不快な思いをさせるのと同じことであって、それに対する謝罪を再度しなければなりません。仕方のない状況であったなら適切な理由を説明すべきですが、言い訳をするよりも、対処方法を伝えるほうが賢明です。

すぐに書ける 3 Steps

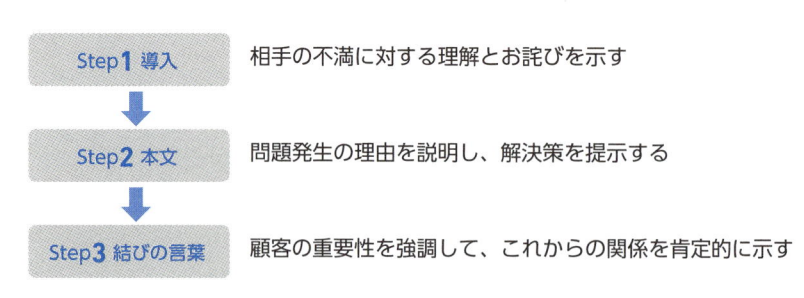

Step1 導入 相手の不満に対する理解とお詫びを示す

Step2 本文 問題発生の理由を説明し、解決策を提示する

Step3 結びの言葉 顧客の重要性を強調して、これからの関係を肯定的に示す

顧客からの注文が遅延している理由を説明し、謝罪する

Best Sample

Subject: Delayed Delivery of Order #A-2406
From: ceric@logoworld.com
To: watkins@giftaurant.com

Dear Mr. Watkins:

Step1 導入
Your disappointment with the delayed delivery is completely understandable. We are sorry about the unexpected inconvenience to your company.

● 謝罪の表明

Step2 本文
The recent trucker's strike has been causing delays in many of our shipments. We are currently making other arrangements to promptly ship your order and expect to get the container on board by the end of the week.

● 問題発生の理由の説明
● 解決策の提示

Step3 結びの言葉
We value your business and hope to continue serving you in the future.

● 肯定的な締めくくり

Sincerely,

Eric Carlson

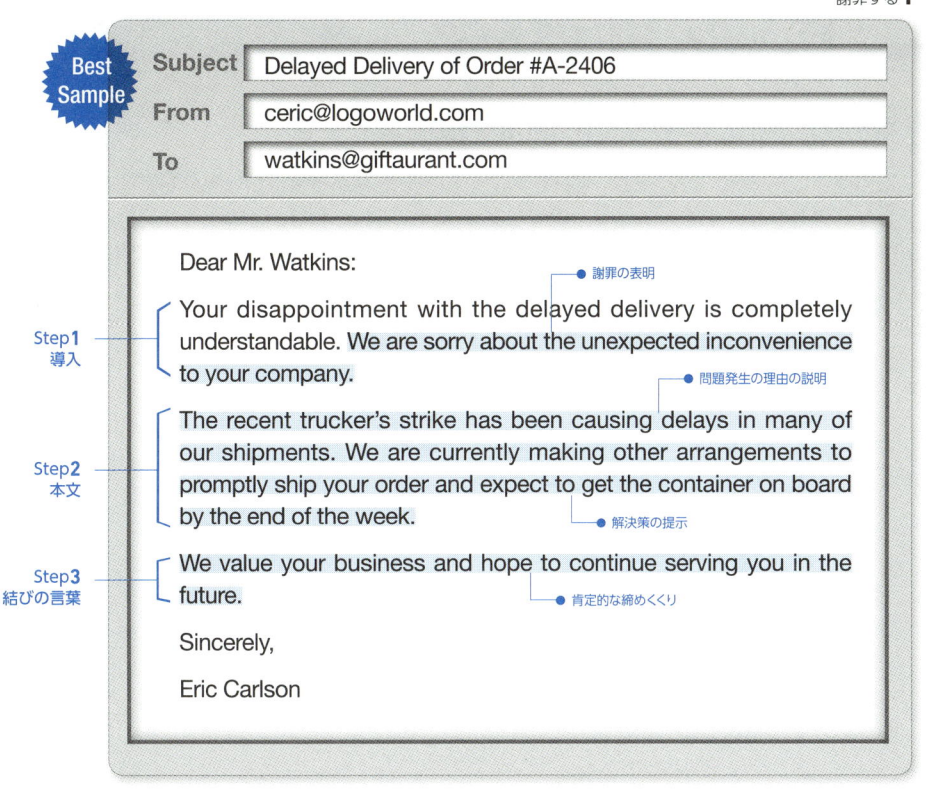

注文番号 A-2406 の配送遅延

ワトキンズ様、

配送が遅れることによって、大変失望させてしまうことを十分に理解しております。貴社に思いもよらないご迷惑をおかけしてしまい申し訳ございませんでした。

最近のトラック運転手のストライキにより、多くの出荷が遅れています。現在、ご注文の品を迅速に出荷するために他の手段を模索しており、今週末までにコンテナで出荷する予定です。

弊社は、お客様との取引を大切に考えており、今後も継続してお付き合いいただけることを願っております。

エリック・カールソン

---

strike ストライキ　make other arrangements 他の手段を模索する　ship 発送する　on board 船上に

タイプ1 返信が遅れたことへの謝罪

✉ 別の仕事で忙しかったという言い訳は控える

取引関係にある相手にとって、別の仕事で忙しかったという言い訳は気分を害する大きなミスとなりえます。よって、理解しあえる状況でなければ、そのような言い訳には注意しましょう。特別な理由なく遅れた場合には、率直に謝罪し、不在、故障などのやむを得ない理由がある場合は簡単に背景を説明します。

Subject	RE: Miller Project Schedule
From	paul@gpcon.co.jp
To	steve@trcc.com

謝罪
▶193

●I'm so sorry about getting back to you so late. I was only able to read your e-mail just now. I was on an overseas business trip and couldn't access the Internet from my laptop for some reason.●

不在による
メール未確認
▶194

返信：ミラープロジェクトのスケジュール
お返事が大変遅くなりまして、申し訳ございませんでした。今になってようやくメッセージを読むことができました。海外出張中で、何らかの理由でノートパソコンでインターネットに接続できませんでした。

---

get back to 〜に返信する（reply より親近感があり、自然です）　**overseas** 海外の　**on a business trip** 出張で　**access the Internet** インターネットに接続する（Internet は必ず大文字で始める）　**laptop (computer)** ノートパソコン（英語圏で notebook は「ノート」を指す）

193　謝罪

- 返信が遅くなり申し訳ありません。
  My apologies for the late reply.

- もっと早く返答することができず申し訳ありません。
  I'm sorry I couldn't respond sooner.

- メールへの返信が遅くなり、心からお詫び申し上げます。
  My sincere apologies for the late reply to your e-mail.

- もっと早くメールに回答すべきでした。すみません。
  I should've answered your e-mail sooner. Sorry about that.

- 最後にいただいたメールへの返事がとても遅くなり、申し訳ありません。
  I am sorry about replying to your last e-mail so late.

- 最新のプロジェクト明細書にもっと早く回答せず、申し訳ありません。
  I apologize for not getting back to you sooner about the latest project specifications.
  　　　　　　　　　　　　　　　　　　　　　　　specification　明細書

- 見積依頼に関するメールへの返信が遅れたことをお詫びします。
  We apologize for the delay in responding to your e-mail regarding a request for quotation.
  　　　　　　　　　regarding　～に関する　quotation　見積もり、引用

- 5月12日のメールへの返信が大変遅れましたことをお許しください。
  I hope you will forgive the long delay in answering your e-mail of May 12.

- まず、12月9日のメール返信が遅くなりましたことをお詫び申し上げます。
  First of all, I would like to apologize for the belated reply to your e-mail of December 9.
  　　　　　　　　　　　　　　　　　　　　　　　　　belated　遅れた

- 懸念事項への対処が遅れましたことを、心からお詫び申し上げます。
  We sincerely apologize for the delay in addressing your concerns.

- 書籍注文のメールにもっと早く返答することができなかったことを、心からお詫び申し上げます。
  Please accept my sincere apologies for failing to respond earlier to your e-mail about the book order.

194　言い訳1 ― 不在／不在

▶ 1週間ずっと、留守にしていました。
　I was out of town all week.

▶ 昨日はお休みしていました。
　I was on a personal leave yesterday.　　　a personal leave （個人の事情による）休暇

▶ この2週間、休暇中でした。
　I was on vacation for the last two weeks.

▶ 先週は出張中でした。
　I was on a business trip last week.

▶ 7月は休暇中でした。
　I was on vacation for the month of July.

▶ 弊社は夏期休暇中でした。
　Our company was closed for the summer holidays.

▶ 弊社は改装のため1週間お休みでした。
　Our office was closed last week for renovations.　　　renovation 改装、修理

195　言い訳2 ― 電子メール接続不可／コンピュータの故障

▶ 私のノートパソコンが壊れ、ハードディスクにあったすべてのデータを失ってしまいました。
　My laptop crashed and I lost all the data in the hard drive.
　　　　　　　　　　　　　　　　　　　　　　　　　crash 壊れる、クラッシュする

▶ 私のメール・プログラムが正常に動作していません。
　My e-mail program wasn't working properly.

▶ 昨日一日中、弊社のメール・サーバーがダウンし、メールにアクセスできませんでした。
　Our e-mail server was down all day yesterday, and I could not access my e-mail.

▶ 月曜日から弊社のインターネット接続がダウンし、メールにアクセスできませんでした。
　Our Internet connection was down since Monday, and I could not access my e-mail.

▶ ウイルスのため、メール・プログラムを再フォーマットしなければなりませんでした。ところが、その途中、以前に保存していたメールアドレスとメッセージをすべて失ってしまいました。
Due to a virus, I had to reformat my e-mail program. But in the process, I lost all the previously stored e-mail addresses and messages.

previously 以前に、あらかじめ

196　言い訳3 — 多忙

▶ どんなに忙しかったか、わからないでしょう！
You won't believe how busy I've been!

▶ 本当にこっちはめちゃくちゃだったんです！
Things have been really crazy around here! inf

▶ 仕事に忙殺されて、もっと早く返事をする時間がありませんでした。
I've been swamped with work and not had time to reply to you sooner.

be swamped with 〜のために目が回るほど忙しい

▶ プロジェクトの終盤にあって、ここ数週間、本当に忙しかったんです。
I've been really busy for the last few weeks with the last part of a project.

▶ 先週ギャリソン・プロジェクトが始まったので、もっと早く回答することができませんでした。
I couldn't respond earlier, with the Garrison Project having started up last week.

▶ 今朝までメールを1通も読む時間がありませんでした。
I didn't have time to read any e-mails until this morning.

▶ 月曜日の朝から複数の会議に出席していて、返事を書く機会がありませんでした。
I have been in meetings since Monday morning **and didn't have the chance to answer your e-mails.**

197 言い訳4 — 個人的な理由

- 先週ずっと、インフルエンザでダウンしていました。
  I was down with the flu **all** last week.
  　　　　　　　　　　　　　　　　　　　　　down 倒れて、病気で

- スキー事故で足を骨折し、1週間ずっと寝たきりでした。
  I broke my leg in a skiing **accident and was confined to bed all** week.
  　　　　　　　　　　　　　be confined to bed 寝たきりになる

- 先週ちょっとした手術を受け、昨日まで家で休んでいました。
  I had a minor surgery last week **and took a rest at home until** yesterday.

- 葬式に出席しなければならず、昨日はオフィスにいませんでした。
  I had to attend a funeral **and was out of the office** yesterday.
  　　　　　　　　　　　　　　　　　　　　　　　　funeral 葬式

- 息子の結婚式が月曜日にありました。
  My son's wedding **was on** Monday.

- 先週、個人的な用事を片付けなければなりませんでした。
  I had to attend to some personal business last week.
  　　　　　　　　　　　　　　　attend to 〜を処理する、片付ける

タイプ2 迷惑をかけたことに対する謝罪

✉ 法的な責任が生じるような表現に注意する

相手に不快感を与えたことについて丁寧に謝罪することが重要です。しかし、個人的な意見を加えたり、会社に許可をとっていない解決策を述べたり、または、誤って、問題に対する会社の責任を際立たせたりすると、今後の法的責任を問われることにもなりえます。

Subject Corrected Invoice
From business@ibcp.co.jp
To tommy@yahoo.com

Please find attached the corrected invoice. **We are sorry about the error and hope that it did not cause too much of an inconvenience.** Although we try to minimize this type of errors in our accounting, clerical errors occasionally happen.

> 不快感に対する謝罪 ▶ 198

修正済みの請求書
修正済みの請求書を添付しました。ミスについては申し訳なく思っております。大変なご迷惑になっていないとよいのですが。会計においてこのようなミスを最小限に抑えるしようと努力しておりますが、ときには表記エラーが発生することもあります。

---

minimize 最小限に抑える　**clerical error** 表記エラー、事務上の手違い(通常、英語圏でエラーについての具体的な言及を避けるために用いる表現)　**occasionally** 時折

198　不具合のお詫び

- 弊社のミスでご迷惑をおかけしたと聞きました。大変申し訳ございません。
  We are very sorry to hear about the inconvenience caused by our mistake.

- この件でご迷惑をおかけし、申し訳ございません。
  We are sorry about the inconvenience this has caused you.

- ご迷惑をおかけしたことをお詫びします。
  We apologize for your inconvenience.

- 貴社のサンプルを紛失し、ご迷惑をおかけしましたことをお詫び申し上げます。
  We apologize for any inconvenience caused by our losing your samples.

- 書類作業の遅延によりご迷惑をおかけしたことを、心からお詫び申し上げます。
  We sincerely apologize for the inconvenience caused by delays in the paperwork.

- 送料のミスでご迷惑をおかけしたことを、お詫び申し上げます。
  Please accept our apologies for the inconvenience caused by the error in delivery charges.
  　　　　　　　　　　　　　　　　　　　　　　a delivery charge　送料

- ご迷惑をおかけした点について心からお詫び申し上げます。
  We extend our sincere apology for the inconvenience we have caused you.

- IBT社を代表し、弊社スタッフのミスでご迷惑をおかけしたことを謝罪したいと思います。
  On behalf of IBT, I would like to apologize for the inconvenience you experienced because of a mistake made by our staff.

- 無用なご迷惑をおかけしたことについて、XYZブックス社の副社長として、私自身、心よりお詫び申し上げたいと思います。
  As the vice president of XYZ Books, I would like to personally extend my sincere apologies for the unnecessary inconvenience.

タイプ3　失敗に対する謝罪

✉ 失敗を繰り返さないという言葉で締めくくる

相手がこちらのミスに気づいて、先にメールを送ってきた場合、指摘してくれたことに対するお礼から書きはじめます。そして、一時的なミスであったことを強調して、二度とこのようなことが起こらないという確信を感じてもらえるような肯定的な表現で締めくくります。

Subject	Shipping Error
From	david@myoffice.co.jp
To	steve@intercomn.co.jp

失敗に対する謝罪 ▶ 200

- **First of all, we apologize for the mix-up.** We certainly made an error with your shipment of July 27. The desks you ordered are being shipped this afternoon. **We will send a carrier to collect the wrong shipment next week.**

善後策 ▶ 201

発送エラー

最初に、混乱させてしまったことをお詫び申し上げます。7月27日に発送した注文品について、明らかな間違いがありました。ご注文いただいた机は本日の午後に発送される予定です。来週、運送業者が伺って、謝って発送された品物を回収いたします。

---

mix-up 錯誤（一般的には「混乱していること」を指す）　**carrier** 運輸会社、宅配会社　**collect** 回収する

199　ミスの指摘への感謝

▶ ミスを指摘してくださってありがとうございます。
Thank you for bringing the error to our attention.

▶ 指摘してくださって感謝します。
We are grateful for your pointing it out.

▶ これについて注意を促していただきありがとうございます。
Thank you for calling this to our attention.

200　ミスに対する謝罪

▶ このような間違いには、弁解の余地がありません。
There's no excuse for such an error.

▶ 誤った注文を受け取ったとのこと、申し訳ありません。
I am sorry that you have received the wrong order.

▶ 残念ながら発送にミスがあり、大変申し訳ありません。
I am very sorry about the unfortunate error in shipment.

▶ 失望されたことと思います。
I understand your disappointment.

▶ このようなまれな出来事をお詫びいたします。
We apologize for this unusual occurrence.

▶ ご不便をお詫びいたします。
We apologize for the inconvenience.

▶ まず第一に、ご注文の発送に手違いがあったことをお詫びしたいのですが。
First of all, we would like to apologize for the mix-up on shipping your order.

▶ 今回のミスを大変恥ずかしく思っております。
We are quite embarrassed by this error.

▶ この間違いは起きてはならないことでした。
This error should not have happened.

▶ この間違いは、弊社の側の事務上の手違いによるものです。
The mistake was due to a clerical error on our part.

▶ 見落としにより、お客様に間違った商品が出荷されました。
Due to an oversight, the wrong product was shipped to you.

oversight　見落とし

▶ 不注意で間違った発送を行いました。
We inadvertently sent you the wrong shipment.

inadvertently　不注意で

▶ この間違いにご不満でいらっしゃるのもごもっともです。
You are certainly justified in being frustrated about the error.

▶ 発送の間違いを心からお詫び申し上げます。
We sincerely apologize for the shipping error.

▶ このミスにつき、弊社の心からの謝罪を受け入れてください。
Please accept our sincerest apologies for the error.

▶ このようなミスは二度と起こりませんので、どうかご安心ください。
Please be reassured that an error like this will not happen again.

reassured　安心して

▶ 今後このような間違いが起こらないことを約束いたします。
You have our promise that such a mistake will not happen again in the future.

201　善後策

▶ 今日、弊社の負担で、正確なサイズのものが入っている100箱を、航空速達便で発送しました。
We have shipped 100 boxes of the correct sizes **by** air express today at our cost.

▶ 正確な注文が今朝発送され、来週初めに到着する予定です。
The correct order has been sent this morning **and should arrive by** early next week.

▶ ご迷惑をおかけしたことについてのささやかな補償として、請求書から5％割引したいと思います。
We would like to offer a discount of 5% on your invoice **as a small compensation for the inconvenience.**

invoice　請求書　compensation　補償

202 結びの言葉

- お待ちいただきありがとうございます。
  Thank you for your patience.

- この件につきお待ちいただきましてありがとうございます。
  Thank you again for your patience in this matter.

- 弊社はお客様との関係を大切にしています。
  We value our relationship.

- 弊社は貴社との取引を大切にしています。
  We value your business.

- お取引に感謝し、サービスを続けさせていただけることを願っております。
  We appreciate your business and hope that we can continue serving you.

➡「抗議と苦情への対応」に関連する表現は、「Unit6 ▶抗議と督促」を参照してください

タイプ4 製品出荷の遅延を謝罪

✉ 具体的な代案を提示する

責任がこちらにある場合、まず謝罪をしたあとで対処方法を伝え、今後、このようなことが起こらないことを約束します。こちらの責任ではない場合、遅延せざるをえなかった事情を説明して、対策があれば具体的に提示します。

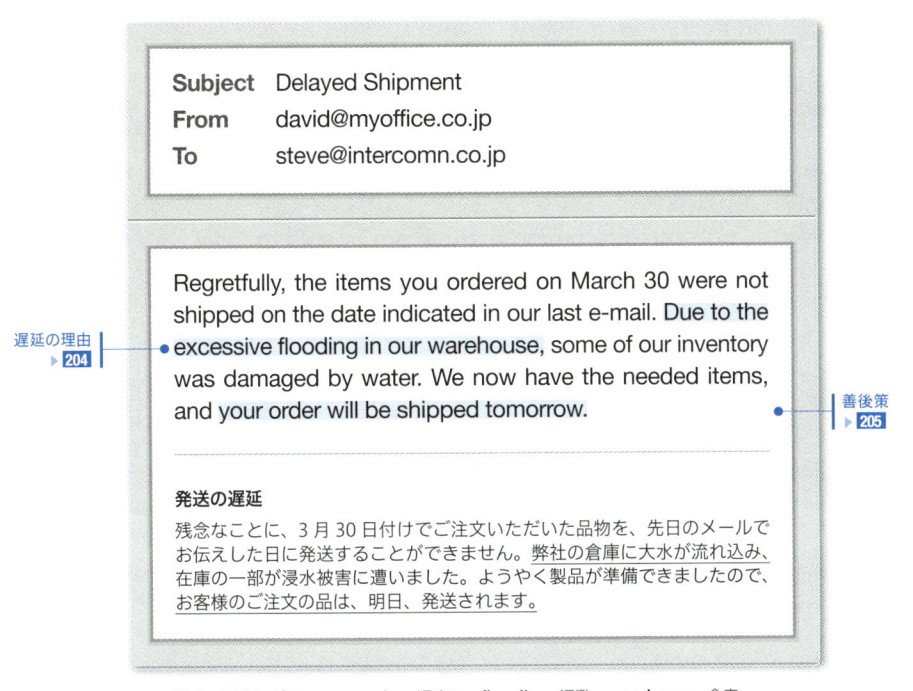

Subject Delayed Shipment
From david@myoffice.co.jp
To steve@intercomn.co.jp

Regretfully, the items you ordered on March 30 were not shipped on the date indicated in our last e-mail. **Due to the excessive flooding in our warehouse,** some of our inventory was damaged by water. We now have the needed items, and **your order will be shipped tomorrow.**

> 遅延の理由 ▶204
> 善後策 ▶205

発送の遅延
残念なことに、3月30日付けでご注文いただいた品物を、先日のメールでお伝えした日に発送することができません。弊社の倉庫に大水が流れ込み、在庫の一部が浸水被害に遭いました。ようやく製品が準備できましたので、お客様のご注文の品は、明日、発送されます。

---

regretfully 残念ながら、 excessive 過度の flooding 氾濫 warehouse 倉庫

203 謝罪

- ご注文をまだ受け取っていないとのこと、申し訳ありません。
  We are sorry that you have not received your order.

- 申し訳ありませんが、お客様の3月20日のご注文は、１週間遅れることをお知らせします。
  I'm sorry to inform you that your order of March 20 **will be delayed by** one week.

- まず、発送の遅延により無用なご迷惑をおかけしたことをお詫び申し上げます。
  First of all, allow me to apologize for the unnecessary inconvenience caused by the late delivery.

- 発送の遅延につき、弊社の心からの謝罪をお受けください。
  Please accept our most sincere apology for the late delivery.

- 申し訳ありませんが、1月2日のご注文をご希望の配送日までにお届けすることができない旨お知らせします。
  We are sorry to inform you that we are unable to fulfill your order of January 2 **by the requested delivery date.**

  fulfill 実行する、実現させる

204 遅延の理由

- 異常豪雨により私たちの地域の出荷が遅れています。
  Unusually heavy rains **are causing shipping delays** in our area.

  unusually 異常に

- 台風のためお客様の商品の発送が遅れています。
  The typhoon **has caused the delay in your shipment.**

- 出荷が遅れる理由は、オークランド港における労働者の最近のストライキです。
  The shipping delay is due to the recent strike of port workers in Oakland.

  strike ストライキ

- 貨物輸送トラック運転手の組合のストライキのため、現在、出荷が遅れています。
  Due to the strike of the cargo union truck drivers, **the shipment is currently being delayed.**

  cargo union 貨物組合

- 最近の需要急増により、製品は10月中旬まで入荷待ちです。
  Due to a recent surge in demand, the product is on back order until mid-October.

  surge 急増   on back order 入荷待ち   mid- ～の半ば

412

- 連休が近づいているため、未処理の注文が大量にあります。
  With the holidays approaching, **we are experiencing a large backlog in orders.**   backlog 未処理分

- この問題を直接調べてみたところ、遅延の原因は事務上の手違いにあることがわかりました。
  I have personally investigated the matter and discovered that the delay is due to a clerical error.

205 善後策

- ご注文は、5日以内に到着します。
  Your order should arrive within 5 days.

- ご注文は速達で発送しましたので、来週には到着します。
  Your order has been placed on rush delivery **and should reach you by** next week.

- ご希望であれば、喜んで他の方法で処理します。
  If you wish, we will be glad to make a different arrangement.

- ご注文の出荷の用意が整い次第、お知らせします。
  We will notify you as soon as your order is ready for shipment.

- ご注文は本日ただちに航空速達便で発送しました。
  We have promptly shipped your order today **by** air express.

- 書籍が倉庫に到着し次第、弊社の負担で航空速達便で発送いたします。
  As soon as the books **arrive in our warehouse, we will ship the items by** air express **at our cost.**

- 新しい運送会社を確保しましたので、2月22日までにコンテナは届くと思います。
  We have secured a new freight forwarder, and you should receive your container by February 22.   a freight forwarder 貨物運送業者

- ご注文は最優先で処理されており、製品が生産され次第、ただちに出荷されます。
  Your order has been given the highest priority, and as soon as the items are manufactured, your order will be shipped immediately.

- ご安心ください、商品は遅くとも5月15日までに貴社の倉庫に到着します。
  Please be reassured that the merchandise will arrive at your warehouse no later than May 15.   no later than 遅くとも〜まで

- 弊社は現在、代替港を探しており、間もなく新しい発送日をお知らせします。
  We are currently looking into alternative ports and will soon notify you with a new delivery date.
  alternative　代替の、代わりの

- 遅延についてのご不満は十分に理解しておりますので、私が直接この問題を是正します。
  I fully understand your frustration over the delay and will work personally to remedy the problem.
  remedy　是正する、修復する

206　結びの言葉

- 今回の措置にご満足いただけることを願います。
  We hope that this arrangement is satisfactory.

- 今後も引き続きお取引いただけることを願っております。
  We hope to continue serving you in the future.

- 貴殿の忍耐とご理解にあらかじめ感謝いたします。
  Thank you in advance for your patience and understanding.
  in advance　あらかじめ、事前に

- これにより生じたいかなるご迷惑につきましてもお詫びいたします。
  We apologize for any inconvenience this has caused you.

- 状況を正す機会をいただき、感謝させていただきたいのです。
  We would like to thank you for giving us an opportunity to correct the situation.

- 遅延が重大な問題を引き起こさないことを、心から願う次第です。
  We sincerely hope that the delay will not cause serious inconvenience.

➡「出荷の遅延」に関連する表現は、「Unit5 ▶注文と変更」を参照してください
➡「抗議と苦情への対応」に関連する表現は、「Unit6 ▶抗議と督促」を参照してください

UNIT 16

日常的な通知

- タイプ 1 　メールの代理送信
- タイプ 2 　担当者の変更通知
- タイプ 3 　オフィス／支店の開設や移転
- タイプ 4 　一時的な不在
- タイプ 5 　休務

UNIT 16 日常的な通知
Routine Announcements

メールを代わりに送ったり、担当者の変更を知らせたり、といった軽いメールや、オフィスの移転や支店開設のような会社の主要イベントを通知するメールです。

📋 タイプ別 Key Point

タイプ1	メールの代理送信	→	担当者が直接送ることができない理由を述べる
タイプ2	担当者の変更通知	→	信頼にたる業務履歴を簡単に記述する
タイプ3	オフィス／支店の開設や移転	→	オフィス移転に先立ち、事前に通知する
タイプ4	一時的な不在	→	不在期間とその間の業務を引継ぐ者を明示する
タイプ5	休務	→	日程、期間、理由、緊急連絡先などを記載する

🔍 専門家の E-mail Advice

日常的な通知を送るときは、会社の方針のような重要な事案ではないので、簡潔に書きます。できれば一つの事案に集中して関係のないことは書かないようにします。また、5W1Hに基づいて正確に書くようにします。

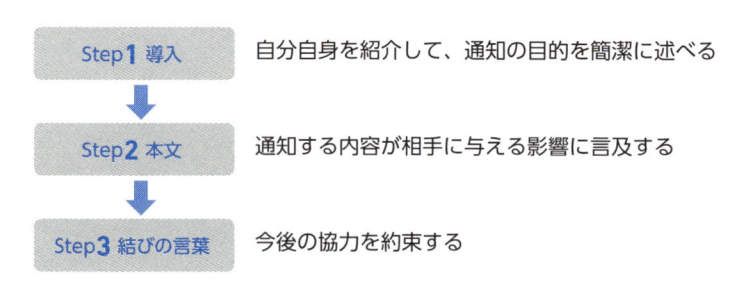

✏️ すぐに書ける 3 Steps

Step1 導入 — 自分自身を紹介して、通知の目的を簡潔に述べる

Step2 本文 — 通知する内容が相手に与える影響に言及する

Step3 結びの言葉 — 今後の協力を約束する

取引先担当者に業務を引き継ぐことを知らせ、自分自身を紹介する

Subject: I'm taking over for Susan Allan
From: steve@korpro.com
To: lisa@canadainc.com

Dear Lisa,

My name is Steve Young, an assistant manager with the North American sales team. I will be taking over temporarily for Susan Allan until she returns from her maternity leave on July 14.

For the past several months, I have been working closely with Allan on all your orders and deliveries, so I am quite familiar with your company's specific requirements. Please rest assured that there will be no interruptions in our service to you during her short absence.

I sincerely look forward to working with you for the next several months. Meanwhile, please feel free to contact me at any time regarding your current order or any future needs.

Sincerely,

Steve Young

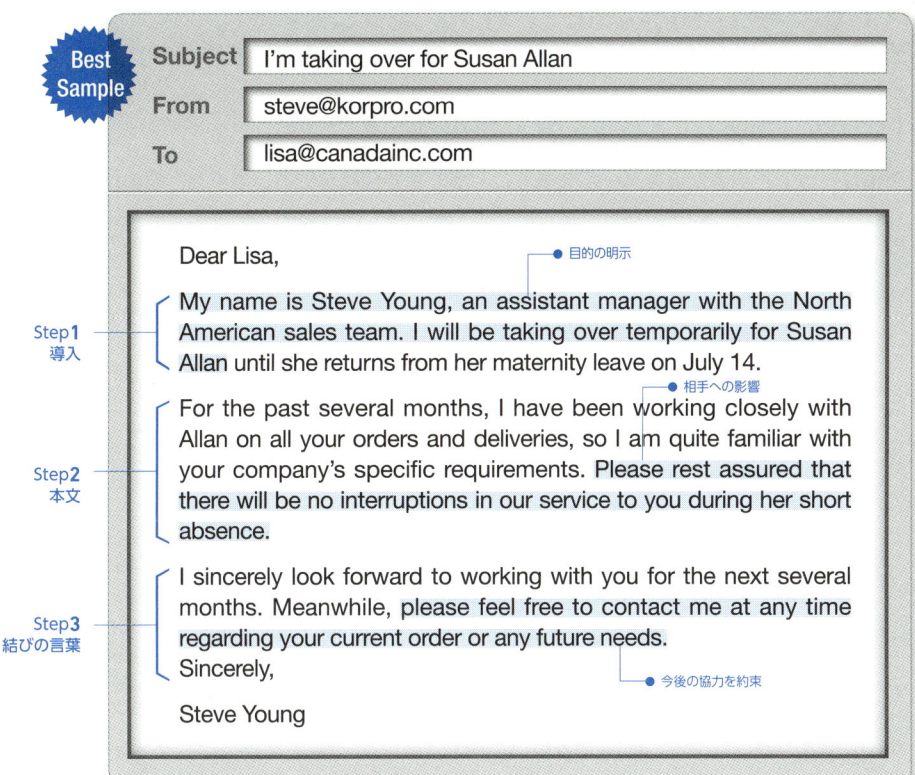

- Step1 導入 / 目的の明示
- Step2 本文 / 相手への影響
- Step3 結びの言葉 / 今後の協力を約束

スーザン・アランから業務を引き継ぎました。

リサ様、

私はノースアメリカン社営業チームのアシスタントマネージャーであるスティーブ・ヤングと申します。スーザン・アランが7月14日に出産休暇から戻るまで、一時的に彼女の仕事を引き継ぐことになりました。

これまで数ヶ月のあいだ、貴社からのご注文と納品すべてにアランと共に深く関わってきましたので、貴社の特定要件についてよく承知しております。彼女の留守中、短い期間ですが、弊社のサービス提供には支障はございませんので、どうぞご安心ください。

これから数ヶ月間、貴社とご一緒にお仕事をすることを心から楽しみにしております。それまでのあいだ、現在のご注文や、将来のニーズに関するお問い合わせがあれば、いつでもご連絡ください。

スティーブ・ヤング

---

take over 引き継ぐ　**maternity leave** 出産休暇、産後休暇　**interruption** 支障、妨害　**feel free to + 動詞の原型** 遠慮なく〜する

UNIT 16 日常的な通知　417

タイプ1　メールの代理送信

✉ 担当者が直接送ることができない理由を述べる

事情があって担当者が直接メールを送ることができず代わりに書いてくれと頼まれることがあります。そのようなときは、まず担当者がメールを送れない理由を簡単に述べます。そして、担当者から託された内容をもれなく伝えます。

Subject　J. S. Patrick's Itinerary
From　　stephen@ibcp.co.jp
To　　　darrell@zenon.com

出張▶ 207

• **J. S. has asked me to e-mail you his travel itinerary as he's currently on the road.** The itinerary is attached in MS Word. Please contact me if you have any questions.

J・S・パトリックの出張スケジュール
J.S. が出張中なので、彼から出張スケジュールを伝えてほしいと依頼されました。スケジュールは MS Word ファイルで添付しました。不明な点がございましたら、ご連絡ください。

---

itinerary 旅行日程　**on the road** 移動[旅行・出張]中

207 休暇／出張／個人の事情

- 1カ月休暇中の小田史郎の代わりにメールを書いています。
  I'm writing for Shiro Oda**, who is on a** month-long **leave.**   leave 休暇

- 彼女がいない間、私が彼女の連絡を担当します。
  I'm handling her correspondences while she is away.

- 私が一時的にジョンの業務を引き継ぐことになりました。
  I'll be temporarily taking over John**'s duties.**

- ティムの休暇期間中、弊社製品についてのいかなる質問にも、喜んで私がお答えします。
  I'll be more than happy to answer any questions about our products while Tim **is away on vacation.**

- 現在アメリカ出張中のジョナサン・ゴールドが、明日の朝あなたに電話すると伝えてほしいと言っていました。
  Jonathan Gold, who is currently on a business trip to the U. S., **has asked me to let you know that** he will call you tomorrow morning.

- スティーブ・ペレスが現在のサバティカル休暇中のため、今後6カ月間、ショッピングモールのプロジェクトについて、私があなたと進行することになりました。
  Because Steve Peres **is currently on** sabbatical **leave, I will be working with you** for the next six months **on** the shopping mall project.   sabbatical leave サバティカル休暇、長期有給休暇

- 山田は急な家の用事で早く仕事を終えなければならなくなり、注文番号451Aの発送予定をメールで送るよう頼まれた次第です。
  Yamada **had to leave work early to** attend to a family emergency, **so he has asked me to e-mail you** the delivery schedule for the order #451A.

208 他の部署

- 経理部門は、私が貴殿のご質問に回答することができると考えました。
  Accounting **thought I might be able to answer your questions.**

- 新宿オフィスの鈴木から、弊社の東京でのビジネスに関する情報を提供するよう言われました。
  I've been asked by Suzuki at the Shinjuku office **to** provide you with information on our Tokyo operations.

- 通常、法律上の問題は私が処理しているため、ジョンは、クレームともとれるあなたのメールを私に転送してきました。
  John **forwarded me your e-mail regarding** a possible claim **because I generally deal with** the legal issues.

- サンフランシスコ・オフィス・プロジェクトの冷房システムに関し、建築設計チームのピート・チョウは、私のチームがHVACデザインを担当しているので、私が貴社のお問い合わせに直接回答するよう言いました。
  Pete Cho at the architectural design team **requested that I reply directly to your questions regarding** the air-conditioning system for the San Francisco office project, **as** my team **is responsible** for the HVAC design.　　　HVAC (= heating, ventilation and air conditioning)　冷暖房空調設備

209　秘書

- 私があなたにメールを送ってサンフランシスコでの住所を聞くよう、ジョンが言いました。
  John **said that I should e-mail you and** get your address in San Francisco.

- ロバートソン氏から何か必要なことがありましたら、いつでも私に連絡してください。
  If there's anything you need from Mr. Robertson, **please feel free to contact me.**

- 弊社会長、鈴木浩より、法的な問題を話し合うための来週の会議の日取りを決めるよう言われ、私から貴殿にご連絡しております。
  Mr. Hiroshi Suzuki, our chairman, **has asked that I contact you to** set up a meeting date for next week to discuss the legal issues.

タイプ2　担当者の変更通知

✉ 信頼にたる業務履歴を簡単に記述する

自分の名前と役職、そして担当することになった職務を正確に記載して、前任者についても簡単に述べる。必要であれば、関連する履歴を記述することによって、担当者の変更に伴う相手の気がかりを軽減するのに役立つこともあります。結びの言葉は、これから一緒に仕事をすることになって期待しているといった肯定的な表現と共に、質問があれば気軽に問い合わせてほしいと締めくくります。

Subject　Hi, this is the new assistant Kamata Plant PM
From　　susie@gpcon.co.jp
To　　　chris@trcc.com

自己紹介
▶ 210

• This is Susie Conner, the new assistant project manager for the Kamata Plant project. As Steve Farris has probably mentioned already, I will be taking over his duties. I look forward to meeting you in person at our next project meeting. In the meantime, feel free to call me any time if you have questions.

結びの言葉
▶ 212

こんにちは。カマタ・プラントの新しいサブプロジェクトマネージャーです。
カマタ・プラント・プロジェクトの新しいサブプロジェクトマネージャー、スージー・コナーです。スティーブ・ファリス氏からすでにお聞きになっていると思いますが、この度、彼の職務を引き継ぐことになりました。次回のプロジェクト会議でお目にかかれることを楽しみにしております。それまでのあいだ、もしご質問があれば、いつでもお電話してください。

PM (= project manager)　プロジェクトマネージャー　**in person**　直接に　**meantime**　その間に

210 自己紹介

- 自己紹介のため、ひとことメールを送りたかったのです。
  I just wanted to drop you a note to introduce myself.
  　　　　　　　　　　　　　　　　　　　　drop a note　ひとこと伝える

- 私は営業チームの新メンバーです、自己紹介したいのですが。
  I am a new member of the sales team and would like to introduce myself.

- 私の名前は山田美紀です。ヨーロッパ営業チームの新しいアカウント・マネージャーです。
  My name is Miki Yamada, and I'm a new account manager in the European sales team.
  　　　　　　　　　　　　an account manager　アカウント・マネージャー、経理担当マネージャー

- 私はコンピューター・ジャパン社で企業の顧客を担当する新任マネージャーです。
  I'm the new manager responsible for corporate accounts at Computers Japan.
  　　　　　　　　　　　　an corporate account　企業のお客様

- 大阪南部を担当することになりました。
  I'll be handling the southern part of Osaka.

- ホテルの顧客を担当することになりました。
  I'll be in charge of hotel clients.
  　　　　　　　　　　　　　　　　　in charge of　～を担当して

- 私は今、西ヨーロッパ地域を担当しています。
  I am now responsible for the West European region.

- 先週ソウル・オフィスに転勤した中島裕子の後任です。
  I'm replacing Ms. Yuko Nakajima, who has transferred to our Seoul office last week.
  　　　　　　　　　　　　　　　　　transfer　転勤する

- 貴社との取引に精通しています。
  I'm familiar with your account.

- 最近、チームに参加しました。
  I recently joined the team.

- チャーリーとは同じチームで5年以上働いています。
  I have worked with Charlie in the same team for over five years.

- ベンソン・グループで働いて10年になります。
  I've been with Benson Group for 10 years.

422

- 他の建設会社で12年間働いた後、最近入社しました。
  I recently joined the company after 12 years at another construction firm.

211　前任者についてのコメント

- ご存じのように、矢野氏は最近引退しました。
  As you know, Mr. Yano has recently retired.

- ジョン・ベケットがいないと寂しくなります。
  John Beckett will be missed.

- 彼はすべての取引先と立派な仕事をしました。
  He did a wonderful job with all his accounts.

- お客様に継続して変わらぬサービスを提供することを保証します。
  I would like to assure you that we will continue to provide you with the same service.

212　結びの言葉

- 一緒に仕事をさせていただく機会を大変うれしく思っています。
  I am excited about the opportunity to work with you.

- 一緒に働くことになってうれしいです。
  It'll be a pleasure working with you.

- お客様との継続的な取引になることを期待しています。
  I am looking forward to continuing to serve you.

- 間もなくお会いしてじかに自己紹介できるのを楽しみにしています。
  I look forward to meeting you soon to introduce myself in person.

- 何かできることがあれば、いつでも電話かメールをください。
  If there's anything I can do for you, please call or e-mail me any time.

- ご質問や必要なサービスがありましたら、いつでも遠慮なく電話かメールをください。
  Please feel free to call or e-mail me any time for any questions or service needs.

タイプ3　オフィス／支店の開設や移転

✉ オフィスの移転に先立ち、事前に通知する

オフィスや支社を開設したり、移転する予定であれば、なるべく事前に通知するほうがよいでしょう。そして、新しい住所や連絡先を正確に記載し、営業開始日を明示します。開設や移転は、営業利益が期待できる機会なので、相手に与えるプラスの影響にもさりげなく言及します。

Subject　Our New Office in San Diego
From　　nat@greatproducts.com
To　　　steve@e2west.com

開設 ▶ 214

● I am writing to inform you that we are opening our first office in San Diego on Monday, March 3. With the opening, our customers in the western United States will now be able to purchase our products directly at a substantially lower cost. The address and contact numbers for the San Diego office are as follows:

サンディエゴに新しいオフィスを開設します

3月3日、サンディエゴに弊社初のオフィスを開設することをお知らせしたいと思い、メールをお送りいたしました。この開設によって、米国西部のお客様はかなり低廉な価格で製品を直接購入することができるようになります。サンディエゴオフィスの住所と連絡先は次のとおりです。

substantially 大幅に、相当

213　移転

- 移転しました！
  We've moved!

- 弊社は2015年6月10日付で新しい場所に移転します。
  We are moving to a new location on June 10, 2015.

- 増加するスタッフを収容するため、弊社は神戸のより大きな施設にオフィスを移転しました。
  To accommodate an increasing staff size, **we have moved our offices to a larger facility in** Kobe.

  accommodate 収容する、入れる

- 9月4日付けで、本社を横浜の新しい建物に移転しました。
  We have moved our corporate headquarters to a new building in Yokohama **on** September 4.

- SG ケミカルズ・コーポレーションは、11月2日に東京・新宿のオフィスビルに移転します。
  On November 2, SG Chemicals Corporation **is relocating to an office building in** Shinjuku in Tokyo.

- 5月1日に、渋谷にあるブルー・オーシャン・トラベルの経営陣とスタッフは、汐留の新しいオフィスに移転します。
  On May 1, **the management and staff at** Blue Oceanic Travel **at** Shibuya **will be moving to a new office in** Shiodome.

- ソリム・インポーツ社は、1月20日付けでお台場の新しい施設に移転することを、喜んで発表いたします。
  We are pleased to announce that Sorim Imports **is relocating to our new facilities in** Odaiba **effective** January 20.

  effective 〜付け

- 弊社の新しい住所です：
  Here is our new address:

- これまでの電話番号とFAX番号で弊社に連絡することが可能です。
  You can continue to reach us through the existing phone and fax numbers.

- 弊社の新しい電話番号は81-3-4555-1221です。
  Our new telephone number is 81-3-4555-1221.

- 弊社の新しい住所、電話番号、FAX番号は、次のとおりです：
  Our new address and telephone and fax numbers are as follows:

214 開設

- ▶ 3月25日の大阪支店開設を喜んでお知らせします。
  We are pleased to inform you that we are opening our branch in Osaka on March 25.

- ▶ 東京バジル・グリルは、六本木店のオープンを誇りをもって発表します。
  Tokyo Basil Grill is proud to announce the opening of our Roppongi store.

- ▶ 新しい神戸支店の住所と連絡先です：
  The address and contact numbers for the new Kobe branch are:

- ▶ 添付した新店舗の地図を参照してください。
  Please refer to the attached map of the new store.

- ▶ 詳細は、弊社ホームページにあります。
  Additional information is available from our website.

215 肯定的な結果の予測

- ▶ 移転に伴い、配送時間が半分に短縮されます。
  With the move, our delivery time will be cut in half.

- ▶ 弊社サービスにつき、いかなる中断もございません。
  We don't expect any interruptions in our service.

- ▶ 弊社のサービスをよりよい価格で提供できるでしょう。
  We will be able to offer you an even better price for our services.

- ▶ 今回の移転が顧客のみなさまの役に立つと確信しています。
  We are confident that the move will benefit our customers.

- ▶ 新オフィスで、継続して取引できることを楽しみにしています。
  We look forward to continuing to serve you from our new offices.

- ▶ 今回の開設により、顧客のみなさまにより迅速にサービスすることができます。
  As a result of the opening, we can provide faster service to our clients.

タイプ4 一時的な不在

✉ 不在期間とその間の業務を引継ぐ者を明示する

出張や休暇の日程が決まり次第、あらかじめメールを送っておくとよいでしょう。不在期間を具体的にはっきりと書いて、留守中に相手が連絡することができる方法も示します。不在期間が長いため、業務を他の人に引き継ぐ場合には、引継ぐ予定の同僚の名前や連絡先、メールアドレスなどを記載します。

Subject Going on Vacation
From kevin@ibcp.co.jp
To steve@kimnjane.com

休暇 ▶ 217

I'll be on vacation from August 11 to 22. I won't have my cellphone with me, but I will be checking my e-mails every few days. For any urgent matters, please contact Barbara Lamb at the overseas sales team.

連絡方法 ▶ 218

休暇をいただきます

8月11日から22日まで休暇をいただきます。携帯電話は持たずにまいりますが、数日ごとにメールを確認する予定です。急な用事が発生しましたら、海外営業チームのバーバラ・ラムに連絡してください。

---

every few days 数日ごとに　**urgent** 緊急の

216 出張／教育

▶ 1月22日から30日まで留守にします。
I'll be out of the office from January 22 **through** 30.

▶ 来週月曜から2週間出張です。
I'll be on the road for two weeks **starting** next Monday.

on the road 出張中で

▶ 5月2日まで海外出張に行く予定です。
I'm going on an overseas business trip until May 2.

▶ 9月8日まで海外にいます。
I will be out of the country until September 8.

▶ ダラスで開催される毎年恒例の展示会に出席するため、来週留守にする予定です。
I will be away from the office next week **to attend** the annual trade show in Dallas.

▶ 2月2日から12日まで、会社の研修センターで営業研修を受けます。
I will be in sales **training at** the company training center **from** February 2 **to** 12.

a training center 研修センター

▶ 来週月曜と火曜、2日間のワークショップに参加しなければなりません。
I have to attend a two-day **workshop on** Monday and Tuesday of next week.

▶ 7月の間1カ月にわたって、集中英語プログラムに参加します。
For the entire month of July, **I'll be taking part in an** intensive English program.

217 休暇

▶ 次の月曜は、個人的な休暇です。
Next Monday **is my personal day off.**

▶ 8月2日から9日まで年次休暇を取ります。
I'm taking my annual vacation from August 2 **to** 9.

▶ 来週に休暇を取るということをお知らせしたかったのです。
I just wanted to let you know that I'll be taking my vacation next week.

- 8月22日から9月1日までお休みです。
  I will be on vacation from August 22 **to** September 1.

- 海外営業チームのほとんどは、来週、年恒例の夏季休暇を取ります。
  Most of us at the overseas sales team **will be taking our annual summer vacation** next week.

- 11月10日から2月9日まで3カ月産休を取ります。
  I will be on maternity **leave for** three months **from** November 10 **to** February 9.

  maternity leave 出産休暇

- 家の用事を片付けるため、3月から5月まで、個人的に休暇を取る予定です。
  I plan to be on personal leave from March **through** May **to** attend to family matters.

  attend to ～を処理する、片付ける

218　連絡方法

- メールを確認することができないでしょう。
  I will not be able to check my e-mails.

- メールへのアクセスが制限されるでしょう。
  My access to e-mail will be limited.

- 4月22日にオフィスに戻ります。
  I'll be back at the office on April 22.

- 旅行中は、携帯電話が最善の連絡手段です。
  While I'm traveling, my cellphone is the best way to reach me.

- 携帯電話には出られませんが、メールで連絡を取ることができます。
  I will not be able to answer my cellphone, but I can still be reached through e-mail.

- せいぜいたまにメールを確認できる程度でしょう。
  I will be able to check my e-mails only sporadically at best.

  sporadically 時々、散発的に　**at best** せいぜい

- 私に連絡するには、ボイスメールかメールを送ってください。できるだけ早くお返事します。
  If you need to reach me, please send me either a voicemail or an e-mail, and I will try and answer as soon as I can.

- 私が不在の間、マイケル・チェンがお手伝いします。
  Michael Chen will be able to assist you while I'm away.

- 進行中のプロジェクトに関するご質問やご意見については、S・T・パークに電話かメールをください。
  Please call or e-mail S. T. Park for any questions or comments you may have about our ongoing project.

  ongoing 進行中の

- 私が不在の間すぐに処理しなければならないことが生じた場合、私のチームのジャネット・リーがお手伝いします。
  Should you have anything that requires immediate attention while I am away, Janet Lee from my team is available to assist you.

- メールは定期的にチェックしています。
  I'll be checking my e-mail regularly.

- 恐らくSMSを送ってくれるのが一番です。
  It's probably best to text me.

- チームの誰かにメッセージを残してください。
  Please leave a message with anyone in my team.

タイプ5 休務

日程、期間、理由、緊急連絡先などを記載する

休日や行事、在庫調査などのためにオフィスや工場が休業する予定であれば、事前に相手に通知しなければなりません。このとき、具体的な休業日や期間、休業の理由を正確に伝えることが重要です。部分的にサービスをおこなう場合には具体的な内容を案内し、緊急時に備えて緊急連絡先を知らせておいてもよいでしょう。

Subject We will be closed for the New Year's holidays
From yolanda@sorimimports.com
To chris@triplus.co.jp

休業 ▶ 219

- All our offices in Japan will be closed during the New Year's holidays from December 28 to January 4. To address any urgent needs you may have, however, there will be personnel on standby during the holidays. That number is 81-3-555-5555.

緊急連絡先 ▶ 220

正月の連休期間は休業します

日本国内のすべてのオフィスが、12月28日から1月4日までの正月連休のあいだ、休業いたします。しかし、緊急時に備えて連休中も職員が待機する予定です。電話番号は 81-3-555-5555 です。

---

address（問題に）対処する　**personnel** 職員　**on standby** 待機して

219 休業

- 子どもの日の祝日はお休みです。
  We will be closed during the Children's Day holiday.

- 弊社工場は、5月1日のメーデーはお休みです。
  Our factories **will be closed for** Labor Day **on** May 1.

- 大阪オフィスは、改装のため1月22日から2月1日までお休みです。
  The Osaka **office will be closed for** remodeling **from** January 22 **to** February 1.

- 弊社オフィスは、クリスマス休暇のため12月24日から1月3日までお休みです。
  Our offices will be closed for the Christmas holidays **from** December 24 **to** January 3.

- 私たちのすべてのレストランは、1月1日は元旦のお祝いでお休みです。
  All our restaurants **will be closed on** January 1 **to** observe New Year's Day.
  _{observe（祝日などを）祝う}

- 棚卸のため、今週9月19日金曜は、早めに午後2時に閉まります。
  We will be closed early this Friday, September 19, at 2 p.m. **due to** inventory.
  _{inventory 棚卸、在庫整理}

- お盆休暇の間、本社は4日間休業することをお知らせします。
  This is to inform you that our headquarters will be closed for four days **during** Obon holidays.

- 創立20周年を記念し、カラーズ・ジャパン社オフィスは11月11日お休みします。
  In celebration of the 20th anniversary of its founding, Colors Japan **offices will be closed on** November 11.
  _{founding 創立}

220 緊急連絡先

- 私に連絡を取る必要がある場合は、携帯に電話をください。
  If you need to get hold of me, however, you can reach me on my cellphone.
  _{get hold of ～に連絡を取る}

- 休日の間も、弊社の保守管理事務所は営業しています。
  Our maintenance office **will remain open during the holiday.**
  _{a maintenance office 保守管理事務所}

▶ お客様のご用件を処理するため、スタッフが待機しています。
We will have staff on standby to address your needs.

address 処理する、片付ける

▶ 休日の間何らかの理由で弊社に連絡する場合は、010-223-2421に電話して、勤務中のスタッフと話してください。
If you need to contact us for any reason **during** the holidays, **please call** 010-223-2421 **and speak to the staff on duty.**

on duty 勤務中の

▶ これが連絡の取れる番号です：
Here's a number you can call:

Tips & More

日本の主な休日

元日	New Year's Day	海の日	Marine Day
成人の日	Coming-of-Age Day	敬老の日	Respect-for-the-Aged Day
建国記念の日	National Foundation Day	秋分の日	Autumnal Equinox Day
春分の日	Vernal Equinox Day	体育の日	Sports Day
昭和の日	Showa Day	文化の日	Culture Day
憲法記念日	Constitution Day	勤労感謝の日	Labor Thanksgiving Day
みどりの日	Greenery Day	天皇誕生日	The Emperor's Birthday
こどもの日	Children's Day		

UNIT 17

特定の目的の告知

- タイプ1 報告と伝達
- タイプ2 連絡と返信を要請
- タイプ3 価格変動の通知
- タイプ4 社内情報や物品の要求
- タイプ5 社内公示やメモ

UNIT 17 特定の目的の告知
Announcements & Notifications

業務の進捗状況を報告し、価格の変動を知らせるメールや、社内で情報や物を要求するために送るメールです。

🗨 タイプ別 Key Point

タイプ1	報告と伝達	正確な現況を伝えることに焦点を合わせる
タイプ2	連絡と返信を要請	いつまでに回答がほしいのかを明示する
タイプ3	価格変動の通知	価格変動の理由を先に述べる
タイプ4	社内情報や物品の要求	件名を見るだけでわかるように書く
タイプ5	社内公示やメモ	開始日や実施日などを明示する

🔍 専門家の E-mail Advice

相手の関心を引いて効果的に伝えるためには、第一段落で上記の要点を簡潔に言及したあと、現況や変更事項を具体的に説明します。相手の返事を望む場合には、何について、いつまでに回答が必要なのかをはっきりと提示します。

✐ すぐに書ける 3 Steps

Step1 導入 — 概要と目的を簡潔に記載する

Step2 本文 — 現況や変更事項を具体的に提示する

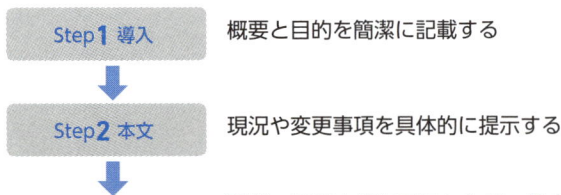

Step3 結びの言葉 — 再度、要請内容に言及したり、協力を期待するという表現を使う

会議室をきれいに使用するためのガイドラインを
社内の全職員に通知する

Best Sample

Subject: New Meeting Room Use Guidelines
From: notice@ibcp.co.jp
To: all@ibcp.co.jp

Step 1 導入

Recently, there has been a number of complaints regarding the lack of tidiness of our meeting rooms. To remedy this problem, we have decided to implement the following guidelines for using the meeting rooms, beginning tomorrow morning.

● 目的の伝達
● 変更事項

Step 2 本文

- Fill out the use form at this office prior to and after using one of the rooms.
- Remove all trash (e.g. paper cups, paper clips) from the table and counters afterwards.
- Push the chairs back against the table when you leave the room.

Step 3 結びの言葉

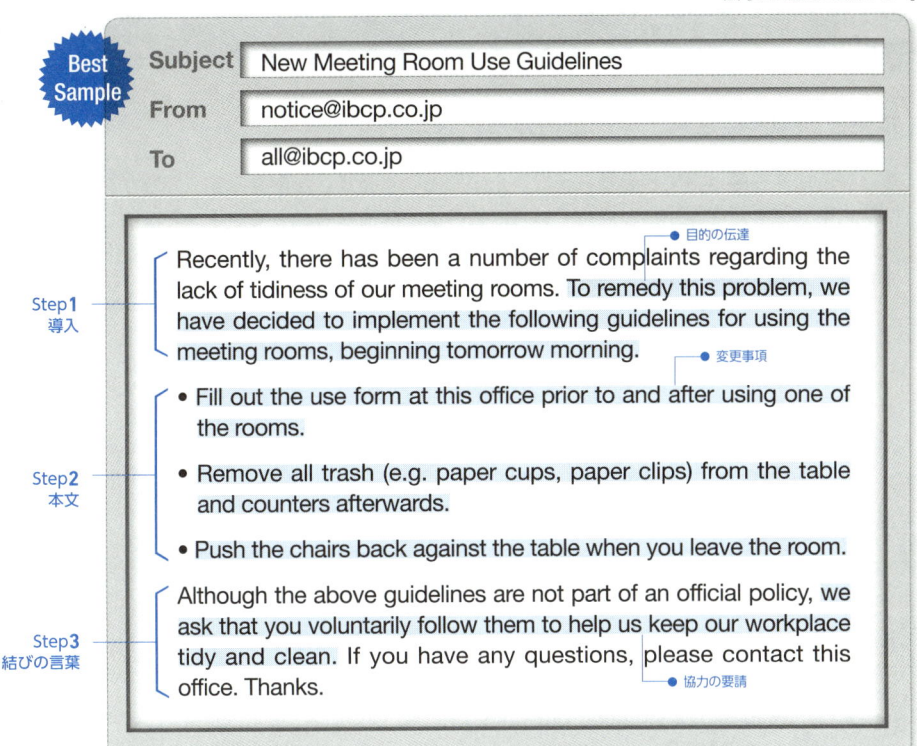

Although the above guidelines are not part of an official policy, we ask that you voluntarily follow them to help us keep our workplace tidy and clean. If you have any questions, please contact this office. Thanks.

● 協力の要請

新しい会議室の使用に関するガイドライン

最近、会議室がきれいに使用されていないという多数の苦情が寄せられています。この問題を解決するために、会議室の利用について、明朝から次のようなガイドラインを実施することにしました。
・会議室の使用前と使用後にオフィスに立ち寄ってフォームに記入する。
・使用後には、テーブルとカウンター内のすべてのゴミ（たとえば、紙コップ、クリップ）を片付ける。
・会議室から出るときは、椅子をテーブルに戻す。
上記のガイドラインは公式の方針ではありませんが、私たちの職場をすっきり清潔に保つために自発的に従ってくださるようお願いいたします。不明な点がございましたら、こちらのオフィスにご連絡ください。ありがとうございました。

---

a number of 多数の　the lack of ～がない、～の不足　tidiness 清潔　implement 実施する、履行する
fill out ～を作成する　e.g. (= exempli gratia / for example) たとえば

タイプ1 報告と伝達

✉ 正確な現況を伝えることに焦点を合わせる

報告や伝達する際は、できる限り現況を正確に説明することが重要です。問題があれば解決策や改善策を提示し、遅れていればどのような措置をとっているかを説明します。進捗報告書は、添付ファイルとしてもよいが、メールの本文に大まかな内容を記述すれば、相手の理解を促すことができます。

Subject March progress on Harajuku Store
From evan@aconmani.com
To peter@aconmani.com

進捗状況の報告 ▶ 221

- Let me give you a brief rundown on the status of the Harajuku store project:

  • Final construction drawings in from Duran & Associates on Mar. 2

  • Contract finalized with K & J Builders on Mar. 10

  • Construction started on Mar. 25

原宿店の3月の進捗状況
原宿店プロジェクトの現況について概要をお送りします。
・3月2日　Duran & Associates 社から最終的な建築図面を入手
・3月10日　K & J Builders 社と契約完了
・3月25日　工事を開始

---

rundown 概要　construction drawings 建築図面　finalize 完了する

221 進捗状況の報告と配信

▶ カラーズ・ジャパン社の提案の概要です。
Here is the outline of Colors Japan's proposal:

▶ 予定通り進んでいます。
We are moving right on schedule.　　　　　　　　　on schedule　予定通りに

▶ プロジェクトが問題なく進んでいることをお知らせしたかったのです。
I just wanted to let you know the project is progressing without a hitch.　　　　　　　　　　　　　　　　　　without a hitch　問題なく、よどみなく

▶ 私たちのオープンソース・ソフトウェア開発の状況を知らせるためにメールを書いています。
I'm writing to let you know the status of our open source software development.
　　open source software　オープンソース・ソフトウェア。無償で公開されているコードを使用したソフトウェア

▶ ガミル・アソシエーツ社から消費者調査の結果を受け取りました。PDFファイルを添付します。
I just received the consumer survey **results from** Gamil Associates. The PDF **file is attached.**　　　　　　　　　　　　　survey　調査

▶ 我が社が配送スケジュールに同意したら、先方も我が社の最終的な提案を受け入れると確信しています。
If we agree to the delivery schedule, **I'm confident** the other side **will** accept our final offer.

▶ まだ契約上のささいな問題を解決しているところですが、来週までには最終案ができるでしょう。
We are still work**ing** out the kinks in the contract **but** should get the final draft by next week.　　　work out the kinks　ささいな問題を解決する、もつれを解く

▶ ジェリー・ステーショナリー社との成功している共同プロモーションは、明日終了します。
Our successful **joint promotion with** Jelly Stationary **is ending** tomorrow.

▶ 次のステップを話し合うため、昨日プロジェクト・マネージャーに会いました。
We met with the project manager yesterday **to discuss** the next steps.

- 報告書についてご質問やご意見がありましたら教えてください。
  Please let me know if you have any questions or comments about the report.

- 7月末をもって、プロジェクトは57%完成しました。
  As of the end of July, **the project is** 57% **complete.**　　　　as of 〜の時点で

- マケーン＆カンパニー社のコンサルタントが、2月2日に弊社の横須賀工場を見学する予定です。
  The consultants from McCain & Company **have plans to tour** our Yokosuka plant on February 2.　　　tour 見学する、見て回る

- ニューヨーク・オフィスの来年の予算編成は金曜までに完了する予定です。
  We are expecting to complete next year's budget planning for the New York office by Friday.

- キム・デザイン＆プロモーション・グループが、今日の午後、あなたの承認を得るためにパンフレットの第2案を送る予定です。
  Kim Design & Promotion Group **will be sending** their second draft of the brochure copy this afternoon **for your approval.**

- ご参考までに、ちょうどシトロ・インターナショナル社から受け取ったメールを転送します。
  For your reference, I am forwarding you the e-mail I've just **received from** Citro International.

- 添付した会議の議事録でおわかりのように、今月末に第3段階に入る予定です。
  As you will see in the attached meeting minutes, we are slated to enter the third stage at the end of the month.

- 最新の進捗状況を継続的にお知らせするため、試作品写真を含む、すべての関連ファイルを添付します。
  To keep you posted on the latest developments, **I am attaching all pertinent files, including** photos of the prototype.
  　　keep ~ posted 〜に連絡を取り続ける　　pertinent 関連する　　prototype 試作品、プロトタイプ

- 東京店での9月のプロモーションが大成功したおかげで、総収益が70%増加しました。
  The September promotions at the Tokyo stores **have been a great success, resulting in a** 70% **increase in total revenues.**
  　　　　　　　　　　　　　　　　　　　　　　　　　　　　　　revenue 収益、収入

- 添付したワード・ファイルは、提案された契約変更案の要約です。
  The attached Word **file is a summary of** the proposed changes to the contract.

- ゲームのベータテストが月曜に完了しましたので私たちのチームの初期評価を添付します。
  The game's beta testing was completed on Monday, and **attached is** our team's initial assessment.
  　　　　　　　　　　　　　　　　　　　　　　　　　assessment 初期評価

- 添付しましたリリー・フィールズ開発プロジェクトの最新の進捗報告書をご覧ください。
  Please find attached the latest progress report on the Lily Fields development project.

- 昨日の午後週例会議に出席しましたが、プロジェクトが予定より早く順調に進んでいることを喜んで報告します。
  After participating in the weekly meeting yesterday afternoon, **I am pleased to report that** the project is progressing well ahead of schedule.
  　　　　　　　　　　　　　　　　　　　　　　ahead of schedule 予定より早く

222　遅延ニュースの配信

- 予定より20日遅れており、グランド・オープンを12月初めに延期しなければなりません。
  We are now 20 days **behind schedule, so we would have to push back** the grand opening to early December.
  　　　　　　　　　　　　　push back 延期する、先送りする

- 請負業者が2週間の期限延長を要求しています。
  The subcontractors **are asking for a** two-week **time extension.**
  　　　　　　　　　　　　　　　　　　　　　a time extension 期限延長

- 変更指示のため、プロジェクトの完了は、現実的に言って少なくとも1カ月遅れそうです。
  Realistically, with the change orders, **we anticipate at least** a month **delay in** completing the project.
  　　　　realistically 現実的に　change order（工事などでの）変更指示　anticipate 予測する

- バグのため若干の遅れはありますが、数日中に問題が解決されると予期しています。
  There is a slight delay caused by a bug, **but** we expect the problem to be resolved within a few days.

- 弊社CEOの意見を反映させることで生じた変更により、会社パンフレットは、元の予定より5日遅く印刷に入ります。
  Because of the changes being made to reflect our CEO's comments, the corporate brochure **will** go into print five days **later than originally scheduled.**

▶ 現在は予定通り進行していますが、アンジェロ・エレクトリカル・コントラクターズ社にストライキの可能性があるため、配線設備が遅れるかもしれません。
Although we are currently on schedule, there may be a delay in electrical wiring installation due to a possible strike at Angelo Electrical Contractors.　　　　　　　　　　　　　　　　　　　　　　strike　ストライキ

▶ 遅延により、『ウォー・オブ・ラコンダー』の発売日を変更する必要があるでしょう。
With the delay, the release **date** for *The War of Lacondar* **will have to be rescheduled.**

▶ 現場で採取した土壌サンプルの公式の土質試験結果が出るまで、第2段階の着手が延期されました。
The start of Phase 2 has been postponed, pending official soil test results of the soil samples taken from the site.　　pending　～まで、～を待って

223　良いニュースの配信

▶ いいニュースです！　上海支社のジェイミー・リューと電話で話をしましたが、中国工場が昨日の時点で完全に再稼働しているそうです。
Good news! I just got off the phone with Jamie Liu at the Shanghai office, and he told me the plants in China are **in full operation** again, as of yesterday.　　in full operation　完全に稼働して

▶ ジョンソン・ミルズ社は我が社の第二の提案を受け入れたということを、ひとこと伝えたかったのです。
I wanted to drop you a line to let you know that Johnson & Mills has accepted our second proposal.　　drop a line　ひとこと伝える

▶ 弊社の役員が貴社の代表の方々と来週会うと決めたことを、お知らせできて幸いです。
I am happy to inform you that our director has decided to meet with your reps next week.　　rep (= representative)　代表

▶ 顧客が弊社の提案の詳細について話し合うことに関心を示したという、明るいニュースを聞きました。
We received the encouraging news that the client expressed interest in discussing the details of our proposal.　　encouraging　有望な、明るい

▶ 1月の売上高が2014年1月に比べて12％増加しました。
Our sales in January **are up** 12% **from** January 2014.

▶ サプライヤーの反応が非常に肯定的でした。
The feedback from the suppliers **has been extremely positive.**

224 悪いニュースの配信

- 注意してください。マッキンリーは、昨日あったことに対して大変怒っています。
  Just heads up! McKinley **is pretty ticked off about** what happened yesterday. `inf`
  　　　　　　　　　　　　　　　　Heads up! 気をつけて！　ticked off 怒っている

- 悪いニュースがあります。
  I have some bad news.

- 明るいニュースではありません。
  The news is not encouraging.

- 残念ながら、悪いニュースがまだあります。彼らは訴訟を起こしました。
  More bad news, I'm afraid. They have filed a lawsuit.
  　　　　　　　　　　　　　　　　　　　　　file a lawsuit 訴訟を起こす

- 悪いニュースを伝えたくはないのですが、悪天候のためプロジェクトが遅れています。
  I hate to be the bearer of bad news, but the project is being delayed due to bad weather.　　a bearer of good[bad] news よい[悪い]ニュースを伝える人

- 残念ながら、オーナーが期限延長承認を拒否しています。
  Unfortunately, the owner **refuses to** grant a time extension.
  　　　　　　　　　　　　　　　　　　　　　　grant 承認する、許可する

- 円安のため、5月の売上高が大幅に打撃を受けました。
  Due to the weakening yen, our sales in May **have taken a beating.**
  　　　　　　　　　　　　　　　　　　　　take a beating 大打撃を受ける

- 控えめに言っても、来年の予測は悲観的です。
  The forecast for the coming year **is negative to say the least.**
  　　　　　　　　　　　　　　　　　　　　to say the least 控えめに言っても

- マキシン・スーパーストアからの苦情につき、納品遅延のため10％の割引を決定しました。
  Regarding the complaint from Maxine Superstores, **we have decided to give them** a 10% discount **for** the late delivery.

- 私たちが昨年見通したように、景気低迷の中、我が社の家庭用品への消費者の需要は、依然低迷しています。
  As we have predicted last year, the consumer demand for our household products remains low amid the weakening economy.
  　　　　　　　　　　　　　　　household 家庭用の、家族の　amid 〜の最中

タイプ2　連絡と返信を要請

✉ いつまでに回答がほしいのかを明示する

連絡を要求するメールは簡単に書きます。必ずしも格式ばっていなくてもかまいません。特定の事案について回答を要求するメールは、必要な情報が何であるか、いつまでに回答してほしいかを具体的に言及し、要求事項が際立つように簡潔に述べます。

Subject Additional Staff Option for New Store Opening
From kathryn@esteemstore.com
To mark@esteemstore.com

In regard to the new store opening, please let me know by May 16 (California time) if you require additional staff to assist you. We can fly in other experienced trainers from China or Taiwan within two or three days. Of course, another option is for you to bring in temporary staff from one of the Tokyo stores.

> 返信の要請 ▶225

新規店開業にあたって、さらなるスタッフを選択

新規店開業に関して、スタッフがさらに必要であれば、5月16日（カリフォルニア州時間）までにお知らせください。二、三日のうちに、中国や台湾から経験豊富なトレーナーをお連れすることができます。もちろん、一時的に東京にある店舗のいずれかから職員を連れてくるという方法もあります。

---

option 選択肢、選択(権)、代案　**experienced** 経験豊富な、熟練した　**temporary** 一時的な

225　連絡／返信の要請

▶ ジョン、あなたの答えがすぐに必要です。
John, I need your answers ASAP.
　　　　　　　　　ASAP (= as soon as possible) すぐに、可能な限り早く

▶ 急がせるわけではないのですが、その提案についてあなたの意見が本当に必要なんです。
I don't mean to rush you, but I really need to get your comments on the proposal.

▶ スティーブン、カラーズ・ジャパン社の配送に関する私のメールに返事を送っていただければ非常にありがたいです。
Stephen, I would really appreciate your response to my e-mail regarding the Colors Japan shipment.

▶ 四半期報告書について話し合うのに寄るのはいつがいいか、教えてくれますか？
Can you let me know what's a good time for me to drop in and discuss the quarterly report **with you?**
　　　　　　　　　drop in 立ち寄る　quarterly 四半期の

▶ これを読んだら会いに来てもらえますか？
Could you come see me when you read this?

▶ 連絡を取ろうとしているのですが。これを見たらすぐに電話もらえますか？
I've been trying to get hold of you. Could you call me as soon as you see this?
　　　　　　　　　get hold of ～と連絡を取る

▶ 今日の午後3時までにあなたの回答が本当に必要なんです。
I really need your answer by 3 p.m. today.

▶ 時間ができたらお電話ください。
Please call me when you get a chance.

▶ 明日までに連絡してください。
Please let me know by tomorrow.

▶ 明日の会議ですが、カラーズ・ジャパン社のサンプルを持っていってほしいですか？
Regarding tomorrow's meeting, do you want me to bring the samples from Colors Japan?

▶ 明日フォローアップ会議を開く予定があるかどうか教えていただけますか？
Could you let me know if you plan to hold a follow-up meeting tomorrow?
　　　　　　　　　follow-up フォローアップ、後に続く

▶ お電話するのに一番いい時間を教えてください。
Please advise me on the best time for me to call you.

▶ 添付した議題の提案について意見をください。
Please send me your comments on the attached proposed agenda.

226　情報請求

▶ あなたのプレゼンテーションの**内容**の簡単な**概要**を送ってもらえますか？
Will you send me a quick rundown of your presentation content?
rundown　概要

▶ そのプロジェクトの進捗状況を知ることができるよう、ひとこと教えていただけますか？
Would you mind dropping me a line to let me know the progress status of the project?

▶ 最近の株主訴訟に関して新たな進展があったら、逐次教えてもらえますか？
Would you keep me posted of any new developments on the recent shareholder lawsuit?
keep ~ posted　～に絶えず知らせる　shareholder　株主

▶ サンプルが昨日出荷されていることを確認する必要があります。教えてください。
I need to confirm if the samples were shipped yesterday. **Please let me know.**

▶ 新たにインストールされたソフトウェアに問題があったら教えてください。
Please inform us if you have any problems with the newly installed software.

➡「追加情報の要請」に関連するメールは「Unit 7 ▶情報請求と問い合わせ」を参照してください

タイプ3 価格変動の通知

✉ 価格変動の理由を先に述べる

値上げや値下げを知らせるときは、冒頭で変動する価格、実行日といった具体的な情報を正確に説明します。不要な言葉はなるべく省略します。値上げの場合、謝罪の表現はなるべく避けるようにしますが、値上げするしかない、避けられない状況を納得しやすいように簡単に提示するとよいでしょう。結びの言葉では、相手が了解してくれたことに対する感謝の気持ちを表す。

Subject Change in Service Fees
From fred@kcmbank.com
To chris@triplus.co.jp

値上げ ▶227

- As of March 1, our basic monthly service fee will be increased to 250,000 yen, in light of the rapid rise in labor and operating costs. Despite our reluctance to raise prices, this pricing change became necessary to maintain the highest level of service quality to our valued customers. Thank you for your understanding.

値上げに対する結びの言葉 ▶230

サービス料金の変更

人件費と運営費の急激な上昇を考慮して、3月1日付で弊社のサービスの月額料金を25万円に引き上げます。価格の引き上げは不本意ですが、大切なお客様に最高品質のサービスをお届けするためには必要なことでした。ご理解のほど、よろしくお願い申し上げます。

---

in light of ～を考慮すると、　a rapid rise in ～の急激な上昇　reluctance 気が進まない、不承不承

UNIT 17 特定の目的の告知

227　値上げ

▶ ご存じのように、弊社は3年間価格を引き上げていません。
As you know, we have not raised our prices in three years.

▶ 残念ながら、手数料の引き上げが必要であるとわかりました。
Unfortunately, we found it necessary to increase our fees.

▶ 来月から毎月の賃料を20万円に引き上げる予定です。
We will be raising the monthly rental fee **to** 200,000 yen, **beginning next month.**
　　　　　　　　　　　　　　　　　　　　　　　rental fee　賃料、レンタル料

▶ 前例のない円安により、これ以上現在の価格を維持できません。
With the unprecedented depreciation of the yen, **we can no longer maintain our current pricing.**
　　　　　　　　　unprecedented　前例のない　depreciation　価値切り下げ

▶ 6月1日付で弊社のすべての製品の価格を5％引き上げます。
Effective June 1, **the price of all products will be raised** 5%.

▶ 1月2日から新価格が適用されます。
The new prices will go into effect on January 2.　　go into effect　実施される

▶ 上昇している木材のコストを反映させるため、値上げは不可欠です。
The increase is necessary to reflect the rising cost of lumber.
　　　　　　　　　　　　　　　　　　　　　　　　lumber　木材

▶ 結果として、ある種の手数料について5％引き上げます。
As a consequence, certain types of fees will be increased by 5%.
　　　　　　　　　　　　　　　　　　　　consequence　結果

▶ 値上げをしても、弊社の価格はまだ競合他社よりかなり安いです。
Even with the increase, our prices are still considerably lower than those of our competitors.

▶ 最近の原材料価格の上昇により、弊社製品の価格を7％引き上げざるを得ません。
Due to the recent escalation in raw material prices, **we have little choice but to raise the price of our products** 7%.
　　　　　　　　　　　　　　have little choice but to　〜せざるを得ない

▶ 値上げを防ぐために最善を尽くしましたが、最近の経済状況のために価格を10％引き上げざるを得なくなりました。
Despite our best attempts to keep the price increase at bay, recent economic conditions **have forced us to increase prices by** 10%.
　　　　　　　　　　　　　　　　　keep ~ at bay　〜を食い止める

- 製品の品質を維持するためには、3%の値上げが必要であるという結論に達しました。
  To maintain the quality of products, we came to the conclusion that a 3% **increase in pricing is necessary.**
  conclusion 結論

228 値下げ

- ソフトウェアの新しいバージョンがリリースされ、既存のバージョンを20％割引で提供しています。
  With the release of the new version of the software, **we are offering a** 20% **reduction on the existing version.**

- メーカーから直接大量購入をすることができるようになったため、製品の価格を大幅に引き下げることにしました。
  Because we are now able to make direct bulk purchases from the manufacturers, **we have decided to significantly lower the price of our merchandise.**
  a bulk purchase 大量購入

- 削減された経費分をお客様にお返しすることができることをお知らせできて幸いです。
  We are happy to announce that we are able to pass on the savings to our customers.
  savings 節約された金額、貯蓄

- 各種原材料価格の低下を反映するため、ほとんどの製品の価格を引き下げます。
  To reflect the decrease in various raw material prices, **we are lowering the price of most of our products.**

- ムーン・ステーショナリー社の創立10周年を記念し、スパイラルノート全製品を25％割引で提供します。
  In commemoration of Moon Stationary's 10 years in business, **we are proud to offer a** 25% **discount on our entire line of** spiral notebooks.
  in commemoration of ～を記念して　a spiral notebook スパイラル・ノート

229 価格表の添付

- 変更を反映させた新製品のリストを添付しました。
  I have attached a new product list **reflecting the changes.**

- 新価格リストを添付しました。
  The new price list is attached.

- ご参考までに、更新したカタログを添付しました。
  Attached is an updated catalog **for your reference.**

▶ 青色で印刷された新価格に注意してください。
Please note the new prices printed in blue.

▶ 改訂価格は赤で表示されています。
The revised prices are marked in red.

revise 改訂

230　結びの言葉：値上げ

▶ いつもながら、貴社との取引を大切にしています。
As always, we value your business.

▶ ご理解を感謝し、今後もお役に立てることを楽しみにしています。
We thank you for your understanding and look forward to continuing to serve you.

▶ お取引を感謝します。今後も双方にとって利益になる関係が続くことを期待しています。
We appreciate your business and look forward to a continuing mutually-beneficial relationship in the years to come.

mutually-beneficial 相互受益的な、お互いに利益を得る

231　結びの言葉：値下げ

▶ 常にお役に立てましたら幸いです。
It's always a pleasure serving you.

▶ 重ねてお取引に感謝します。
Thank you again for your business.

▶ さらに情報が必要な場合は、電話かメールをください。
If you require further information, please call or e-mail us.

タイプ 4 社内情報や物品の要求

✉️ **件名を見るだけでわかるように書く**

社内メールなので、情報や物品を要求するときは簡潔に書きます。そして、インフォーマルな表現を使用しても構いません。とくに、同僚たちの時間を節約するために、件名は内容をすぐに把握できるように書きます。本文に内線番号を記載すれば、迅速な返信を受け取るのに効果的です。

Subject	Looking for an Extra Chair
From	john@ibcp.co.jp
To	all@ibcp.co.jp

情報／物品の要請 ▶ 232

● Does anyone have a spare chair our team can use? If you do, please call me. My extension is 5612.

予備のイスを探しています
私たちのチームが使用できるような余分の椅子をお持ちの方はいらっしゃいますか？　ありましたら、お電話下さい。私の内線番号は 5612 です。

---

spare 余分な　**extension** 内線番号

232 情報／物品の要請

▶ 余分な計算機を分けていただけませんか？
Could someone spare an extra calculator?
  spare 分け与える

▶ 数日前、図書室から本を2冊、貸出手続なしで持って行った方、私に会いに来てください。
Someone took two books from the reading room a few days ago without checking them out. **Please come see me.**

▶ チャイナ・オデッセイ社の過去のサプライヤーに関する情報や資料を持っている方がいないか探しています。
I'm looking for any information or materials anyone might have on China Odyssey's past suppliers.

▶ あなたのチームにアシュフォード・アソシエーツ社のケビン・アシュフォードに関する情報があれば、教えてください。
If your team **has any information on** Kevin Ashford at Ashford Associates, **please let me know.**

▶ よい特許弁護士を推薦できるようでしたら、簡単なメールを送ってもらえますか？
If you could recommend a good patent attorney, **could you send me a quick e-mail?**

▶ 明日の午後、そちらの会議室を1時間使用してもいいですか？
Would it be possible for us to use your meeting room **for** an hour tomorrow afternoon?

233 紛失物

▶ ダン、あなたのオフィスのどこかで、印がない茶封筒を見たりしませんでしたか？
Dan, **did you happen to see** an unmarked manila envelope **somewhere in your office?**
  happen to たまたま〜する **a manila envelope** 茶封筒

▶ 背に「1Q計画」というラベルの付いた青いバインダーを見た人はいませんか？
Has anyone seen a blue binder labeled "1Q Plan" on the spine?
  spine (バインダーや本の)背

▶ 昨日、16階会議室において、USBメモリを紛失しました。
I lost my USB flash drive yesterday **in** the meeting room on the 16th floor.
  USB flash drive USBメモリ

▶ 私あてのFedExの小包が紛失しました。誰かに間違って配達された可能性があるので、もし見つけたら、私に連絡してください。
There's a FedEx **package addressed to me that's missing. It might have been delivered to you by mistake, so if you find it, please contact me.**

▶ 今日の午後、誰かが誤って私の研修教材をプレゼンテーション・ワークショップから持っていきました。研修バインダーの表紙に私の名前が書かれています。
I think someone took my training materials **by mistake from** the presentation workshop this afternoon. **My name is written on** the training binder cover.

▶ 誰かそれを見つけたら、すぐ私に連絡してください。
If anyone has found it, please contact me ASAP.

▶ 携帯電話を置き忘れたようです。黒の「メタ-2」です。
I seem to have misplaced my cellular phone. It's a black Meta-2.

▶ 西ビルでブリーフケースを発見したかもしれない方へのメールです。
This is for anyone who might have found a briefcase in the west building.

234　拾得物

▶ 黒いモンブランのペンをジムに置いていった方、私に連絡してください。
Whoever left a black Mont Blanc pen **in** the gym**, please contact me.**

▶ 喫煙室で鍵束を見つけ、フロントに預けました。
I found a set of keys **at** the smoking room. **I left it with** the reception desk.
　　　　　　　　　　　　　　　　　a set of keys 鍵束　a reception desk フロント、受付

▶ 今日の会議でファイル・フォルダーを持っていき忘れた人がいたので、角の軽食テーブルに置いておきました。
Someone forgot to take his or her file folder **from** today's meeting. **I put it on** the refreshments table in the corner.
　　　　　　　　　　　　　　　　　　　　　　　　　refreshments 軽食

235 物品の提供

- もし必要な人がいたら、余分なデスクトップ・パソコンが1台あります。
  I have an extra desktop PC **if anyone needs it.**

- ペーパークリップの余分が必要な方がいたら、お電話ください。
  If anyone needs extra paper clips**, please call me.**

- 先月エキスポで使ったプロモーション用のロゴ付ペンが余っているので、役に立つようでしたら喜んでチームに提供します。
  We have a surplus of promotional logo pens **from** last month's expo **and will be glad to provide them to** a team **that may have a use for them.**

  surplus 余剰

タイプ5 社内公示やメモ

✉ 開始日や実施日などを明示する

公示の目的を最初の文で述べて、全体的に簡潔に作成します。かなり分量のある情報やメモの場合、全体の概要を最初の段落で簡単に言及してから、残りの段落でより具体的な内容を説明するのが原則です。会社の方針や規則の変更を案内するメールでは、変更内容、変更の理由、発効日を明確に提示し、これに伴う利点を述べます。

Subject Employee Vehicles at Visitor Parking
From tiffany@colorsko.com
To all@colorsko.com

- [会社の方針の変更 ▶ 237] Effective immediately, any unauthorized employee-owned vehicle parked in the visitor parking area in front of the main entrance will be towed at the owner's expense. This drastic measure became necessary after numerous previous requests to adhere to the parking policy proved ineffective. [追加説明 ▶ 238] Please remember that the policy aims to keep
- [会社の方針を強調 ▶ 239] the front area of the building obstruction-free and to offer our visitors convenient parking.

訪問者用駐車場の従業員の車について

即時発効にて、正面入口の前にある訪問者用駐車場に無断駐車してある従業員の車は本人の費用負担により撤去されることになります。駐車場の方針を守ってほしいという、これまで幾たびにもわたる要求にも効果がなかったので、今回の強硬措置が必要になりました。この方針は、建物の前に障害物をなくして、弊社を訪れる方々に使いやすい駐車スペースを提供するためのものだということにご留意ください。

---

tow 牽引する a drastic measure 強硬措置 numerous 数多くの、多数の adhere to 〜を守る aim to 〜のために、〜を指向する obstruction-free 障害物のない

UNIT 17 特定の目的の告知

236 情報の共有／伝達

- この件についてご意見をお送りください。
  Please send me your thoughts on this.

- ご意見の提案を歓迎します。
  You are welcome to suggest ideas.

- 我が社の配送システムの実績につき、最大の顧客のうち2件からメールがきたので共有します。
  I wanted to share the e-mails from two of our largest clients **regarding** the performance of our delivery system.

- 提案を提出する前に、あなたのチームからのフィードバックがほしいのですが。
  Before I send out the proposal, **I would like to get** your team's feedback.

- ご依頼への回答です。
  This is in response to your request.

- 添付した提案書は、ドラフトですので覚えておいてください。
  Keep in mind that the attached proposal **is only** a draft.
  　　　　　　　　　　　　　keep in mind 覚えておく、心に留めておく　　draft ドラフト、案

- 添付ファイルに、提案された変更に関する私の意見をまとめました。
  In the attached file, I've outlined my ideas on the proposed changes.

- 下記の転送メールをお読みください。
  Please read the forwarded e-mail below.

- 添付の報告書に関し、ご意見や懸念される点をお送りいただければ幸いです。
  I would appreciate your sending me any comments or concerns you may have regarding the attached report.

- 添付した予備リストの確認をお願いします。
  Please review the attached preliminary list.

- 添付は、経営陣および従業員に向けたCEOからのメッセージです。
  Attached is the CEO's **message to** all management and staff.
  　　　　　　　　　　　　　　　　　　　　　　　　management 経営者

237　会社の方針と規則の変更

▶ 7月1日付けで、すべての従業員は、研究室の中で防護服を身に付ける**必要があります**。例外はありません。
Effective July 1, all employees **will be required to** wear protective gear inside the labs. **There will be no exceptions.**　　protective gear　防護服

▶ 新しい方針は、9月20日から施行されます。
The new policy will take effect on September 20.
　　　　　　　　　　　　　　　　　　　　　take effect on　～から実施する

▶ 多くの方の意見を受け、現在の方針は時代遅れであると判断しました。
After receiving feedback from many of you, we have determined that the existing policy is outdated.　　outdated　時代遅れの、古臭い

▶ 委員会の1カ月の評価の中で、いくつかの変更が必要であることを確認しました。
Several necessary changes were identified during the committee's month-long evaluation.

▶ 主な変更点は、次のとおりです：
The major changes are as follows:

▶ 新しい入社面接実施ガイドラインを添付しました。
The new guidelines for conducting employment interviews **are attached.**

▶ 新しい方針に関する添付のメモを、注意深くお読みください。
Please read the attached memo on the new policy carefully.

▶ この新しい方針では、金銭またはその他の方法で、サプライヤーや請負業者から贈り物を受けることを、**厳禁**します。
Under this new policy, receiving gifts – monetary or otherwise – from suppliers or subcontractors **will be strictly prohibited.**　　monetary　金銭の

▶ この方針は、生産性強化のために用意されました。
The policy is designed to boost productivity.

▶ 複数の従業員が継続的に誤用しているため、既存の休暇の方針を変更する必要が生じました。
The continuing misuse by a few employees **created the need to change the existing policy on** leave of absence.
　　　　　　　　　　misuse　誤用、悪用　(a) leave (of absence)　休暇

- 最近の景気低迷により、海外出張に関する方針を見直さざるを得ませんでした。
  The recent economic woes have forced us to reevaluate our policy on overseas business trips.　　　　　　　　　woes (pl.) 災害、不幸

- 皆さんご存じのように、我が社は、顧客満足、従業員の福祉、持続的な成長という3つの価値を象徴する新しい企業ロゴをデザインしました。
  As you all know, we have designed a new company logo symbolizing our three values of customer satisfaction, employee well-being and sustained growth.　　symbolize 象徴する　sustained 持続する

- これは、9月1日から新しいロゴが適用されることを知らせるものです。
  This is to notify you that the new logo will go into effect on September 1.

- CEOの要求に沿って、午後6時には仕事を終え、残業を避けることを奨励します。
  In line with the CEO's request, we encourage you to leave work by 6 p.m. and avoid working late hours.　　　　in line with 〜に沿って

- 業務効率を向上させるため、すべての会議は1時間で行うようお願いします。
  To help boost efficiency, **we ask that** you keep all meetings to an hour.

- 工場の従業員のための新しい制服が到着しました。明朝から一人一人に配られます。
  New uniforms for factory personnel have arrived and will be distributed to individuals beginning tomorrow morning.

- IDカードを交換をしていない人は、金曜午後5時までにおこなってください。月曜の朝から、新しいIDカードでのみオフィスの出入りが許可されます。
  For those who have not exchanged their ID cards, **please do so before** 5 p.m. Friday. Beginning Monday morning, only the new ID card allows your entry into the offices.　　entry アクセス、入場

- 経営陣は、会社のバス運行を多摩地区にある他の町まで拡大することにしました。新しいバスの時刻表を添付します。
  The management has decided to extend the company bus services to other towns in the Tama province. The new bus schedule **is attached.**

- 多数の従業員の要求に対応するために、社内託児施設を拡張する予定です。
  To accommodate the request by a number of employees, we are planning to expand the company day-care facilities.
  　　　　　　　　　　　　　　　　　　　　day-care デイケア、託児

▶ 5万円以上の支出にはすべて、チーム・リーダーの事前承認が必要です。
All expenses over 50,000 yen must be pre-approved by your team leader.   pre-approve 事前に承認する

238　会社の方針と規則の追加説明

▶ 昨日の発表について、いくつかのポイントを明確にしたいと思います。
I would like to clarify a few points about yesterday's announcement.

▶ 食堂で容認できない行動の例を以下に列挙しました：
Listed below are examples of unacceptable behavior in the cafeteria:

▶ 新しい方針の理解を助けるため、新旧ポリシーの主な違いを以下に列挙しました。
To assist you in understanding the new policy, I have listed below the major differences between the old and the new policies.

▶ 最初は不便なように見えるかもしれませんが、新方針での長期的な利益がおわかりになると確信しています。
Although it may initially appear inconvenient, I am confident that you will see the long-term benefits of the new policy.

▶ ポリシーの変更がその部門の収益性回復に役立つと確信しています。
We are confident that the policy change will be instrumental in bringing the division back to profitability.
instrumental 役立つ、有効な　profitability 収益性

▶ 得ることのできる利益が、改訂により発生する問題よりも大きいと思います。
We believe the benefits we'll receive outweigh the challenges posed by the revision.   outweigh 〜よりも大きい　pose 引き起こす、もたらす

▶ それにより、我が社の研修プログラムの有効性をモニターすることができます。
It will allow us to monitor the effectiveness of our training programs.

▶ 従業員の人事考課の公正さを確保するため、変更が必要でした。
The change was necessary to ensure fairness in assessing employee performance.   assess 評価する

▶ 人事部からの添付のメモを見れば、新しい方針の理由がおわかりいただけるでしょう。
The attached memo from HR should shed some light on the reason for the new policy.   HR (= human resources) 人事部　shed light on 〜を明らかにする

- 今回の方針変更については、このオフィスに直接お問い合わせください。
  Please direct any questions about this policy change to this office.

- ご質問がありましたらお電話ください。
  If you have any questions, please call me.

239 会社の方針と規則の強調

- 従業員用のコーヒー・ラウンジをきれいに使うよう、皆に頼んでいます。
  We are asking everyone to keep the employee coffee lounge clean.

- 注意してください、これは会社の方針に反します。
  Please note that this is against company policy.

- このような行動は、まったく無害に見えるかもしれませんが、それでも容認できません。
  While this type of behavior may appear fairly harmless, it is nevertheless unacceptable.

  nevertheless それでも、やはり

- このような行動は、不適切であり、プロらしくなく、非倫理的です。
  The behavior is unbecoming, unprofessional and unethical.

  unbecoming 不適切な

- 再度申し上げますが、すべてのマスコミとの接触ややりとりにつき、唯一PRチームが責任を持ちます。
  Again, all media contacts and communications are the sole responsibility of the PR team.

  sole 唯一の

- 服装規定を繰り返しますが、通常の営業時間中には、どのような種類のジーンズも許可されません。研究室の技術者、食堂の従業員と配送スタッフは例外とします。
  To reiterate the dress code policy, jeans of any kind are not acceptable during normal business hours. Exceptions are made for lab technicians, cafeteria staff and delivery workers.

  reiterate 繰り返し言う dress code 服装規定

- この方針に対する反復的な違反行為を繰り返すなら、懲戒処分や行政措置を受ける可能性があります。
  Repetitive violation of this policy may result in disciplinary or administrative action.

  repetitive 反復的な disciplinary action 懲戒処分 administrative action 行政措置

240 成果報告

▶ 今年のイノベーション賞を受けた広島の研究チームを一緒に祝ってあげましょう。
Join me in congratulating the research team in Hiroshima for receiving this year's Innovation Award.

▶ 7月の売上高が予想を大幅に上回ったことをお知らせできて、大変うれしいです。
We are extremely pleased to announce that our July **sales have far exceeded expectations.**　　　exceed 超過する

▶ 現在の景気低迷にもかかわらず、前四半期にどうにか予想を上回る利益を記録しました。
Despite the current economic slump, **we have managed to record higher-than-expected profits** in the last quarter.
　　　economic slump 景気後退　higher-than-expected 予想を上回る

▶ 予想どおり、3月の利益が10%以上減少しました。
As predicted, profits for March **are down by more than** 10%.

▶ 過去数四半期、消費者支出が低く、今年の売上高は前年より8%下がりました。
With consumer spending **down** in the last several quarters, **our sales this year are** 8% **lower as compared to last year.**

▶ 現在の景気低迷により、前四半期の利益は予想を下回りました。
Due to the current economic slump, **our profits** for the last quarter were lower than expected.

241 活動やイベントの通知

▶ 1月24日金曜の午後2時に、消防訓練が実施されます。
There will be a fire drill at 2 p.m. **on** Friday, January 24.
　　　a fire drill 火災避難訓練、消防訓練

▶ 3月1日から23日まで、持株会社により全社的な監査が実施されます。
There will be a company-wide audit by our holding company **from** March 1 **to** 23.　　company-wide 全社的な　audit 監査　a holding company 持株会社

▶ 7月26日土曜午前11時から午後6時まで、湘南の海岸で、全社的な年恒例のピクニックが行われます。地図を添付します。
The annual company-wide picnic **will take place at** a beach in Shonan **from** 11 a.m. **to** 6 p.m. on Saturday, July 26. **A map is attached.**

- ▶ ヤヌス＆カンパニー社のコンサルタント3人が、部長らと面談をするために、来週ずっと我が社にいます。積極的に協力してください。
  All through next week, three consultants from Janus & Company **will be at our offices to** conduct interviews with department heads. **We ask that you give your full cooperation.**

- ▶ 創立20周年記念で、7月には、次のような活動を予定しています。
  To commemorate our 20 years in business, **we are planning the following activities for** the month of July:　　commemorate 記念する

242　施設利用に関する通知

- ▶ 従業員休憩室で流しを使用した後は、必ず掃除をしてください。
  Please make sure to clean up after using the sink in the employee's lounge.

- ▶ リマインドです：従業員用コーヒー・ラウンジの営業時間は、月曜から金曜、午前7時から午後6時までです。
  Just a reminder: The employee coffee lounge **hours are from** 7 a.m. **to** 6 p.m., Monday **through** Friday.　　reminder リマインドする、思い出させる

- ▶ すべての従業員にお願いします。梅雨の時期には芝生に入らないでください。
  We ask all employees to keep off the grass during the rainy season.

- ▶ 1階のトイレでタイルを張り直しているので、地下のトイレを使用してください。
  The restrooms on the ground floor are being retiled, **so please use** the ones on the basement floor.　　retile タイルを張り直す

- ▶ 来週月曜に新しい従業員用駐車場が開放されます。
  The new employee parking lot **will be open on** Monday next week.

- ▶ 5月2日から6日まで、OTS社の技術者たちが、新しい電話ネットワークシステムを設置します。
  Technicians from OTS **will be installing** a new telephone network system **from** May 2 **to** 6.

- ▶ 5階の3つの会議室に、新しいオーバーヘッド・プロジェクターが設置されました。
  New overhead projectors **have been installed in** the three conference rooms on the fifth floor.

▸ 12月27日から1月5日まで、改装のため3階の会議室を一時的に閉鎖します。
The third floor meeting room **will be temporarily closed for** renovation **from** December 27 **to** January 5.

243 買収合併

▸ ご存じのように、当社はテックス・ソフトウェア社との合併の最終段階に入りました。
As you know, we are in the last stages of the merger with Tex Software.
merger 合併

▸ カラーズ・ジャパン社は社名を維持します。
Colors Japan **will retain its name.**

▸ 合併後の会社はジョンソン・ウォン&リーという名のもとに営業します。
The combined entity will now operate under the name Johnson, Wong & Lee.
a combined entity 合併後の会社

▸ 我が社は、ブルックス・コンストラクション社の全額出資子会社となります。
We will be a wholly-owned **subsidiary of** Brooks Construction.
a wholly-owned subsidiary 全額出資子会社、100% 子会社

▸ 今回の合併により、北米での新たな機会を得ることができると確信しています。
We are confident that the merger will present us with new opportunities in North America.

▸ 今回の合併は、我が社の経営方式の大幅な変化を意味しますが、相乗効果により、日本国内でより強い基盤を構築するのに貢献すると信じています。
While the merger will mean significant changes in the way we do business, we believe that the synergy will contribute to a stronger presence in Japan.
synergy 相乗作用、相乗効果

▸ 現時点では人事異動は予定していません。
We do not expect any personnel changes at this time.

➡「会議やイベントの告知」に関連する表現は、「Unit3 ▶接待、参加・不参加」を参照してください

UNIT 18

海外出張と招待

タイプ1　招待／出張日程の伝達と変更

タイプ2　予約

タイプ3　事後のお礼

UNIT 18 海外出張と招待
Business Trip & Invitation

海外企業の職員を招待したり、海外出張のスケジュールを相手に伝えるメールです。出張に必要なことを予約するときに送るメールから、相手に会った出会いのあとのお礼のメールまで、出張に関するメールを作成してみましょう。

📑 タイプ別 Key Point

タイプ		
タイプ1	招待／出張日程の伝達と変更	訪問の目的と正確な日程を知らせる
タイプ2	予約	必要な情報をもれなく伝える
タイプ3	事後のお礼	今後の関係への期待と感謝の意を表する

🔍 専門家の E-mail Advice

相手を日本や支社に招待するときは、招待した理由を説明し、いくつかの日程候補を提示するとよいでしょう。親しい間柄であれば、格式ばらない語調で書くこともできますが、顧客を招待するときや、上司にはフォーマルな文面にします。

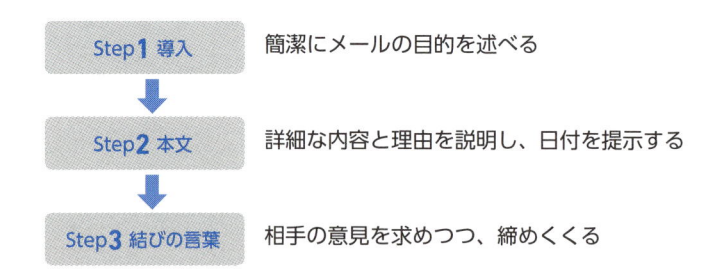

✏️ すぐに書ける 3 Steps

- **Step 1 導入** 簡潔にメールの目的を述べる
- **Step 2 本文** 詳細な内容と理由を説明し、日付を提示する
- **Step 3 結びの言葉** 相手の意見を求めつつ、締めくくる

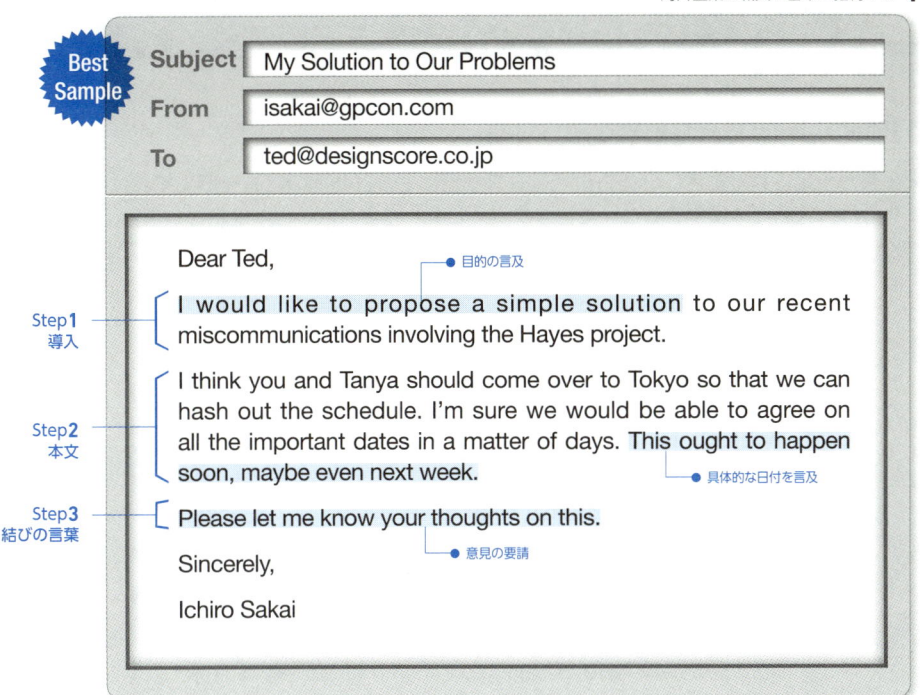

コミュニケーションが円滑でない
海外企業の職員を日本に招待する

Best Sample

Subject: My Solution to Our Problems
From: isakai@gpcon.com
To: ted@designscore.co.jp

Dear Ted,

Step 1 導入 — 目的の言及
I would like to propose a simple solution to our recent miscommunications involving the Hayes project.

Step 2 本文
I think you and Tanya should come over to Tokyo so that we can hash out the schedule. I'm sure we would be able to agree on all the important dates in a matter of days. This ought to happen soon, maybe even next week. — 具体的な日付を言及

Step 3 結びの言葉
Please let me know your thoughts on this. — 意見の要請

Sincerely,

Ichiro Sakai

問題に対する解決策

テッド様、

Hayes プロジェクトにおける、最近のコミュニケーションの問題に対する簡単な解決策を一つ提案したいと思います。

スケジュールをじっくり話し合うために、あなたとタニアが東京に来るのがよいと思います。数日中に、すべての重要な日程について合意できると確信しています。これはすぐに、おそらくは来週にでも実行すべきだと考えています。

この件について、意見をお聞かせいただけますでしょうか。

坂井一郎

---

miscommunication コミュニケーションの問題　hash out じっくり話し合う　in a matter of days 数日中には

UNIT 18 海外出張と招待

タイプ1　招待／出張日程の伝達と変更

✉ 訪問の目的と正確な日程を知らせる

出張が予定されたときに、先方に明確なスケジュールと訪問の目的を伝えておけば、先方は徹底的に準備することができます。そして、できれば日程が確定され次第、すぐにメールを送っておくとよいでしょう。キャンセルしたり、スケジュールを変更する場合には、簡単に理由を述べて、新しいスケジュールを知らせます。

Subject Hotel Reservations
From hayashi@jojo.com
To lynnmack@jojo.com

日程を伝える
▶245

● Akio Saito and I are planning to visit the San Diego office from February 22 to 24 during our month-long business trip to the U.S. Would you be able to arrange accommodations for us at the Beachwood Hotel near your office? We will need two single rooms for two nights (February 22 and 23).

ホテルの予約
サイトウ・アキオと私は約一ヶ月のあいだ、米国に出張し、2月22日から24日にサンディエゴのオフィスを訪問する予定です。オフィスの近くにあるビーチウッド・ホテルに予約を入れていただけませんか？　シングルルーム2部屋を二泊分（2月22日と23日）でお願いします。

---

month-long 一ヶ月間の　**arrange accommodations** 宿泊予約をする

244　招待する

- 東京で会いましょう。
  Let's meet in Tokyo.

- こちらを訪ねてくれませんか？
  Why don't you come visit us?

- 恐らく、こちらに来ていただくのがいいでしょう。
  Your coming here is probably a good idea.

- 大阪で私たちを訪問してくださされば大変うれしいです。
  We would be delighted if you would visit us in Osaka.

- 私たちのオフィスに招待したいと思います。
  I would like to invite you to our offices.

- 代わりにここで会うのが、恐らくベストです。
  Perhaps meeting here is the best alternative.

245　日程の伝達

- 旅程は、以下のとおりです：
  My itinerary is as below:

- 午前7時にデトロイト国際空港に到着する予定です。
  I'm scheduled to get into DTW International **at** 7 in the morning.
  DTW (= Detroit Metropolitan Wayne County Airport) デトロイト空港

- 10月1日から4日まで東京オフィスを訪問し、そちらのスタッフと来年のマーケティング戦略を話し合う予定です。
  I plan to visit the Tokyo office from October 1 **to** 4 **to discuss** next year's marketing strategy **with** your staff.

246　来客の訪問スケジュールと手配

- ▶ 空港で誰が彼女を出迎えてくれるか教えてください。
  Please let me know who will be meeting her **at the airport.**

- ▶ 彼女は今回初めてダラスを訪問するので、短い市内観光を用意するのもいいでしょう。
  As this is her first visit to Dallas, **you might want to arrange a short tour of the city.**

- ▶ 山田氏の予備日程表を添付していますが、変更になることがあります。
  I am attaching Mr. Yamada's **preliminary itinerary, which is subject to change.**
  preliminary 予備の

- ▶ 彼は12月9日火曜午後3時30分にサンフランシスコに到着します。
  He **will be arriving in** San Francisco **at** 3:30 p.m. on Tuesday, December 9.

- ▶ CFOが明朝午前9時にそちらの現場を訪問する予定であることをお知らせします。
  This is to inform you that the CFO is planning to visit your site tomorrow morning at 9 a.m.

- ▶ 訪問の目的は、新しい施設を見学することです。
  The purpose of the visit is to tour the new facilities.

- ▶ 私の経験からして、彼はスイートルームのリビングルームで話し合いを行うことを好みます。
  Based on my experience, he **prefers to conduct meetings in** the living room at the suite.

- ▶ 来月行われる毎年の米国出張中、CEOはデトロイトのオフィスに2日立ち寄ります。
  During his annual U. S. business trip next month, the CEO **will be making a** two-day **stop at** the Detroit offices.

- ▶ 順調な訪問になるよう、必要な手配がすべて行われることを確認してください。
  Please make sure that all necessary arrangements are made to ensure a smooth visit.
  arrangements 手配、準備

247 予定の確認

▶ オフィスに向かう前に、木曜の朝に空港から電話を差し上げるのはいかがでしょうか？
Why don't I call you from the airport **on** Thursday morning **before I head over to** your office?
head over to ～に向かう

▶ ティムと私は土曜の夜にダラスに到着するので、月曜の朝一番に貴社を訪問するつもりです。
Since Tim and I are arriving in Dallas on Saturday night, **we are thinking we will come by** your office the first thing Monday morning.
the first thing まず第一に、最初に

▶ まとまり次第、完全なスケジュールをメールで送りますが、私たちのグループは、ロサンゼルスに水曜の朝に到着するようです。
I will e-mail you our complete schedule once it is finalized, but **it's looking like** our group **will be arriving in** Los Angeles **on** Wednesday morning.

▶ 空港で出迎えてくださるとのお申し出、ありがとうございます。7月14日火曜の朝にお目にかかります。
Thanks for offering to pick us up at the airport. **We'll see you in** the morning **on** Tuesday, July 14.

▶ 9月10日土曜にホテルチェックインした後、お電話します。
We will call you after checking into our hotel **on** Saturday, September 10.

▶ 2月14日の夜に、空港でお会いするのを楽しみにしています。
We look forward to seeing you at the airport **on** the evening of February 14.

248 訪問の変更／キャンセル／延期

▶ カール、私の旅行計画を変更してください。
Carl, **I need to change my travel plans.**

▶ 代わりに7月に訪問してもいいですか？
Would you mind if I visited you in July **instead?**

- 片づけなければならない急な家庭の用事があり、旅行をキャンセルしなければなりません。
  I have a family emergency I need to attend to, so I'll have to cancel my trip.

- 来週、予定になかった会議が招集されました。私の訪問を翌週に移動していただけませんか？
  An unscheduled meeting has been called for next week. Could I move my visit to the following week?

- 役員から旅行を延期するよう言われました。
  Our director has asked me to postpone the trip.

- 工場見学の予定の変更をすることができるかどうか伺うために、メールを書いています。
  I am writing to ask if we could reschedule the plant tour.

- 急に変更になって申し訳ありません。
  Please accept my apologies for the abrupt change.

タイプ2　予約

✉ 必要な情報をもれなく伝える

ホテルや交通手段を問い合わせる際、情報が不完全だと、メールを何度もやりとりすることになります。したがって、最初から具体的な情報を伝達することで手間を減らすことができるす。ホテルの場合、チェックイン、チェックアウトの日付と予定時間を記載するとよいでしょう。こちらの連絡先を入れるのも忘れていけません。

Subject	Room Reservation Request
From	sam@stcorp.co.jp
To	reservation@deluxhotel.com

宿泊予約
▶249

- I'm Sam Morrison with ST Corporation in Japan, and I would like to reserve a deluxe room for myself for two (2) nights. I am scheduled to arrive on Monday, March 11, around 3 p.m., and I will be checking out on Wednesday, March 13 before noon.

ホテル予約を要請
私は日本の ST コーポレーションのサム・モリスンです。デラックスルームを二泊で予約したいと思います。3 月 11 日、月曜日午後 3 時頃に到着する予定で、3 月 13 日水曜日の午前中にチェックアウトするつもりです。

UNIT 18　海外出張と招待　473

249　宿泊予約のリクエスト

- ▶ 私たちは4人なので、シングルルームが4室必要になります。
  There are four of us, so we'll need four individual single rooms.

  individual 個別の

- ▶ 貴社オフィス近くのホテルを勧めていただけますか？
  Could you recommend a hotel near your office?

- ▶ ホテルの予約をしてもらえませんか？
  Would you mind making the hotel reservations for us?

- ▶ ヒルトンのシングルルームを3室予約していただけませんか？
  Could you reserve three single rooms at the Hilton?

- ▶ ハイアットの宿泊予約を手伝っていただければ幸いです。
  I would appreciate your assistance in arranging accommodations at the Hyatt.

- ▶ キム氏のホテルの宿泊を手配してください。
  Please arrange hotel accommodations for Mr. Kim.

- ▶ 予算は1泊200ドルです。
  We have a budget of $200 a night.

- ▶ ホテル3泊分の予算は600から700ドル程度です。
  Our total hotel budget for three nights is around $600 to $700.

- ▶ 予約できる部屋の料金をお知らせいただければ幸いです。
  I'd be grateful if you could provide me with the available room rates.

250　宿泊予約をする

- ▶ 2泊分の部屋の予約をお願いしたいのですが。
  I would like to reserve a room for two nights.

- ▶ 1月24日から27日まで、3部屋3泊で予約してください。
  Please reserve three rooms for three nights, from January 24 to 27.

- ▶ 宿泊者名簿は次のとおりです：
  The list of guests is as follows:

- 名前は以下の通りです：
  The names are as below:

- 1月12日にデラックスルーム3室が空いているかどうか教えていただけますか？
  Could you tell me if you have three deluxe rooms available for January 12?

- 私のクレジットカード情報です：
  Here's my credit card information:

- クレジットカードで決済します。
  Please charge my credit card.

- 部屋でインターネット接続が可能かどうか教えてください。
  Please let me know if there's an Internet connection available in the room.

- 可能であれば、湖が見える部屋でお願いしたいのですが。
  If possible, I would like a room with a view of the lake.

- 法人割引があるかどうか教えてください。
  Please let me know if there's a corporate discount available.

- 私たちは5月2日金曜の午後3時くらいに到着する予定です。
  We are slated to arrive on Friday, May 2, at approximately 3:00 p.m.

  (be) slated to 〜する予定である

- 5月5日月曜午後2時前にチェックアウトします。
  We will be checking out on Monday, May 5, before 2:00 p.m.

- 12月12日の午後3時から5時までの間にホテルに到着する予定です。
  I expect to arrive at the hotel on December 12, between 3:00 to 5:00 p.m.

- 予約確認の回答をメールで送ってください。
  Please confirm our reservation via reply mail.

- 見積書を送っていただければ幸いです。
  I would appreciate your providing me with a quotation.

- 予約番号を送ってください。
  Please provide me with a reservation number.

- セイルズ・リントン＆マクヘンリー社のゲーリー・ハリントン氏から、そちらのホテルを勧められました。
  Mr. Gary Harrington from Sayles, Linton & McHenry recommended your hotel.

- 追加情報が必要な場合は教えてください。
  If you require additional information, please let me know.

251　交通手段の問い合わせ

- 空港から貴社まで行くのに一番いい方法を勧めてもらえますか？
  Can you recommend the best way to get to your office from the airport?

- 空港から貴社までタクシー料金はどのくらいでしょうか？
  How much will the taxi fare be from the airport to your office?

- 空港から貴社まで行く交通手段を準備していただくことはできますか？
  Would you be able to arrange transportation from the airport to your office?

- 空港で出迎えの車を用意していただくことは可能でしょうか？
  Could you possibly arrange a car to pick us up at the airport?

- 誰か空港で出迎えてくれますか？
  Will someone be meeting us at the airport?

252　依頼に対する返事

- ルネッサンス・ホテルにシングルルームを3室予約しました。
  I've reserved three single rooms at the Renaissance Hotel.

- 予約番号は92291です。
  The reservation number is 92291.

- ホテルは、弊社オフィスから徒歩圏内にあります。
  The hotel is within walking distance from our office.

- 宿泊施設について何か条件があったら教えてください。私がホテルを予約します。
  Please let me know if you have any special requirements on accommodations, and I will make the hotel reservations for you.

- C・S・ヨーマンが、木曜午後3時にホテルのロビーでお会いします。
  C. S. Yeoman **will meet you at** the hotel lobby **at** 3 p.m. on Thursday.

- 東京都心に向かう地下鉄も通っていますよ。
  There is also a subway line into downtown Tokyo.

- 喜んで空港にお迎えにまいります。
  I would be glad to pick you up at the airport.

- シンディ・チャンが、国際線到着ゲートの前でお待ちしています。
  Cindy Chang will meet you in front of the international arrivals gate.

- 空港でお迎えする車を手配しました。運転手が国際線到着ゲートの前でお待ちしています。
  I've arranged for a car to pick you up at the airport. A driver will be **waiting in front of** the international arrivals gate.

- ミレニアム・ヒルトンは、ホテルへの直行リムジンバスを運行しています。
  The Millennium Hilton **operates its own limousine bus, which takes you directly to the hotel.**

- 到着エリアのすぐ外で、ハイアット・ホテルに停まる空港バスに乗ることができます。
  Right outside at the arrivals area, **you can take the airport bus, which stops at** the Hyatt Hotel.

➡さらなる「アポイントの変更」関連メールは「Unit4 ▶アポイントをとる／変更する」を参照してください

タイプ3 事後のお礼

✉ 今後の関係への期待と感謝の意を表する

招待や訪問中のよい思い出に言及して、心から感謝の意を伝えると、相手に良い印象を残すことができます。これは仕事のためのフォローアップではないので実務に関する内容はできるだけ避けたほうがよいでしょう。今後の取引や関係への肯定的な期待を表示して締めくくります。

Subject Our Meeting Yesterday
From kanamori@venturaera.co.jp
To samworth@plantsystems.com

感謝 ▶ 253

I greatly appreciate you meeting with me yesterday morning to discuss Ventura Era JP's ideas on retrofitting your plants in Urawa. Your detailed feedback during our meeting will now allow us to submit a complete proposal to you within two weeks. I look forward to assisting you in creating the best modern hightech facilities in Urawa.

昨日のミーティング

昨日は、貴社の浦和工場の改造に対するVentura Era JP社の案を話し合うために会っていただき、誠にありがとうございました。ミーティングでいただいた詳細なフィードバックによって、二週間以内に完成した企画案を提出することができるでしょう。浦和で現代的なハイテク施設建設のお役に立てることを願っております。

---

retrofit 改造　**submit** 提出する　**high-tech** 先端技術の、ハイテクの　**facility** 施設

253 出会いの後、感謝の挨拶

- ▶ 先週会っていただき、ひとことお礼が申し上げたかったのです。
  I just wanted to drop you a line to thank you for meeting with me last week.

- ▶ 忙しいスケジュールの中時間を割き、OVCの新しいドキュメンタリー番組について私のスタッフと会っていただきありがとうございました。
  Thank you for taking time out of your busy schedule to meet with my staff **about** the new documentary program at OVC.

- ▶ 昨日会ってくれてありがとうございました。オンライン・ショッピングへの拡大計画を話し合うことができ、楽しかったです。
  Thanks for meeting with me yesterday. **I enjoyed talking with you about** your planned expansion into online shopping.

- ▶ 月曜にお会いできてうれしかったです。
  It was a pleasure meeting with you on Monday.

- ▶ 急なお知らせながら会っていただきありがとうございます。
  I appreciate you meeting with me on such short notice.
  　　　　　　　　　　　　　　　　　　　　　on such short notice　急な通知で

- ▶ 昨日午後、契約の第3段階について話し合うため弊社にお立ち寄りいただき、ありがとうございました。
  Thanks for coming by the office yesterday afternoon **to** discuss the third phase of the contract.　　　　　　　come by　立ち寄る

- ▶ 新しい仕様書を届けるため私のオフィスに立ち寄ってくれて、ありがとうございました。
  I appreciate you stopping by my office to drop off the new specifications.　　stop by　立ち寄る　drop off　届ける、置いていく　specification　仕様書

- ▶ 先週、弊社を訪問してくださってうれしかったです。
  It was a great pleasure having you visit us this past week.

- ▶ OXNツール一同、貴殿と貴チームが東京で弊社を訪問してくださったことを感謝します。
  All of here at OXN Tools **want to thank you and your team for coming to visit us in** Tokyo.

- ▶ 先週、ジャックとトーマスとあなたを弊社工場にお迎えできて楽しかったです。すべてのフィードバックに感謝します。
  We enjoyed having Jack, Thomas and you **at** our plant last week. **Thank you so much for** all your feedback.

UNIT 18　海外出張と招待

UNIT 19

離職／転勤／推薦／採用

- タイプ1　転職・転勤
- タイプ2　適任者の推薦
- タイプ3　採用通知
- タイプ4　入社志願
- タイプ5　退職

UNIT 19 離職／転勤／推薦／採用
New Jobs, Transfers, Recommendations & Employment

転職や転勤で会社を去るとき、社内外にそれを知らせるメールです。また、人を推薦したり、入社をサポートしたり、採用を通知するメールも含まれます。

タイプ別 Key Point

タイプ1 転職・転勤	後任者と今後の措置について明示する
タイプ2 適任者の推薦	推薦する人に関連する自身の経験を述べる
タイプ3 採用通知	採用担当者の名前と連絡先を明示する
タイプ4 入社志願	志願の動機とキャリアについて簡潔に述べる
タイプ5 退職	会社に対するよい感情について言及する

専門家の E-mail Advice

転職や転勤を知らせるメールは簡潔に書き、通常、具体的な理由については言及しません。これまでの思い出やお世話になったことへの感謝の気持ちを伝えて、後任者を明確に知らせます。採用に関するメールは、雇用主と志願者いずれも専門家として外交的な語調を使用します。

すぐに書ける 3 Steps

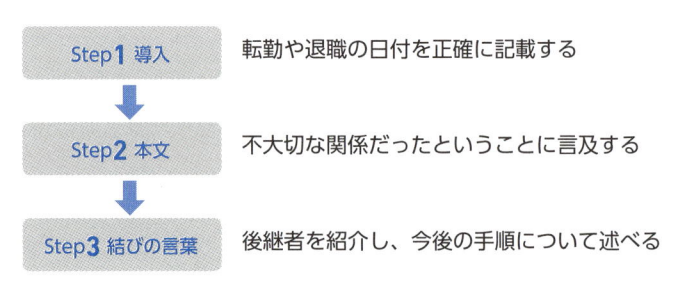

Step1 導入 — 転勤や退職の日付を正確に記載する

Step2 本文 — 不大切な関係だったということに言及する

Step3 結びの言葉 — 後継者を紹介し、今後の手順について述べる

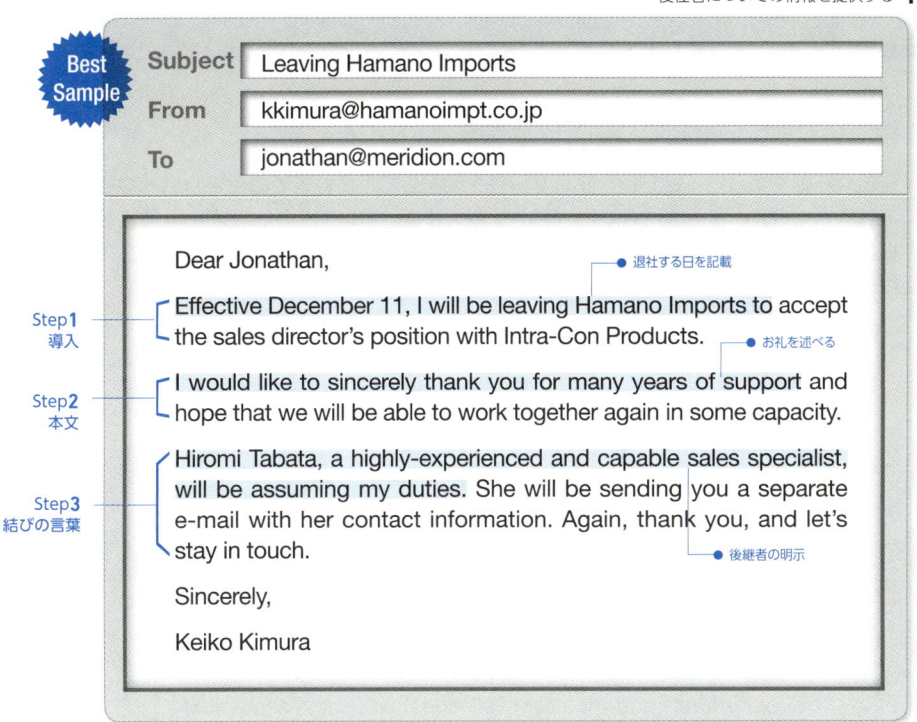

これまで付き合いのあった取引先の職員に転職を知らせ、後任者についての情報を提供する

Best Sample

Subject	Leaving Hamano Imports
From	kkimura@hamanoimpt.co.jp
To	jonathan@meridion.com

Dear Jonathan,

Step1 導入 — ● 退社する日を記載

Effective December 11, I will be leaving Hamano Imports to accept the sales director's position with Intra-Con Products.

● お礼を述べる

Step2 本文

I would like to sincerely thank you for many years of support and hope that we will be able to work together again in some capacity.

Step3 結びの言葉

Hiromi Tabata, a highly-experienced and capable sales specialist, will be assuming my duties. She will be sending you a separate e-mail with her contact information. Again, thank you, and let's stay in touch.

● 後継者の明示

Sincerely,

Keiko Kimura

Hansoo Imports 社を去って

ジョナサン様、

12月11日付けで、浜野インポート社を退職し、Intra-Con Products 社のセールスディレクターを務めることになりました。

長いあいだお世話になりまして、心から感謝を申し上げます。またいつの日か、ご一緒に仕事ができることを願っています。

経験豊富で優秀な営業担当者である田端ひろみが私の仕事を引き継ぐことになります。彼女が後ほどメールにてご連絡先をお送りします。あらためて、お礼を申し上げます。これからもお付き合いのほど、よろしくお願いいたします。

敬具
木村恵子

---

capacity 資格、能力　**assume a duty** 業務を引き継ぐ　**stay in touch** 連絡を取り合う

タイプ1 転職・転勤

✉ 後任者と今後の措置について明示する

転職や転勤を知らせるときは、正確な日付を明記して、これまでの付き合いへの感謝の気持ちを伝え、後任者の氏名と連絡先を伝えます。今後も相手と業務的な連絡を取り合うのであれば、新しい住所と連絡先を明示します。転職する場合には、現在の雇用主に配慮して、新しい会社の住所と連絡先は、別のメールで知らせます。

Subject Transferring to Ota
From karen@colorsko.com
To billease@notting.com

As of May 15, I am transferring to the Ota office to run the marketing operations there. Although I'm excited about the opportunity and the new challenge, I will at the same time miss working with you. Sumika Ito, whom you've met, will be taking over my duties. Once I'm settled in, I will e-mail you my new contact number. My e-mail address is still the same.

（転勤 ▶ 255 / 結びの言葉 ▶ 256）

大田支店への異動

5月15日付けで、大田支店のマーケティング業務を総括するために異動となりました。このような機会と新たな挑戦への期待は大きなものですが、同時に、あなたと共に働くことができないことを寂しく思っています。あなたも会ったことのある伊藤純香が私の仕事を引き継ぎます。落ち着いたら、新しい連絡先をメールします。メールアドレスは変わりません。

as of ～現在で　**run** 管理する

254 転職と退社

▶ 私は2週間前ベンソン・グループを離れ、自分の貿易事業を開始しました。
I left Benson Group two weeks ago **to start my own** import-export **business.**
import-export 貿易

▶ 11月から、自分の会社を興すために独立しました。
Since last November, **I have struck out on my own to** run my own business.
strike out on one's own 独立する　run one's own business 自分の会社を興す

▶ 最近転職して、現在エーモス・デザインで働いています。
I recently changed jobs and am now working for Amos Design.

▶ 1月22日付けでエバンス・パブリッシングを退社し、3月からネロ・ブックスの編集者となります。
I will be quitting Evans Publishing **on** January 22 **to take** an editing **position at** Nero Books **from** March.

▶ 個人的な理由により、カラーズ・ジャパン社を退社しました。
For personal reasons, I have resigned from Colors Japan.

▶ 6月1日付けで、ボンガ・プロダクツ社を退社します。
As of June 1, **I will be retiring from** Bonga Products.

▶ 3月2日付けでソン・ソフトウェア社を去り、ハリス・インタラクティブ社で取締役に就任します。
Effective March 2, **I will be leaving** Song Software **to take** a director's **position at** Harris Interactive.

255 転勤

▶ 最近、大阪オフィスに異動しました。
I was recently transferred to the Osaka **office.**

▶ 12月1日付けでマーケティング部門に異動します。
Effective December 1, **I am transferring to the marketing department.**

▶ 8月2日付けで、海外事業を監督するためハワイに異動します。
On August 2, **I will be moving to** Hawaii **to oversee** the operations there.
oversee 監督する

- 6月7日付けで、センチュリー社の子会社であるセンチュリー・ケミカルズ社で新しい職務に就くことになりました。
  As of June 7, I will be taking a new position at Century Chemicals, a Century subsidiary.

- 3月30日からシアトル・オフィスで働くことになりました。
  Beginning March 30, I will be working from the Seattle office.

- 来月東京オフィスに転勤になるので、新しい連絡先を差し上げたいと思います。
  I will be relocating to the Tokyo office next month and want to give you my new contact information.
  relocate 転勤になる

- 最近の組織改編により、中国、北京の新しいオフィスに移ります。
  As a result of the recent organizational changes, I will be moving to our new office in Beijing, China.

256　結びの言葉

- これが私の新しい連絡先です：
  Here's my new contact information:

- 近くに来ることがありましたらお電話ください。
  If you're ever in the neighborhood, call me.

- 長年にわたるご支援ありがとうございました。
  Thanks for all your help over the years.

- この先の新たな挑戦を楽しみにしています。
  I'm looking forward to the new challenges ahead.

- みなさんと一緒に仕事ができなくなったのが残念です。
  I will miss working with everyone there.

- 過去3年、一緒に仕事ができて本当によかったです。
  It has been wonderful working with you for the last three years.

- 新しい仕事に慣れたら、新しい連絡先をメールで送ります。
  Once I am settled into my new job, I will e-mail you my new contact information.

- 以下に私の新しい電話番号と住所があります。
  Please find below my new contact number and address.

▶ 長年の取引に関し、イースト・フランクリン社のすべての方に深く感謝します。
Please extend my gratitude to everyone at East Franklin for the business over the years.

▶ 単なる異動なので、まだ貴殿のお手伝いをすることができます。
This is just a transfer, so I'm still available to assist you.

▶ 酒井直子が後任になります。
Naoko Sakai will be taking my place.

▶ トーマス・キムラが業務を引き継ぎます。
Thomas Kimura will assume my duties.

タイプ2 適任者の推薦

推薦する人に関連する自身の経験を述べる

推薦する人の採用の可能性を高めるためには、能力や品性についての長点を詳しく提示します。実際に経験した状況について言及するのもよいでしょう。また、推薦する人の氏名とどの役職に推薦するのかを明確にすることが基本です。

Subject Recommendation for Ms. Sharon Sue
From peter@ibcp.co.jp
To hire@eastflanklin.com

適任者の推薦 ▶257

I would like to recommend Sharon Sue for a sales position with your organization. I have known Sharon for the last three years while she worked as a salesperson for our company. During that time, I have been consistently impressed with her can-do attitude, people skills and personal initiative. I recommend her highly.

自分との関係 ▶258
被推薦者の性格と能力 ▶259

シャロン・スーの推薦

シャロン・スーを貴社の営業職に推薦したいと思います。これまでの三年間、シャロンが弊社の営業スタッフとして勤務していたころを私は知っています。その間、彼女の意欲的な姿勢や対人関係、そして独創性に常に感銘を受けてきました。シャロン・スーを強く推薦いたします。

---

consistently 常に　**can-do** 意欲的な、有能な　**people skills** 社交術　**initiative** 独創性

257　適任者の推薦

▶ そのポストに最適な人がいるかもしれません。
I may have the perfect person for the job opening.
　　　　　　　　　　　　　　　　　　　　a job opening　空いているポスト、求人

▶ 弊社で6年勤めたサラ・コンプトンさんを紹介したいと思います。
I would like to introduce Sarah Compton, who has been with our company for six years.

▶ 貴社のマーケティング・マネジャー職に佐藤太郎氏を推薦するためにメールを書いています。
I am writing to recommend Mr. Taro Sato **for the position of** Marketing Manager **for your company.**

▶ このメールは、貴社の上級エンジニア職に鈴木直子氏を推薦するためのものです。
This e-mail is to recommend Ms. Naoko Suzuki **for the position of** senior engineer **at your company.**

▶ このメールは、弊社で2年間アシスタント・マーケティング・マネジャーとして勤務したクリスティン・チェン氏を紹介するためのものです。
This e-mail is to introduce Ms. Christine Chen, who has been working with us for two years as our assistant marketing manager.

▶ 前回の会議で説明してくれた資格基準によると、エクスター・クライン・インダストリーには、アンダーウッド氏がピッタリです。
Based on the qualification criteria you described to me on our last meeting, Ms. Underwood **would be a perfect fit for** Exeter Kline Industries.
　　　　　　　qualification　資格　criteria　基準、条件（criterionの複数形）　a perfect fit　ぴったりの人[物]

Tips & More

Personal Titles

日本では、個人名に肩書きを付けるのが一般的ですが、英語圏では「代理」や「部長」などの肩書きを名前と一緒には使用しません。格式ばったときには、男性ならMr.、女性ならMs. やMrs. という敬称を添えるのみです。ただし、例外として、博士や医師(Doctor)、特定の地位にある人(Mayor 市長、Senator 上院議員、Prime Minister 総理大臣、など)は、その地位の名称が名前の前に付きます。親しい人同士、同僚や友人について述べるときは、特定の地位に関係なく、肩書きをはずします。たとえば、「明日、同僚のジョー・スミス博士に会っていただきたい」と言うときは、I would like you to meet my co-worker Joe Smith tomorrow. となります。

- 大きな自信を持ってリー氏を推薦します。
  I recommend Mr. Lee with utmost confidence. for

- 彼を雇うことを無条件にお勧めします。
  I recommend him for employment without reservation.
  　　　　　　　　　　　　　　　　　　　　　　　without reservation 無条件に

- ローソン氏を強く推薦することに、ためらいはありません。
  I would not hesitate giving my highest recommendation for Mr. Lawson.

- 貴社に山田一郎氏を強く推薦します。
  I highly recommend Mr. Ichio Yamada to your company.

- 鈴木恵子氏を心から推薦します。
  I endorse Ms. Keiko Suzuki wholeheartedly.　　　endorse 推薦する、支持する

- 彼はその職にふさわしい候補者ですので、どうか考慮してください。
  Please give him your consideration as he is a worthy candidate for the position.

- 彼はどの組織でも貴重な存在となるでしょう。
  He would be asset to any organization.

- シーザー・コープ社の募集に、喜んでジョン・ステップを推薦します。
  It is my pleasure to recommend John Step for employment at Cesar Corp.

258　自分との関係

- その候補者を10年以上知っています。
  I have known the candidate for over 10 years.

- 過去3年間、彼の近くで働いてきた経験をもとに申し上げます。
  I speak from the experience of having worked closely with him for the past three years.

- 長年にわたりさまざまなプロジェクトで彼女と働く機会がありました。
  I've had the pleasure of working with her over the years in various projects.

▶ 斉藤太郎は、弊社で5年以上、コンサルタントとして成功してきました。
Taro Saito has been a successful consultant with our company for over five years.

▶ スーザンは、弊社の数多くのプロジェクトの成功に重要な役割を果たしました。
Susan played a key role in the success of many of our projects.

▶ 弊社にいた6年間、彼は職務を果たすうえで優れた能力と勤勉さを示しました。
During his six years in our company, he demonstrated outstanding ability and diligence in performing his tasks.

diligence 勤勉さ

259　被推薦者の性格と能力

▶ 私の意見では、カールは、その職に必要な職業倫理、人格および創造性を備えています。
In my opinion, Karl possesses the necessary work ethic, personality and initiative to fill the position.

Tips & More

性格と能力

〜する
称賛に値する	admirable
有能な	capable
うってつけの／適任の	competent
良心的な／誠実な	conscientious
思いやりのある	considerate
創造的な	creative
信頼できる	dependable
勤勉な	diligent
推進力のある	driven
経験のある	experienced
活気に満ちた	energetic
熱狂的な	enthusiastic
勤勉な	hardworking
正直な	honest
賢い	intelligent
忠実な	loyal
極めて注意深い	meticulous
仕事に徹した	professional
信頼できる	reliable
才覚がある	resourceful
責任がある	responsible
機転の利く	tactful
思いやり深い	thoughtful
信頼できる	trustworthy

〜を備えている
誠実性	integrity
独創性	initiative
推進力	drive
ずば抜けた能力	outstanding skills
幅広い能力	a wide range of skills
幅広い経験	broad experience
対人能力	interpersonal skills
問題解決能力	a problem-solving ability

- ▶ 彼は人に好かれ、責任感があり、信頼できます。
  He is personable, responsible and reliable.

  personable 人に好かれる

- ▶ 彼は同僚に大変尊敬されています。
  He is highly respected by his colleagues.

- ▶ 彼は他人と付き合うのがとても上手です。
  His interpersonal skills are outstanding.

- ▶ 彼女はチームの成功に大幅に貢献しました。
  She made substantial contributions to the success of her team.

  substantial かなりの、相当な

タイプ3 採用通知

✉ 採用担当者の名前と連絡先を明示する

採用通知の場合、お祝いのメッセージから始め、担当者の職務が決まっていれば、職務内容も明示します。そして採用担当者の名前と電話番号を知らせ、質問に対応する旨を伝えます。状況に応じて、報酬や勤務条件のような具体的な事項も記載することがあります。不採用を通知するときは、応募してくれたことに対する感謝の気持ちを示したあと、簡潔に不合格であることを伝えます。

Subject	Offer of Employment
From	suejones@cig.co.jp
To	annayuki@hotmail.com

採用通知
▶260

I am happy to inform you that CIG Insurance can offer you the position of senior account manager, starting on July 1, 2013 at the salary discussed. To confirm your acceptance of this offer, please contact me at the following number. We at CIG look forward to working with you.

雇用の申し出

CIG Insurance 社のシニア・アカウント・マネージャーの職をあなたにオファーすることをご報告できてうれしく思っています。勤務は 2013 年 7 月 1 日からで、年俸はすでに協議したとおりです。この提案の受け入れを確認するため、次の番号にご連絡お願い致します。CIG の職員一同、あなたと一緒に仕事ができることを楽しみにしています。

260 採用通知

- おめでとうございます。貴殿はジェイ・インポーツ社に新しい会計士として採用されました。
  Congratulations on being accepted by Jay Imports **as our new accountant.**

- 昨日あなたに提示した専任講師の職が確定したことをお知らせいたします。
  I am pleased to confirm the offer we made to you yesterday **for the position of** full-time lecturer.

- マカフィー・クロムウェル社は、貴殿のコンサルタント職への応募を喜んで承認します。
  McAfee-Cromwell **is pleased to approve your application for the position of** consultant.

- 月5000ドルの初任給を提示したいと思います。
  We would like to offer a starting salary of $5,000 per month.

  a starting salary 初任給

- あなたの仕事の開始日は9月1日月曜です。
  Your starting date will be on Monday, September 1.

- 条件を満たした多くの応募者がおり、決定は難しかったのですが、あなたの広範囲な仕事の経験と、面接で見せた熱意のため、あなたがふさわしい候補者であると決定しました。
  With so many qualified applicants being considered, the decision was difficult, but your extensive work experience and enthusiasm during the interview led us to decide that you are the right candidate.

261 不採用通知

- 申し訳ありませんが、この職を提供することができないことをお知らせします。
  I am sorry to inform you that we are unable to offer you the position.

- あなたは優れた資格を備えていますが、現在弊社は、その職の採用を行っていません。
  Although you possess excellent qualifications, we are not hiring for that position at this time.

- 現時点では、CKS社の職を提供することできません。
  We are not able to offer you a position with CKS **at this time.**

- ▶ 残念ながら、あなたが応募された職はすでに埋まりました。
  Unfortunately, the position for which you have applied has already been filled.

- ▶ あなたは、優れた資格を備えていますが、ヨーロッパ市場での経験がより多い方を、この職に採用することにしました。
  Although you are highly qualified, we have decided to offer the position to someone with more experience in the European markets.

- ▶ インタビューであなたからよい印象を受けましたが、弊社は、技術分野でのキャリアを持つ方を探していました。
  Although you made a good impression during the interview, we were looking for someone with a background in technology.

  impression 印象　background 背景、キャリア

- ▶ レクサー社への関心に感謝し、将来また応募されることをお勧めします。
  We appreciate your interest in Lexor**, and encourage you to apply again in the future.**

- ▶ 今後検討できるように、申込書を保管しておきます。
  We will keep your application on file for future consideration.

  for future consideration 今後考慮するために

- ▶ 適職を見つけることができるよう願っています。
  We wish you success in finding the right place.

262　採用提示受諾

- ▶ ネトロ・ブックス社の編集職をご提示いただきありがとうございます。
  Thank you for offering me the position of editor **at** Nero Books.

Tips & More

Thank-you E-mail

米国やカナダなどの英語圏の国では、日本のような「一括採用」という概念がありません。その代わり、頻繁に採用することが多く、主に新聞やインターネットを通じた求職広告や紹介で職員やキャリア社員を採用します。また、全体的に、グループ面接ではなく、一対一で面接をおこないます。この時の面接は、一方的なものではないので志願者も希望企業について質問があれば、たずねてみるとよいでしょう。面接から数日以内に、面接官に対して面接に対する感謝の気持ちを簡潔にメールで表現するのが原則です。

- サンノゼ・ソフトウェア社のR&Dマネージャー職を提示してくださった、1月16日のメールに感謝します。
  Thank you for your e-mail of January 16 **offering me the position of** R&D manager **at** San Jose Software.

- センチュリー・ケミカルズ社に、研究者として加えていただいてうれしいです。
  I am happy to accept your offer to join Century Chemicals **as a** researcher.

- メールに記載された条件に従い、喜んでその職を引き受けます。3月1日から業務を開始することを確認します。
  I am pleased to accept the position on the terms outlined in your e-mail and confirm that I will start work on March 1.

- 9月1日、月曜午前9時に出勤します。
  I will report to work at 9 a.m., Monday, September 1.
  report to work 出勤する、職場に行く

- 4月28日に仕事を始めるのを楽しみにしています。
  I look forward to beginning work on April 28.

263 採用提示拒絶

- 昨日、他の職を提示されて引き受けました。
  Yesterday, I was offered another position, which I accepted.

- ご提示は感謝しますが、あいにくその職を受け入れることができないでしょう。
  Although I appreciate your offer, I am sorry that I will be unable to accept the position.

- 編集職をご提示いただきありがとうございます。しかし、10月16日に、他の会社の提示を受け入れました。
  Thank you for offering me the position of editor, **but on** October 16 **I accepted an offer from another company.**

- 現在の雇用者から新しい管理職の地位を提示されたので、それを受け入れることしました。
  My present employer has offered me a new management **position, which I have decided to accept.**

タイプ 4　入社志願

✉ 応募の動機とキャリアについて簡潔に述べる

英語圏における入社志願のメールでもっとも重要な目的は、面接の機会を得ることです。したがって、メールで信頼を失わないようにスペルや文法上の誤りがないか注意します。メールの内容は、まず応募する職務と、本件について知った経緯を述べます。次に関連するキャリアについて簡潔に述べます。履歴書を添付する場合は、その旨を記します。

Subject	IR Manager Position
From	uchinuma@email.com
To	recruit@yooitnl.com

入社志願
▶264

I am applying for the position of an IR manager advertised in the International Herald Tribune on September 18. With more than five years' experience as an IR team leader for a major IT firm in Japan, I am confident that I can bring valuable insights, experience and skills to the position. My resume is attached in MS Word for your review.

IRのマネジャー職
9月18日付けのインターナショナル・ヘラルドトリビューン紙に掲載されたIRマネージャーの職に応募いたします。日本の大手IT企業でIRチーム長として5年以上勤務しておりました。その経験から得た貴重な洞察力と経験そしてスキルを駆使して、その職責を履行することができると自負しております。ご検討いただけますように、私の履歴書をMS Wordで添付いたしました。

IR (= Investor Relations) 投資家向け広報活動　insight 洞察力、見識

264　入社志願

▶ ブランド・マネージャー募集の新聞広告を見て連絡します。私は資格を備えていると思い、その職に応募することに興味があります。
In response to your newspaper **ad for** a brand manager, **I feel qualified and am interested in applying for the position.**

▶ 過去5年間DL ケミカルズ社で、消費者製品の国内営業チーム・リーダーを務めました。2015年3月15日金曜、「トーキョー・タイムズ」誌の広告にあった化学製品の国内営業マネージャー職に応募したいと思います。
Having served for the past five years **as** the domestic sales team leader for consumer products **at** DL Chemicals, **I would like to apply for the position of** domestic sales manager for chemical products advertised in *the Tokyo Times* of Friday, March 15, 2015.

　　　　　　　　　　　　　　　　　　　　　　　consumer product 消費者製品

▶ ジャパン・ヘラルドの広告にあった経理マネージャー募集への応募です。
This is in reply to your advertisement in *the Japan Herald* **for** an account manager.

▶ 私はエレクトロニクスの分野で10年以上の経験を持っています。
I have more than 10 years' **experience in the field of** electronics.

▶ 私の業績と経験についてさらに話し合うため、ご都合のよいときに面接を受けることが可能です。
I am available for an interview **at your convenience** to discuss my accomplishments and experience further with you.

▶ 私の資格と経験についてじかにお話しする機会をいただければ幸いです。
I would appreciate your giving me the opportunity to discuss my qualifications and experience in person.

タイプ5 退職

✉ 会社に対するよい感情について言及する

Do not burn your bridges. という英語のことわざのように、退職するときは、これからの関係を考慮して慎重に辞表を作成します。まず、退職の日付を正確に記し、現在の雇用主が気を悪くしないような理由を挙げます。現職場の長所や常に感じている好ましい感情にも簡潔に触れたほうがよいでしょう。場合によっては、すでに口頭で退職の意思を明らかにしてあるのなら、理由に言及することなく、辞表を簡単に作成します。

Subject Resignation
From peter@ollan.com
To all@ollan.com

冒頭 ▶ 265

- It is with much reluctance and regret that I submit my resignation, effective August 3, 2013. Meanwhile, I will gladly help in training my replacement. I will sorely miss the friendships formed here. I also wish to thank you for guidance you have given me over the years.

会社の長所 ▶ 267

退職
非常に不本意かつ遺憾でありますが、2013年8月3日付けで辞表を提出いたします。しかし、後任の教育については喜んでお手伝いさせていただきます。ここでの友情をとても名残惜しく思っております。これまで長年にわたって、皆様にご指導いただいたことに感謝いたします。

---

with much reluctance 非常に不本意ながら　**submit** 提出する　**guidance** 指導、ガイド

265　冒頭

- 不本意ではありますが、辞表を提出します。
  With great reluctance, I am submitting my resignation.

- 恐れ入りますが、2週間前の退職通知を送ります。
  I regret to inform you that I wish to give my two-week notice.

- このメールを正式な1月30日付けの辞表と考えてください。
  Please accept this e-mail as formal notification of my resignation from the company, effective January 30.

- 2014年2月12日付けで辞任します。
  My resignation will be effective February 12, 2014.

- 辞表を提出することになって、非常に残念です。
  It is with great regret that I offer my resignation.

- ここに5月11日付けで市場アナリスト職としての辞表を提出します。
  I hereby submit my resignation as market analyst**, to be effective May 11.**

266　理由

- 昨日の話し合いの中で申し上げたように、その提案で示された機会と金銭的な利益を断ることができませんでした。
  As I mentioned during our discussion yesterday**, I could not pass up the opportunities and financial benefits presented by the offer.**
  　　　　　　　　　　　　　　　　　　　　　　　　　　pass up 断る、辞退する

- 新しい進路を探ってみたいと思います。
  I would like to explore new career options.

Tips & More

2-Week Notice

慣習として、米国やカナダでは、退職するときには「2週間前に通知」をします。少なくとも会社を辞める2週間前には通知して、会社に後任者などについての対策を練る機会を与えるのです。ほぼすべての州や地方で、法的に at-will employment を適用することが多いのですが、これは雇用主が特別な理由がなくても従業員を雇用でき、雇用された側も会社を辞めることができるという意味です。

- 慎重に熟考した末、さらに教育を受けて異なる進路を追求するために、休みをいただくことにしました。
  After much careful reflection, I have decided to take time off to obtain additional education and pursue a different career path.
  reflection 熟考　pursue 追求する

- 現職で興味深い挑戦をたくさんしましたが、スキルを広げるべきときが来たと考え、MBAを取ることにしました。
  Although I have faced many exciting challenges in my present post, **I realized that it was time for me to expand my skills and have decided to** pursue an MBA.
  present post 現職

- 最近、個人的な問題に多くの時間が必要とされ、フルタイムの仕事をするのが難しいため、残念ながら、この不本意な結論に至らざるを得ませんでした。
  Recent personal difficulties have put more demands on my time than I can put into full-time work, and sadly, I have been forced to make this reluctant decision.

267　会社の長所

- 私がここで得た友情は忘れられないでしょう。
  I will miss the friendships I formed here.

- カラーズ・ジャパン社で働くことができて楽しかったです。
  I have enjoyed working at Colors Japan.

- 7年間、この仕事で得られた友情と挑戦を楽しんできました。
  For seven years, **I have enjoyed the camaraderie and the challenges my position offered.**
  camaraderie 友情、仲間意識

- KPD社とのおつきあいは楽しいものでした。
  My association with KPD **has been a pleasant one.**

- ドーン・ホールディングスで働いた間のご指導を感謝します。
  Thank you for your guidance during my time of employment at Dawn Holdings.

- この会社で働いた貴重な時間において、貴殿から与えられた機会に感謝します。
  Thank you for the opportunities you have provided me during my valuable time with the company.

268 辞表の受理

- 残念ですが貴殿の辞表を受理します。
  We accept your resignation with regret.

- 辞表を受理するにあたって複雑な心境であり、あなたが辞めてしまうのは残念ですが、今後のご活躍をお祈りします。
  It is with much mixed feelings that I accept your resignation, since I am sorry to see you leave but also wish you the best in your future endeavors.
  endeavor 試み

- ナンバ株式会社経営陣は、残念ではありますが、あなたのプロジェクト・マネジャー職辞任を受理します。
  The management at Namba Inc. regretfully accepts your resignation as project manager.

- 我が社に貢献してくださったことに感謝します。
  We thank you for your contribution to our organization.

- 貴殿の専門知識とリーダーシップを失うのは非常に残念です。
  Your expertise and leadership will be sorely missed.

- 貴殿のご多幸をお祈りしております。
  Our best wishes go with you.

UNIT 20

お祝い

- タイプ1 昇進
- タイプ2 受賞や事業の成功
- タイプ3 創立記念
- タイプ4 移転や新社屋建設
- タイプ5 個人的な記念日
- タイプ6 訪日

UNIT 20

お祝い
Congratulating

取引先の創立記念日や社屋移転、受賞や業務上の成果を出したときに祝福するメールです。個人的な記念日などのお祝いも含まれます。

📧 タイプ別 Key Point

タイプ1 昇進	フォーマルな文章で祝う
タイプ2 受賞や事業の成功	賞の正確な名称を使用する
タイプ3 創立記念	発展を祈る常套句を使用する
タイプ4 移転や新社屋建設	今後の関係維持につなげる
タイプ5 個人的な記念日	業務に関する言及は避ける
タイプ6 訪日	歓迎の意を表し、会う約束に言及する

🔍 専門家の E-mail Advice

よい知らせも時間が経つにつれ、感動の熱気が冷めてくるものです。お祝い事があれば、すぐにお祝いのメッセージを伝えるとよいでしょう。お祝いのメールは3〜7文ほどで短く書き、このときは仕事やほかの用件に触れるのは避けて、お祝いの言葉のみ伝えることが望ましいです。

📎 すぐに書ける 3 Steps

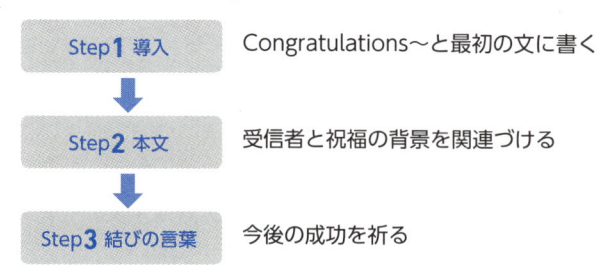

Step1 導入 Congratulations〜と最初の文に書く

Step2 本文 受信者と祝福の背景を関連づける

Step3 結びの言葉 今後の成功を祈る

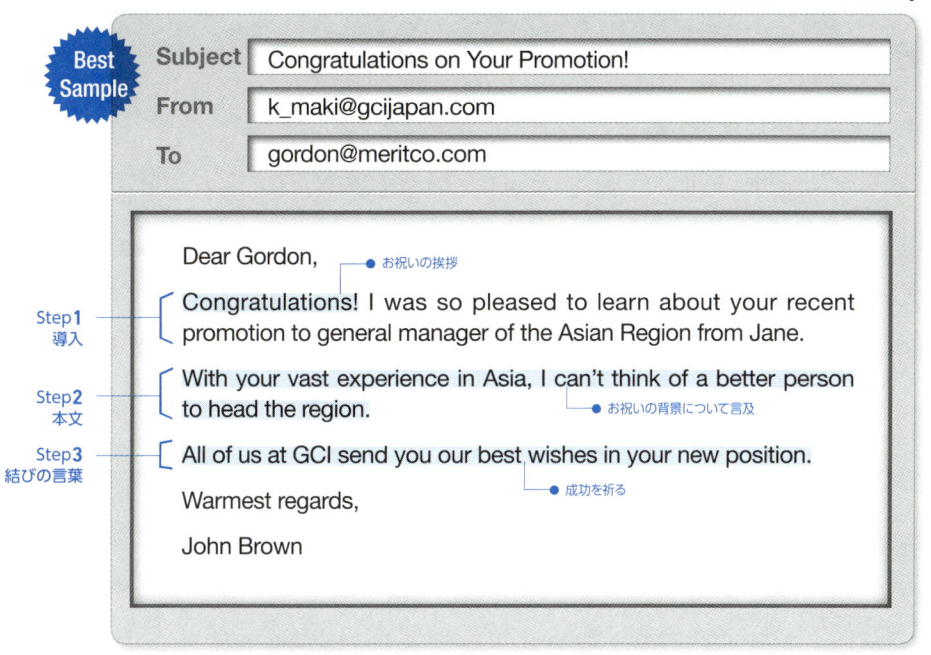

取引先の職員の昇進の知らせを聞いて、
お祝いのメッセージを送る

Best Sample

Subject: Congratulations on Your Promotion!
From: k_maki@gcijapan.com
To: gordon@meritco.com

Dear Gordon, ● お祝いの挨拶

Step1 導入
Congratulations! I was so pleased to learn about your recent promotion to general manager of the Asian Region from Jane.

Step2 本文
With your vast experience in Asia, I can't think of a better person to head the region. ● お祝いの背景について言及

Step3 結びの言葉
All of us at GCI send you our best wishes in your new position. ● 成功を祈る

Warmest regards,

John Brown

昇進おめでとうございます！

ゴードン様、

おめでとうございます！ あなたが最近アジア地域本部長に昇進したというニュースをジェーンさんから聞いてとても嬉しかったです。

アジア地域での幅広い経験を考えると、この地域を統括するのにあなたほどの適任者はいないと思わずにはいられません。

GCIの職員一同、あなたが新しい職で成功を収めることを願っています。

近藤麻紀

I can't think of a better person to 〜をするのにこれ以上ふさわしい人は考えられない（「あなたが最適任者」の意。非常に積極的な支持を示す）

タイプ 1 昇進

✉ フォーマルな文章で祝う

一般的に、相手と取引がある関係であれば、フォーマルな文章で昇進のお祝いを表現します。このとき、心からお祝いする気持ちがよく伝わるようにするのですが、あまり冗長にならないようにします。過剰にほめたたえても、相手の気持ちを落ち着かなくさせることにもなりかねないので、ビジネス関係では避けたほうがよいでしょう。

Subject	Congratulations!
From	kevin@ibcp.co.jp
To	robson@prcglobal.com

昇進のお祝い
▶269

- Congratulations on your promotion to assistant general manager. I hope your added responsibilities will not keep you from visiting us in Tokyo. I look forward to an even more enriching relationship.

おめでとうございます！
次長への昇進をお祝い申し上げます。責任が増して、東京になかなかいらっしゃることができない、ということがないように願います。ますます豊かな関係を築いていけるよう期待しております。

assistant general manager 次長　**enriching** 豊かな、ゆったりとした、(質的に)改善された

269 昇進のお祝い

▶ いいニュースはすぐに広がるね。
Good news travels fast! inf

▶ おめでとう、テリー！
Congrats, Terry! inf

▶ この昇進はまさにあなたにふさわしいものです。
You definitely deserved this promotion.

▶ この仕事にあなた以上の適任者は思いつきません。
I can't think of a better person for the job.

▶ 当然、お祝いを受けるべきですね。
I understand that congratulations are in order.　　in order　整然とした

▶ ちょうどその知らせを聞いたところです。おめでとうございます！
I just heard the news. Congratulations!

▶ アシスタント・マネジャーへの昇進、おめでとうございます。
Congratulations on your promotion to assistant manager.
　　　　　　　　　　　　　　　　　　　assistant manager　アシスタント・マネジャー

▶ 北米地域本部長に昇進したという知らせを聞いてとてもうれしかったです。
I was so happy to hear about your promotion to division general manager of North America.

▶ 新たに上級研究員へ就任されたとのこと、おめでとうございます。
Congratulations on your new position as a senior researcher.

▶ 日刊経済紙で昇進のニュースを見ました。おめでとうございます！
I read about your promotion in an economics daily. **Congratulations!**
　　　　　　　　　　　　　　　　　　an economics daily　日刊経済紙

▶ 副社長に昇進したということを知って、とてもうれしかったです。
I was delighted to learn that you were promoted to vice president.

▶ 新しい仕事での成功を願っています。
Best wishes on your new assignment.

▶ 昇進とノーベル社での引き続きのご成功にお祝いを申し上げます。
Congratulations on your promotion and your continuing success at Norvell.

- ▶ あなたがCEOに昇進したということを知って、とてもうれしかったです。
  We were so pleased to learn that you were promoted to CEO.

- ▶ あなたの昇進に心からお祝いを申し上げます。
  I extend my hearty congratulations on your promotion. `for`
                                                  hearty 心からの

- ▶ 新しいマーケティング・ディレクターに任命されたことを、心よりお祝い申し上げます。
  I would like to convey my warmest congratulations on your appointment as the new director of marketing.   **convey** 送る、届ける

- ▶ KCM社の上級役員に任命されたという知らせを聞き、大変うれしく思いました。心からお祝い申し上げます。
  The announcement of your appointment as Senior Director of KCM **brings me great pleasure and delight, and I extend my sincerest congratulations.** `for`

タイプ2　受賞や事業の成功

✉ 賞の正確な名称を使用する

受賞のお祝いのメールには、賞の正確な名称を記載するのが礼儀です。昇進祝いと同様に、フォーマルな表現を使用するようにします。どこから聞いたのかに言及すれば、自然にメールを書き始めることができるでしょう。

Subject	Congratulations on the Award!
From	kimura@hnimports.co.jp
To	patt@neotypes.com

受賞への祝福
▶ 270

● **Congratulations on receiving the Employee of the Year award.** Having had the pleasure of working with you during my business trips to San Francisco, I know you deserve the award. I'll be seeing you in June!

受賞おめでとうございます！
年間最優秀社員賞の受賞、おめでとうございます。サンフランシスコに出張するたびに、ご一緒に仕事ができることがとても楽しかったので、あなたなら当然受賞するだろうと思っていました。それでは、6月にお会いしましょう！

a business trip 出張　deserve ～に値する、～をする[受ける]価値がある

270 受賞／ランキング入り

▶ その賞をもらったなんて、すごいですね！
It's great to hear that you received the award!

▶ すでに多くの祝辞を受け取っているでしょうが、私も付け加えさせてください。
I would like to add my own congratulations to the many that are already going your way.

▶ あなたのチームの広告キャンペーンが「今年の広告賞」を受賞したことを知って、うれしかったです。
I was delighted to learn that your team's advertising campaign **has just won** the Advertisement of the Year **Award.**

▶ サフィコ社が、カリフォルニア州トップ100企業のリストに入ったと聞き、感激しています。
We are thrilled about SafiCo **making the list for** 100 Best Companies in California!
　　　　　　　　　　　　　　　　　　　　　　　　　　　thrilled 感激して

▶ 今回の受賞を、心よりお祝い申し上げます。
Let me offer my sincere congratulations upon your receiving this honor.
　　　　　　　　　　　　　　　　　　receive an honor 賞を受ける

▶ まさにふさわしい受賞に、心からお祝いを申し上げます。
Please accept my heartiest congratulations on the much-deserved award.
　　　　　　　　　hearty 心から　much-deserved 大変ふさわしい

▶ 最近フォーチュン500社に選ばれたとのこと、喜んでお祝い申し上げます。
We take great pleasure in sending congratulations on your recent entry into the Fortune 500.
　　　　　　　　　　　Fortune 500 フォーチュン500社

271　協会／団体選出

▶ 貴殿がサウス・レーク・シティ・ロータリーの新しい会長となられた**という、うれしい知らせを聞きました。**
I just heard the great news that you are the new president of the South Lake City's Rotary.

▶ 貴殿がシンガポール貿易協会の会長に選出されたことを、シンガポール・ヘラルドで読んでうれしく思いました。
It was a pleasure to read in *the Singapore Herald* **of your election as** president of the Singapore Trade Society.

▶ C&C社の取締役に選出されたとのこと、心からお祝い申し上げます。
My heartiest congratulations to you on your election to the C&C board of directors.

272　スピーチ／発表

▶ これまでに見た中で最高のプレゼンテーションでした。おめでとうございます。
Congratulations on what was one of the finest presentations **I've seen.**

▶ スライドのデザインが印象的でした。
The slide designs **were impressive.**　　　**slide**（パワーポイントの）スライド

▶ 素晴らしいスピーチでした。
It was a brilliant speech.

▶ 新製品の市場細分化について詳しく説明した方法が、特によかったです。
I especially liked the way you discussed the new product's marketing segmentation **in detail.**　　**marketing segmentation** 市場細分化

273 商品発売開始／開発完了

▶ 新製品が発売されたと聞いて、本当にうれしいです。
It's so great to hear that the new product is now in the market.

▶ 新モデルの立ち上げ成功おめでとうございます。
Congratulations on the successful launch of the new model.

launch 立ち上げ、発売

▶ 新しいソフトウェアは、市場での反応がよいと聞いてとてもうれしかったです。
I was so pleased to hear that the new software is doing well in the market.

▶ シーコム社一同、テキサス・サウス・ディベロップメント社のリバー・ロード・コンプレックス完成にお祝いを申し上げます。
All of us at SeeComm would like to congratulate Texas South Development on the completion of the River Road Complex.

▶ 貴殿と貴チームの、新しいショッピングモールのオープンをお祝いさせてください。
Allow me to congratulate you and your team on the opening of the new shopping mall.

274 その他

▶ ENR5月号で、プロジェクト管理について貴殿が書かれた記事を読みました。素晴らしい記事にお祝いを申し上げます。
I just read the article you wrote on project management in the May issue of ENR. I'd like to congratulate you on a superb article.

superb すごい

▶ ハーバード大学のMBAプログラムに入ると聞いて、とてもうれしいです。おめでとうございます！
I am so pleased that you were admitted to the MBA program at Harvard. Congratulations!

MBA(= Master of Business Administration) 経営学修士

▶ ご著書の出版にあたり、心から祝意を伝えさせてください。
Allow me to extend my heartiest congratulations on the publication of your book.

▶ ニューヨーク大学博士課程に入学されるとのこと、心からお祝い申し上げます。
My warmest congratulations to you on getting accepted into the Ph.D. program at New York University.

Ph.D.(= Philosophiae Doctor / Doctor of Philosophy) 博士号

タイプ3　創立記念

✉ 発展を祈る常套句を使用する

簡単なお祝いの言葉を最初に述べて、送信先との関係に触れます。それから格式高く、今後のさらなる発展を祈ることでメールを締めくくります。

Subject Congratulations on 10 years in business!
From henry@chuoinc.co.jp
To all@elandmark.co.jp

創立を祝う
▶ 275

・We at Chuo Inc. would like to extend our congratulations to you at Landmark on its tenth year anniversary. We have certainly enjoyed working with you over the years and look forward to continuing to do so. May your next 10 years be even more successful!

結びの言葉
▶ 276

創立10周年をお祝い申し上げます！

中欧社の職員一同、Landmark社の創立10周年をお祝い申し上げます。長いあいだ、とても楽しくお仕事をさせていただいてまいりましたが、今後ともどうぞよろしくお願い申し上げます。これからの10年も、さらなるご発展を願っております。

---

over the years 長いあいだ（通常はこのようなとき、取引期間を具体的に言及せずに「何年も」と書く）　**even more** はるかに（**more successful** と書くだけでは「まだまだ成功したとは言えない」というニュアンスを伝えかねません）

275　創立を祝う

- 創立10周年おめでとうございます。
  Congratulations on 10 years in business.

- ゼブランド社創立10周年おめでとうございます。
  Congratulations on the tenth **anniversary of** Zebrand.

- サイバーテク社一同、スミス＆アソシエーツ社が、建築分野において10年にわたり顕著な貢献を示したことにつき、お祝い申し上げます。
  All of us here at CyberTech **congratulate you at** Smith & Associates **on your** ten **years of outstanding contributions in the field of** construction.
  　　　　　　　　　　　　　　outstanding contribution 顕著な貢献　in the field of　〜の分野で

- パーク＆キム社一同、ステード・ウェリントン社の5周年に、心からお祝い申し上げます。
  Everyone here at Park & Kim **joins me in sending you our warmest congratulations on the** 5th **anniversary of** Staid Wellington.

- メッドコム社の20周年にあたり、貴殿とメッドコム社のすべての方に、心よりお祝い申し上げます。
  On the occasion of the 20th **anniversary of** MedComm, **we would like to extend our sincere congratulations to you and everyone at** MedComm.
  　　　　　　　　　　　　　　　　　　　on the occasion of　〜の際に、〜に寄せて

276　結びの言葉

- ゼフォン社一同、貴社の今後の成功をお祈りしております。
  Best wishes from all of us at Xephone **on your continuing success.**

- 今後もABC社が継続的に成長し、繁栄することを確信しています。
  I am confident ABC **will continue its growth and prosperity in the coming years.**

- 今後も長年にわたり一緒にお仕事させていただけるのを楽しみにしています。
  We look forward to working with you for more years to come.

- 過去3年間、貴社の業務を請け負わせていただいたことに感謝し、今後も引き続きCBC社と仕事をすることを楽しみにしています。
  We have greatly appreciated being your subcontractor **for the past** three **years and look forward to continuing to work with** CBC.

タイプ4 移転や新社屋建設

✉ 今後の関係維持につなげる

ほかのお祝いのメールと同じく、簡単にお祝いを述べて、送信先との関係をつなげていきます。今後の発展を祈って、締めくくります。

Subject Congratulations on your office relocation!
From eri@24export.co.jp
To tselliot@usbiz.com

移転のお祝い
▶ 277

● Congratulations on moving your office to a new location. I understand the new office is in downtown Los Angeles. I look forward to visiting you soon and having a look around ● the city.

結びの言葉
▶ 279

オフィスの移転おめでとうございます！
オフィスを新しい場所に移転されたことをお祝い申し上げます。新しいオフィスはロサンゼルスのダウンタウンだそうですね。近いうちにお伺いして、周辺を探索することを楽しみにしております。

---

relocation 移転　downtown 商業地区、繁華街

277　事務所移転

- おめでとう！　羽田近くのより大きなオフィスに移転したという知らせを聞いて喜んでいます。
  Congrats! It's great to hear you've moved into a bigger office near Haneda. `inf`
  Congrats! おめでとう！

- 貴社オフィスが今、汐留にあると聞きました。移転おめでとうございます。
  I heard your office is now in Shiodome. Congratulations on the move.

- オフィスを移転したと聞きました。おめでとうございます！
  We heard you moved your office. Congratulations!

- 新しい建物への移転につき、お祝い申し上げます。
  Congratulations on moving to a new building.

- オフィス移転おめでとうございます。
  Congratulations on your office relocation.

- 貴社が梅田に社屋を購入したという、うれしい知らせを聞きました。
  I heard the great news that your business has bought its own building in Umeda.

278　新社屋建設

- 貴社の新しい本社は立派ですね！
  Your new headquarters looks great!

- サウス・テク社のお台場の新しいビルは、非常に素晴らしいと申し上げたかったのです。
  I wanted to tell you that South Tech's new building in Odaiba is simply outstanding.
  simply 非常に、本当に、単に

- 本社新オープンおめでとうございます！
  Congratulations on opening the new headquarters!

- TBK社が新しい本社ビルに移転したことを知り、うれしく思いました。
  I was pleased to learn that TBK Inc. has moved into a new headquarters building.

279　結びの言葉

- 今後とも成長と繁栄がありますように！
  Here's to your continued growth and prosperity!

- 移転に伴う継続的な成功をお祈りしています。
  We wish you continued success with your move.

- 貴社のビジネスの拡大に伴い、引き続き一緒に働くことができるのを楽しみにしています。
  I look forward to continuing to work with you as you expand your business.

タイプ5　個人的な記念日

✉ 業務に関する言及は避ける

ビジネス関係者の誕生日くらいなら、メールで短いお祝いのメッセージを送信することをお勧めしますが、誕生日以外の記念日であれば、相手とそれほど親しくないかぎり、とくに言及しなくてもよいでしょう。もちろん、相手が先に送ってくれたのであれば、当然、お祝いのメッセージを送るのが礼儀です。このときに注意することは、個人的なことに関するお祝いのメッセージなので、業務に関連する言及は避けるべきだということです。

Subject	Happy birthday!
From	yongsuk@thomasmedia.co.jp
To	david@ysintl.com

● 誕生日のお祝い ▶ 280

On behalf of all of us here at Thomas Media, I would like to extend my warmest wishes on your birthday.

誕生日おめでとうございます！
トーマス・メディア社の職員一同を代表して、あなたの誕生日に心からのお祝いを申し上げます。

on behalf of 〜を代表して

280 誕生日おめでとう

- 誕生日おめでとう！
  Happy birthday!

- 楽しい誕生日を過ごされますように！
  Best wishes for a joyous birthday!

  joyous 楽しい、嬉しい

- 30歳の誕生日おめでとうございます。
  Congratulations on your 30th birthday.

- 東京オフィス一同、あなたの誕生日に心からお祝いを申し上げます。
  All of us here at the Tokyo Office send you our best wishes on your birthday.

281 婚約／結婚

- ご婚約おめでとうございます。
  Congratulations on your engagement.

- あなたとローラが婚約するという話を聞いて、うれしいです。
  I am delighted to hear that you and Laura are getting engaged.

- ボブ、いよいよ結婚することになったんですね、おめでとう！
  Bob, congratulations for finally tying the knot! `inf`

  tie the knot 結婚する

- 結婚するという素晴らしい知らせを聞きました！　おめでとうございます！
  I just heard the terrific news about your wedding! Congratulations!

- お二人のことでこんなにうれしいことはありません。
  We couldn't be happier for the two of you.

- 結婚式おめでとうございます！
  Best wishes on your wedding day!

- ご結婚おめでとうございます。
  Congratulations on your marriage.

- あなたと花嫁に、世界中の喜びと幸せが訪れますように願っています。
  I would like to wish you and your bride all the joy and happiness in the world.

- お二人の最高の幸せを願っています。
  I wish you both all the happiness in the world.

- ご結婚の日に、最高の幸せがあることを願っています。
  We wish you all the happiness on your wedding day.

- ご結婚にあたり幸せを願っています。
  We would like to extend our best wishes on your marriage.

- 共に過ごす楽しく幸せな人生の始まりに、お祝いを申し上げます。
  Our best wishes on starting a joyous and happy life together.

- お二人の生活が、喜びと幸せに満ちたものでありますように。
  May your life together be full of joy and happiness.

282　結婚記念日

- 結婚1周年おめでとうございます！
  Happy 1st anniversary!

- 素敵なカップルが幸せな記念日を過ごしますように！
  Best wishes for a happy anniversary to a great couple!

- あなたとサラが、もっともっと多くの記念日を一緒に楽しく過ごし、もっと幸せで楽しい日々になりますように！
  May you and Sarah enjoy many, many more anniversaries, much happier and more joyous!

- 30年にわたる愛情にあふれた関係にお祝いを申し上げます。
  Congratulations on 30 years of loving relationship.

- 幸せな結婚記念日になることを願っています。
  Best wishes for a happy wedding anniversary.

- 結婚10周年おめでとうございます！
  Best wishes on your 10th wedding anniversary!

- これからも長きにわたって、たくさんの記念日を楽しくお祝いされますように！
  May you enjoy many more anniversaries in the bountiful years to come!

bountiful たくさんの、豊富な

- ご結婚10周年にあたり、今後さらに幸せな年月を共に過ごされることを願っています。
  On the occasion of your 10th wedding anniversary, we send you our best wishes for many more happy years together.

283　1歳のお祝い

- 誕生日おめでとう、サンドラ！
  Happy birthday to Sandra!

- 小さなジョニーが1歳になったね！　おめでとう！
  So little Johnnie is turning 1 year old! Congratulations!

- 息子さんの最初の誕生日おめでとう！
  Here's to your son's first birthday!

- スコッティの最初の誕生日おめでとう！
  Congratulations on Scottie's first birthday!

- 娘さんがご家族に、年々より多くの喜びと幸福をもたらすことを願っています。
  May she continue to bring more joy and happiness to your family as years go by.

  as years go by　年々、年が経つにつれて

Tips & More

米国やほかの英語圏の国々では、子供の初めての誕生日のほかは、誕生日にそれほど大きな意味はありません。

タイプ6　訪日

✉ 歓迎の意を表し、会う約束に言及する

日本を訪れる人には天候に言及したり、旅行中大変なことはなかったかとたずねたりして、歓迎の気持ちを伝えます。会う約束をしたのであれば、もう一度、日付と時間、場所を確認します。長期滞在を目的としたり、長い外国生活を終えて戻ってくるような場合には、短かめに歓迎の意を伝えて、近いうちに連絡しよう、会おうといった言葉で締めくくります。

Subject Welcome back!
From jane@ibcp.co.jp
To steve@kimnjane.com

歓迎の挨拶
▶284

I just heard the great news that you were back from Canada. Welcome back to Japan! Call me when you're settled in so we can maybe get together for lunch.

結びの言葉
▶285

お帰りなさい！
カナダから帰って来られたという良い知らせを聞いたところです。日本にお帰りなさい！　落ち着いたら連絡をください。ランチでもご一緒しましょう。

settle in 居所を命じる（通常は、引越したり、他の地域に住居を移したりするときに使用する）

284 歓迎の挨拶

▶ 日本にようこそ！
Welcome to Japan!

▶ またいらしてくれてうれしいです。
It's great to hear that you are back.

▶ また日本にいらしているということを、先ほど知りました。
I've just learned that you were back in Japan.

▶ アメリカから戻ってきたという知らせを先ほど聞きました。
I just heard the news that you were back from the U.S.

285 結びの言葉

▶ 時間があったらお電話ください、近況報告できますから。
Call me when you get a chance so that we can catch up.
　　　　　　　　　　get a chance 時間ある、機会がある　catch up 近況を知らせる

▶ 近いうちにランチしましょう！
Let's have lunch **very soon!**

▶ 近いうちに近況をうかがいたいですね。
It'll be wonderful to catch up with you soon.

▶ またお会いでできれば大変幸いです。
It would be great to see you again.

▶ 戻ってきて落ち着かれたら教えてください、ランチをご一緒しましょう。
Please let me know when you are settled back in, and we can meet for lunch.

UNIT 21

病欠や死亡

- タイプ 1　病欠
- タイプ 2　訃報

UNIT 21 病欠や死亡
Illnesses & Death Announcements

社内および取引先に自分自身、または同僚の病欠や訃報を知らせるメールを書きます。訃報を伝える場合には葬儀の日程などを知らせ、弔意を伝える手段についても言及しましょう。

タイプ別 Key Point

| タイプ1 病欠 | 今後の業務の対処方法を提示する |
| タイプ2 訃報 | 弔意を伝える手段を知らせる |

専門家の E-mail Advice

自分の病欠や社員の訃報を社内または外部に知らせることは、デリケートな問題を含むことがあるので、語調や表現を慎重に選びます。悪い知らせほど、簡潔な内容がよいでしょう。

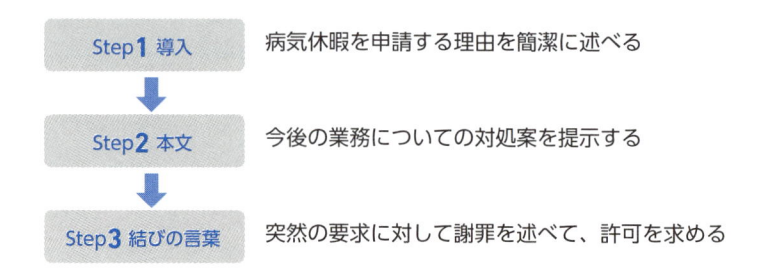

すぐに書ける 3 Steps

Step 1 導入 　病気休暇を申請する理由を簡潔に述べる

Step 2 本文 　今後の業務についての対処案を提示する

Step 3 結びの言葉 　突然の要求に対して謝罪を述べて、許可を求める

チームプロジェクトを任されていた職員が健康上の理由で、
管理部の担当者に休暇を要請する

Best Sample

Subject	Request for a Sick Leave
From	tae@ibcp.co.jp
To	tom@ibcp.co.jp

Dear Tom,

Step1 導入 — 理由に言及
I will have to ask for two days off to get a full checkup on my condition. Although the chances seem slim at this point, it's possible that I may have a serious problem with my kidneys. My doctor said he won't be able to tell for certain until the results of the checkup are in.

Step2 本文 — 業務の引継ぎ
I plan to e-mail Steve to ask him to take over my work for a few days. He has worked with me on the Smith project since the start, so there shouldn't be any problems at all with the progress.

Step3 結びの言葉 — 謝罪を述べて、許可を求める
I'm sorry about the short notice, but it couldn't be helped. Please let me know if you're okay with my taking the two days off.

Regards,

Tae Kanzaki

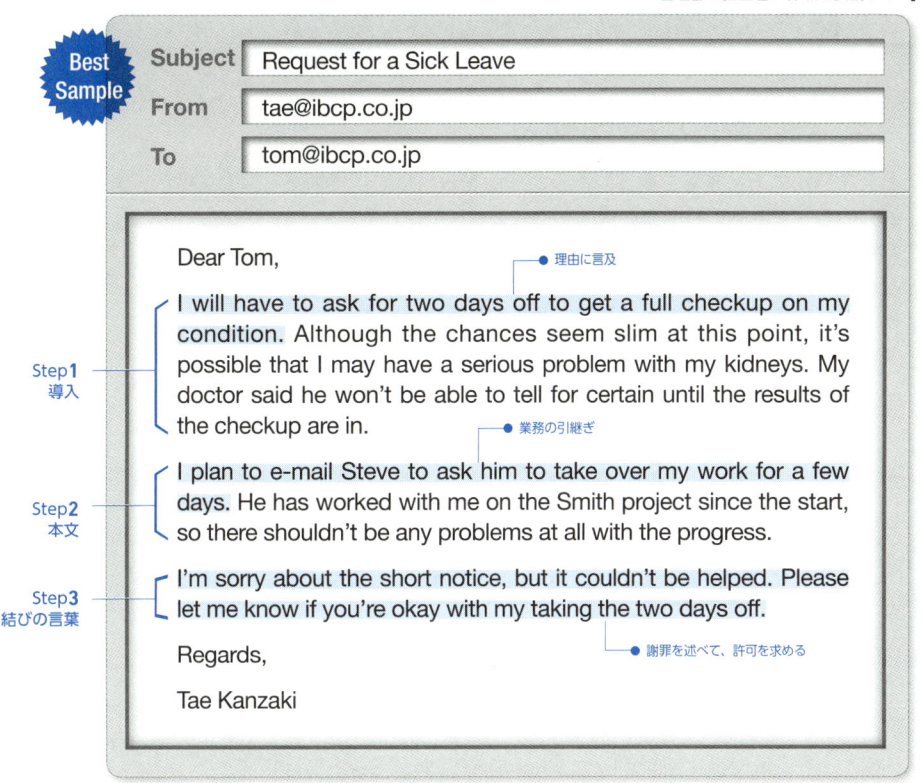

病気休暇の要請

トム様、

健康状態について総合的な健康検診を受けるため、二日間の休暇をいただきたいと思っております。現時点で可能性は薄そうなのですが、腎臓に深刻な問題がある可能性があります。主治医は、健康診断の結果が出るまでは何とも言えないと言っています。

数日間、スティーブさんに業務を引き受けてもらえないか、メールでお願いする予定です。スミス・プロジェクトがスタートしたときから、彼とは共に作業をしてきましたので、進行するうえでの問題はまったくないでしょう。

突然のご報告で申し訳ございませんが、どうすることもできませんでした。二日間の休暇をいただけるかどうか、どうぞお知らせください。

神崎多恵

---

a sick leave 病気休暇　checkup 健康診断　kidney 腎臓

タイプ1 病欠

✉ 今後の業務の対処方法を提示する

病欠を通知するときは、簡潔に背景と理由を説明して、要求する期間を提示します。会社の方針で医師の診断書を提出する必要があれば、それについても言及します。やむをえず、取引先や協力会社に通知しなくてはならない場合には、簡単に病名に触れる程度にして、いつから出勤できるかを伝えます。自分がいないときのために、病気休暇期間中に業務を引き継ぐ同僚の連絡先を記載します。

Subject　I'm Taking a Week off in a Hospital
From　　jan@ibcp.co.jp
To　　　robson@dpcmedia.com

I don't want you to be alarmed, but **I wanted to let you know that I'm currently hospitalized for a minor illness and will be back to work early next week.** Until then, **please contact Susan (123-4567)** for anything you need for the project. I will call you when I'm back at work. Thanks!

（外部に病欠を知らせる ▶288）
（今後の業務への対処方案 ▶290）

一週間、入院します

ロブソン様、
驚かせたくはないのですが、私は現在、軽症疾患で入院しており、来週の初めには業務に戻れることをお知らせいたします。それまでは、今回のプロジェクトの件で何か必要なことがございましたらスーザン(123-4567)までご連絡いただけますでしょうか。業務に戻りましたら、あらためてお電話いたします。ありがとうございます。

---

alarmed 心配して、驚いて　**hospitalize** 〜を入院させる

286 会社に病欠を連絡

▶ ひどいインフルエンザにかかりました。
I've come down with a bad case of the flu.　　come down with（病気に）かかる

▶ 明日は出られないとお伝えしたかったのです。
I wanted to let you know that I will not be able to come in tomorrow.

▶ 週末の間ずっと寝ていました。月曜は出勤できないでしょう。
I have been in bed all weekend, and I don't think I can report to work on Monday.

▶ 週末にスキー事故に遭い、足を骨折しました。
Over the weekend, I was involved in a skiing accident and broke my leg.

▶ 病院に行くため、1日休むことを許可していただけますか？
Could I get your permission to take a day off to go see a doctor?

▶ 交通事故から回復するには、数日間自宅で休まなければならないでしょう。
I will need to stay home for several days to recover from the car accident.

▶ 明日病院に行って、私の状態を医者に診てもらう予定です。
I am scheduled to see a doctor tomorrow about my condition.

▶ 水曜に診断書を持ってきます。
I will bring the doctor's note to work on Wednesday.
　　　　　　　　　　　　　　　　　　　　　　a doctor's note 診断書

▶ 急性肺炎の診断を受けたので、病気休暇を申請します。
As I have been diagnosed with an acute pneumonia, I am requesting a sick leave.　　diagnose 診断する　an acute pneumonia 急性肺炎

▶ 腎臓結石の手術を受けるため、来週1週間の休暇を、正式に申請したいと思います。
I would like to formally request a week off next week to undergo an operation for kidney stones.　　undergo an operation 手術を受ける

▶ 会社の方針に従って、手術の後、診断書を送ります。
In compliance with the company policy, I will forward the medical report to you after the operation.
　　　　　　　in compliance with 〜に従って、〜に応じて　medical report 診断書

287　会社に同僚の病欠を連絡

▶ 今朝アーロンから電話を受けましたが、熱が高く、今日は仕事に来れないそうです。
I got a call from Aaron this morning, **and he said he's** got a high fever and **can't come into** work today.

▶ ジェーンが日曜に私に電話して、入院しているとのことです。
Jane **called me** on Sunday **to tell me she's in the hospital.**

▶ 今朝早く彼に電話をかけたとき、とても具合が悪そうでした。
When I called him early this morning, **he sounded pretty sick on the phone.**

▶ 彼は明日診断書を持ってくると言いました。
He **said** he **would bring in a doctor's note** tomorrow.

▶ 彼女は昨晩、救急車で病院に運ばれました。
She **was taken to the hospital in an ambulance** last night.

288　外部に病欠を通知

▶ 仕事に戻りました。
I'm back to work now.

▶ もっと早くお伝えしなくて申し訳ありませんでした。先月、足の緊急手術を受けなければならなかったのです。
I am sorry that I wasn't able to tell you sooner, but I had to get an emergency surgery on my leg last month.

▶ ほぼ1週間寝たきりでしたが、今はとても元気です。
Although I was bedridden for almost a week, **I am now fit as a fiddle.**
　　　　　　　　　　　　　　　　　　bedridden 寝たきりの　fit as a fiddle とても元気な

▶ 先週車の衝突事故に遭い、1週間ずっと入院しなければなりませんでした。
I was involved in a car collision last week **and had to spend** the entire week **in the hospital.**
　　　　　　　　　　　　　　　　　　　　　a car collision 自動車の衝突事故

289　外部に同僚の病欠を通知

▶ リー氏は入院しなければなりませんでした。
Mr. Lee **had to be hospitalized.**

▶ 彼のけがは深刻なものではありませんが、それでも数週間の休暇を必要とします。
While his injuries **are not severe, he will still need to take** a few weeks off.

▶ 彼は1カ月間休暇を取ることになり、その間私があなたのお手伝いをします。
He **is expected to be on leave for** a month, **and I can assist you in the meantime.**
　　　　　　　　　　　　　　　　　　　　　　　　　　in the meantime　その間に

▶ 彼は直接お話ししたかったのですが、現在の健康状態のため、私がメッセージを伝えるよう頼まれました。
He **wanted to tell you personally, but because of** his **current condition,** he **asked me to convey the message.**　　convey　伝える、運ぶ

290　業務の空白への対応

▶ キャシーが仕事に戻るまで、私が代わりに彼女の仕事をします。
Until Cathy **returns to work, I'm taking over** her **duties.**

▶ キム氏とはまだ、電話かメールで連絡を取ることができます。
Mr. Kim **can still be reached on the phone or through the e-mail.**

▶ 私が回復するまで、サンドラ・チャンが私の業務を引き受けてくれます。
Sandra Chang **will take on my duties until I recover.**　take on　〜を引き受ける

▶ 電話かメールで引き続き注文を受けることができます。
I can continue to take your orders on the phone or through the e-mail.

▶ 医師に保養休暇を取るよう言われたので、しばらく在宅勤務をすることになりました。
Since the doctors have prescribed R&R for me, I will be working for a while from home.　　R&R(= Rest and Relaxation)　保養休暇、レクリエーション

タイプ2 訃報

✉ 弔意を伝える手段を知らせる

訃報を知らせるメールでは、遺憾の意を表すると共に、死亡日、葬儀に関する情報や、家族が献花や香典について伝えてきた内容を簡潔に記載します。参考までに、英語圏の国々では、通常、写真を含む特定のフォームによって、新聞の死亡欄を介して訃報を知らせます。知人や家族には、印刷されたカードや手書きの手紙を送ります。

Subject Memorial Service for Mr. Mike Howard
From stephen@siloen.com
To all@siloen.com

死亡 ▶ 291

It is with deep regret and sadness that we announce the death of Mr. Mike Howard on January 4. After a long battle with cancer, he passed away peacefully in his sleep at the age of 58. His memorial service will be held tomorrow at 3:00 p.m. at the Aoyama Chapel. Everyone is invited to attend.

葬儀 ▶ 292

マイク・ハワード氏の追悼式
1月4日にマイク・ハワード氏が永眠されたことを、深い遺憾と悲しみの意を込めてお知らせいたします。がんとの長い闘いに終わりを告げて、58歳の若さで眠るように安らかにお亡くなりになりました。故人の追悼式は明日の午後3時に青山教会で行われます。ご希望の方はどなたでもご参加になれます。

---

a memorial service 追悼式　battle 闘争　pass away 死去する　chapel 礼拝堂

291 死亡

- 悲しいことに、3月27日にスティーブンは自動車事故で亡くなったことをお知らせします。
  I'm sorry to tell you that Stephen **died on** March 27 in a car accident.

- 私たちは、彼の突然の死に驚きました。
  We were surprised at his **sudden passing.**

- 彼は長年病気と勇敢に闘っていました。
  He **had fought** his **illness bravely for many years.**

  fight one's illness 病と闘う

- 大きな悲しみとともに、ティム・ホフ氏の死去をお知らせします。
  With great sadness we announce the passing away of Mr. Tim Hoff.

- 深い哀悼とともに、私たちの大切な仲間であるジョン・クリステンセンの死をお知らせしなければなりません。
  It is with deep regret that I have to inform you of the death of our beloved colleague, John Christensen.

292 葬儀

- 葬儀は11月14日木曜午後3時に葛飾葬儀場で行われます。
  The funeral will be held at 3 p.m. on Thursday, November 14, **at** Katsushika Funeral Home.

- ジョン・クリステンセンの葬儀は、2月7日金曜午前10時に行われます。
  John Christensen**'s funeral service will take place** on Friday, February 7 at 10 a.m.

- 彼の葬儀は、家族や親戚のみの密葬で行われます。
  His **funeral service will be held privately for family and relatives only.**

  privately 非公開で

- ご希望の方は、どうぞご出席ください。
  Those who wish to attend will be encouraged to do so.

- お花は送らないようにと言われています。
  We have been asked not to send flowers.

- 家族は香典を辞退しています。
  The family wishes no donations.

  (funeral) donation （葬儀の）香典

UNIT 22

励ましと慰め

- タイプ 1　健康状態の悪化や事故
- タイプ 2　哀悼
- タイプ 3　災害や個人的な不幸

UNIT 22 励ましと慰め
Encouragement & Sympathy

社内や取引先の悪い知らせに対して慰労や哀悼の意を伝えるメールや、事故や健康問題に関する知らせに対して安否をたずねたり、慰めたりするメールです。

📧 タイプ別 Key Point

タイプ1	健康状態の悪化や事故	具体的な事故原因や病名には言及しない
タイプ2	哀悼	簡潔かつ真心が感じられるように表現する
タイプ3	災害や個人的な不幸	お役に立ちたい、という言葉で締めくくる

🔍 専門家の E-mail Advice

残念な知らせを聞いたらすぐにメールを書いて、相手に安否をたずねるとよいでしょう。適切なタイミングを逃して、遅すぎるような気がしても、まったく書かないよりは書いたほうがよいのです。全体的に、短く簡潔に書くことが原則であり、もっとも重要なのは発信者が相手を気づかっていることを伝えるということです。

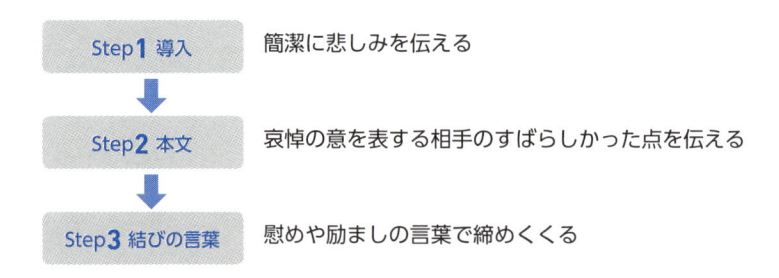

✏️ すぐに書ける 3 Steps

Step 1 導入 — 簡潔に悲しみを伝える

⬇

Step 2 本文 — 哀悼の意を表する相手のすばらしかった点を伝える

⬇

Step 3 結びの言葉 — 慰めや励ましの言葉で締めくくる

相手会社の職員の訃報を聞いて、哀悼の意を伝える

Best Sample

Subject: Mr. Wilson Remembered
From: alex@nemosoft.com
To: smith@econtentshub.com

Dear Mr. Smith:

Step1 導入
All of us here at NamoSoft Inc. were saddened to hear of Mr. James Wilson's death. ● 哀悼の意を表現

Step2 本文
Mr. Wilson's many contributions in the field of office software development served as an inspiration for all of us and the countless developers following in his footsteps. ● 思い出に言及

Step3 結びの言葉
We extend our deepest sympathy. ● 慰労

Sincerely,

Alex White.

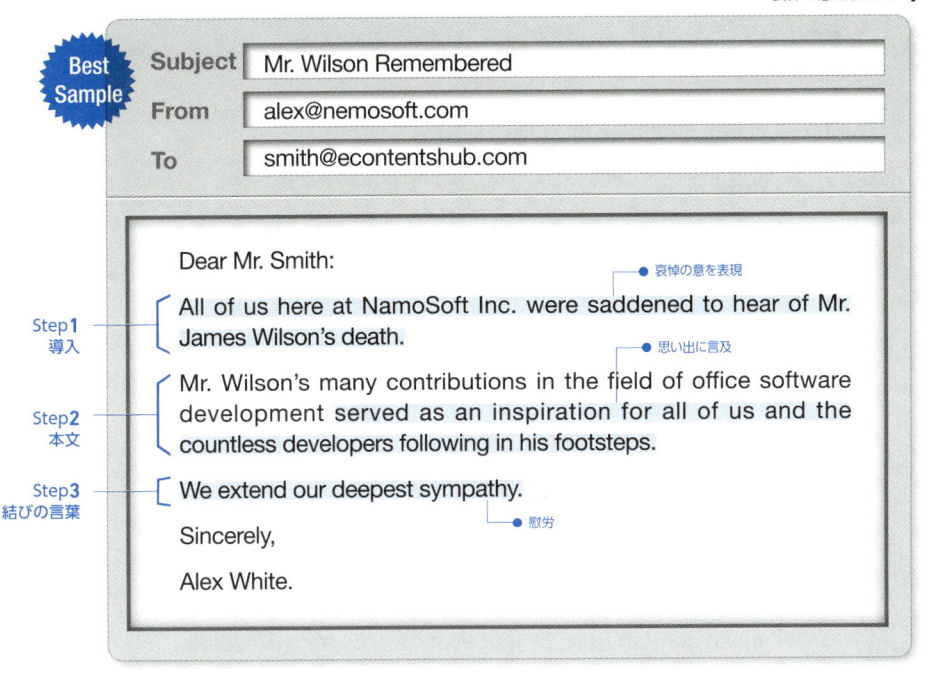

ウィルソン氏の思い出

スミス様、

ネモソフト社の職員一同、ジェームズ・ウィルソン氏の訃報を聞いて、深い悲しみに包まれております。

オフィス用ソフトウェア開発分野におけるウィルソン氏の数多くの貢献は、我々一同、彼の志を受け継ぐ数多くの開発者にインスピレーションを与えました。

ここに深い哀悼の意を表します。

アレックス・ホワイト

---

contribution 貢献　inspiration インスピレーション、霊感　countless 多くの　follow in one's footsteps ～の先例に倣う、～の志を受け継ぐ

UNIT 22 励ましと慰め

タイプ1 健康状態の悪化や事故

✉ 具体的な事故原因や病名には言及しない

健康を回復した相手になら、少し長めのメッセージを送っても構いませんが、健康状態が悪い人には短めのメールを書きます。具体的な事故原因や病名にはなるべく触れず、your injury や your illness、または your surgery のように簡単に書きます。

Subject Get well soon!
From mieonodera@ibcp.co.jp
To chris@trcc.com

回復を願う
▶294

• I am so sorry to learn of your injury. I sincerely wish you a quick recovery.

お大事に！
お怪我をされたという知らせを聞いて、とてもお気の毒に思っております。早くお元気になられることを心より祈っています。

---

recovery 回復

293　事故／健康悪化

▶ あなたの先週の事故について、トムが私にメールを送ってくれました。
Tom e-mailed me about your accident last week.

▶ お気の毒に、最近体調がよくなかったと聞きました。
I'm sorry to hear that you've been under the weather lately.
under the weather　体調がよくない

▶ それほど大きな事故でなく安心しました。
I was relieved that the accident wasn't very serious.

▶ 入院しているということを今日知って、驚きました。早くよくなってください。
I was so surprised to find out today that you were in the hospital. Get well soon.

▶ あなたの事故の知らせを聞いて、私たち皆心配しましたが、ジェーンがあなたは無事であると教えてくれました。
We were all worried after receiving the news of your accident, but Jane told us you were okay.

▶ ご病気であるということを聞きました。すぐに回復されることを願っています。
I was just told of your illness, and I wish you a quick return to health.

▶ 1週間病院に入院すると聞いて、一同お気の毒に思っております。
We were all sorry to learn that you will be in the hospital for a week.

▶ あなたの緊急手術の知らせを聞いて、私たちはとても驚きました。
The news of your emergency surgery was quite a shock for us.

294　回復を願う

▶ 早くよくなってください！
Get well soon!

▶ 皆あなたを応援しています、ケン！
We're all rooting for you, Ken!
root for　～を応援する

▶ すぐに回復されるでしょう。
You'll be back on your feet in no time.
back on (one's) feet　回復する、立ち直る　　in no time　すぐに

UNIT 22　励ましと慰め　539

▶ 私たちはみな、あなたのことを思っています。
We are all thinking of you.

▶ すぐに仕事に復帰することを願っています。
I hope you'll be back at work soon.

▶ すべてうまく処理されているので、こちらのことは何も心配もしないでください。
Everything is being taken care of, so don't worry about anything on this end.

▶ 無理せず、できるときに休んでください。
Take it easy and get some rest while you can.
　　　　　　　　　　　　　　　　　　take it easy 無理しない、のんびりする

▶ すぐに回復することを願っています。
Best wishes for a speedy recovery.

▶ 日々少しずつよくなるといいですね。
I hope you feel a little better every day.

▶ 気が向いたらメールをください、でも、何も急ぐことはありません。
Please e-mail me when you feel up to it, but in the meantime, don't rush anything.
　　　　　　　　　　feel up to ～の気分になる　in the meantime その一方で

▶ できれば何か助けになりたいのです。私にできることがあれば教えてください。
I want to help in any way I can, so let me know if there's anything I can do.

▶ 何か私にできることがあれば、教えてください。
If there is anything I can do for you, please let me know.

▶ 私たち皆、すぐに全快されることを願っています。
We all wish you a full recovery soon.

295　他の人の事故／病気

▶ 深刻なものでないといいのですが。
I hope it's nothing serious.

▶ 彼がすぐに回復するといいのですが。
I hope he gets better soon.

▶ サラが最近体調がよくないとは、気の毒ですね。
I am sorry that Sarah hasn't been feeling well these days.

▶ お気の毒に、奥様が昨日不運な事故に遭ったと聞きました。
I am sorry to hear about your wife's unfortunate accident yesterday.

▶ YKトレーディング社一同、息子さんのご病気をお気の毒に思っています。
We at YK Trading are sorry to learn of your son's illness.

296　退院／回復に対する喜び

▶ 入院がそう長くはならないだろうとわかっていました。
I knew you wouldn't be laid up at the hospital very long.
　　　　　　　　　　　　　be laid up (with)　（〜のために）床についている

▶ すぐに仕事に復帰するそうでよかったですね。
It's great that you'll be back to work soon.

▶ 早めに回復したという知らせを聞けてよかったです！
It was great to hear that you've had an early recovery!

▶ 手術がうまくいって戻ったと聞き、本当にうれしいです。
I'm so happy to hear that the surgery went well and you're back home.

▶ 退院したと聞き、本当にうれしいです。
I'm so pleased to hear that you're out of the hospital.

タイプ2 哀悼

✉ 簡潔かつ真心が感じられるように表現する

故人の名前を知っていれば、名前を書いて、送り手の哀悼の気持ちを簡潔かつ真心をこめて表現します。本文で故人とのご縁や思い出に言及すると、相手にとって慰めになることがあります。最後に、相手を慰める文章で締めくくります。

Subject Dwayne Remembered
From benjamine@tipa.com
To derixdesign@derixdesign.com

冒頭 ▶ 297
結びの言葉 ▶ 300

- I was deeply saddened to hear of Dwayne's death. He and I became good friends as we worked on the Nekia project throughout Europe. He shall be missed by us all. I extend my heartfelt sympathy.

故人との関係 ▶ 299
哀悼 ▶ 298

ドウェイン氏の思い出
ドウェインさんの訃報を聞いて、深い悲しみに包まれています。ヨーロッパで Nekia のプロジェクトに共に取組んでいたときに、彼とは親しくなりました。我々、みなが彼の死を惜しんでいます。心からの哀悼の意を表します。

---

saddened 悲しみに包まれた　**heartfelt** 心からの

297 冒頭

▶ お母様が亡くなられたと、今日聞きました。
I was told today about the loss of your mother.

▶ お母様が亡くなられたと、昨日聞いたばかりです。
I learned only yesterday of your mother's death.

▶ 昨晩シンシアが亡くなったと聞いて大変驚きました。
We were shocked to hear that Cynthia passed away last night.

▶ ご子息の突然の死の知らせに、非常に心が痛みました。
I was deeply distressed to hear about your son's sudden death.
　　　　　　　　　　　　　　　　　　　　distressed　心が痛んで

▶ お父様が亡くなられたと聞き、悲しみに包まれています。
I was saddened to hear of your father's passing.　　passing　死

▶ ご主人の早すぎる死を知り、深い悲しみを感じています。
It was with profound sorrow that I learned of your husband's untimely death.　　profound　深い、心の底からの　untimely　早すぎる

▶ 奥様の死を知り、大きな悲しみを感じました。
It was with great sadness that I learned of your wife's passing.

▶ 貴社のJ・D・コルバート副社長の逝去に、SX エレクトロクス一同、悲しみに包まれています。
All of us here at SX Electronics are saddened by the death of your executive vice president, J. D. Colbert.

298 故人に対する哀悼

▶ 心から弔意を表します。
Please accept our deepest sympathy.

▶ 心から哀悼の意を伝えます。
We extend our sincere sympathy.

▶ ご遺族に哀悼の意を表します。
Please extend our condolences to your family.　　condolence　哀悼、お悔み

- 貴殿の深い悲しみに接し、心からの哀悼の意を表します。
  Please accept our heartfelt sympathy in your time of deep sorrow.

- 遅ればせながら、心から哀悼の意を表します。
  Please accept my late but heartfelt sympathy.

299 故人との関係について言及

- ステファニーは寛容で暖かく、賢い人でした。
  Stephanie **was generous, warm and wise.**

- カークは常に助けてくれる、真の友人でした。
  Kirk **was a real friend, always ready to help me.**

- 彼は私の英語力不足にいつも我慢してくれました。
  He was always patient with my lack of English.

- 私が居場所がないと感じていたとき、彼は私がアメリカの文化に適応するのを助けてくれました。
  When I was feeling a little out of place, he **helped me** adjust to the culture in the U.S.

- 彼は常に楽観的で、会う人すべてによい影響を与えました。
  He was always optimistic and affected everyone he met in a positive way.

- 過去5年間、私は彼と働く恩恵を得られました。
  I had the privilege of working with him for the last 5 years.

  privilege 恩恵、特権

- フランクが時間を割いてシカゴを案内してくれたのを、よく思い出すことがあります。とてもありがたかったです。
  I remember so well when Frank took the time to show me around Chicago. **I was truly grateful.**

- 私にとってポールは、仕事仲間以上の存在でした。ネバダに頻繁に出張している間、私たちはいい友人になりました。
  Paul **meant more to me than just a** business associate. During my many business trips to Nevada, **we became good friends.**

  associate 仲間、同僚

300 結びの言葉

- 彼がいないと寂しくなります。
  We will miss him.

- 私たちより愛を込めて。
  Our love is with you.

- あなたに哀悼の意を表します。
  Our thoughts are with you.

- 私たちがお手伝いできることがあれば、ぜひ教えてください。
  If there is anything we can do to help, by all means let us know.
  by all means ぜひ、何としても

- 彼を愛した多くの人が、あなたの悲しみを分かち合っています。
  Your grief is shared by many who loved him.

- あなたの（故人との）思い出が慰めになりますように。
  May your memories be a source of comfort.

301 結句

- 祝福を、
  Bless you,

- 哀悼を込めて、
  With much sympathy,

- 深い哀悼の意を表して、
  In deepest sympathy,

タイプ3 災害や個人的な不幸

✉ お役に立ちたい、という言葉で締めくくる

相手が抱える困難に触れて、辛い気持ちでいることを伝えます。勇気が湧くような言葉を伝えるようにしますが、形式的な表現や、現実性のない漠然とした言葉は避けるようにします。結びの言葉では、お役に立てることがあれば喜んでするという気持ちを表します。

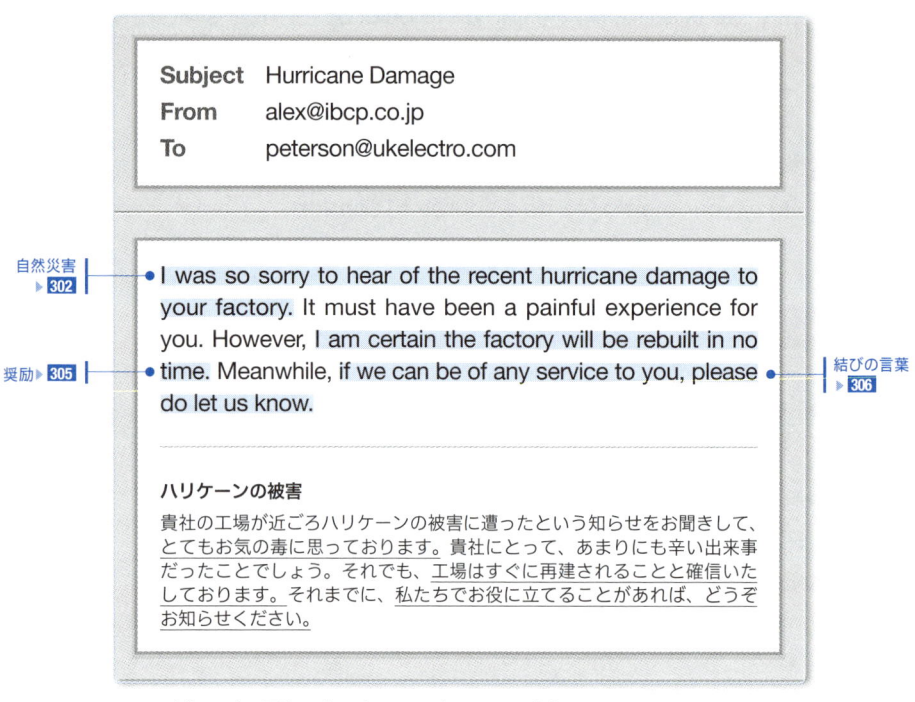

Subject Hurricane Damage
From alex@ibcp.co.jp
To peterson@ukelectro.com

- [自然災害 ▶302] I was so sorry to hear of the recent hurricane damage to your factory. It must have been a painful experience for you. However, I am certain the factory will be rebuilt in no
- [奨励 ▶305] time. Meanwhile, if we can be of any service to you, please do let us know. [結びの言葉 ▶306]

ハリケーンの被害

貴社の工場が近ごろハリケーンの被害に遭ったという知らせをお聞きして、とてもお気の毒に思っております。貴社にとって、あまりにも辛い出来事だったことでしょう。それでも、工場はすぐに再建されることと確信いたしております。それまでに、私たちでお役に立つことがあれば、どうぞお知らせください。

---

meanwhile 一方、同時に　be of any service to 〜に役立つ

302　災害

- そのような大きな地震があなた方の地域を襲った**と聞き、愕然としました**。
  We were stunned to hear that such a strong earthquake had hit your area.
  stunned 愕然として

- 地震による**負傷者がいないことを心から願います**。
  We sincerely hope that no one was injured during the earthquake.

- そちらカリフォルニア北部**の状況が深刻でないことを願います**。
  I do hope things are not so bad there in Northern California.

- サウス・ゲート店に水害が出た**と聞いて、とても心配しました**。
  We were quite concerned when we learned about the flooding in the South Gate store.

- ハリケーンが街を一掃した**と聞いて心が痛みましたが、誰もけがをしなかったと聞いて安心しています**。
  We were distressed to hear of the hurricane that swept through your town, **but we are so relieved to hear that no one was hurt.**
  be distressed 心を痛める

303　事故

- 貴社オフィスで火事があったと知ったところです。
  We just learned of the fire at your office.

- お気の毒に、貴社工場で火事があったと聞きました。
  I was so sorry to hear that there was a fire in your factory.

- お気の毒に、強盗に遭ったと聞きました。
  We felt bad when we heard the news of the burglary.
  burglary 強盗

- 貴社オフィスで不運な事故があったと聞き、一同気の毒に思っております。
  We were all sorry to hear about the unfortunate incident at the office.

- 工事現場で事故があったと聞き、非常に驚きました。
  We were shocked to learn that there was an accident at the project site.

- お気の毒に、昨日、貴社の現場監督の一人がけがをしたと聞きました。
  I was sorry to hear that one of your foremen was injured yesterday.
  foreman （工事現場の）監督、主任

▶ 貴社のレストランでで大きなけんかがあったと聞きました。皆さん無事だといいのですが。
I just learned a big fight had broken out at your restaurant. **I hope everyone is okay.**

304　個人的な不幸

▶ 会社の最近の一時解雇にあなたが含まれるなんて、驚いています。
I'm surprised that the company would include you in its recent layoffs.

layoff　一時解雇

▶ 息子さんが大学を中退したと聞きました。賢いお子さんですから、本当に残念ですね。
I was told your son dropped out of college. **That's really too bad, since** he's a smart kid.

drop out　中退する

▶ 離婚されたとは残念ですね。
I'm sorry to hear about your divorce.

▶ あなたの離婚が決定的だと、ジョンから聞きました。大変だったと思いますが、心からの同情を送ります。
John told me that your divorce is now final. **I offer my heartfelt sympathies as it must have been a difficult time for you.**

▶ 不運な破産の知らせを、お気の毒に思っています。
We were sorry to hear the unfortunate news of the bankruptcy.

305　激励

▶ がんばってください。
Hang in there. `inf`

hang in there　耐える、我慢する

▶ 元気を出してください。
Keep your chin up. `inf`

keep one's chin up　元気を出す、勇気を失わない

▶ 一時的な挫折だと思うので、落ち込まないでください。
It's just a temporary setback, so don't let it get you down.

setback　挫折、後退

▶ この経験を教訓としてください。
It's a learning experience.

- 間違いなく、あなたはすぐにこの状況を乗り越えられると思います。
  I have no doubt that you will overcome this situation soon.

- 今はまいっているでしょうが、これは乗り越えられます。
  You must feel overwhelmed now, but you will overcome this.

- あるべき昇進が得られず失望しているのはわかりますが、会社があなたの能力を認めるのは、単に時間の問題だと確信しています。
  I know that you must be disappointed about not getting the promotion you deserve, **but I'm sure that** it's only a matter of time that the company recognizes your talents.

- 失業したという知らせを聞いて驚きましたが、あなたのスキルや経験があれば、きっとよりよい仕事が見つかります。
  I was surprised to hear that you lost your job, **but with** your skills and experience, **I'm sure you'll** find a better one.

- あなたの豊富な経験と優れたスタッフがあれば、すぐに何もかも元通りうまくいくと確信しています。
  With your own vast experience and a great staff, **I am confident that all things will be back in order very soon.**

306　結びの言葉

- 私たちが何とか助けになりたいと思います。
  We would like to help in any way we can.

- 私たちがどのように助けることができるか、教えてください。
  Please let us know how we can assist you.

- 迅速な回復のために何かお手伝いできることがあれば、教えてください。
  If there is anything we can do to help speed up the recovery, **please let us know.**

E-CAT
English Conversational Ability Test
国際英語会話能力検定

● E-CATとは…
英語が話せるようになるためのテストです。インターネットベースで、30分であなたの発話力をチェックします。

www.ecatexam.com

iTEP
Academic・Business・SLATE
International Test of English Proficiency

● iTEP®とは…
世界各国の企業、政府機関、アメリカの大学300校以上が、英語能力判定テストとして採用。オンラインによる90分のテストで文法、リーディング、リスニング、ライティング、スピーキングの5技能をスコア化。iTEP®は、留学、就職、海外赴任などに必要な、世界に通用する英語力を総合的に評価する画期的なテストです。

www.itepexamjapan.com

ビジネスeメール英語表現事典

2015年6月6日　第1刷発行
2017年3月7日　第2刷発行

著　者　　Kevin Kyung　（ケビン・キュン）
発行者　　浦　晋亮
発行所　　IBCパブリッシング株式会社
　　　　　〒162-0804 東京都新宿区中里町29番3号 菱秀神楽坂ビル9F
　　　　　Tel. 03-3513-4511　Fax. 03-3513-4512
　　　　　www.ibcpub.co.jp

印刷所　　株式会社シナノパブリッシングプレス

© 2014 Kevin Kyung
© 2015 IBCパブリッシング
Printed in Japan

落丁本・乱丁本は、小社宛にお送りください。送料小社負担にてお取り替えいたします。
本書の無断複写（コピー）は著作権法上での例外を除き禁じられています。

ISBN978-4-7946-0348-7